ERLAUBTES UND VERBOTENES IM ISLAM

(Al-halal wa-l-haram fi-l-islam)

Dr. Jusuf al-Qaradawi

SKD Bavaria — München

Erlaubtes und Verbotenes im Islam

(Al-halal wa-l-haram fi-l-islam)

von Dr. Jusuf al-Qaradawi

Übersetzung: Ahmad von Denffer

SKD Bavaria Verlag und
Handel GmbH

Triebstr. 13, 80993 München
Telefon 089/ 33 35 67, 39 20 80 - 88 - 89
P.O. Box 43 10 29, 80740 München
telex 5 214 259 slm, Fax 089 / 3 40 14 11

ISBN 3 - 926575 - 12 - 3

Inhaltsverzeichnis

بسم الله الرحمن الرحيم

كلمة الناشر

لقد أجاب هذا الكتاب القيم على جميع الاسئلة التي تشغل بال كل مسلم فيما يحل له أو ما يحرم عليه في جميع شؤون الحياة في شريعة الإسلام.

وكان علم المؤلف وورعه ومعايشته لقضايا العصر وراء طريقته السهلة المبسطة في إعطاء القارئ الخلاصة المفيدة لحياته ودينه دون أن يشغله مناهج العلماء في الاجتهاد..

لذلك كان كتاب الحلال والحرام للاخ الدكتور الشيخ يوسف القرضاوي هو أنسب الكتب في الوقت الحاضر ريثما يتاح في المستقبل ترجمات أوسع لجميع أبواب الفقه.

والكتاب فضلا عن فائدته لكل مسلم إلا ان فائدته للاخوة المسلمين من أبناء الغرب أكثر أهمية وخاصة الاخوة الألمان المسلمين بعد تزايد أعدادهم في الآونة الاخيرة على جميع المستويات العلمية والعملية. وبالتالي كثرت استفساراتهم ووضحت حاجتهم الى أجوبة شافية في جميع القضايا الحياتية.

وكان طبيعيا أن تكثر الاجتهادات وأن يحدث الخطأ والصواب طالما أن تلقي ما هو حلال وما هو حرام يعتمد دائما على الاجابة الشفوية وخلو الميدان من أي كتاب في الفقه حتى الآن.

وتحملوا بسبب ذلك عنتا كثيرا وتوالت الاستفسارات في أعقاب المشكلات.

وكانت المؤسسة ترقب تفاقم هذه الحالات وتستعد لها فمنذ عدة سنوات سَّلمنا هذا الكتاب القيم للأخ الألماني المسلم أحمد فون دنفر في ١٣/٨/٨٣ ليقوم بترجمته من الانجليزية الى الألمانية ثم قام الأخ عمر الشباصي بعد ذلك بمراجعته على النسخة العربية ثم خرج هذا العمل الكبير في شهر رمضان المعظم ١٤٠٩ الموافق شهر ابريل - مايو ١٩٨٩.

والمؤسسة ترى أن الترجمات بجميع أنواعها لا تغني عن النص العربي الذي يتذوق به المؤمن بلاغة القرآن الكريم وحكمة الحديث النبوي الشريف لذلك كان تعلم اللغة العربية له أهمية كبيرة في قيام الصلة المباشرة بين الأخ الألماني المسلم أو الغربي بصفة عامة وبين مصادر دينه الحنيف. ولعل هذا الدرس هو أهم ما استفدناه من تاريخ الشعوب التي دخلت الاسلام ولكنها أهملت

اللغة العربيــة فانتشــرت فيها بســهولة عشــرات الملل والنحــل التــي ابتعدت مـع الزمن عن الفهــم الســليم للديــن .

ومـن ثـم فقد كان قيـام معهـد «أســرتي» لتعليـم اللغة العربية بمدينـة ميونيــخ هو عمل كبير متمــم لعمليــة الترجمــة . ريثما يستغني المسـلمون عن الترجمــات بالتدريــج كلمـا اوغلــوا فـي تعلــم العربيــة لغة دينهـم الحنيــف وكــلام ربهــم الكريــم ولغة أهــل الجنــة . وإذا كان اختــلاف الألسـنة والألـوان هو من آيــات الله في خلقــه إلا أن الحـرص على تعلــم العربيــة سييســر المعرفــة بخالــق كل هــذه الآيــات .

واللــه يهدينـا جميعـا ســواء الســبيل

رمضــان ١٤٠٩/ابريـل ١٩٨٩ الناشـر عبد الحليـم خفاجـي

Bismillah

Vorwort des Verlegers

Dieses nützliche Buch gibt Antwort auf Fragen aus allen Lebensbereichen, die den Muslim in Bezug auf Halal und Haram beschäftigen. Umfangreiches Wissen und Aufrichtigkeit des Autors und seine Erfahrung mit den Problemen unserer Zeit haben dazu beigetragen, daß das Buch übersichtlich und leicht zu lesen ist, so daß der Leser Antworten auf Fragen seines Lebens und seines Glaubens erhält, ohne sich mit der Vielfalt der wissenschaftlichen Methodik der Gelehrten belasten zu müssen. Deshalb erscheint das Buch von Scheich Dr. Jusuf al-Qaradawi im Moment das geeignetste, bis in Zukunft umfangreichere Übersetzungen über die verschiedenen Fiqh-Bereiche ermöglicht werden können.

Das Buch ist von Nutzen für jeden Muslim, besonders aber für die westlichen Muslime, deren Zahl sich in letzter Zeit im akademischen, aber auch in anderen gesellschaftlichen Bereichen ständig vergrößert hat. Immer mehr Fragen tauchten auf und das Bedürfnis nach schlüssigen Antworten auf lebenswichtige Probleme nahm ständig zu. Es entstanden viele widersprüchliche Meinungen, die richtig oder falsch sein konnten, solange man sie mündlich erfuhr, ohne auf schriftliche Fiqh-Quellen zurückgreifen zu können. Infolge dieser Rechtsunsicherheit entstanden viele Probleme, die weitere Fragen zur Folge hatten. Der Verlag beobachtete dies und beauftragte am 13.6.1983 Ahmad von Denffer, die englische Ausgabe des Buches „Al-Halal und Al-Haram" ins Deutsche zu übersetzen. Anschließend verglich Omar El-Shabassy die Übersetzung mit dem arabischen Original. Das Buch wurde dann im Ramadan 1409 (April-Mai 1989) fertiggestellt.
Der Verlag ist sich bewußt, daß keine Übersetzung die arabischen Quellen ersetzen kann, ohne die der Gläubige die tiefe Bedeutung und die Darstellungskraft des Qurans und der weisen Aussagen des Propheten nicht wirklich wahrnehmen kann. Es liegt auf der Hand, wie wichtig das Erlernen der arabischen Sprache ist, um einen engen Kontakt zwischen dem deutschen bzw. europäischen Muslim und seinem Glauben zu knüpfen. Vielleicht ist dies eine Lehre, die wir aus der Geschichte der Völker ziehen können, die den Islam annahmen, aber die arabische Sprache vernachlässigten. Unter ihnen entstanden schnell verschiedene Richtungen und Wege, und im Laufe der Zeit entfernten sie sich vom Ursprung ihrer Religion. Das Entstehen des

„Usrati"-Instituts in München, das sich die Vermittlung der arbischen Sprache zur Aufgabe gesetzt hat, ist eine wichtige Einrichtung, die das Übersetzungswerk ergänzt. Je mehr sie die arabische Sprache beherrschen, können die Muslime hier schrittweise auf die Übersetzung verzichten. Sie lernen, die Sprache ihres Glaubens zu begreifen, die Sprache ihres Herrn. So wie die Vielfalt der verschiedenen Sprachen und der verschiedenen Hautfarben Zeichen Gottes sind, so ermöglicht das Erlernen der arabischen Sprache, den Schöpfer dieser Zeichen zu kennen.

Möge Gott uns alle auf den rechten Weg leiten

April 1989/Ramadan 1409 Abdul Halim Khafagy

Bismillah

Vorwort des Übersetzers

Preis sei Allah, dem Herrn der Welten, dem ich es verdanke, daß Er mir erneut erlaubt hat, einen bescheidenen Beitrag zur rechten Kenntnis und zum rechten Verständnis des Islam in deutscher Sprache zu leisten, und ich bitte Ihn, mir meine Fehler und Schwächen zu verzeihen.

Das Buch über *halal* (Erlaubtes) und *haram* (Verbotenes) im Islam von Scheich Jusuf al-Qardawi, dessen deutsche Ausgabe hiermit dem Leser übergeben werden kann, wird zweifellos auch bei uns auf großes Interesse stoßen und weite Verbreitung finden, weil es zu zahlreichen Fragen Stellung nimmt, die sowohl von Nichtmuslimen als auch Muslimen immer wieder gestellt werden.

Bei der vorliegenden deutschen Ausgabe, das sei hier betont, handelt es sich nicht um eine wortgetreue Übersetzung, sondern eine Übertragung, ausgehend vom englischen Text, der in den USA erschienen ist. Enges Haften am Wortlaut war nicht erforderlich, vielmehr kam es darauf an, die Gedanken und Beweisführungen des Verfassers wiederzugeben. Koranzitate habe ich an der Übersetzung von Max Henning orientiert, die ich bislang immer noch für die zweckmäßigte in deutscher Sprache halte, bin aber auch oft davon abgewichen, wo es darauf ankam, einen bestimmten Punkt im Text zu erläutern, für den ein Koranvers als Beweis angeführt ist. Ebenso habe ich mich bei der Übersetzung der zahlreichen *ahadith* bemüht, die Beweisführung des Autors schlüssig darzustellen und mich dabei auf den ursprünglichen arabischen Text bezogen.

Meinen Dank möchte ich all denen aussprechen, die ihren Teil zum Erscheinen des vorliegenden Buches beigetragen haben, vor allem dem Verleger, Bruder Abdul Halim Khafagy, dessen fast grenzenlosen Optimismus das ganze Vorhaben seinen letzlichen Erfolg trotz mancher Probleme verdankt, dann auch Bruder Omar El-Shabassy und seiner Frau Eva Maria, die eine Reihe von Verbesserungen vorschlugen, von denen ich die meisten gern übernommen habe. Für verbliebende Mängel bitte ich den Leser um Nachsicht und bin für weitere Verbesserungsvorschläge dankbar.

Daß gerade auch Nichtmuslime dieses Buch über Erlaubtes und Verbotenes im Islam lesen und sich dadurch ein eigenes Bild über die darin behandelten Fragen machen, ist für mich als Übersetzer ein besonders wichtiges Anliegen, und mich selbst wie jeden Leser möchte ich abschließend daran erinnern, daß der Schöpfer uns Geschöpfen, jedem von uns, etwas mitgegeben hat, das uns von dem fernhält, womit Er unzufrieden ist: die innerer Stimme des Gewissens, wie auch der Muhammad (s) gesagt hat: „Der Knecht Allahs wird nicht eher zu den Gottesfürchtigen gehören, bis er von dem Abstand nimmt, worin (augenscheinlich) kein Unrecht liegt, aus Vorsicht vor dem, worin Unrecht liegt." (Atijja as-Said; Tirmidhi).

München, im April 1989/Schaban 1409 Ahmad v. Denffer

Im Namen Allahs, des Erbarmers, des Barmherzigen

Einleitung

Das Allgemeine Institut für Islamische Kultur der al-Azhar Universität hat mich gebeten, an einem Vorhaben mitzuwirken, leicht verständliche Bücher und Schriften zu verfassen, die, wenn sie in europäische Sprachen übersetzt werden, den Islam und seine Lehren in Europa und Amerika bekannt machen, den dort lebenden Muslimen helfen und Nichtmuslimen den Islam näher bringen.

Dieses Vorhaben verfolgt ein hohes Ziel und ist von großer Reichweite. Man hätte es schon viel früher beginnen sollen, denn viele Muslime in Europa und Amerika wissen sehr wenig vom Islam und selbst dieses Wenige ist nicht frei von Verzerrung und Verwirrung. Kürzlich schrieb uns ein Freund, der von der al-Azhar-Universität in einen der Staaten Amerikas gesandt wurde: „Viele Muslime hier betreiben Bars und verdienen ihren Lebensunterhalt durch Alkoholverkauf und wissen nicht einmal, daß dies eine Hauptsünde im Islam ist." Er fügte hinzu: „Muslimische Männer heiraten christliche, jüdische und manchmal atheistische Frauen und lassen die muslimischen Frauen aus, die unverheiratet bleiben und für sich selbst sorgen müssen."

Wenn das der Zustand der Muslime ist, was ist dann erst mit den Nichtmuslimen? Die Menschen im Westen haben ein sehr verzerrtes und häßliches Bild vom Islam, seinem Propheten (s) und seinen Anhängern, ein Bild, das die christlichen Missionare und Vertreter der Kolonialmächte gezeichnet haben. Sie haben alle Propagandamöglichkeiten genutzt, die ihnen zu Verfügung stehen, um den Islam schlecht und die Leute dagegen voreingenommen zu machen, während wir zur gleichen Zeit achtlos und nachlässig darin gewesen sind, diese böse Propaganda zu bekämpfen.

Es ist also wirklich höchste Zeit für ein derartigs erzieherisches Vorhaben, um diese Situation zu korrigieren, die Leute über die Wahrheit des Islam zu informieren und sie dazu einzuladen. Wir begrüßen diesen guten Schritt und sprechen diesen engagierten Leuten von al-Azhar unsere Anerkennung aus. Wir bitten sie, ihre Bemühungen in dieser Richtung zu verdoppeln und bitten Allah, sie zu segnen und ihnen stets zu helfen.

Das Institut für Islamische Kultur hat mich beauftragt, über das Erlaubte (*al-halal*) und das Verbotene (*al-haram*) im Islam zu schreiben, wobei ich den Gegenstand in einfacher und leicht verständlicher Weise darstellen und auch einen Vergleich mit anderen Religionen und Kulturen mit einschließen sollte.

Auf den ersten Blick mag es leicht erscheinen, über das Thema des Erlaubten und Verbotenen zu schreiben, aber in Wirklichkeit ist es sehr schwer. Kein anderer Autor, klassisch oder modern, hat ein Buch verfasst, das speziell von diesem Thema handelt. Man findet Material hierüber verstreut in den verschiedenen Kapiteln der Bücher über islamisches Recht (*fiqh*) und zwischen den Zeilen in den Korankommentaren und den Büchern über *ahadith* des Propheten (s).

Ein solches Thema zwingt den Autor außerdem dazu, in vielen Dingen konkret zu werden und seine Meinung zu äußern, über die frühere Gelehrte unterschiedlicher Meinung und heutige Gelehrte verwirrt sind. Eine bestimmte Meinung bei Fragen von *halal* und *haram* anderen gegenüber vorzuziehen, verlangt darum Geduld, sorgfältiges Forschen und geistige Mühe seitens des Forschers - dies alles, nachdem er sein Herz von allen anderen Wünschen gereinigt hat außer dem, Allah den Gepriesenen und Erhabenen zufriedenzustellen und die Wahrheit zu suchen.

Nach meiner Beobachtung gibt es zwei Arten von zeitgenössischen Islamwissenschaftlern und -autoren. Die Sicht der einen wurde durch den Glanz der westlichen Zivilisation geblendet. Von diesem großen Götzen eingeschüchtert verehren sie ihn, nähern sich ihm flehentlich und stehen bescheiden vor ihm mit gesenkten Blicken und nehmen die westlichen Grundsätze und Sitten als unangreifbar und über jeden Zweifel erhaben an. Wenn darum ein Aspekt des Islam mit diesen Grundsätzen oder Sitten übereinstimmt, preisen und heben sie ihn in den Himmel, und wenn ein Aspekt im Gegensatz dazu steht, versuchen sie Ähnlichkeiten und Übereinstimmungen zu finden, bieten Entschuldigungen und Erklärungen oder nehmen zu weit herbeigeholten Erklärungen und Verzerrungen Zuflucht, als ob es für den Islam nur die Wahl gäbe, sich der Philosophie und den Sitten der westlichen Zivilisation zu ergeben. Bei der Untersuchung derartiger Ansichten stellen wir fest, daß sie Dinge erlauben, die der Islam verboten hat, wie z. B. Statuen, Lotterie, Zinswesen, vertrauliches Beisammensein mit Nicht-mahram-Frauen, Gold und Seide für Männer usw. Sie mißbilligen Dinge, die der Islam erlaubt hat, wie z. B. die Ehescheidung und Mehrehe, als ob in ihrer Sicht alles, was im Westen legal ist *halal* und was dort illegal ist *haram* sei. Sie vergessen, daß der Islam das Wort Allahs ist und das Sein Wort immer Vorrang hat. Der Islam kam, damit er befolgt wird, nicht um zu folgen, zu herrschen, nicht um beherrscht zu werden. Wie kann der Herr der Menschen den Menschen folgen und wie kann der Schöpfer sich den Launen Seiner Geschöpfe unterordnen?

„Und wäre die Wahrheit ihren Wünschen gefolgt, wären die Himmel und die Erde und was darinnen ist zugrunde gegangen...“(23:73)

„Sag: „Gibt es unter euren „Gefährten“ einen, der zur Wahrheit leitet?“ Sag: „Allah leitet zur Wahrheit.“ Und ist nun der, der zur Wahrheit leitet, würdiger, daß man ihm folgt oder wer nicht leitet, außer er wird selbst geleitet? Und was fehlt euch, daß ihr so urteilt?“ (10:36)

Die andere Gruppe ist in ihren fixierten Meinungen über die Fragen von *halal* und *haram* erstarrt und folgt der Aussage eines einzigen Textes, was sie für Islam ansehen. Sie bewegen sich nicht um Haaresbreite von ihrer Position und versuchen auch nicht, ihre Meinung mit den Argumenten anderer zu vergleichen und nach Vergleich und kritischer Bewertung zur Wahrheit zu finden. Würde man einen von ihnen nach seiner Meinung über Musik, Singen, Schachspiel, Erziehung der Frau, Gesicht und Hände der Frau und ähnliches mehr befragen, wäre aus seinem Munde aller Wahrscheinlichkeit nach das Wort *haram* zu hören. Diese Gruppe hat die Vorsicht vergessen, mit der unsere rechtschaffenen Vorfahren in dieser Sache gewaltet haben, die niemals das Wort *haram* für etwas gebrauchten, es sei denn, sie wußten ganz bestimmt, daß es verboten war. Wo der geringste Zweifel über die Sache bestand, sagten sie nur „Wir lehnen es ab“ oder „Wir mögen es nicht“ oder verwendeten eine ähnliche abgeschwächte Aussage.

Ich habe mich bemüht, zu keiner dieser beiden Gruppen zu gehören. Ich kann keine Kompromisse in meiner Religion schließen und den Westen zum Götzen annehmen, nachdem ich Allah als Herrn, Islam als Religion und Muhammad (s) als Propheten angenommen habe. Gleichzeitig kann ich auch keine intellektuellen Kompromisse schließen und nur einer einzigen Rechtsschule mit all ihren Entscheidungen folgen, ob sie falsch oder richtig sind, und meine eigene Fähigkeit des Denkens und Unterscheidens verdrängen. „Einer, der etwas blind befolgt, hat“ in den Worten von Ibn al-Dschausi, „kein Vertrauen in das, was er befolgt. Nachmachen bedeutet, den Gebrauch des Verstandes zurückzuhalten, wo doch der Verstand zum Denken und Urteilen geschaffen wurde. Es ist Dummheit, wenn jemand, dem ein Licht gegeben wird, damit er den Weg findet, dieses auslöscht und im Dunkeln geht.“ [1]

Darum habe ich mich nicht auf eine der verschiedenen Rechtsschulen [2] beschränkt, die es in der islamischen Welt gibt, denn die Wahrheit ist nicht das Monopol einer dieser Schulen. Die führenden Gelehrten dieser Schulen haben niemals behauptet, daß sie unfehlbar seien. Sie waren vielmehr Forscher, die nach der Wahrheit gesucht haben. Wenn sie sich bei einer Entscheidung irrten, bekommen sie trotzdem Lohn dafür, und wenn sie recht hatten, ist ihr Lohn doppelt so groß.

1 *Talbis iblis*, S. 81

2 *madhahib*, Ez. *madhab*

Imam Malik sagte: „Das Wort eines Menschen außer dem Propheten (s) wird manchmal angenommen und manchmal abgelehnt." Imam Schafii erklärte: „Meine Ansicht ist richtig, möglicherweise falsch. Eine andere Ansicht als meine ist irrig, möglicherweise richtig."

Wenn es auch für einen muslimischen Gelehrten nicht angemessen ist, sich einer einzigen Rechtsschule zu verschreiben oder sich der Meinung eines bestimmten Rechtsgelehrten zu fügen, wenn er fähig ist zu vergleichen und zu wählen, so muß er doch seinen Argumenten und Beweisen Gewicht geben. Man soll dem Rechtsgelehrten folgen, der starke Argumente und gültige Beweise hat, während man den ablehnt, gleich wer er ist, dessen Argumente schwach und dessen Beweise falsch sind. Hierzu sagte Imam Ali: „Wahrheit lernt man nicht aufgrund von Autoritäten. Lerne die Wahrheit, dann weißt du, wer die Wahrhaften sind."

Ich habe mich nach besten Kräften bemüht, den Leitlinien des Instituts für Islamische Kultur zu folgen. Darum habe ich das Material durch Argumente gestützt, durch Beweise und Vergleiche, und die neuesten wissenschaftlichen Erkenntnisse und das zeitgenössische Wissen herangezogen. *Al-hamdu lillah* ist der Islam wie eine leuchtende Sonne, dessen Licht den Beweis erbringt, daß er eine immerwährende Religion für die ganze Menschheit ist.

„Die „Färbung" von Allah, und was ist besserer als die „Färbung" von Allah?" (2:138)

Die Vorstellung vom Erlaubten und Verbotenen ist allen Völkern seit Urzeiten vertraut. Die Leute haben aber verschiedene Auffassungen über die Reichweite, die Unterschiede und die Gründe für Tabus und Verbote, von denen die meisten Ergebnisse ihrer primitiven Glaubensvorstellungen, ihres Aberglaubens und ihrer Mythen waren. Dann kamen die großen von Gott offenbarten Religionen mit ihren Gesetzen und Anweisungen über *halal* und *haram* und erhöhten den Menschen von der Ebene des Aberglaubens, der Mythen und des Stammesdenkens auf die Ebene der Würde, die dem Menschen angemessen ist.

In den vor dem Islam offenbarten Religionen gab es aber manches Verbotene und Erlaubtes, das für eine bestimmte Zeit erlassen worden war, im Zusammenhang mit bestimmten Verhältnissen von Leuten und ihrer Umgebung. Beispielsweise verbot Allah den Kindern Israel manche guten Dinge als Strafe für ihre aufsässige Haltung. Aber sie waren nicht für andauernd bestimmt. Deshalb berichtet der (Koran) die Worte Jesu an die Kinder Israel, daß er gekommen sei „als ein Bestätiger der Thora, die vor mir war und um euch einen Teil von dem zu erlauben, was euch verwehrt war..." (3:51)

Als die Menschheit schließlich ein Stadium der intellektuellen Reife erlangte und fähig war, die abschließende Botschaft von Allah, dem Gepriesenen und Erhabenen, zu empfangen, kam der Islam mit seiner vollständigen, umfassenden und immerwährenden *scharia* (Gesetz) für die gesamte Menschheit. Hierüber sagt Allah, nach der Erwähnung dessen, was Er an Speise verboten hat:

„Heute habe Ich euch euren Glauben vollendet und habe an euch Meine Gnade erfüllt, und es ist Mein Wille, daß der Islam euer Glauben ist..." (5:4)

Die islamische Sichtweise von *halal* und *haram* ist sehr einfach und klar. Sie ist Teil jener großen Verantwortung, die Allah den Himmeln, der Erde und den Bergen anbot und die sie ablehnten, die der Mensch aber annahm. Diese Verantwortung verlangt vom Menschen, daß er die Pflichten erfüllt, die Allah ihm als Seinem Stellvertreter auf der Erde auferlegte, und die Verantwortung dafür übernimmt. Diese Verantwortung ist die Grundlage, auf welcher der Mensch von Allah beurteilt und belohnt oder bestraft wird. Wegen dieser Verantwortung hat Allah dem Menschen Verstand, Willenskraft und Willensfreiheit gegeben und Seine Gesandten und Schriften gesandt. Es steht dem Menschen nicht an zu fragen: „Warum ist dieses *halal* und jenes *haram*? Warum kann ich nicht tun, was ich will?", denn genau das ist ja die Prüfung seiner Willens- und Handlungsfreiheit. Auch ist der Mensch ja kein rein geistiges Wesen wie die Engel und auch nicht ein bloß instinktmäßiges, wie die Tiere. Vielmehr nimmt er eine Position dazwischen ein: er kann die geistig-spirituellen Höhen der Engel erreichen und sogar übersteigen oder er kann auf die Ebene der Tiere oder noch tiefer hinabsinken.

Aus einer anderen Sicht betrachtet sind *halal* und *haram* Teil des umfassenden Rechtssystems des Islam, seiner *scharia*, ein System, dessen erstes Anliegen das Gute für die Menschheit ist. Die islamische *scharia* löst die Menschen von schädlichen beschwerlichen Sitten und Aberglauben und zielt darauf ab, die Alltagsangelegenheiten zu vereinfachen und zu erleichtern. Ihre Grundlagen sollen den Menschen vor Bösem bewahren und ihm in allen Lebensbereichen nützlich sein. Sie sollen jedem in der Gemeinschaft nützen - den Reichen wie den Armen, den Herrschern und den Beherrschten, den Männern und den Frauen - und auch der gesamten Menschheit überall auf der Erde in den verschiedenen Ländern und Klimazonen mit ihrer Vielfalt von Gruppierungen und zu jeder Epoche während der einander folgenden Generationen. Diese Religion kam als eine alles umfassende Barmherzigkeit für alle Seine Diener in der letzten Phase der Menschheit. Über Seinen Gesandten (s) hat Allah gesagt:

„Und Wir entsandten dich nur als eine Barmherzigkeit für alle Welt." (21:107) und der Prophet (s) hat gesagt: „Ich bin ein Geschenk der Barmherzigkeit." [1]

1 Abu Huraira; al-Hakim. Authentisch nach al-Dhahabi.

Ein Aspekt dieser Barmherzigkeit besteht darin, daß Allah seiner *umma* [1] alle Spuren von Fanatismus und Übereifer genommen hat, sowie die Möglichkeit, Dinge für *halal* oder *haram* zu erklären, im Gegensatz zu den Götzendienern und den Leuten der Schrift [2], deren Priester Gutes verboten und Schlechtes erlaubten. Allah spricht:

„...Meine Barmherzigkeit umfaßt alle Dinge, und wahrlich, verzeichnen will Ich sie für jene, die gottesfürchtig sind und die *zakat* zahlen und für die, die an Unsere Zeichen glauben." (7:156,157)

Die islamischen Kriterien für *halal* und *haram* sind in den beiden folgenden Koranversen enthalten, die wir diesem Buch voranstellen: „Sag: „Wer hat den Schmuck Allahs verwehrt, den Er erschaffen hat für Seine Knechte und die guten Dinge der Versorgung?" Sag: „Sie sind für die Gläubigen im irdischen Leben besonders aber am Tag der Auferstehung." So machen wir die Zeichen den Verständigen klar. Sag: „Verwehrt hat mein Herr nur die Schandbarkeiten, die öffentlichen und die geheimen, und die Sünde und ungerechte Gewalttat, und daß ihr Allah das an die Seite setzt, wozu Er euch keine Befugnis herabgesandt hat, und daß ihr von Allah sprecht, was ihr nicht wißt." (7:30-31)

Da nun *halal* und *haram* ein solch wichtiges Thema ist, glaube ich, daß dieses Buch trotz seines bescheidenen Umfangs eine Lücke in der Bibliothek des zeitgenössischen Muslims füllt, daß es viele Probleme löst, denen er im persönlichen, im familiären und im gesellschaftlichen Leben gegenüber steht, und daß es viele solche Fragen beantwortet wie: Was ist mir erlaubt? Was ist mir verboten? Und was sind die Gründe dieses zu erlauben und jenes zu verbieten?

Zum Abschluß dieser Einleitung möchte ich den Gelehrten von der al-Azhar und dem Institut für Islamische Kultur meinen Dank dafür sagen, daß sie mir ein solch wichtiges Thema anvertraut haben. Ich hoffe, ich habe mich ihres Vertrauens würdig erwiesen und ihr Ziel erreicht.

Ich bitte Allah den Gepriesenen und Erhabenen den Menschen, die dieses Buch lesen, dadurch Nutzen und uns Wahrhaftigkeit zu geben in dem, was wir sagen und tun und unsere Gedanken und unsere Feder vor Abirrungen zu bewahren und uns in all unseren Angelegenheiten rechtzuleiten. Er allein erhört die Bittgebete.

Dr. Jusuf al-Qaradawi
Safar 1380/ August 1960

1 Gemeinschaft.

2 Juden und Christen.

Begriffsbestimmungen

al-halal **(das Erlaubte):**

was statthaft ist, wobei es keinerlei Einschränkungen gibt und was zu tun der Gesetzgeber, Allah, erlaubt hat.

al-haram **(das Verbotene):**

was der Gesetzgeber absolut verboten hat; wer es begeht, zieht Allahs Strafe im Jenseits und die gesetzliche Strafe im Diesseits auf sich.

al-makruh **(das Verabscheute):**

was der Gesetzgeber ablehnt, aber nicht absolut. *Makruh* ist von niedrigerem Grad als *haram*, und die Strafe dafür ist geringer als die für *haram*, außer es geschieht im Übermaß und auf solche Weise, die zu *haram* führt.

Kapitel 1

Die islamischen Grundsätze von *halal* und *haram*

- Der Hauptgrundsatz [1] ist das Erlaubtsein der Dinge.
- Nur Allah allein hat das Recht, zu erlauben und zu verbieten.
- Verbieten des Erlaubten und Erlauben des Verbotenen ist wie die Sünde des *schirk* (Allah etwas zur Seite oder an Seine Stelle zu setzen).
- Verbote beruhen auf der Unreinheit und Schädlichkeit der Dinge.
- Was *halal* ist, genügt zum Leben, während *haram* überflüssig ist.
- Was zu *haram* führt ist ebenfalls *haram*.
- Verbotenes mit Rechtskniffen zu umgehen ist verboten.
- Gute Absichten machen *haram* nicht annehmbar.
- Zweifelhafte Dinge sind zu vermeiden.
- *Haram* gilt für jedermann.
- Die Notwendigkeit erlaubt Ausnahmen.

1 *asl.*, Mz. *usul*

In der Frage dessen, was *halal* (erlaubt) und *haram* (verboten) sein soll, waren die Völker vor dem Auftreten des Islam weit abgeirrt und gänzlich verwirrt, und man erlaubte viele unreine und schädliche Dinge und verbot vieles, das gut und rein war. Das Abirren war schlimm, entweder zu weit auf die eine oder die andere Seite. Am einen äußersten Ende stand das asketische Brahmanentum Indiens und das selbstverleugnende Mönchstum der Christenheit. Darüberhinaus gab es weitere Religionen auf der Grundlage der Selbstkasteiung, dem Verzicht auf gutes Essen und dem Vermeiden anderer Lebensfreuden, die Allah den Menschen ermöglicht hat. Das Mönchstum der Christenheit erreichte seinen Höhepunkt im Mittelalter, als das Vermeiden guter und reiner Dinge unter den tausenden von Mönchen ein solches Ausmaß annahm, daß man das Waschen der Füße als Sünde betrachtete und ein Besuch in einem Bad zu bedauern und zu bereuen war. Auf der anderen Seite erschien in Persien die Philosophie Mazdaks, die eine absolute Freiheit vertrat und den Menschen gestattete, zu tun was immer sie wollten oder was ihnen gefiel, wobei sogar das verletzt werden sollte, was die Menschen natürlicherweise als unverletzlich ansehen.

Die Araber der vorislamischen Epoche sind ein gutes Beispiel für die absolute Verwirrung, die hinsichtlich der Kriterien für das Erlauben und Verbieten von Dingen und Handlungen bestand. Sie erlaubten das Alkoholtrinken, Zinsen im Übermaß zu nehmen, Frauen zu mißhandeln und einzusperren und vieles anderes mehr. Durch teuflischen Sinn wurde vielen sogar das Töten der eigenen Kinder schmackhaft gemacht, bis sie die natürlichen elterlichen Gefühle unterdrückten und dem Bösen gehorchten, wie Allah der Erhabene spricht:

„So haben vielen der Götzendiener ihre Gefährten das Töten der eigenen Kinder schön gemacht, um sie zu vernichten und in ihrer Religion zu verwirren."(6:137)

Diese „Gefährten" aus den Reihen der Hüter der Götzen hatten sich vielerlei beeindruckende Argumente dafür ausgedacht, einen Vater zu überreden, seine Kinder zu töten. Dazu gehörten die Furcht vor wirklicher oder erwarteter Armut, die mit der Geburt einer Tochter verbundene Schande und die Nähe zu den Göttern durch das Opfer eines Sohnes.

Seltsamerweise hatten diese Leute, die das Töten ihrer Kinder durch Halsabschneiden oder lebendiges Begraben erlaubten, sich selbst das Essen bestimmter Feldfrüchte und bestimmten Viehs verboten. Noch seltsamer ist, daß sie derartige Verbote als Teil ihrer Religion ansahen und sie auf Allahs Befehl zurückführten. [1] Aber Allah hat ihre falsche Behauptung zurückgewiesen:

1 Die vorislamischen Araber verehrten eine Vielzahl verschiedener männlicher und weiblicher Göt-

„Und sie sagen: dieses Vieh und diese Feldfrucht sind heilig; niemand verzehrt sie, außer wir wünschen es — so sagen sie — und Vieh, deren Rücken (das Joch zu tragen) verboten ist und Vieh über dem (beim Schlachten) Allahs Name nicht gesprochen wird — eine ausgedachte Lüge gegen Ihn. Er wird ihnen vergelten, was sie sich ausgedacht haben." (6:138)

Darüber hinaus hat der Koran auch das Irregehen derjenigen offengelegt, die *halal* machen, was verboten sein sollte und *haram* machen, was erlaubt sein sollte:

„Verloren sind die, die ihre Kinder in Torheit getötet haben, ohne Wissen, und verboten haben, womit Allah sie versorgte, — ausgedachte Lüge gegen Allah! Sie sind wirklich irregegangen und ohne Rechtleitung." (6:140)

Als der Islam kam, waren Irrtümer, Verwirrung und Abirrungen hinsichtlich der Fragen nach *halal* und *haram* sehr weit verbreitet. Eine der anfänglichen Errungenschaften des Islam bestand deshalb darin, bestimmte rechtliche Grundsätze aufzustellen und Maßnahmen zu treffen, um diese wichtige Angelegenheit richtig zu stellen. Diese Grundsätze wurden dann zu den bestimmenden Kriterien für die Fragen nach *halal* und *haram*. So wurde diese lebenswichtige Angelegenheit auf rechte Weise geordnet und Regeln über *halal* und *haram* auf der Grundlage der Gerechtigkeit festgesetzt. Derart wurde auch die *umma* (Gemeinschaft) des Islam eine *umma* der Mitte zwischen den abweichenden Extremen, und Allah, der Erhabene, beschreibt sie auch als „Gemeinschaft der Mitte, die beste Gemeinschaft, die je für die Menschheit entstand." (3:110)

1. Der Hauptgrundsatz ist das Erlaubtsein der Dinge

Der erste *asl* oder Grundsatz, den der Islam festlegte, ist, daß die Dinge, die Allah geschaffen hat und der Nutzen, der durch sie gewonnen werden kann, eigentlich für den Menschen da und deshalb auch erlaubt sind. Nichts ist *haram* außer dem, was aufgrund eines unzweifelhaften und deutlichen *nass* von Allah, dem Gesetzgeber, verboten wurde. [2] Wo der *nass* nicht unzweifelhaft ist, z. B. bei einem schwachen *hadith*, oder wo das Verbot nicht unmißverständlich mitgeteilt ist, gilt der Grundsatz vom Erlaubtsein der Dinge. Die islamischen Gelehrten haben diesen Grundsatz der natürlichen Nutzbarkeit und Erlaubtheit der Dinge von eindeutigen Koranversen hergeleitet. Beispielsweise sagt Allah der Erhabene:

zen, hatten aber auch die Vorstellung eines Hauptgottes, Allah, dem sie viele falsche Eigenschaften und Gesetze, zuschrieben.

2 *nass* ist entweder ein Koranvers oder eine eindeutige, authentische *sunna* des Propheten Muhammad. Dies sind die beiden Hauptquellen des islamischen Gesetzes, der *scharia*.

„Er ist es, der alles, was auf der Erde ist, für euch geschaffen hat..." (2:29)

„Er hat euch, von Sich aus, alles dienstbar gemacht, was in den Himmeln und auf der Erde ist..." (45:13)

„Seht ihr nicht, daß Allah euch dienstbar gemacht hat, was in den Himmeln und auf der Erde ist und Seine Gnade über euch ausgeschüttet hat, offenbar und verborgen?" (31:20)

Es geht nicht, daß Allah der Erhabene all dies erschafft, dem Menschen dienstbar macht, als Seine Gnadenerweise aufzählt und ihm dann mitteilt, daß ihr Gebrauch verboten ist - wie könnte das sein, wo Er dies alles zum Gebrauch und Nutzen des Menschen erschuf? Tatsächlich hat Allah nur einige wenige Dinge verboten, aus besonderen Gründen, die später erörtert werden sollen. Im Islam ist der Bereich des Verbotenen sehr klein und der des Erlaubten sehr groß. Es gibt nur eine kleine Anzahl unzweifelhafter ausdrücklicher Texte über Verbote, wohingegen alles andere, was nicht in einem *nass* als erlaubt oder verboten erwähnt ist, dem allgemeinen Grundsatz des Erlaubtseins der Dinge und dem Bereich der Gnadenerweise Allahs zugehört. Hierzu sagte der Prophet (s):

„Was Allah in Seiner Schrift erlaubt hat, ist *halal*, und was Er verboten hat, ist *haram*, und das, worüber Er geschwiegen hat, ist Nachsicht. Also nehmt Allahs Gnade an, denn Allah vergißt nichts. Dann trug er vor: „Und dein Herr vergißt nicht." (19:64) [1].

Salman al-Farsi berichtet, daß Allahs Gesandter (s), als er nach Fett, Käse und Fell gefragt wurde, geantwortet hat:

„*Halal* ist, was Allah in Seiner Schrift erlaubt hat, und *haram* ist, was Er in Seiner Schrift verboten hat, und das, worüber Er schweigt, gehört zu dem, was Er euch nachsieht.". [2]

Hier wollte der Prophet ihnen ihre Frage nicht in allen Einzelheiten beantworten, sondern sie zum allgemeinen Grundsatz der Bestimmung von *halal* und *haram* hinführen. Demgemäß ist für uns auch ausreichend zu wissen, was Allah *halal* und *haram* gemacht hat, da das Übrige, was darin nicht inbegriffen ist, rein und erlaubt ist. Der Prophet (s) hat auch gesagt:

„Allah hat euch bestimmte Pflichten auferlegt, also vernachlässigt sie nicht. Er hat bestimmte Grenzen gesetzt, also überschreitet sie nicht, und Er hat

1 Al-Hakim bezeichnet diesen *hadith* als *sahih* (gesund), zitiert von al-Bazzar.

2 Tirmidhi, Ibn Madscha.

bestimmte Dinge verboten, also begeht sie nicht, und Er hat über bestimmte Dinge geschwiegen, aus Gnade gegen euch, nicht aus Vergeßlichkeit, also fragt nicht nach ihnen.". [1]

Ich möchte hier betonen, daß der Grundsatz vom Erlaubtsein der Dinge nicht auf Gegenstände allein beschränkt ist, sondern jedwedes menschliches Handeln und Verhalten betrifft, das nicht auf Handlungen des Gottesdienstes bezogen ist, also auch auf das, was man Lebensgewohnheiten oder Alltagsfragen nennt. Hier gilt gleichfalls, daß alles ohne Einschränkung erlaubt ist, ausgenommen eine kleine Anzahl von Dingen, die der Gesetzgeber, Allah der Erhabene, ausdrücklich verboten hat, wie Er sagt:

„Er (Allah) hat euch klargelegt, was Er euch verboten hat..." (6:119) und zwar sowohl Dinge wie auch Handlungen.

Was den Gottesdienst betrifft, verhält es sich aber anders. Hier handelt es sich um rein religiöse Handlungen, die nur auf Allahs Offenbarung beruhen können. Darüber gibt es einen *hadith sahih*: [2]

„Jede Neuerung in unserer Sache (des Gottesdienstes), die nicht dazu gehört, ist zu verwerfen." [3] Denn die Sache des Glaubens beruht auf zwei Grundsätzen: daß man nur Allah dient und Ihm nicht anders dient, als Er es vorgeschrieben hat.

Wer eine Form des Gottesdienstes erfindet oder selbst begründet, ist abgeirrt, und es muß verworfen werden, denn nur der Gesetzgeber selbst hat das Recht, Handlungen des Gottesdienstes zu begründen, mit denen die Menschen Seine Nähe suchen. Die Lebensgewohnheiten und Alltagsangelegenheiten wurden indes nicht vom Gesetzgeber begründet, sondern von den Menschen. Darum greift hier der Gesetzgeber nur ein, um zu berichtigen, zu mäßigen oder zu verfeinern und gelegentlich, um etwas gelten zu lassen, was nicht schädlich ist oder zu Unheil führt.

Der große islamische Gelehrte Ibn Taimijja erklärt:

„Worte und Taten der Menschen sind von zweierlei Art: Handlungen des Gottesdienstes, auf denen ihre Religion gegründet ist, und Sitten und Gebräuche für das Alltagsleben. Aufgrund der Prinzipien der *scharia* wissen wir, daß Handlungen des Gottesdienstes solche Handlungen sind, die Allah der Erhabene vorgeschrieben oder gebilligt hat. Hier kann nur aufgrund der *scharia* Zustimmung

1 Daraqutni, nach al-Nawawi ein *hasan* (guter) *hadith*.

2 „gesund", zuverlässig.

3 Dieser *hadith* ist *muttafaq alaih*, d.h. in Übereinstimmung der beiden großen Gelehrten al-Buchari und Muslim).

erfolgen. Was aber die alltäglichen Angelegenheiten der Menschen betrifft, sind sie für das tägliche Leben notwendig. Hier gilt der Grundsatz der Handlungsfreiheit. Nichts darf eingeschränkt werden, außer was Allah der Erhabene eingeschränkt hat. Dies gilt, weil beides, Befehlen und Verbieten, in Allahs Hand liegt. Beim Gottesdienst muß also ein Befehl von Ihm vorliegen. Wie könnte man aber etwas als eingeschränkt betrachten, was nicht als Befehl vorliegt? Deshalb sagen Ahmad (bin Hanbal) und andere Hadithgelehrte: Im Hinblick auf die Handlungen des Gottesdienstes gilt das Prinzip des „Stillstandes" (tauqif), d.h. hier kann nichts erlassen werden, außer was Allah Selbst erlassen hat. Wer sich anders verhält, riskiert, sich der Bedeutung des Koranverses anzuschließen: „Haben sie Teilhaber (an Allah), die ihnen in der Religion vorschreiben, wozu Allah keine Erlaubnis erteilt hat?" (42:21). Was aber die Lebensgewohnheiten angeht, gilt der Grundsatz der Freiheit, weil hier nichts eingeschränkt werden kann, außer was Allah selbst verboten hat. Wer hier anders handelt, auf den trifft die Bedeutung des Koranverses zu: „Sag: Seht ihr, was Allah zu eurer Versorgung herabgesandt hat? Und doch habt ihr manches davon *halal* und manches *haram* gemacht!" (10:59)

Dies ist ein großartiger und nützlicher Grundsatz, demgemäß wir sagen dürfen, daß Kaufen, Verkaufen, Verleihen, Geschenke machen usw. für die Menschen notwendige Handlungen sind wie Essen, Trinken und Kleidung tragen. Wo die *scharia* etwas über diese alltäglichen Dinge aussagt, geschieht es, um gutes Verhalten zu lehren. Deshalb hat sie verboten, was zum Unheil führt, hat zu dem verpflichtet, was wesentlich ist, hat verworfen, was wertlos ist und gebilligt, was nützlich ist. All dies geschah mit gebührender Berücksichtigung der verschiedenen Handlungen, ihrer Bedeutung und ihrer jeweiligen Eigenschaften. Dieser Position der *scharia* gemäß steht es den Menschen frei zu kaufen, zu verkaufen, zu verleihen, wie sie möchten, gerade so, wie es ihnen frei steht, zu essen und zu trinken, was sie möchten, so lange es nicht *haram* ist. Obwohl manches davon vielleicht bevorzugt oder mißbilligt wird, steht es ihnen dennoch frei, weil die *scharia* nicht so weit gegangen ist, es zu verbieten und darum der Hauptgrundsatz (des Erlaubtseins) bestehen bleibt. [1]

Dieser Grundsatz wird auch durch das gestützt, was Dschabir ibn Abdullah, der Gefährte des Propheten (s) in einem *hadith sahih* berichtet:
„In der Zeit, als der Koran herabgesandt wurde, pflegten wir den *azl* (coitus interruptus) anzuwenden. Wenn dies verboten sein sollte, hätte der Koran es verboten."

1 *al-qawaid al-nuranija al-fiqija* von Ibn Taimijja, S.112-13.
In Übereinstimmung mit diesem Grundsatz sagen Ibn Taimijja, sein Schüler Ibn al-Qajjim und die Mehrheit der hanbalitischen Rechtsgelehrten, daß Verträge und ihre Bedingungen grundsätzlich erlaubt sind, und daß jeder Vertrag gültig ist, der nicht etwas einschließt, was auf Grund eines *nass haram* ist.

Er schloß also daraus, daß wenn die göttliche Offenbarung über eine Sache schwieg, diese nicht verboten und nicht eingeschränkt werden sollte und die Leute sie anwenden durften. Sicherlich hatten die Gefährten des Propheten (s) ein umfassendes Verständnis der *scharia*. Entsprechend ist dieser großartige Grundsatz — daß kein Gottesdienst ohne Allahs Befehl eingeführt und keine sonstige Handlung ohne Sein Verbot verboten werden kann — festgelegt.

2. Nur Allah allein hat das Recht, zu erlauben und zu verbieten.

Der zweite Grundsatz besteht darin, daß der Islam die Autorität darüber, *haram* und *halal* zu bestimmen, eingeschränkt und aus der Hand der Menschen genommen hat, gleich welchen religiösen oder weltlichen Ranges sie sein mögen. Diese Autorität ist allein dem Herrn aller Menschen vorbehalten. Weder Rabbiner noch Priester, weder Könige noch Sultane haben das Recht, den Knechten Allahs etwas grundsätzlich zu verbieten. Wer das tut, hat zweifellos seine Grenze überschritten und sich die Hoheit angemaßt, die im Hinblick auf die Gesetzgebung für die Menschen allein Allah, dem Erhabenen, vorbehalten ist. Andere, die eine solche Überschreitung gutheißen und nach dem handeln, was solche Usurpatoren erlassen, erheben sie dadurch in den Rang der Teilhaber Allahs:

„Haben sie Teilhaber (an Allah), die ihnen in der Religion vorschreiben, wozu Allah keine Erlaubnis erteilt hat?" (42:21)

„Sie haben sich ihre Rabbiner und Priester als Herren neben Allah genommen und den Messias, Sohn der Maria, obwohl ihnen befohlen wurde, niemandem zu dienen außer Allah allein. Es gibt keinen Gott außer Ihm, Er ist erhaben über das, was sie Ihm beigesellen." (9:31)

Der Koran hat die Leute der Schrift, d.h. Christen und Juden, dafür zur Verantwortung gezogen, daß sie den Rabbinern und Priestern die Macht gaben, Dinge und Handlungen zu erlauben und zu verbieten.

Adi bin Hatim, der Christ war, bevor er den Islam annahm, kam einmal zum Propheten (s). Als er ihn den obigen Vers vortragen hörte, sagte er: „O Allahs Gesandter, sie dienen ihnen nicht". Der Prophet (s) antwortete: „Doch sie verbieten den Leuten, was *halal* ist und erlauben ihnen, was *haram* ist, und die Leute folgen ihnen. Darin besteht ihr ihnen Dienen." [1].

Die Christen behaupten immer noch, daß Jesus (Friede auf ihm) vor seiner Himmelfahrt die Apostel mit der Autorität versehen habe, zu erlauben und zu verbieten, wie es ihnen recht erschien, wie in Matthäus 18:18 berichtet wird:

1 Von Tirmidsi berichtet und anderen und als *hasan* eingestuft.

„Wahrlich, ich sage euch: Was ihr auf Erden bindet, soll auch im Himmel gebunden sein, und was ihr auf Erden löset, soll auch im Himmel gelöst sein.“

Der Koran hat auch die Polytheisten dafür zur Verantwortung gezogen, daß sie ohne Ermächtigung von Allah Gesetze und Verbote machten:

„Sag: Seht ihr, was Allah zu eurer Versorgung herabgesandt hat? Und doch habt ihr manches davon *halal* und manches *haram* gemacht?“ (10:59)

„Und sagt nicht hinsichtlich der Lüge eurer Zungen: dies ist *halal* und dies ist *haram*, um eine Lüge gegen Allah auszudenken — denn jene, die sich eine Lüge gegen Allah ausdenken, ergeht es nicht wohl.“ (16:116)

Diesen deutlichen Koranversen und klaren *ahadith* des Propheten (s) gemäß haben die islamischen Rechtsgelehrten mit Sicherheit erkannt, daß nur Allah allein das Recht hat, zu erlauben oder zu verbieten, sei es durch Seine Schrift oder durch das Wort Seines Gesandten (s). Die Aufgabe der Rechtsgelehrten beschränkt sich nun darauf, zu erläutern, was Allah als *halal* oder *haram* festgesetzt hat, „und er hat euch deutlich dargelegt, was er euch verboten hat“ (6:119). Ihre Aufgabe ist keineswegs zu bestimmen, was den Menschen erlaubt und was verboten ist. Deshalb haben sich die großen Rechtsgelehrten trotz ihrer Gelehrsamkeit und Befähigung zum *idschtihad* davon fernzuhalten versucht, Entscheidungen über *halal* und *haram* zu treffen und das Problem weitergereicht aus Furcht davor, einen Fehler zu begehen und als *halal* zu erklären, was *haram* ist oder umgekehrt.

In seinem Buch *al-Umm* berichtet al-Schafii, daß Abu Jusuf, der Qadi (Richter) und Gefährte von Abu Hanifa gesagt hat:

„Ich weiß, daß unsere gelehrten Lehrer es vermieden haben zu sagen: Dies ist *halal* und das ist *haram*, abgesehen von dem, was sie klar und deutlich erwähnt vorfanden, ohne daß es einer Auslegung der Schrift Allahs bedurfte. Von Ibn al-Saib wird berichtet, daß al-Rabi bin Chaitham, einer der Größten der zweiten Generation der Muslime, gesagt hat: Hütet euch zu sagen: Allah hat dies erlaubt oder Er billigt es, und daß Allah dann vielleicht sagt, daß Er es nicht erlaubt oder gebilligt hat, oder daß ihr sagt: Allah hat dies verboten und Allah dann vielleicht sagt: Ihr lügt, Ich habe es nicht verboten oder mißbilligt! Einige Gefährten von Ibrahim al-Nachai, einem großen Rechtsgelehrten aus Kufa aus der zweiten Generation der Muslime, berichteten uns, daß er seinen Kollegen, wenn sie ein Urteil sprachen, empfahl zu sagen: es ist mißbilligt, oder: es schadet nicht, statt *haram* oder *halal*, weil *haram* und *halal* Begriffe von viel größerer Tragweite sind.“ [1]

1 *Al-Umm*, Bd. 7, S.317

Dies berichtet also Abu Jusuf über unsere rechtschaffenen Vorfahren, und auch in Übereinstimmung mit al-Schafii. Entsprechend berichtet auch al-Muflih von Ibn Taimijja, daß die Rechtsgelehrten der Anfangszeit des Islam nicht als *haram* bezeichnet haben, was nicht zweifelsfrei solches war. [1]

Aus gleichem Grund pflegte der große Imam Ahmad ibn Hanbal, wenn er befragt wurde, zu sagen: ich mißbillige es, oder: es sagt mit nicht zu, ich mag es nicht, ich ziehe es nicht vor, und ähnliche Berichte gibt es über Malik, Abu Hanifah und alle anderen Imame (Allahs Wohlgefallen auf ihnen). [2]

3. Verbieten des Erlaubten und Erlauben des Verbotenen ist wie *schirk*

Der Islam tadelt alle, die eigenmächtige Aussagen über Erlaubtes und Verbotenes machen, ist aber denen besonders streng gegenüber, die Verbote aufstellen, denn die Neigung, Verbote aufzustellen führt zu Unannehmlichkeiten für die Menschen und beschränkt ungerechtfertigt, was Allah für Seine Geschöpfe weiträumig gestaltet hat. Außerdem ist diese Neigung bei manchen verbreitet, die in Sachen der Religion extreme Haltungen einnehmen und denen Einhalt geboten werden muß. Der Prophet (s) bekämpfte diese falsche Frömmigkeit und diesen Fanatismus mit allen Mitteln und warnte jene, die ihm anhingen, mit den drei Mal wiederholten Worten: „Die Fanatiker gehen zugrunde“. [3]

Der Prophet (s) kennzeichnete seine Botschaft durch die folgenden Worte: „Ich wurde mit dem gesandt, was wahrhaft und großmütig ist.“

Die Geradheit seiner Botschaft besteht im Glauben an *tauhid* [4] und die Einfachheit im Brauchtum und Gesetz, im Gegensatz zum *schirk* und dem Verbieten der guten Dinge des Lebens. Der Prophet (s) hat all dies in einem *hadith qudsi* erwähnt, der Allahs Wort mitteilt: „Sie haben den Leuten verboten, was Ich ihnen erlaubt habe, denn Ich schuf die Menschen dem Rechten zugeneigt (*hunafa*). Dann kamen die Bösen zu ihnen und führten sie von ihrer Religion weg in die Irre und verboten ihnen, was Ich erlaubte und trugen ihnen auf, Mir beizugesellen, wozu Ich keine Vollmacht gegeben habe.“ [5]

1 Dies wird auch durch die Tatsache gestützt, daß die Gefährten das Weintrinken nach der Offenbarung des Koranverses 2:219 nicht aufgaben, weil dieser Vers das Weintrinken — bis zu Offenbarung von 5:90-91 — nicht eindeutig verbot.

2 Dies sollte den Anhängern jener Imame eine Lehre sein, die das Wort *haram* so oft gebrauchen, ohne auch nur den geringsten Beweis zu haben.

3 Muslim, Ahmad, Abu Dawud.

4 die Einheit und Einzigkeit Allahs.

5 Muslim; ein *hadith qudsi* ist ein Bericht, in dem der Prophet (s) ein Wort Allahs mitteilt und er selbst es nur berichtet. Anders als beim Koran kann man aber vom *hadith qudsi* nicht sagen, daß Allah es gesprochen hat, sondern die Bedeutung ist von Allah, während der Wortlaut vom Propheten (s) stammt und ihm durch Offenbarung oder Eingebung übermittelt wurde.

Etwas, das *halal* ist, zu verbieten, kommt *schirk* gleich, und deshalb tadelt der Koran die Götzendiener Arabiens für ihre Vielgötterei, ihre Götzen und dafür, daß sie sich selbst — ohne jegliche Ermächtigung durch Allah — verboten bestimmte Feldfrüchte und Vieh zu essen oder zu verwenden. Zu diesen verbotenen Tieren gehörten solche, die man in der vorislamischen Zeit der *dschahilijja bahira, saiba, wasila* und *ham* nannte. [1]

Bahira (mit eingeschnittenem Ohr) war eine Kamelstute, die fünf Kälber hatte, von denen das letzte männlich war. Man machte einen Einschnitt in das Ohr eines solchen Kamels und ließ es frei herumlaufen. Es durfte nicht geritten, gemolken, oder geschlachtet werden und durfte ungehindert fressen und trinken, wo es wollte. *Saiba* war ein Kamel, männlich oder weiblich, das aufgrund eines Gelübdes frei herumlaufen durfte, gewöhnlich im Zusammenhang mit der unbeschadeten Rückkehr von einer Reise, der Heilung einer Krankheit oder aus anderem Grund.

Mit *wasila* verhielt es sich wie folgt: das erste Junge einer Ziege wurde, wenn es männlich war, von den Götzendienern den Göttern geopfert, während man es behielt, wenn es weiblich war. Waren es aber Zwillinge, eines männlich und eines weiblich, sagte man: „Er ist ihr Bruder" und statt das männliche Junge zu schlachten, ließ man es frei herumlaufen und nannte es *wasila*. Wenn schließlich der Nachkomme eines männlichen Kamels in der zweiten Generation in der Lage war, einen Reiter zu tragen, ließ man das alte Kamel frei, sagte „Er rettete ihm den Rücken" und nannte es *al-ham*.

Es gibt zwar noch andere Erklärungen dieser vier Begriffe, doch laufen sie alle auf dasselbe hinaus. Der Koran hat diese Verbote zurückgewiesen und hat denen, die sie anwandten, keinerlei Entschuldigungsgrund gelassen, den Irrungen ihrer Vorfahren zu folgen:

„Nicht Allah hat *bahira* oder *saiba* oder *wasila* oder *ham* begründet, sondern die Ungläubigen haben sich eine Lüge gegen Allah ausgedacht, und die meisten von ihnen sind unverständig. Wird zu ihnen gesagt: Kommt zu dem, was Allah herabgesandt hat und zum Gesandten, sagen sie: Uns genügt, was wir bei unseren Vätern vorgefunden haben. Und wenn nun ihre Väter nichts gewußt haben und nicht rechtgeleitet waren?" (5:106-7).

Die *Sure al-An'am* enthält eine ausführliche Behandlung dessen, was diese Leute im Zusammenhang mit Kamelen, Ochsen, Schafen und Ziegen als *haram* bezeichnet haben, und hier gebraucht der Koran eine ironische rhetorische Frage, um sie von ihrem Irrtum zu überzeugen:

1 Die Geistesverfassung und Lebensbedingungen vor dem Auftreten des Islam, denen die Abweichung von Allahs Rechtleitung und die Annahme gottloser Anschauungen und Lebensweisen zugrunde lagen, wird *dschahilijja* genannt.

„Acht (Stück Vieh) in Paaren, zwei Schafe und zwei Ziegen. Sag: hat Er die beiden männlichen verboten oder die beiden weiblichen oder (die Jungen), die in den Leibern der beiden weiblichen sind? Teilt es mir mit Wissen mit, wenn ihr wahrhaftig seid. Und zwei Kamele und zwei Kühe. Sag: Hat Er die beiden männlichen verboten oder die beiden weiblichen..." (6:143-44)

In einer anderen Darlegung in der *Sure al-Araf* verwirft Allah der Erhabene die Behauptung all solcher Verbote und legt die Prinzipien für Verbote fest:

„Sag: Wer hat die schönen Dinge Allahs verboten, die Er für Seine Knechte hervorgebracht hat, und die guten Dinge Seiner Versorgung?...Sag: Was mein Herr wirklich verboten hat, sind die Schandtaten, offenbare oder insgeheime, Sünde und Übertretung ohne Recht, und daß ihr Allah beigesellt, wozu Er keine Ermächtigung herabgesandt hat, und daß ihr von Allah sagt, was ihr nicht wißt."(7:32-33)

Es ist bedeutend, daß diese Darlegungen in Mekka geoffenbart wurden. Die mekkanischen Offenbarungen handelten immer von Glaubensdingen, der Einheit und Einzigkeit Allahs und dem Jenseits. Wir können deshalb schließen, daß vor Allah diese Frage des Verbietens ohne Ermächtigung von Ihm nicht eine geringfügige Angelegenheit war, sondern etwas, das mit den Grundlagen des Glaubens zu tun hat.

In Medina gab es bei manchen Muslimen eine Neigung zur Askese, und sie enthielten sich mancher erlaubten Freuden. Darauf offenbarte Allah die folgenden deutlichen Verse, um sie innerhalb der von Ihm gesetzten Grenzen zu halten und sie auf den geraden Weg des Islam zurück zu bringen:

„Ihr Gläubigen! Erklärt nicht die guten Dinge als *haram*, die Allah für euch *halal* gemacht hat, und überschreitet (die Grenzen) nicht, denn Allah liebt die Überschreitenden nicht. Und eßt von dem, womit Allah euch versorgt hat, Erlaubtes und Gutes, und fürchtet Allah, an den ihr ja glaubt." (5:90-91)

4. Verbote beruhen auf der Unreinheit und Schädlichkeit der Dinge.

Es ist das Recht Allahs, der die Menschen geschaffen und sie mit unzähligen Gaben versehen hat, Gesetze zu geben oder Verbote zu erlassen, wie Er es für richtig ansieht und ihnen gleichfalls Verpflichtungen und Verantwortung aufzuerlegen. Als Seine Geschöpfe haben sie kein Recht, dies in Frage zu stellen oder nicht zu gehorchen. Dies ist Sein Recht als ihr Herr und ihre Pflichten als Seine Diener. Aber Allah der Erhabene ist bei dem, was Er befiehlt, nicht willkürlich. Weil Er Seinen Knechten gegenüber barmherzig ist, erlaubt und verbietet Er aus gutem Grund, mit Blick auf das Wohlergehen der Menschen. So hat Er nur Reines erlaubt und nur verboten, was unrein ist.

Es stimmt, daß Allah den Juden bestimmte gute Dinge verboten hat, doch geschah dies lediglich, um sie für ihren Ungehorsam zu strafen, weil sie die von Allah gesetzten Grenzen überschritten hatten. So spricht Allah:

„Und den Juden haben Wir jedes Tier mit Krallen verboten, und vom Rindvieh und den Schafen haben wir ihnen ihr Fett verboten, außer was sie am Rücken oder den Eingeweiden tragen, oder was an den Knochen ist. So vergalten Wir ihnen ihren Ungehorsam, und Wir sind wahrhaft." (6:146)

An anderer Stelle im Koran hat Allah weitere Formen dieses Ungehorsams beschrieben:

„Und wegen der Ungerechtigkeit der Juden haben Wir ihnen gute Dinge verboten, die ihnen erlaubt waren, und weil sie viele von Allahs Weg abgehalten haben, und weil sie Zins genommen haben, was ihnen verboten war, und weil sie die Güter der Leute richtigerweise verzehrt haben..." (4:160-61)

Als Allah Seinen letzten Gesandten mit der ewigen und vollkommenen Religion für die Menschheit entsandte, als diese ein Stadium der Reife erlangt hatte, zeigte Er auch Seine Barmherzigkeit und hob diese Verbote auf, die eine zeitweilige Strafe für ein sich widersetzendes hartnäckiges Volk waren. [1]

Auch war das Kommen des Propheten (s), der sie von dieser Last befreien würde, den Juden und Christen angekündigt worden, wie der Koran sagt:

„...den sie in ihren eigenen Schriften beschrieben finden, in der Torah und dem Evangelium. Er trägt ihnen auf, was recht ist und verbietet ihnen das Schlechte, er erlaubt ihnen die guten Dinge und verbietet ihnen die schlechten, er befreit sie von ihrer Last und dem Joch auf ihnen..." (7:157)

Im Islam hat Allah, statt dem Verbieten der guten Dinge andere Wege für das Auslöschen der Sünden vorgeschrieben: aufrichtige Reue, die die Sünde wegwäscht wie Wasser den Schmutz, gute Taten, die schlechte gutmachen, wohltätige Gaben, die das Feuer löschen und Prüfungen und Leiden, die die Sünden zerstreuen, wie der Winterwind die herabgefallenen Blätter. Deshalb sind im Islam die Dinge nur verboten, weil sie unrein oder schädlich sind.

Wenn etwas absolut schädlich ist, ist es *haram*, und wenn es absolut zuträglich ist, dann ist es *halal*. Wo der Schaden den Nutzen überwiegt, ist es *haram*, und wo der Nutzen den Schaden überwiegt, ist es *halal*. Dieser Grundsatz ist im Koran im Zusammenhang mit Wein und Glückspiel erläutert:

„Sie befragen dich nach Wein und Glückspiel. Sag: In ihnen ist große Sünde und auch Nutzen für die Menschen, aber die Sünde ist größer als der Nutzen..." (2:219)

1 Vgl. z.B. Exodus 32:9.

Mit der gleichen Begründung ist die Antwort auf die Frage, was im Islam *halal* ist: die guten Dinge. Gute Dinge sind, was maßvolle Menschen als zuträglich annehmen und dem die Menschen allgemein und unbeeinflußt von Gewohnheiten zustimmen. Allah der Erhabene sagt:

„Sie fragen dich, was für sie erlaubt ist. Sag: Alles Gute ist euch erlaubt..." (5:5)

Und Allah sagt auch:
„Heute wurden euch alle guten Dinge erlaubt..." (5:6)

Ein Muslim muß nicht unbedingt genau wissen, was bei dem, was Allah verboten hat, unrein oder schädlich ist. Es ist ihm vielleicht unklar, aber einem anderen Menschen einsichtig. Auch ist der Schaden möglicherweise zu seinen Lebzeiten noch gar nicht entdeckt worden und wird erst später bekannt. Von einem Muslim wird vielmehr verlangt, daß er sagt: „Wir haben gehört und wir gehorchen". Beachten wir nicht auch Allahs Verbot des Schweinefleischs, ohne daß die Muslime alle Gründe dafür kennen, wenn man davon absieht, daß es sich um ein unreines Tier handelt? Jahrhunderte sind vergangen, bis die Wissenschaft im Schweinefleisch Parasiten und andere Giftstoffe entdeckte. Aber selbst wenn die Wissenschaft diese Entdeckungen nicht gemacht oder noch viel mehr entdeckt hätte, würden die Muslime das Schweinefleisch immer noch für unrein halten.

Ein weiteres Beispiel findet man in dem folgenden Wort des Propheten (s):

„Vermeidet drei Abscheulichkeiten: die Verrichtung des Bedürfnisses in Gewässer, auf den Wegen und an schattigen Orten.". [1]

Zu früheren Zeiten wußten die Leute nur, daß es sich hierbei um Abscheulichkeiten handelte, die für zivilisierte Menschen als Verhalten in der Öffentlichkeit unvorstellbar waren. Durch den Fortschritt der Wissenschaften wissen wir heute, daß diese drei Abscheulichkeiten Gefährdungen der allgemeinen Gesundheit darstellen, weil sie die Grundursache für die Verbreitung solch gefährlicher Krankheiten wie der Hakenwurminfektion und der Bilharzia sind.

So werden uns die nützlichen Seiten der islamischen Gesetzgebung im Hinblick auf Erlaubtes und Verbotenes — ja aller islamischer Gesetzgebung — deutlich, je weiter die Wissenschaften vordringen und je mehr neue Entdeckungen gemacht werden. Wie könnte es auch anders sein, wo sie vom allweisen, allwissenden und barmherzigen Schöpfer kommt?

„Und Allah unterscheidet den Unheilstifter von dem, der Gutes tut, und hätte Allah es gewollt, hätte Er es euch schwer gemacht, Allah ist mächtig und weise." (2:220)

1 Abu Dawud, Ibn Madscha und al-Hakim, Sahih nach Baihaqi.

5. *Halal* genügt, während *haram* überflüssig ist

Eine der schönen Seiten des Islam besteht darin, daß er nur das verboten hat, was unnötig und verzichtbar ist und daß er Alternativen bietet, die besser sind und es den Menschen leichter und angenehmer machen. Dies hat Ibn al-Qajjim erläutert:

„Allah hat es verboten, nach Vorzeichen durch Orakel zu suchen, aber Er hat die Alternative des *istikhara* geboten, ein Bittgebet mit dem man um Allahs Rechtleitung nachsucht.

Er hat Zinsen verboten, aber ermutigt zum gewinnbringenden Handel. Er hat das Glückspiel verboten, aber Er hat erlaubt bei Wettkämpfen zu setzen, die für das religiöse Streben nützlich sind, wie Pferde- oder Kamelrennen oder Wettschießen. Er hat (den Männern) das Tragen von Seide verboten, aber ihnen die Wahl anderer Stoffe gelassen, wie Wolle, Leinen oder Baumwolle. Er hat Ehebruch, Unzucht und Homosexualität verboten, aber ermutigt zur rechtmäßigen Ehe.

Er hat berauschende Getränke verboten, damit man stattdessen andere wohlschmeckende Getränke genießt, die Körper und Geist zuträglich sind.

Und Er hat unreine Speise verboten und bietet die Alternative der zuträglichen Nahrung.“. [1]

Wenn wir also die islamischen Regeln in ihrer Gesamtheit betrachten, stellen wir fest, daß dort, wo Allah die Möglichkeiten Seiner Knechte bei manchen Dingen einschränkt, Er ihnen gleichzeitig eine noch größere Auswahl zuträglicherer Alternativen bietet. Allah will ja sicherlich nicht das Leben der Leute schwierig, eng und begrenzt machen, im Gegenteil, Er will Angenehmes für sie, Gutes, Rechtleitung und Barmherzigkeit, wie Er gesagt hat:

„Allah will es euch klar machen und euch die Wege der Rechtschaffenen vor euch führen und sich in Barmherzigkeit zu euch wenden, und Allah ist wissend, weise... und Allah möchte es euch leichter machen, denn der Mensch wurde schwach geschaffen.“ (4:26,28)

6. Was zu *haram* führt ist ebenfalls *haram*

Ein weiterer islamischer Grundsatz lautet, daß wenn etwas verboten ist, alles, was dazu führt, ebenfalls verboten ist. Auf diese Weise versperrt der Islam alle Zugänge zum *haram*. Zum Beispiel, da der Islam außereheliche Geschlechtsbeziehungen verbot, hat er auch alles verboten, was dazu führt oder verleitet, wie z.B. verführerische Kleidung, intime Zusammentreffen und ausschweifen-

1 *Rauda al-muhibbin*, S.10 und *Aalam al-muwaqqi'in, Bd. 2, S.111.*

des Beisammensein von Männern und Frauen, Abbildung der Nacktheit, unanständige Literatur, obszöne Lieder, usw.

Demgemäß haben die muslimischen Juristen den Grundsatz aufgestellt, daß alles, was zu *haram* verführt oder verleitet, ebenfalls *haram* ist. Ein entsprechender Grundsatz ist, daß die Sünde des *haram* nicht auf die Person beschränkt ist, die sie begeht, sondern auf andere ausgedehnt ist, die den Betreffenden dazu geführt haben, sei es materiell oder moralisch - jeder ist für seinen Teil verantwortlich.

So hat z.B. der Prophet im Falle der berauschenden Getränke nicht nur den verflucht, der trinkt, sondern auch den, der sie herstellt, der sie anbietet, der, dem sie angeboten werden, der, dem der Preis dafür gezahlt wird, usw. Auf diesen Punkt wird später noch einmal eingegangen. Auch im Fall des Zinses hat der Prophet (s) denjenigen verflucht, der ihn entrichtet, der, dem er entrichtet wird, den, der den Vertrag schreibt und den Zeugen dabei. So leiten wir den Grundsatz ab, daß alles, was zum *haram* beiträgt, selbst *haram* ist, und wer einem anderen dabei hilft, Anteil an der Sünde hat.

7. Verbotenes mit Rechtskniffen zu umgehen ist verboten.

So wie der Islam alle äußeren Handlungen verboten hat, die zu *haram* führen, verbietet er auch, sich versteckter Kniffe zu bedienen, um das Verbotene auf abwegige Weise und mit vom Teufel eingegebenen Entschuldigungen doch zu begehen. Die Juden wurden für solches Verhalten getadelt. Der Prophet (s) hat gesagt:

„Macht nicht, was die Juden getan haben, um Allahs Verbote mit Hilfe fadenscheiniger Vorwände zu umgehen.‘ [1]

Dies bezieht sich darauf, daß Allah den Juden die Jagd am Sabbat verboten hat. Um dies zu umgehen, haben sie Freitags Fallen aufgestellt, damit die Fische am Samstag in sie gelangen und am Sonntag gefangen werden. Wer sich solcher Erklärungen und Entschuldigungen bedient, um sein Tun zu rechtfertigen, hält solche Handlungen auch für erlaubt, aber die islamischen Rechtsgelehrten halten sie für *haram*, weil die Absicht Allahs darin bestand, sie am Sabbat an der Jagd, direkt oder indirekt, zu hindern.

Etwas, was *haram* ist, mit einer anderen Bezeichnung zu belegen oder die Form zu ändern, während der Inhalt bestehen bleibt, ist eine verwerfliche Vorgehensweise, weil natürlich eine Namensänderung oder Veränderung der Form ohne Folgen bleibt, so lange die Sache und ihr Wesen an sich unverändert ist.

1 Ibn al-Qajjim, in *ighathat al-lahfan*, Bd. I, S.308, sagt: „Dies berichtete Abdullah bin Battah aufgrund guter Autorität, und al-Tirmidhi stuft einen entsprechenden *hadith* als *sahih* ein.“

Deshalb bleibt die Sünde der Zinsnahme oder des Alkohlkonsums bestehen, auch wenn die Leute neue Bezeichnungen für Zins bzw. Alkohol erfinden. Dies ist schon im *hadith* zu lesen:

„Eine Gruppe von Leuten meiner Gemeinschaft wird den Wein *halal* machen, indem sie ihn anders bezeichnet.“ [1]

„Eine Zeit wird über die Leute kommen, wenn sie Zins erlauben und es „Handel“ nennen.“ [2]

Zu den seltsamen Erscheinungen unserer Zeit gehört ja auch, daß die Leute obszöne Tänze „Kunst“ nennen, Alkoholika „geistige“ Getränke und Wucherzinsen „Gewinnanteil“.

8. Gute Absichten machen *haram* nicht annehmbar

Der Islam legt bei all seiner Gesetzgebung und seinen moralischen Anweisungen großen Wert auf edle Gefühle, hohe Ziele und Reinheit der Absicht. Der Prophet (s) hat gesagt: „Die Taten werden nach den Absichten beurteilt, und jedem wird vergolten, was er beabsichtigt hat.“ [3]

Im Islam werden sogar die Alltagsangelegenheiten durch gute Absichten in Handlungen des Gottesdienstes und der Anbetung verwandelt. Wenn also jemand Nahrung zu sich nimmt mit der Absicht, sein Leben zu erhalten und seinen Körper zu stärken, damit er seine Verpflichtungen dem Schöpfer und den Menschen gegenüber erfüllen kann, dann gelten sein Essen und Trinken als Gottesdienst und Anbetung Allahs des Erhabenen. Auch wenn jemand die sexuelle Beziehung zu seiner Ehefrau aufnimmt, mit dem Wunsch nach einem Kind und um sich und seine Frau keusch zu halten, gilt dies als eine Handlung des Gottesdienstes für ihn, die im Jenseits belohnt wird. Hierzu hat der Prophet (s) gesagt:

„Wenn einer von euch mit seiner Ehefrau verkehrt, gilt dies für ihn als eine Handlung, die belohnt wird. Die Leute sagten: O Allahs Gesandter, wie kann das sein, daß jemand seine Lust befriedigt und dann dafür belohnt wird? Der Prophet (s) antwortete: „Wäre es keine Sünde für ihn, wenn er sie auf verbotene Weise befriedigte? Und ebenso, wenn er sie auf erlaubte Weise befriedigt, gibt es einen Lohn für ihn.“ [4]

Er hat auch gesagt:
„Wer das Erlaubte der Welt wünscht, sich vom Verbotenen fernhält, für seine

1 Ahmad.
2 Buchari, Muslim.
3 Buchari.
4 Buchari, Muslim.

Familie arbeitet, sich um seinen Nachbarn kümmert, der wird seinem Herrn begegnen mit einem leuchtenden Gesicht, (hell) wie der Vollmond." [1]

Auf diese Weise wird immer dann, wenn eine erlaubte Handlung eines Gläubigen von einer guten Absicht begleitet ist, seine Handlung zu einer Handlung des Gottesdienstes. Der Fall des *haram* ist indes völlig anders. Es bleibt immer *haram*, gleich wie gut die Absicht sein mag, gleich wie ehrenhaft der Zweck, wie erhaben das Ziel. Der Islam kann niemals zustimmen, daß ein lobenswertes Ziel auf eine verbotene Weise erreicht würde. Vielmehr besteht er darauf, daß nicht nur das Ziel ehrenhaft, sondern auch der dazu gewählte Weg rein sein muß. Die scharia lehnt den Grundsatz „Der Zweck heiligt die Mittel" oder daß man mit unlauteren Methoden zum Rechten gelangt, entschieden ab. Sie verlangt, daß das Rechte nur mit gerechten Mitteln durchzusetzen sei.

Wenn jemand Reichtum durch Zinsnahme, Betrug, Glückspiel oder andere verbotene Weise ansammelt, um damit eine Moschee zu bauen oder eine wohltätige Einrichtung zu begründen oder sonst ein gutes Werk zu tun, wird die Schuld, *haram* begangen zu haben nicht von ihm genommen, weil er ein gutes Ziel verfolgte. Im Islam vermindern gute Absichten und Ziele in keiner Weise die Sündhaftigkeit dessen, was *haram* ist. Dies ist es, was uns der Prophet (s) lehrte, als er sagte:

„Allah ist gut und nimmt nur Gutes an, und Allah befiehlt den Gläubigen, wie Er Seinen Gesandten befohlen hat: Ihr Gesandten, eßt vom Guten und tut das Rechte, Ich weiß, was ihr tut (Sure 35:31). Er hat auch gesagt: O ihr Gläubigen, eßt von den guten Dingen, mit denen Wir euch versorgt haben. (2:172). Dann sagte der Prophet (s): Ein Mann kommt daher, ungekämmt und staubbedeckt und hebt seine Hände zum Himmel und sagt: O Herr, o Herr! während er aß, was *haram* war und trank was *haram* war, (an Kleidung) trug, was *haram* war und sich auf eine Weise am Leben erhielt, die *haram* war. Wie kann sein Gebet angenommen werden?" [2]

Der Prophet (s) hat auch gesagt:

„Wenn jemand Reichtum auf verbotene (*haram*) Weise ansammelt und dann davon Almosen gibt, erhält er dafür keine Belohnung und die Last der Sünde bleibt." [3]

Schließlich hat er auch gesagt:

„Wenn jemand auf verbotene Weise Eigentum erwirbt und dann Almosen gibt, wird es nicht (von Allah) angenommen. Wenn er etwas davon ausgibt, liegt

1 al-Tabarani.

2 Abu Huraira; Muslim, al-Tirmidhi.

3 Ibn Khuzaima, Ibn Hibban, al-Hakim; Abu Huraira.

kein Segen darin, und wenn er es (bei seinem Tod) hinterläßt, ist es seine Versorgung im Feuer. Allah, der Erhabene, löscht nicht eine schlechte Tat durch eine andere schlechte Tat aus, sondern Er löscht eine schlechte Tat durch eine gute Tat. Etwas Unreines reinigt nicht etwas anderes, das unrein ist." [1]

9. Zweifelhafte Dinge sind zu vermeiden

Es gehört zu Allahs Barmherzigkeit gegenüber Seinen Geschöpfen, daß Er sie darüber, was erlaubt und was verboten ist, nicht in Unkenntnis gelassen hat. Vielmehr hat Er klar gemacht, was *halal* und was *haram* ist. Er spricht:

„... Er hat euch klar gemacht, was Er für euch *haram* gemacht hat..." (6:119). Folglich darf man tun, was erlaubt ist und muß, so weit man die Wahl hat, vermeiden, was verboten ist. Allerdings gibt es eine Grauzone zwischen dem eindeutigen *halal* und dem eindeutigen *haram*. Das ist der Bereich des Zweifelhaften. Manche Menschen sind vielleicht nicht in der Lage, zu entscheiden, ob eine bestimmte Sache erlaubt oder verboten ist. Eine solche Unklarheit kann entweder auf zweifelhafter Beweisführung beruhen oder auf Zweifel daran, ob ein bestimmter Text auf die jeweilige Situation oder Sache anwendbar ist. In einem solchen Fall betrachtet der Islam es als eine fromme Handlung des Muslims, zu vermeiden, was zweifelhaft ist, um sich von etwas fernzuhalten, das *haram* sein könnte. Dies entspricht dem, was schon oben über das Verschließen der Zugänge zum *haram* gesagt wurde. Solches ist eine weitsichtige Haltung, die den Menschen genau kennt. Dieser Grundsatz hat seine Wurzel in dem Wort des Propheten (s):

„Was *halal* ist, ist klar und was *haram* ist, ist klar, und dazwischen gibt es zweifelhafte Dinge, über die die Menschen nicht Bescheid wissen. Wer sie vermeidet, hat sich im Hinblick auf seine Religion und seine Ehre in Sicherheit gebracht, und wer etwas davon tut, läuft Gefahr, ins *haram* zu gelangen, wie bei einem Schafhirt, der seine Herde an der Grenze des *hima* weidet, [2] es leicht möglich ist, daß seine Tiere es betreten. Jeder König hat einen solchen Bezirk, und der *hima* von Allah ist, was Er verboten hat." [3]

10. *Haram* gilt für jedermann

In der islamischen *scharia* hat *haram* umfassende und fortdauernde Gültigkeit. Es gibt nichts, das z.B. einem Nichtaraber verboten, aber einem Araber erlaubt, auch nichts, das einem Schwarzen vorenthalten und einem Weißen vorbehalten wäre. Im Islam gibt es keine privilegierten Klassen oder Personen, die im Namen der Religion tun und lassen könnten, was sie wollten. Die

1 Ibn Masud; Ahmad.

2 wo nur die Tiere des Königs weiden dürfen.

3 Tirmidhi, Buchari.

Muslime haben nicht den Vorrang, anderen etwas zu verbieten, was ihnen selbst erlaubt ist. Dies kann gar nicht sein, weil Allah der Herr aller ist und die islamische *scharia* die Rechtleitung für jedermann. Was Allah in Seiner *scharia* erlaubt hat, ist allen Menschen erlaubt, und was Er verboten hat, ist allen Menschen verboten, bis zum Tag der Auferstehung.

Beispielsweise ist das Stehlen sowohl dem Muslim wie dem Nichtmuslim verboten. Die Strafe ist die gleiche, ungeachtet der Angehörigen oder der Herkunft des Diebes. Der Prophet (s) hat diesen Grundsatz bekräftigt, in dem er sagte:

„Bei Allah, würde Fatima, die Tochter Muhammads, stehlen, ließe ich ihr die Hand abschlagen." [1]

„Einmal wurde dem Propheten (s) ein Fall von Diebstahl vorgetragen, bei dem es zwei Verdächtige gab, einen Muslim und einen Juden. Einige Verwandte des Muslims, der schuldig war, versuchten durch Indizien den Verdacht auf den Juden zu lenken, um ihren Angehörigen zu schützen. Der Prophet (s) war fast überzeugt, daß der Muslim unschuldig war. Dann kam eine Offenbarung, die die Verschwörung aufdeckte, den Juden vom Verdacht des Verbrechens befreite und den Propheten (s) tadelte und anwies, Gerechtigkeit ohne irgendwelche Vorurteile walten zu lassen:

„Wir haben dir die Schrift in Wahrheit herabgesandt, damit du zwischen den Menschen richtest wie dir Allah Einsicht gab. Aber vertritt nicht die Verräter und bitte Allah um Verzeihung, Allah ist verzeihend und barmherzig. Und verwende dich nicht für die, die einander betrügen. Allah liebt die Betrüger und Sünder nicht. Sie verbergen sich vor den Menschen, doch können sie sich nicht vor Allah verbergen, denn Er ist bei ihnen, wenn sie nachts Ränke schmieden, was Ihm nicht gefällt. Allah umschließt ihr Tun. Ihr verteidigt sie wohl in diesem Leben, aber wer wird sie vor Allah am Tag der Auferstehung verteidigen oder wer wird ihr Beschützer sein?" (4:105-109)

In der entstellten Schrift der Juden wird behauptet, daß es zwar dem Juden verboten sei, einem anderen Juden Zins auf geliehenes Geld abzuverlangen, dies bei einem Nichtjuden aber erlaubt sei. So heißt es im 5. Buch Mose 20-21:1

„Du sollst von deinem Bruder nicht Zinsen nehmen, weder mit Geld noch mit Speise noch mit allem, womit man wuchern kann. Von den Fremden magst du Zinsen nehmen, aber nicht von deinem Bruder, auf daß dich der Herr, dein Gott segne, in allem, was du vornimmst in dem Lande, dahin du kommst, es einzunehmen."

1 Buchari.

Der Koran spricht auch von einer weiteren ähnlichen Neigung unter Juden, nämlich andere, die nicht zu ihrer Rasse oder ihrem Glauben gehören, ohne Bedenken zu betrügen. Im Koran heißt es:

„Und unter den Leuten der Schrift ist einer, der, wenn du ihm nur eine Goldmünze anvertraust, sie dir nicht wiedergeben würde, es sei denn du bist ständig hinter ihm. Dies, weil sie sagen: Den Heiden gegenüber sind wir nicht verpflichtet, aber sie sprechen eine Lüge gegen Allah, und sie wissen es." (3:75)

Das, was sie hier Allah zugeschrieben haben, ist fraglos eine Lüge, denn die Gesetze Allahs unterscheiden nicht zwischen dem einem oder dem anderen Volk, und was den Betrug angeht, hat Allah ihn durch die Worte aller Seiner Gesandten und Propheten verurteilt. Mit Bedauern müssen wir sagen, daß diese Neigung, eine doppelte Moral, einmal für den „Bruder" und einmal für den „Fremden", anzuwenden, ein Kennzeichen primitiver Ethik ist. Sie kann aber einer göttlich offenbarten Religion nicht zugeschrieben werden, denn eine hohe — d.h. echte — Moral unterscheidet sich durch ihr universales und umfassendes Wesen und hat nicht zweierlei Maß. Der Unterschied zwischen uns und primitiven Völkern besteht nicht darin, daß jene keinen Moralkodex hätten, sondern in der Weite seines Anwendungsbereiches. Beispielsweise gilt unter solchen Völkern Ehrlichkeit als eine lobenswerte Eigenschaft. Sie wird aber nur den eigenen Stammesangehörigen gegenüber geübt. Im Umgang mit Menschen die nicht zu ihrem Stamm gehören, halten sie Betrug nicht für falsch, sondern empfehlen oder verlangen ihn sogar.

Der Verfasser der „Geschichte der Zivilisation schreibt:
„Fast alle Gruppen stimmen darin überein, daß sie die anderen für unterlegen halten. Die amerikanischen Indianer hielten sich für das auserwählte Volk, vom großen Geist besonders erschaffen, um der Menschheit als vorbildliches Beispiel zu dienen. Ein Indianerstamm nannte sich „Die einzigen Menschen", ein anderer „Menschen der Menschen". Die *Karibier* sagten: „Wir allein sind Menschen". Die Eskimos glaubten, die Europäer seien nach Grönland gekommen, um von ihnen gutes Benehmen und Tugenden zu lernen. Deshalb kam es dem primitiven Menschen kaum in den Sinn, die moralischen Schranken, die er im Umgang mit seinem eigenen Stamm anerkannte, auf andere auszudehnen. Er ging vielmehr ganz offen davon aus, daß es die Funktion der Moral sei, seiner Gruppe gegenüber anderen Stärke und Zusammenhalt zu geben. Anweisungen und Tabus galten nur für die eigenen Stammesangehörigen, während er bei anderen so weit ging, wie er sich wagte, außer es handelte sich um Gäste." [1]

1 Will Durant, The Story of Civilization, New York 1935, Bd. 1, S.54-55.

11. Die Notwendigkeit erlaubt Ausnahmen.

Der Islam hat die verbotenen Dinge in engen Grenzen gehalten, achtet aber zugleich strengstens darauf, daß die Verbote eingehalten werden. Folglich hat er auch die Zugänge zum Verbotenen, seien sie offen oder verborgen, versperrt. Das, was zu *haram* führt, ist deshalb *haram* und was zu *haram* verhilft, ist ebenfalls *haram*, *haram* mit Rechtskniffen zu umgehen, ist *haram* usw., bis hin zum letzten Prinzip, das wir dargestellt haben. Gleichzeitig ist der Islam aber den Erfordernissen des Lebens und ihrem Ausmaß gegenüber nicht blind, auch nicht gegenüber der menschlichen Schwäche und Fähigkeit, ihnen zu begegnen. So erlaubt der Islam dem Muslim, in einer Zwangslage soviel verbotene Nahrung zu sich zu nehmen, daß er die Zwangslage beseitigen und sich vor dem Tod retten kann. In diesem Zusammenhang sagt Allah der Erhabene nach der Aufzählung verbotener Nahrung wie Aas, Blut und Schweinefleisch:

„...aber wenn jemand durch Notwendigkeit gezwungen ist, nicht aus Verlangen und Überschreitung, dann liegt keine Sünde auf ihm, Allah ist vergebend, barmherzig." (2:173)

Dies wird an vier Stellen im Koran wiederholt, nach jeder Erwähnung der verbotenen Speisen.

Auf der Grundlage dieser und ähnlicher Koranverse haben islamische Rechtsgelehrte einen wichtigen Grundsatz erarbeitet, nämlich, „Die Notwendigkeit hebt das Verbotene auf."

Allerdings ist darauf zu achten, daß die Personen in der Notlage die verbotene Nahrung mit der Auflage essen darf, es „nicht aus Verlangen oder Überschreitung" zu tun. Dies wird dahingehend ausgelegt, daß er es nicht genießen und auch nicht überschreiten soll, indem er mehr ißt als die Menge, die nötig ist, um seinen Hunger zu stillen. Hieraus haben die Rechtsgelehrten einen weiteren Grundsatz abgeleitet: daß die erlaubte Menge durch die (Größe der) Notlage bestimmt ist. Die dem zugrunde liegende Vorstellung geht davon aus, daß selbst in einer Notlage der betreffende Mensch hier nicht völlig nachgeben muß oder mit großem Eifer zugreift, sondern er muß grundsätzlich mit dem leben, was *halal* ist, und nach Wegen suchen, dazu zu kommen, damit er sich nicht an das Verbotene gewöhnt oder es unter dem Vorwand der Zwangslage zu genießen beginnt.

Mit der Erlaubnis, unter Zwang *haram* anzuwenden, bleibt der Islam seinem Geist und seinen allgemeinen Grundlagen treu. Dieser Geist, der seine Gesetze durchdringt, soll das Leben einfach und weniger einengend für die Menschen machen und die Lasten von ihnen nehmen, die ihnen frühere Anschauungen und Religion auferlegt haben. Das Wort Allahs, des Allmächtigen, ist wahr:

„...Allah möchte es euch leicht machen und es euch nicht schwer machen" (2:185)

„...Allah will euch keine Last auflegen, sondern Er will euch reinigen und Seine Gnade an euch vollkommen machen, damit ihr dankbar seid." (5:7)

„Allah will es euch leicht machen, denn der Mensch wurde schwach erschaffen." (4:28)

Kapitel 2
Halal und *haram* im Privatleben des Muslims

1. Essen und Trinken
   Das islamische Schlachten
   Jagd
   Rauschmittel

2. Kleidung und Schmuck
   Gold und Seide
   Die Kleidung des Muslims
   Künstliche Veränderung der Erscheinung

3. Die Wohnung
   Gebrauch von Gold und Silber
   Statuen und Figuren
   Fotografien

4. Die Arbeit
   Musik und Tanz
   Figuren und Kreuze
   Rauschmittel
   Verbotene Geschäfte

1. Essen und Trinken

Seit alters her haben die Menschen sich in ihren Eß- und Trinkgewohnheiten unterschieden, auch im Hinblick darauf, was erlaubt und was zu vermeiden ist, besonders bei tierischen Nahrungsmitteln.

Bei pflanzlichen Nahrungsmitteln gibt es unter den Völkern der Erde fast einen Konsens. Der Islam verbietet keine pflanzliche Nahrung, mit der Ausnahme dessen, was vergoren ist, gleich ob es sich um Trauben, Datteln, Getreide oder sonstige Substanzen handelt. Gleichfalls verbietet der Islam alles, was berauscht, die Gehirntätigkeit beeinflußt oder dem Körper schadet, wie noch auszuführen ist. Hinsichtlich tierischer Nahrungsmittel gibt es unter den Menschen allerdings weit auseinanderklaffende Auffassungen.

● Die Haltung der Brahmanen gegenüber Schlachten und Fleischverzehr

Die Brahmanen und manche Philosophen, die Vegetarier sind, verbieten sich selbst das Töten und Essen von Tieren. Sie sagen, das Schlachten der Tiere sei eine Grausamkeit, die der Mensch an diesen Tieren verübt, die wie er selbst Lebewesen sind, und daß man dem Tier nicht das Lebensrecht nehmen dürfe.

Wenn wir aber über die Schöpfung nachdenken, erkennen wir, daß diese Tiere nicht um ihrer selbst willen geschaffen wurden, denn sie sind nicht mit Verstand oder Willensfreiheit versehen. Auch erkennen wir, daß sie aufgrund ihrer natürlichen Stellung dem Menschen nutzbar gemacht sind. Darum gibt es auch keinen Zweifel, daß der Mensch von ihrem Fleisch Nutzen hat, nachdem sie geschlachtet wurden, so wie er auch von ihnen Nutzen hat, solange sie leben.

Wir erkennen weiterhin, daß es ein Gesetz Allahs in Seiner Schöpfung ist, daß die niedrigeren Arten zum Nutzen der höheren geopfert werden. So werden die Grünpflanzen geschnitten und an ein Tier verfüttert, und das Tier wird zur Ernährung des Menschen geschlachtet. Auch der Mensch muß kämpfen und sein Leben für seine Angehörigen einsetzen. Darüberhinaus wird das Tier dadurch, daß ein Mensch vielleicht vom Schlachten Abstand nimmt, nicht vor dem Tod oder der Vernichtung bewahrt. Entweder fällt es einem anderen Tier zum Opfer oder es stirbt auf andere Weise, vielleicht viel schmerzhafter als durch einen schnellen Schnitt mit einem scharfen Messer.

● Tiere, die Juden und Christen verboten sind

Unter den Völkern, die eine Religion mit einer Offenbarungsschrift haben, hat Allah den Juden den Verzehr von vielen Land- und Seetieren verboten. Eine Aufzählung davon findet man im Alten Testament, Leviticus, Kapitel 11. Der

Koran erwähnt einiges, von dem, was Allah ihnen verboten hat, um sie, wie schon gesagt, für ihre Übertretungen und Sünden zu strafen:

„Und den Juden haben wir jedes Tier mit Krallen verboten, und vom Rindvieh und den Schafen haben wir ihnen ihr Fett verboten, außer was sie am Rücken oder den Eingeweiden tragen oder was an den Knochen ist. So vergelten Wir ihnen ihren Ungehorsam und Wir sind wahrhaft." (6:146)

Diese Verbote galten für die Juden und man darf annehmen, daß auch die Christen sie beachten sollten, weil das Evangelium sagt, daß Jesus nicht kam, um das Gesetz Mose abzuschaffen, sondern es zu erfüllen. Doch erlaubten die Christen Verschiedenes, was in der Torah verboten ist, obwohl es nicht im *indschil*, der Jesus offenbarten Schrift, abrogiert wurde. Die Christen folgten der Lehre des Paulus, der alle Speisen und Getränke für erlaubt erklärte, mit der einzigen Ausnahme von Fleisch von Tieren, die Götzen geopfert worden waren (1. Korinther 8:4-10; 10:19-29; Kolosser 2:13-14, 16; Timotheus 4:4-5), weil „für den Reinen alles rein ist." (Römer 14:14-17; Titus 1:15).

So erlaubten die Christen sich, Schweinefleisch zu essen, obwohl die Torah dies bis heute verbietet.

- Die Haltung der vorislamischen Araber

Die vorislamischen Araber verboten bestimmte Tiere, die als unrein und andere, die als heilig und den Göttern geweiht galten. Wir haben bereits *bahira*, *saiba*, *wasila* und *ham* erwähnt, die zu den letzteren zählen. Im Gegensatz dazu erlaubten sie vielerlei unreine Nahrung, wie Aas und Blut.

- Der Islam erlaubt das Zuträgliche

Beim Auftreten des Islam war die Lage im Hinblick auf die Nahrungsmittel also folgende: auf der einen Seite war alles Fleisch erlaubt, auf der anderen alles Fleisch verboten. Dann sprach Allah zu allen Menschen:

„Ihr Menschen! Eßt, was erlaubt und gut ist auf der Erde und folgt nicht den Fußstapfen des Teufels, er ist euer offener Feind." (2:168)

Er spricht also zu allen Völkern des Erdballs und ruft sie auf, die guten Dinge zu essen, mit denen Er sie auf diesem riesigen gedeckten Tisch, der Erde, versorgt hat, und nicht den Wegen des Teufels zu folgen, der es manchen Menschen verlockend gemacht hat, sich verschiedene zuträgliche Dinge zu versagen, die Allah *halal* machte, und der sie so zu den Fallgruben der Selbstvernichtung führt. Dann spricht Allah insbesondere die Gläubigen an und sagt:

„Ihr Gläubigen, eßt von den guten Dingen, mit denen Wir euch versorgten und seid Allah dankbar, wenn Er es ist, dem allein ihr dient. Was Er euch verboten hat ist Krepiertes und Blut und Schweinefleisch und das, was einem anderen als Allah geopfert wurde. Aber wenn jemand durch Notwendigkeit gezwungen ist, nicht aus Verlangen oder Übertretung, dann ist keine Sünde auf ihm, Allah ist vergebend, barmherzig.“ (2:172-73)

In dieser besonderen Botschaft an die Gläubigen trägt Allah der Erhabene ihnen auf, von den guten Dingen zu essen, die Er bereitgestellt hat und Ihm für Seine Gnaden zu danken. Dann erklärt Er, daß keine Nahrung *haram* ist, außer den vier im Vers genannten Arten. Die selben vier Arten werden auch, mit einigen weiteren Einzelheiten, an anderen Stellen im Koran genannt:

„Sag: Ich finde nichts in dem, das mit offenbart wurde, dem Essenden zu essen verboten, außer Krepiertes oder Blut oder Schweinefleisch - denn dies ist abscheulich - oder das Abscheuliche, das einem anderen als Allah geweiht wurde. Aber wenn jemand durch Notwendigkeit gezwungen ist, nicht aus Verlangen oder Übertretung, dann ist dein Herr verzeihend und barmherzig.“ (6:146)

Noch mehr Einzelheiten nennt die folgende Stelle:

„Verboten ist euch Krepiertes, Blut, Schweinefleisch und das, worüber ein anderer Name als Allahs angerufen wurde, Erwürgtes, Erschlagenes, durch Sturz oder Hörnerstoß Umgekommenes, von reißenden Tieren Gefressenes, außer dem, was ihr reinigt, und auf den Götzensteinen Geschlachtetes...“ (5:4)

Es besteht hier kein Widerspruch zwischen diesem Vers, der zehn Arten des Verbotenen aufzählt und dem vorherigen mit nur vier Arten, weil Tiere, die durch Erwürgen getötet wurden, durch Erschlagen, durch Herabstürzen, durch Aufspießen oder die von wilden Tieren angefressen wurden, alle zur Kategorie der krepierten Tiere zählen. Auch zählt das, was Götzen geopfert wurde zur Kategorie dessen, was anderen außer Allah geweiht ist. So gehörten also die verbotenen Nahrungsmittel vier Hauptgruppen an, die in insgesamt 10 Gruppen unterteilt werden können:

- Das Verbot, Krepiertes zu essen und sein Sinn

1. Das erste, was in diesen Versen über verbotene Nahrung genannt wird, ist das Fleisch „krepierter Tiere“, d.h. Fleisch von Vieh oder Geflügel, die eines natürlichen Todes gestorben sind, ohne vom Menschen geschlachtet oder erjagt worden zu sein.

Für dieses Verbot gibt es offensichtliche Gründe:

a) Fleisch eines krepierten Tieres zu essen, widerstrebt dem zivilisierten Geschmack und gilt bei allen denkenden Menschen in allen Gesellschaften als im Gegensatz zur Menschenwürde stehend. Wir stellen auch fest, daß alle Völker, die eine Offenbarungsschrift haben, dies verboten haben und nur dann

Fleisch eines Tieres essen, wenn es geschlachtet wurde. Die Art und Weise der Schlachtung ist allerdings unterschiedlich.

b) Der Muslim lernt bei allem, was er tut, mit vorgegebenem Ziel und Absicht zu handeln. Er gebraucht keine Sache und zieht keinen Nutzen ohne daß seine Absicht, sein Ziel und seine Bemühung darauf ausgerichtet sind. Die Bedeutung des Schlachtens, die das Tier aus der Kategorie des Krepierten herausnimmt, besteht darin, dem Tier das Leben zu nehmen mit dem Zweck es zu essen. Allah der Erhabene will nicht, daß der Mensch etwas verzehrt, was er nicht zu essen beabsichtigte, wie es mit dem krepierten Tier der Fall ist. Demgemäß bedarf es beim Schlachten oder Jagen eines Tiere der Absicht, gefolgt von Bemühen und entsprechendem Handeln.

c) Wenn das Tier eines natürlichen Todes gestorben ist, hatte es vermutlich eine akute oder chronische Krankheit oder fraß eine giftige Pflanze usw., so daß es schädlich wäre, sein Fleisch zu verzehren. Das gilt auch, wenn die Todesursache hohes Alter oder Verhungern war.

d) Dadurch, daß den Menschen das Fleisch krepierter Tiere verboten wurde, schafft Allah den Tieren und Vögeln eine Nahrungsquelle, die nach den Worten des Korans ebenfalls eine Gemeinschaft (*umma*) sind. Dies bestätigt sich dadurch, daß die Kadaver von Tieren von Vögeln und Tieren verzehrt werden.

e) Dieses Verbot bewirkt auch, daß ein Tierbesitzer auf Krankheit und Unterernährung achtet, damit das Tier nicht stirbt und so unbrauchbar wird. So wird er im Krankheitsfall rasch nach einer Heilung suchen oder das Tier notschlachten.

- Das Verbot von fließendem Blut

2. Das zweite Verbot betrifft fließendes bzw. flüssiges Blut. (Es ist nicht verboten, das Blut zu essen, das im Fleisch des Schlachttieres verbleibt, nachdem man es soweit wie möglich entfernt hat.) Ibn Abbas wurde nach der Milz gefragt, und er antwortete: „Man kann sie essen“. Die Fragenden wandten ein: „Aber es ist Blut“ (Man hielt die Milz für geronnenes Blut.) Er antwortete: „Nur das flüssige Blut ist euch verboten.“ Der Grund dafür ist, daß das Trinken von flüssigem Blut dem menschlichen Anstand widerstrebt und es auch der Gesundheit schadet.

In der Zeit der *dschahilijja* konnte jemand, der hungrig war, mit einem Knochen oder anderen scharfen Gegenstand seinem Tier eine Wunde zufügen und dann das ausfließende Blut sammeln und trinken. Darauf bezieht sich, was der Dichter al-Aschi sagte:

„Nähere dich nie krepierten Tieren und nimm keinen Knochen, ein lebendes zu verletzen."

Da solche Verletzungen eines Tieres ihm Schaden zufügen und es schwächen, hat Allah der Erhabene diesen Brauch verboten.

- Schweinefleisch

3. Das dritte Verbot betrifft Schweinefleisch. Da das Schwein Kot und Abfall frißt, ist sein Fleisch Menschen mit natürlichem Anstand widerwärtig. Auch hat die neuere medizinische Forschung gezeigt, daß der Verzehr von Schweinefleisch gesundheitsschädlich ist, in allen Klimazonen, besonders den heißen. Die Forschung hat gezeigt, daß Schweinefleisch einen tödlichen Parasiten (Trichinen) enthält, und niemand weiß, was in Zukunft darüber noch herausgefunden werden wird, und was mehr Licht auf den Sinn dieses Verbotes wirft. Allah der Allmächtige hat die Wahrheit gesprochen, als er seinen Gesandten Muhammad (s) als denjenigen bezeichnete, der „verbietet, was schlecht ist." (7:156)

Darüberhinaus sagen manche Gelehrten, daß Verzehr von Schweinefleisch oft das Schamgefühl des Menschen herabsetzt.

- Was anderen außer Allah geweiht ist

4. Die vierte verbotene Kategorie betrifft das Tier, das einem anderen außer Allah geweiht wurde, d.h. das mit der Anrufung eines anderen Namens als Allahs Namen geschlachtet wurde, z.B. im Namen eines Götzen. Die arabischen Poytheisten pflegten die Namen ihrer Götzen beim Schlachten anzurufen, wie al-Lat oder al-Uzza. So ein Brauch ist ein Akt der Anbetung gegenüber einem anderen außer Allah und eine Art des Gottesdienstes, wobei Allahs Name nicht genannt wird. In diesem Fall ist das Verbot allein mit dem Glauben verbunden; es geht darum, den Glauben an die Einzigkeit Gottes zu bewahren, den Gottesdienst reinzuhalten und Mitgötterei und Vielgötterei in jedweder Form zu bekämpfen.

Es ist ja Allah, der den Menschen erschaffen und ihm die Kontrolle aller Dinge auf der Erde übergeben hat, der ihm die Tiere unterstellte und ihm gestattet hat, ihr Leben zu nehmen, um sich zu ernähren, unter der Bedingung, daß beim Schlachten Sein Name genannt wird. Wenn man beim Schlachten den Namen Allahs ausspricht, ist das eine Erklärung, daß man dem Schlachttier das Leben mit der Erlaubnis des Schöpfers nimmt, und wer einen anderen Namen anruft, hat diese Erlaubnis verwirkt und darf das Fleisch nicht verzehren.

● Verschiedene Arten toter Tiere

Die vier obigen Kategorien sind die Hauptgruppen verbotener tierischer Nahrung. Wie in der Sure al-Maida (5:4) geoffenbart, kommen zu diesen vier noch fünf weitere hinzu, die weitere Kategorien „krepierter Tiere“ betreffen, nämlich:

5. Erwürgtes: ein Tier, das erwürgt wurde, z.B. mit einem Seil um den Hals, oder erstickt, in dem beispielsweise sein Kopf in etwas eingebracht wurde, das zum Ersticken führt.

6. Erschlagenes: ein Tier, das mit einem Knüppel o.ä. zu Tode geschlagen wurde.

7. Herabgestürztes: ein Tier, das aufgrund eines Sturzes krepierte, zum Beispiel von einer Anhöhe herab, oder in einen Graben oder eine Schlucht.

8. Aufgespießtes: ein Tier, das stirbt, weil es von den Hörnern eines anderen Tieres aufgespießt wurde.

9. Angefressenes: ein Tier, daß von anderen Tieren angefressen wurde und daran stirbt.

Nach der Aufzählung dieser 5 Kategorien macht Allah eine Ausnahme dessen, „was ihr durch Schlachten erlaubt macht“, d.h. wenn man zu einem solchen Tier kommt und es noch lebt, macht die Schlachtung es *halal* zum Verzehr. Die richige Auffassung von „noch lebt“ ist, daß es noch Lebenszeichen von sich gibt. Ali ibn Abi Talib sagte: „Wenn ihr das erschlagene, gestürzte oder aufgespießte Tier schlachte könnt, während es noch Hufe oder Beine bewegt, dürft ihr es essen.“ Al-Dahak erläuterte dies:

„Die Leute in der Zeit der *dschahilijja* aßen krepierte Tiere. Dann verbot Allah es ihnen im Islam, außer dem, was geschlachtet wurde. Wenn es geschlachtet wird, während es noch ein Bein, den Schwanz oder ein Auge bewegt, ist es *halal*.“ [1]

Gründe für die obigen Verbote

Die oben angeführten Gründe für das Verbot des Verzehrens von Krepiertem brauchen hier nicht wiederholt werden, vielleicht mit der Ausnahme der Gefährdung der Gesundheit, die hier nicht offensichtlich ist. Doch soll die Bedeutung der Verbote für die Kategorien 5 bis 9 noch einmal betont werden. Der allweise Gesetzgeber will die Menschen lehren, das Tier gut zu behandeln und es vor Schaden zu schützen. Man soll es nicht derart vernachlässigen,

1 Manche Rechtsgelehrte sagen, es muß noch am Leben sein, was durch Fließen des Blutes und Reflexbewegungen erkennbar ist.

daß es erwürgt werden kann, von einer Anhöhe herabstürzt oder im Kampf mit einem anderen Tier aufgespießt wird. Auch darf es nicht durch grausames Schlagen gequält werden, das dann zum Tode führt, wie gemeine Hirten, besonders die gedungenen, es manchmal tun, die sogar Tiere, z.B. zwei Bullen oder Schafe zum Kampf aufstacheln, bis eines das andere tödlich verwundet oder aufspießt.

Allein aus diesem Grund haben die muslimischen Rechtsgelehrten verboten, Fleisch eines derart aufgespießten Tieres zu essen, selbst wenn es von den Hörnern des anderen Tieres verletzt wurde und das Blut ausfloß. Dieses Verbot gilt sogar dann, wenn das Blut an der Stelle ausfloß, wo normalerweise geschlachtet wird, nämlich an der Kehle. Nach meinem Verständnis ist der Grund dafür die Bestrafung des Tierbesitzers, der die Tiere so vernachlässigt hat, daß sie sich gegenseitig auspießen. Für seine Nachlässigkeit kann er nicht noch damit belohnt werden, daß er ihr Fleisch als Nahrungsmittel verwerten darf. Der Grund des Verbotes, Tiere zu essen, die schon angefressen wurden, ist die Bewahrung der menschlichen Würde. Ein Muslim erniedrigt sich nicht derart, daß er verzehrt, was Tiere zurückließen. Die Menschen in der *dschahiljja* aßen üblicherweise, was wilde Tiere zrückgelassen hatten, ob es nun Schaf, Kamel oder Rindvieh war, aber Allah hat es den Gläubigen in der Folge verboten.

- Opfertiere

10. Die zehnte Kategorie verbotener tierischer Nahrung ist das, was Götzen geopfert wurde. In der Zeit der *dschahilijja* gab es vor den Götzen bei der Kaaba Steinaltäre und die Polytheisten pflegten auf oder bei diesen Altären Tiere zu schlachten, um so die Nähe der Götter zu suchen, denen diese Altäre geweiht waren.

Eine solche Weihung entspricht „dem, was anderen außer Allah geweiht ist", weil es in beiden Fällen um das Rühmen falscher Götter geht. Der Unterschied besteht darin, daß „das, was anderen außer Allah geweiht ist" nicht in der unmittelbaren Nähe des Götzen geschlachtet und lediglich sein Name beim Schlachten ausgesprochen wurde, während im anderen Fall die Weihung vor dem Götzen geschah, oder auf dem ihm vorbehaltenen Altar, so daß sein Name nicht genannt werden brauchte.

Da diese Altäre in der Umgebung der Kaaba standen, konnte man sich auch vorstellen, daß solche Opfer als Ehrerbietung für das Heilige Haus vorgenommen wurden. Der Koran schloß diese Möglichkeit der Vorstellung der Menschen durch eine ausdrückliche Erklärung aus, indem er diesen Brauch verbot und in die gleiche Kategorie einstufte wie „das, was anderen außer Allah geweiht ist."

- Die Ausnahme bei Meerestieren und Heuschrecken

Die islamische *scharia* hat Fisch, Walfisch und andere Meerestiere aus der Kategorie der verboten „krepierten Tiere“ ausgenommen. Als der Prophet (s) nach dem Meer gefragt wurde, antwortete er:

“Sein Wasser ist rein, und sein Totes ist *halal*.“ [1]

Allah der Erhabene spricht:

„Erlaubt ist euch das Meerestier und auch seine Speise...“ (5:96)

Ibn Umar erklärte dies: „Das Meerestier ist, was man aus dem Meer fängt, und die Speise ist, was vom Meer angespült wird“, während Ibn Abbas sagte: „Die Speise sind die toten Tiere“. In den beiden *sahih* von al-Buchari und Muslim wird von Dschabir berichtet, daß der Prophet (s) einmal einige seiner Gefährten auf eine Expedition schickte. Sie fanden einen toten Wal an der Küste und ernährten sich über 20 Tage davon. Nach ihrer Rückkehr nach Medina berichteten sie dem Propheten (s) davon, und er sagte: „Eßt die Speise, die Allah für euch hervorgebracht hat und ernährt uns damit, wenn ihr etwas übrig habt.“ Da brachten sie ihm etwas von dem Walfleisch, und er aß es.

Ebenso sind Heuschrecken von der Kategorie der „krepierten Tiere“ ausgenommen. Der Prophet (s) erlaubte es, tote Heuschrecken zu essen, da die Frage, sie zu schlachten, nicht besteht. Ibn Abu Aufa berichtete: „Wir gingen mit dem Propheten (s) auf sieben Expeditionen, und wir aßen Heuschrecken mit ihm.“ [2]

- Der Gebrauch von Haut, Knochen und Haaren des Tieres

Das Verbot hinsichtlich der „krepierten Tiere“ ist auf das Verzehren des Fleisches beschränkt. Man darf - ja, man sollte - aber Haut, Hörner, Knochen und Haar verwenden, weil dies wegzuwerfen Verschwendung wäre und Verschwendung nicht erlaubt ist. Hierzu hat Ibn Abbas berichtet:

„Die freigelassene Magd der Frau des Propheten, Maimuna, hatte ein Schaf bekommen und es starb. Der Prophet (s) ging an seinem Kadaver vorüber und sagte: „Warum habt ihr nicht seine Haut zum Gerben genommen und sie verwendet?“ Die Leute antworteten: „Aber es ist krepiert.“ Der Prophet (s) sagte: „Was verboten ist, ist es zu essen.“ [3]

Der Prophet (s) legte klar, daß die Methode, die Haut eines krepierten Tieres zu reinigen, das Gerben ist. Es wird berichtet, daß er gesagt hat: „Das Gerben der Haut ist ihre Schlachtung.“ [4]

1 Ahmad und andere.

2 Von allen anerkannten *hadith*-Sammlungen berichtet, außer Ibn Madscha.

3 In allen anerkannten *hadith*-Sammlungen außer Ibn Madscha.

4 Abu Dawud, Nasai.

Das bedeutet, so wie das Schlachten das Fleisch eines Schafes oder einer Kuh *halal* macht, so macht das Gerben den Gebrauch einer Tierhaut *halal*. Er sagte weiterhin:

„Gerben entfernt ihre Unreinheit." [1] sowie: „Wenn die Haut gegerbt wurde, ist sie rein." [2]

Die Gültigkeit dieser *ahadith* ist allgemein, die Haut des Hundes oder Schweines inbegriffen. Dies war die Ansicht der Rechtsgelehrten der Zahir-Schule, von Abu Jusuf, dem Schüler Abu Hanifas und von al-Schaukani. Sauda, die Frau des Propheten (s) sagte: „Eines unserer Schafe starb, da gerbten wir seine Haut und verwendeten sie als Wasserbehälter und legten Datteln hinein, um das Wasser zu süßen. Wir verwendeten sie, bis sie unbrauchbar geworden war." [3]

● Die Notwendigkeit gestattet Ausnahmen

All die obigen Verbote gelten in Situationen, in denen man wählen kann. Im Falle einer Zwangslage gilt aber wie schon oben angeführt, eine andere Regel. Allah der Erhabene sagt: „Er hat euch schon erklärt, was Er euch verboten hat, außer wozu ihr gezwungen seid..."(6: 119)

und nach der Aufzählung der Verbote des Fleisches krepierter Tiere, von Blut usw. sagt Allah:

„Aber wenn jemand durch Notwendigkeit gezwungen ist, nicht aus Verlangen und Überschreitung, dann ist keine Sünde auf ihm, Allah ist vergebend, barmherzig." (2:172-173)

Nach Übereinstimmung der Rechtsgelehrten bedeutet Notwendigkeit in diesem Fall Bedarf an Nahrung, um den Hunger zu stillen, wenn es nichts außer der verbotenen Nahrung gibt. Manche Gelehrte sagen, dabei müsse wenigstens ein Tag und eine Nacht verstrichen sein, ohne daß man anderes als verbotenes Essen finden könne. In einer solchen Lage darf man dann soviel essen, wie den Hunger stillt und einen vor dem Tod bewahrt. Imam Malik sagte:

„Die Menge ist das, was den Hunger stillt und man sollte Proviant davon nehmen, bis man etwas Anderes gefunden hat." Andere sagen, man sollte nicht mehr essen, als man zum Leben braucht. Offenbar ist dieses wohl die Bedeutung der Worte Allahs „nicht aus Verlangen oder Überschreitung", d.h. weder es essen zu wollen, noch mehr zu essen als erforderlich. Daß Hunger eine Zwangslage bedeuten kann, hat der Koran klar ausgedrückt:

1 Al-Hakim.

2 Muslim u.a.

3 Buchari u.a.

„Und wenn einer ohne Neigung zur Sünde durch Hunger gezwungen ist, dann ist Allah verzeihend, barmherzig.“ (5:4)

● Medizinische Notwendigkeit

Hinsichtlich der Frage, ob bestimmte Substanzen verbotener Nahrungsmittel als Medizin benutzt werden dürfen, gibt es unter den Rechtsgelehrten verschiedene Meinungen. Manche rechnen Medizin nicht zu der Zwangslage, wie die Ernährung, und sie stützen sich dabei auf den folgenden *hadith*:

„Allah hat euch kein Heilmittel in dem gegeben, was Er euch verboten hat.“ [1]

Andere halten das Bedürfnis nach Medizin für dem nach Nahrung entsprechend, weil beide zur Lebenserhaltung notwendig sind. Als Stütze für ihre Haltung, daß verbotene Substanzen als Medizin benutzt werden dürfen, führen sie an, daß der Prophet (s) dem Abd al-Rahman bin Auf und al-Zubair bin al-Awwam gestattete, Seide zu tragen, weil sie an Krätze litten. [2]

Diese zweite Ansicht entspricht wohl eher dem Geist des Islam, der bei allen Lehren und Gesetzen, um die Erhaltung des menschlichen Lebens bemüht ist. Allerdings darf man Medikamente, die verbotene Substanzen enthalten, nur unter den folgenden Bedingungen einnehmen:

1. Die Gesundheit des Patienten würde wirklich gefährdet, wenn er dieses Medikament nicht einnimmt.

2. Es gibt keine Alternative, kein Ersatzmedikament, das allein aus *halal*-Substanzen besteht.

3. Das Medikament wurde von einem muslimischen Arzt verschrieben, der fachkundig und gottesfürchtig ist.

Wir wollen aber hinzufügen, daß wir aufgrund eigener Beobachtung und der Meinung von Fachärzten zu dem Schluß kommen, daß es kaum eine medizinische Notwendigkeit gibt, die das Einnehmen von *haram*, wie Medikamente, erforderlich macht. Dennoch haben wir auf das Prinzip hingewiesen, falls einmal ein Muslim an einem Ort sein sollte, wo er tatsächlich keine anderen Medikamente bekommen kann, als solche, die *haram*-Substanzen enthalten.

● Wo die Gesellschaft Nahrungsüberschuß hat, besteht keine Zwangslage

Man stelle sich eine Situation vor, wo ein Mensch nicht genug zu essen hat, aber andere, Muslime und *dhimmis* [3] in seiner Gemeinde haben genug zu es-

1 Ibn Masud; Buchari.

2 Der genaue Text des *hadith* wird in dem folgenden Kapitel über Kleidung und Schmuck angeführt.

3 Nichtmuslime, die unter dem Schutz der muslimischen Regierung leben.

sen. In einem solchen Fall ist die Bedingung der Zwangslage nicht erfüllt, denn eine islamische Gemeinschaft ist wie ein Körper und stützt ihre Angehörigen wie eine feste Mauer, in der jeder Stein den anderen festigt. Diese Vorstellung von gesellschaftlicher Solidarität wird besonders eindrucksvoll von den Rechtsgelehrten des Islams wie Imam Ibn Hazm ausgedrückt:

„Der Muslim befindet sich nicht in einer Zwangslage, in der es ihm erlaubt wäre, das Fleisch krepierter Tiere oder Schwein zu essen, solange ein anderer, Muslim oder *dhimmi*, Überfluß an Nahrungsmitteln hat. Wer zu essen hat, ist verpflichtet, den Hungernden zu speisen, und da dies der Fall ist, ist auch der Hungernde nicht gezwungen, auf Fleisch von krepierten Tieren oder Schwein zurückgreifen. Wenn jemand, der Überschuß an Nahrung hat, sie ihm verweigert, darf er dafür kämpfen. Wird der Hungernde dabei getötet, ist der Täter des Mordes schuldig und darum der Strafe der Widervergeltung (*qisas*) ausgesetzt. Tötet er aber den, der die Herausgabe der Nahrung verweigert, hat er ihn dem Fluch Allahs anheimgegeben, da er ihm sein Recht verweigerte und sich aufgelehnt hat. Allah der Erhabene spricht: „Und wo eine (Partei) sich gegen die andere vergeht, kämpft gegen die, die sich verging, bis sie zu Allahs Befehl zurückkehrt..." (49:9)

Wer seinem Bruder sein Recht verweigert, hat sich gegen Allah aufgelehnt. Darum hat auch Abu Bakr as-Siddiq gegen jene gekämpft, die sich weigerten, die *zakat* zu zahlen, aber vorgaben, Muslime zu sein.

Das islamische Schlachten

- Alle Seetiere sind *halal*

Gemäß ihrem Lebensraum gibt es zweierlei Tierarten: Meerestiere und Landtiere. Meerestiere, d.h. solche, die im Wasser leben und außerhalb des Wassers nicht überleben können, sind alle *halal*. Dabei ist es gleich, auf welche Weise man ihrer habhaft wird: ob sie tot oder lebendig aus dem Wasser kommen, auf der Oberfläche des Wassers schwimmen oder nicht, ob es Fische oder andere Meerestiere sind, ob sie Seehunde oder Seeschweine genannt, ob sie von Muslimen oder Nichtmuslimen gefangen werden. Der großzügige Herr hat Seinen Knechten gegenüber Seine Güte ausgedehnt, indem Er ihnen erlaubte, alle Wassertiere zu essen, ohne daß sie entblutet werden müssen. Es steht dem Menschen frei, sie zu fangen, wie er kann, wobei unnötige Grausamkeit zu vermeiden ist. Allah, der Erhabene, erinnert uns an Seine Gnade und spricht:

„Und Er ist es, der euch das Meer dienstbar gemacht hat, damit ihr frisches Fleisch daraus eßt.." (16:14)

„Erlaubt ist euch das Meerestier und seine Speise, als eine Versorgung für euch und für die Reisenden." (5:96)

Allah der Erhabene hat hier verallgemeinert und nichts ausgenommen - „Wahrlich, Allah vergißt nichts".

- Verbotene Landtiere

Was die Landtiere betrifft, hat Allah nur den Verzehr von Schweinefleisch verboten, sowie Fleisch von Tieren, die von selbst gestorben sind oder die anderen außer Allah geweiht wurden, und das Trinken von Blut. Diese Verbote sind eindeutig im Text des Korans angeführt und bilden, wie wir gesehen haben, vier Hauptgruppen und zehn Untergruppen.

Auch sagt der Koran über Allahs Gesandten (s):

„Er gewährt ihnen das Gute und verbietet ihnen das Schlechte..." (7:157)

Schlechte Dinge sind hier, was die Menschen im Allgemeinen verabscheuen, obwohl es vielleicht einzelne mögen. Beispielsweise verbot der Prophet (s) am Tag des Kampfes in Khaibar das Fleisch von Hauseseln. [1]

Ein anderes Beispiel ist ein *hadith*, den sowohl Buchari wie auch Muslim berichten, nach dem der Prophet (s) „das Essen wilder Tiere verbot, die Fangzähne haben, und von Raubvögeln mit Krallen."

„Wilde Tiere" bedeutet hier Raubtiere, die andere überfallen und sie reißen und verzehren, wie z.B. der Löwe, Leopard, Wolf usw.; Vögel mit Krallen wie der Habicht, Adler, Falke usw. tun das ebenfalls.

Nach Ibn Abbas ist außer den vier im Koran genannten Kategorien nichts *haram*, während das, was der Prophet (s) verbot, wie die Raubtiere, als *makruh* (verabscheuungswürdig), aber doch nicht im Range des *haram* einzustufen wäre.

Ibn Abbas sagt:

„Die Leute in der Zeit der *dschahilijja* aßen bestimmte Speisen und vermieden andere, nach ihrer eigenen Vorstellung. Dann sandte Allah Seinen Propheten (s) und offenbarte Seine Schrift, und Er erließ Gesetze über das Erlaubte und das Verbotene. Demgemäß ist *halal*, was Allah erlaubt hat und *haram*, was Er verboten hat, und das, worüber Er geschwiegen hat, ist erlaubt."
Dann trug Ibn Abbas den Koranvers vor:
„Sag: Ich finde nichts in dem, was mir offenbart wurde, dem Essenden verboten zu essen" (6:146). [2]

1 Berichtet von al-Bukhari. Zu diesem *hadith* wird gesagt, daß das Verbot, Eselsfleisch zu essen, vorübergehender Natur und ein Notfall war, weil man die Esel zum Reiten brauchte. Dies entspräche einer Situation, in der wegen Fleischmangel eine Regierung das Schlachten von Jungtieren verbietet, damit sie größer werden, oder wo die Jagd in einer bestimmten Jahreszeit verboten wird.

2 Von Abu Dawud als Wort von Ibn Abbas mitgeteilt.

Mit diesem Vers begründet Ibn Abbas, daß das Fleisch von Hauseseln erlaubt ist. Imam Malik stimmt mit ihm überein darin und betrachtet Raubtiere als *makruh* anstatt *haram*.

Die Rechtsgelehrten stimmen darin überein, daß ein verbotenes Tier nicht dadurch *halal* wird, daß man ihm die Kehle durchschneidet. Allerdings wird auf diese Weise möglich, die Haut des Tieres ohne Gerben zu verwenden.

- Die Notwendigkeit, auf islamische Weise zu schlachten

Es gibt zwei Arten von Landtieren, die als Nahrung erlaubt sind. Die erste sind die zahmen Tiere oder Haustiere, wie Kamele, Kühe, Ziegen, Geflügel usw., die auf einem Hof oder einer Weide gezogen werden. Ungezähmte, wilde Tiere gehören zur zweiten Art. Damit das Fleisch der Tiere der ersten Art *halal* wird, verlangt der Islam die Schlachtung auf islamische Weise.

- Bedingungen des islamischen Schlachtens

Nach der scharia sind für die rechtmäßige Reinheit des Fleisches von Tieren folgende Bedingungen zu erfüllen:

1. Das Tier muß mit einem scharfen Gegenstand geschlachtet werden, der dazu geeignet ist, es durch das Zertrennen von Blutgefäßen ausbluten zu lassen, selbst wenn es sich dabei nur um einen Stein oder ein Stück Holz handeln sollte. Adi bin Hatim berichtet, daß er eines Tages zum Propheten (s) gesagt hatte: „O Allahs Gesandter, wir gehen zur Jagd und manchmal haben wir kein Messer bei uns. Wir finden aber vielleicht einen scharfen Stein oder ein Stück Holz oder Röhricht.“ Der Prophet (s) antwortete ihm:
„Es kommt darauf an, es ausbluten zu lassen, womit du willst, und erwähne Allahs Namen darüber.“ [1]

2. Das Schlachten muß derart geschehen, daß die Kehle des Tieres durchgeschnitten oder die Öffnung der Kehle durchstochen wird, damit es stirbt. Am besten ist es, die Luftröhre, den Schlund und die beiden Schlagadern zu durchschneiden. [2]

1 Ahmad, Abu Dawud, Nasai, Ibn Madscha und Ibn Hibban.

2 Manche Rechtsgelehrte haben weitere Bedingungen genannt, doch wir übergehen sie, weil wir keine ausdrücklichen Belegtexte für sie gefunden haben. Das Schlachten von Tieren ist allen Völkern natürlicherweise bekannt, und es entspricht nicht dem Islam, sich in Einzelheiten zu verlieren, weil der Islam die Dinge einfach und leicht darstellt. Je mehr Einzelheiten diese Rechtsgelehrten aufzuzählen versuchten, um so mehr Verwirrung haben sie gestiftet. Ist es z.B. notwendig, alle vier Teile — die Luftröhre, den Schlund und die beiden Schlagadern — zu durchtrennen, oder nur einige davon? Soll das Messer nach unten oder oben gerichtet sein? Darf man die Hand vor Ende des Schlachtens wegnehmen oder nicht? Und so geht es endlos weiter, wobei jede der Antworten von einigen der Rechtsgelehrten unterstützt wird.

Wo es aber nicht möglich ist, das Tier auf diese Weise zu schlachten, entfällt diese zweite Bedingung, z.B. wenn ein Tier kopfüber in einen Brunnen gefallen und so seine Kehle nicht zugänglich ist, oder wenn es wild wird und anfängt auszuschlagen und davonzulaufen. In solchen Fällen verfährt man wie beim Wild und es genügt, das Tier an irgendeiner Körperstelle zu verletzen, damit es ausblutet. Sowohl Buchari als auch Muslim berichten von Rafi ibn Khadidsch:
„Wir waren mit dem Propheten (s) auf einer Reise, als eines der Kamele durchging. Da die Leute kein Pferd hatten, schoß ein Mann einen Pfeil ab, der das Kamel traf und es verwundete. Der Prophet (s) sagte: „Manche dieser Tiere sind wie wilde Tiere. Wenn eines sich so verhält, dann behandelt es entsprechend." [1]

3. Kein anderer Name als der Allahs darf beim Schlachten über dem Tier gesprochen werden. Hierüber besteht unter allen Rechtsgelehrten Übereinstimmung. Die Leute der *dschahilijja* wollten sich ihre Götter und Götzen dadurch wohlgesonnen machen, daß sie ihnen Tiere opferten und dabei entweder ihre Namen anriefen oder sie auf ihren Altären schlachteten. Wie schon gesagt, verbot der Koran das alles mit den Worten:

„Verboten ist euch ... das worüber ein anderer Name als der Allahs angerufen wurde... und das auf Götzensteinen Geschlachtete..." (5:4)

4. Beim Schlachten des Tieres muß der Name Allahs genannt werden. Dies ergibt sich eindeutig aus dem Text des Korans und der *ahadith*. Allah der Erhabene spricht:
„Dann eßt von dem, worüber Allahs Name gesprochen wurde, wenn ihr an Seine Zeichen glaubt." (6:118)

„Und eßt nicht von dem, worüber Allahs Name nicht gesprochen wurde, denn das ist Sünde..." (6:121)

Allahs Gesandter (s) hat gesagt:
„Wenn das Blut (eines Tiere) ausgeflossen ist und der Name Allahs darüber gesprochen wurde, dürft ihr davon essen." [2]

Diese Bedingung wird weiter dadurch erhärtet, daß nach anderen zuverlässigen *ahadith* der Name Allahs genannt werden muß, wenn man auf der Jagd einen Pfeil abschießt oder den dressierten Jagdhund losläßt. Näheres darüber im Abschnitt über die Jagd.

1 Buchari, Muslim.

2 Buchari u.a.
Anmerkung des Übersetzers: Die korrekte Weise, beim Schlachten den Namen Allahs zu nennen, ist „*bismillah, allahu akbar*" — Im Namen Allahs, Allah ist am größten.

Manche Gelehrte sind der Auffassung, daß zwar der Name Allahs genannt werden muß, aber nicht unbedingt beim Schlachten des Tieres. Man kann ihn auch vor dem Essen nennen, weil so nicht gesagt werden kann, daß gegessen wurde, ohne daß Allahs Name darüber gesprochen wurde. Im *sahih* von al-Buchari gibt es einen *hadith* von Aischa, die sagte:
„Einige Leute, die kürzlich Muslime geworden waren, sagten zum Propheten (s): Die Leute bringen uns Fleisch, und wir wissen nicht, ob sie Allahs Namen darüber gesprochen haben oder nicht. Sollen wir davon essen oder nicht?" Der Prophet (s) antwortete: „Nennt Allahs Namen, und dann eßt."

● Der Sinn des islamischen Schlachtens

Der Sinn der islamischen Regeln für das Schlachten besteht darin, dem Tier auf schnellste und schmerzloseste Weise das Leben zu nehmen. Hierzu dienen die Bedingungen, einen scharfen Gegenstand zu benutzen und die Kehle durchzutrennen. Es ist verboten, die Kehle mit Zähnen oder Nägeln durchzureißen, weil das dem Tier Schmerzen verursacht und auch zum Ersticken führen kann. Der Prophet (s) empfahl, das Messer zu schärfen und das Tier zu beruhigen:
„Allah hat für alles das Beste vorgeschrieben. Wenn getötet wird, dann auf beste Weise, und wenn geschlachtet wird, dann auf beste Weise, und schärft das Messer und beruhig das Schlachttier." [1]

In einem anderen *hadith* von Ibn Umar sagte der Prophet (s):
„Wenn einer von euch schlachtet, soll er es vollständig tun" (Ibn Madscha), was soviel bedeutet wie er soll sein Messer gut schärfen und das Tier vor dem Schlachten füttern, tränken und ruhig halten.

Ibn Abbas berichtet, daß der Prophet (s) einmal einen Mann sah, der sein Messer schärfte, nachdem er ein Schaf zum Schlachten hingelegt hatte. Der Prophet (s) tadelte ihn und sagte:
„Willst du es zweimal töten? Warum hast du dein Messer nicht geschärft, bevor du das Tier hingelegt hast?" [2]

Einmal sah Umar, wie ein Schaf am Bein zum Schlachten gezerrt wurde. Er sagte: „Wehe euch! Führt es auf anständige Weise zum Tode!" [3]

Der Hauptzweck ist also, das Tier gut zu behandeln und ihm unnötiges Leid so weit als möglich zu ersparen. Die Leute in der *dschahilijja* schnitten gern lebenden Kamelen die Höcker oder Schafen die fetten Schwänze weg, um sie

1 Schaddad bin Aus; Muslim.

2 Al-Hakim bezeichnet diesen *hadith* als *sahih* nach Bucharis Maßstab.

3 berichtet von Abd ar-Razzaq.

zu essen. Um diesem barbarischen Brauch ein Ende zu machen, verbot der Prophet (s), etwas auf diese Weise Gewonnenes zu essen und sagte: „Jedes Stück, das von einem lebenden Tier abgeschnitten wurde, ist totes Fleisch.“ [1]

- Die Bedeutung der Nennung von Allahs Namen

Allahs Namen zu nennen, um den Vorgang des Schlachtens rein zu machen, hat eine tiefe Bedeutung, über die es nachzudenken lohnt. Zunächst ist dies ein Gegensatz zu den Bräuchen der Götzendiener und der Leute der *dschahilijja*, die beim Schlachten die Namen ihrer Götzen und nicht vorhandenen Götter anriefen. Da die Polytheisten den Namen eines falschen Gottes anrufen, wie könnte der Gläubige versäumen, den Namen des wahren Gottes zu nennen?

Zweitens sind diese Tiere, wie die Menschen, Geschöpfe Allahs und haben auch ein Leben. Wie könnte der Mensch sie in seine Gewalt bringen und ihnen das Leben nehmen, ohne zuerst die Erlaubnis ihres und seines, des gemeinsamen Schöpfers zu erhalten, dem alles gehört? Die Nennung von Allahs Namen beim Schlachten ist das Verkünden dieser göttlichen Erlaubnis, so, als ob derjenige, der das Tier tötet, sagt: Was ich tue, ist nicht Agression gegen die Schöpfung oder Mißhandlung dieses Geschöpfes, sondern ich schlachte es im Namen Allahs, ich jage im Namen Allahs und ich esse im Namen Allahs.

- Von den Leuten der Schrift geschlachtete Tiere

Wie gesagt betont der Islam, daß das Tier auf die vorgeschriebene Weise zu schlachten ist. Die Polytheisten Arabiens und anderer Konfessionen hatten das Tieropfer zu einem Akt des Gottesdienstes oder sogar zu einem Bestandteil ihres Glaubens und einem Grundpfeiler ihrer Religion gemacht. Sie wollten die Gunst ihrer Götter dadurch gewinnen, daß sie Tiere auf den bestimmten Altären schlachteten oder ihre Namen über den Tieren aussprachen. Der Islam hat diese heidnischen Bräuche abgeschafft und vorgeschrieben, daß beim Schlachten kein anderer Name als der Allahs genannt werden darf. Auch verbot der Islam das, was auf einem Altar geopfert oder einem anderen außer Allah geweiht worden war.

Nun sind die Leute der Schrift — die Juden und Christen — im Wesentlichen Gläubige an einen Gott, in deren Religion sich später polytheistische Elemente einschlichen, so daß manche Muslime davon ausgingen, daß hinsichtlich der Nahrung die Leute der Schrift wie die Götzendiener zu behandeln seien. Daraufhin gewährte Allah der Erhabene den Muslimen eine besondere Erlaubnis hinsichtlich des Essens und Heiratens mit den Frauen der Leute der Schrift.

In der Sure al-Maida, der letzten geoffenbarten Sure, sagt Allah: „Heute sind

1 Ahmad, Abu Dawud, Tirmidhi und al-Hakim.

euch die guten Dinge erlaubt, und die Speise derer, denen vor euch die Schrift gegeben wurde, ist euch erlaubt, wie eure Speise ihnen erlaubt ist..." (5:7)

Die Bedeutung dieses Verses ist kurz gesagt, daß von diesem Tag an alle guten, reinen und zuträglichen Dinge euch Muslimen erlaubt sind, folglich gibt es also kein *bahira*, *saiba*, *wasila* und *ham* mehr. Da Allah euch die Speise der Juden und der Christen nicht verboten hat, ist sie euch auf der Grundlage des allgemeinen Erlaubtseins der Dinge auch erlaubt, und entsprechend könnt ihr auch eure Speise mit ihnen teilen. Demgemäß könnt ihr das Fleisch der Tiere essen, die sie geschlachtet oder gejagt haben, und sie können essen, was ihr geschlachtet oder gejagt habt. Während der Islam gegenüber den Polytheisten eine unnachgiebige Haltung einnimmt, ist er den Leuten der Schrift gegenüber nachsichtig, weil sie den Muslimen näherstehen: in ihrem Glauben an göttliche Offenbarung, Prophetentum und andere Grundsätze der Religion. Der Islam gestattet uns, mit ihnen zu essen, ihre Frauen zu heiraten und im allgemeinen gesellschaftlichen Umgang mit ihnen zu haben, gütlich und freundschaftlich zu verkehren. Vielleicht werden sie im Umgang mit den Muslimen in einer islamischen Umgebung und durch das Beobachten des Glaubens, Handelns und Wesens der Muslime erkennen, daß der Islam in Wirklichkeit ihre eigene Religion ist, nur mit größerer Spiritualität, einer vollkommeneren *scharia* und Schriften von größerer Zuverlässigkeit, und zugleich frei von heidnischen Einflüssen, menschlichen Vorstellungen und Falschheit überhaupt.

Der Anwendungsbereich des Satzes „die Speise derer, denen die vor euch die Schrift gegeben wurde" ist allgemein und schließt Fleisch, Erzeugnisse und andere Nahrungsmittel ein. Dies alles ist *halal* für uns, mit der Ausnahme dessen, was an sich *haram* ist, wie z.B. das Fleisch eines krepierten Tieres, Schweinefleisch, flüssiges Blut, denn diese sind grundsätzlich *haram*, gleich ob sie von einem Christen, Juden oder Muslim kommen.

Im folgenden wenden wir uns verschiedenen Fragen zu, die für uns Muslime wichtig genug sind, hier mit beantwortet zu werden.

- Für Kirchen und christliche Feste geschlachtete Tiere:

Hört man nicht von einem Christen oder Juden, daß ein anderer Name als der Allahs — wie der von Jesus oder eines Heiligen — beim Schlachten genannt wurde, dann ist das Fleisch, das er anbietet *halal*. Sagt er aber, daß ein anderer als der Name Allahs genannt wurde, dann ist es bei manchen Gelehrten *haram*. Es fällt nach ihrer Meinung in die Kategorie dessen, was anderen außer Allah geweiht wurde. Manche andere sagen, daß uns die Speise der Leute der Schrift von Allah erlaubt wurde, der weiß, was sie sagen, wenn sie ein Tier schlachten.

Jemand fragte Abu al-Darda, ob er das Fleisch eines Lammes essen dürfe, das für die Kirche des Heiligen Georg geschlachtet worden war, und das man ihm gegeben hatte. Abu al-Darda antwortete: „O Allah, mögest Du uns vergeben! Sind sie nicht Leute der Schrift, deren Speise für uns *halal* ist und unsere für sie?“ Dann sagte er der betreffenden Person, sie solle es essen. [1]

Einmal wurde Imam Malik nach dem Essen von Fleisch von Tieren gefragt, die für christliche Feste und Kirchen geschlachtet wurden. Er antwortete: „Ich nehme Abstand davon, verbiete es aber nicht.“ Er nahm Abstand davon aus Frömmigkeit, weil er befürchtete, daß es einem anderen außer Allah geweiht sein könnte, verbot es aber nicht, weil im Hinblick auf die Leute der Schrift die Bedeutung des Satzes „das, was anderen außer Allah geweiht wurde“ sich nur auf solche Tiere bezieht, die sie schlachten, um die Zufriedenheit ihrer Gottheiten [2] zu erlangen, und nicht auf solche, die zum Essen bestimmt sind. Was sie aber zum Essen schlachten ist ihre Speise, und Allah sagte: „ Die Speise derer, denen vor euch die Schrift gegeben wurde, ist euch erlaubt.“ [3]

- Durch Elektroschock und andere Methoden geschlachtete Tiere

Die zweite Frage lautet: Muß die von den Leuten der Schrift angewandte Schlachtmethode, die in ihrer Religion *halal* ist, mit unserer übereinstimmen, also das Durchtrennen der Kehle sein? Eine Mehrheit der Rechtsgelehrten setzt dies als Bedingung voraus, während eine Anzahl malikitischer Gelehrter entschieden haben, daß es keine Voraussetzung sei.

Qadi ibn al-Arabi sagt bei der Auslegung des Verses der Sure al-Maida „Die Speise derer, denen vor euch die Schrift gegeben wurde, ist euch erlaubt“ (5:7):

„Dies ist ein entscheidender Beweis dafür, daß das Wild und die Speise der Leute der Schrift zu den guten Dingen zählen, die Allah uns erlaubt hat. Er, der Hocherhabene, hat das zweimal wiederholt, um Zweifel zu beschwichtigen und die Münder der böswilligen Einwender zu versiegeln, die hier Fragen stellen und die Diskussion ausdehnen. Ich wurde gefragt: „Wenn ein Christ ein Huhn tötet, indem er ihm den Kopf abschneidet und es dann kocht, darf man davon essen?“ Ich antwortete: „Iß es, denn es ist seine Speise und die Speise seiner Priester und Mönche. Obwohl es nicht unsere Weise zu schlachten ist, hat uns doch Allah ihre Speise bedingungslos erlaubt, und auch andere

1 Berichtet von al-Tabari.

2 Anm. d. Übers.: gemeint sind wohl Jesus, Maria oder andere Heilige

3 5:6 - Diese Entscheidung des Imam Malik zeigt seine Gelehrsamkeit, Demut, Frömmigkeit in der Religion. Er stürzte sich nicht in die Schlußfolgerung, daß es *haram* sei, wie das manche Rechtsgelehrte heute tun, sondern beschränkte sich darauf zu sagen, daß er es meidet (*makruh*). Wo er zwei Textstellen fand, die gegeneinander standen, nämlich das anderen außer Allah Geweihte und das generelle Erlaubtsein der Speise der Leute der Schrift, hat er beide miteinander verbunden wie oben gezeigt.

Dinge ihrer Religion, außer denen, die sie, wie Allah sagt, verfälscht haben." Unsere Gelehrten haben gesagt: Sie geben uns ihre Frauen zur Ehe und es ist erlaubt, mit ihnen geschlechtlich zu verkehren. In der Frage von *halal* und *haram* ist Geschlechtsverkehr von schwererer Tragweite als Essen. Wie könnte man dann sagen, daß ihre Speise nicht *halal* sei?

Dies ist die Meinung von Ibn al-Arabi. Bei anderer Gelegenheit sagte er: „Was sie essen, ohne die Absicht, es zum Essen statthaft zu machen, wie z.B. durch Erwürgen des Tieres oder Zertrümmern seines Kopfes, ist *haram*." Zwischen diesen beiden Aussagen ist kein Widerspruch. Gemeint ist hier, daß das, was sie als von ihrer Religion her als statthaft zu essen ansehen, auch für uns *halal* ist, selbst wenn die Schlachtmethode in ihrer Religion anders als unsere ist. Was aber ihnen in ihrer Religion nicht statthaft ist, ist für uns *haram*. Das Tier nach der Weise ihrer Religion zu töten bedeutet es gemäß ihrer Religion mit der Absicht zu töten, daß es als Nahrung statthaft wird. Dies ist die Meinung einer Anzahl von malikitischen Rechtsgelehrten.

Nach dieser Entscheidung wissen wir, daß importiertes Fleisch wie z.B. Hühner oder Rindfleisch in Dosen, das von den Leuten der Schrift kommt, für uns *halal* ist, selbst wenn das Tier mit Elektroschock oder auf ähnliche Weise getötet wurde. So lange sie es in ihrer Religion als statthaft betrachten, ist es für uns *halal*. Dies ist die Bedeutung des obigen Verses der Sure al-Maida.

● Das Fleisch von Tieren der Zoroastrier und anderer

Unter den Rechtsgelehrten gibt es verschiedene Meinungen über das Fleisch von Tieren, die Zoroastrier oder Parsen (madschus) geschlachtet haben. Die Mehrheit verbietet den Verzehr, weil es sich um Polytheisten handelt, während andere es für *halal* erklären, weil der Prophet (s) gesagt hat:

„Behandelt sie wie die Leute der Schrift." [1]

Der Prophet (s) hat von den Zoroastriern aus Hadschar *dschizija* angenom-

1 Malik und Schafii. Der Schluß dieses *hadith*, nämlich „Heiratet ihre Frauen nicht und eßt ihr Fleisch nicht" wird von den *hadith*-Sammlern für nicht authentisch angesehen.
Anmerkung des Übersetzers: In einem Gespräch, das ich am 18.7.1985 mit Schaich Jusuf al-Qardawi führen konnte, fragte ich ihn auch, wie er es sich denn vorstelle, daß man in einem Land, wie bei uns, wo die Muslime in einer Minderheit und die Leute der Schrift in der gänzlich überwiegenden Mehrheit sind, jemals dazu kommt, von Muslimen nach der islamischen *scharia* geschlachtetes Fleisch zu bekommen, wenn doch jeder nach seiner Meinung (andere Gelehrten sind anderer Meinung unter ihnen Ibn Baz) das Fleisch der von den Christen geschlachteten Tiere essen dürfe, das überall erhältlich und zudem wegen der Menge preiswerter als von Muslimen angebotenes *halal*-Fleisch ist.
Er hat mir daraufhin gestattet, als Fußnote zur deutschen Ausgabe dieses Buches anzumerken: Zwar ist das Fleisch der von den Leuten der Schrift geschlachteten Tiere grundsätzlich erlaubt, aber natürlich ist das Fleisch von Tieren, die Muslime geschlachtet haben, immer vorzuziehen. Die Muslime sollen es sich also **nicht zur Gewohnheit machen**, Fleisch bei den Leuten der Schrift zu kaufen, sondern sich in Situationen wie der hiesigen bemühen, selbst islamisch zu schlachten oder schlachten zu lassen.

men. (Buchari u.a.) In dem Kapitel über das Schlachten in seinem Buch Al-Muhalla [1] sagt Ibn Hazm:

„Sie sind ebenfalls Leute der Schrift, also gelten alle Regeln für die Leute der Schrift auch für sie." [2]

Ebenso hat Abu Hanifa die Sabier zu den Leuten der Schrift gerechnet. [3]
Eine Regel:
Dem, was wir nicht sehen, sollen wir nicht auf den Grund gehen. Es wird vom Muslim nicht verlangt, daß er bei einer Sache nachforscht, die er nicht selbst gesehen hat, z.B.: wie wurde das Tier getötet? Hat die Schlachtmethode islamischen Kriterien genügt? Wurde Allahs Name beim Schlachten gesprochen oder nicht? Wenn das Tier von einem Muslim geschlachtet, selbst wenn er unwissend oder ein Sünder ist, oder von einem Angehörigen der Leute der Schrift, dann ist es für uns *halal*.

Wir haben bereits den *hadith* erwähnt, in dem zum Propheten (s) gesagt wurde: „Die Leute bringen uns Fleisch und wir wissen nicht, ob sie Allahs Namen darüber gesprochen haben oder nicht. Sollen wir es essen oder nicht?"
und der Prophet (s) antwortete:
„Nennt Allahs Namen (darüber) und eßt es."

Hinsichtlich der Anwendung dieses *hadith* sagen Gelehrte:
Dies ist der Beweis, daß die Handlungen und Bräuche der Leute im allgemeinen als richtig und passend angesehen werden, solange keine Bestimmung dagegen spricht und dieses verurteilt.

Die Jagd

Viele Araber und Menschen anderer Völker lebten früher von der Jagd. Darum behandeln Koran und *sunna* auch dieses Thema. Die muslimischen Rechtsgelehrten haben die Jagd immer als getrenntes Thema abgehandelt und erklärt, was diesbezüglich erlaubt und verboten ist, und was notwendig und empfehlenswert ist, weil viele Tiere und Vögel, deren Fleisch dem Menschen zuträglich ist, nicht zahm und in Gewalt des Menschen sind.

1 Bd. 7, S.456.

2 Die Meinung Ibn Hazms ist zweifellos sehr wichtig. Er war bei der Anwendung der Korantexte und *ahadith* sehr sorgfältig und zugleich in der Geschichte und den Sitten der Völker bewandert. Al-Baghdadi schreibt in seinem Buch *Al-farq baina-l-firaq*: „Die Zoroastrier behaupten, daß Zoroaster ein Prophet war." Manche moderne muslimische Gelehrte, die alte Kulturen erforscht haben, wie z.B. Abul Kalam Azad, stützen diese Auffassung.

3 Manche zeitgenössische Forscher haben versucht, die Kategorie der Leute der Schrift weiter auszudehnen, um auch Götzendiener wie z.B. Hindus oder Buddhisten einzuschließen, doch gehen sie dabei zu weit. Vgl. hierzu z.B. *tafsir al-manar*, Bd. 6 mit der Auslegung des Verses 5:6, die Speise der Götzendiener und Heirat mit ihren Frauen betreffend.

Um ihren Verzehr *halal* zu machen, verlangt der Islam nicht, daß ihre Kehle durchtrennt oder durchstochen wird, wie das bei gezähmten Haustieren der Fall ist. Hier genügt etwas ähnliches von geringerem Ausmaß. wie es die Umstände der Jagd erlauben.

Die Menschen sind beim Jagen immer ihrer natürlichen Veranlagung gefolgt, und der Islam bekämpft nichts, was natürliche Veranlagung ist, sondern setzt lediglich bestimmte Voraussetzungen, um das Jagen, wie alle anderen Angelegenheiten der Muslime, in Einklang mit ihrer Glaubenslehre zu bringen. Manche dieser Bedingungen betreffen den Jäger, andere das Wild und noch andere das Jagdgerät. Alle diese Voraussetzungen betreffen wiederum nur Landtiere. Wassertiere hat Allah ja ohne Einschränkung erlaubt, wie schon erwähnt:

„Erlaubt ist euch der Fisch im Meer und seine Speise als Versorgung für euch und für die Reisenden..." (5:97)

- Voraussetzungen beim Jäger

Die Voraussetzungen für den Jäger sind die gleichen wie beim Schlachter: er muß Muslim, Jude, Christ, Zoroastrier oder Sabier sein.

Der Islam lehrt, daß der Jäger nicht einfach zum Zeitvertreib jagen darf und dabei Tieren das Leben nimmt, ohne daß er beabsichtigt, sie zu essen oder anderweitig zu nutzen. Der Prophet (s) sagte:
„Wer einen Sperling zum Zeitvertreib tötet, so wird der Sperling am Tag der Auferstehung rufen: O Herr, dieser Mensch hat mich nutzlos getötet. Er hat mich für keinen guten Zweck getötet." [1]

Auch sagte er:
„Wer einen Sperling oder etwas größeres ohne guten Grund tötet, den wird Allah am Tag der Auferstehung zur Verantwortung ziehen." Die Leute fragten: „O Allahs Gesandter, was ist ein guter Grund?" Er sagte: „Zu töten, um zu essen, nicht einfach den Kopf abhacken und dann wegwerfen." [2]

Eine andere Voraussetzung ist, daß ein Muslim bei der Jagd nicht im Zustand des *ihram* für *hadsch* oder *umra* sein darf, denn in dieser Lage befindet er sich in völligem Frieden und innerer Ruhe, was auch die Tiere und Vögel um ihn herum mit einbezieht. Selbst wenn direkt vor ihm ein Jagdtier auftaucht, das er mit einem Speer erlegen könnte, darf er das nicht tun. Dies soll den Gläubigen prüfen und erziehen, um ihn stark und geduldig zu machen, wie Allah der Erhabene sagt:

„Ihr Gläubigen, tötet kein Wild im *ihram*... (5:95)

1 Al-Nasai und Sahih Ibn Hibban.

2 Nasai und al-Hakim, der sagt, die Überlieferung ist gesund.

„erlaubt ist euch… außer der Jagd, wenn ihr auf der Wallfahrt seid…" (5:1)

● Voraussetzungen beim Wild

Eine der Voraussetzungen ist, daß es sich um ein Tier handeln muß, das der Mensch nicht anderweitig in seine Gewalt bringen kann, denn wenn es möglich ist, das Tier zu schlachten, muß es geschlachtet werden, und es gibt keine andere Wahl. Desgleichen muß man, wenn man einen Pfeil abgeschossen, oder wenn ein Jagdhund das Tier niedergeworfen hat, und man das Tier noch lebend vorfindet, seine Gurgel durchschneiden. Doch schadet es nichts, wenn der Jäger es bei nur noch geringen Lebenszeichen verenden läßt, obwohl das Durchschneiden der Kehle vorzuziehen ist. Nach den *sahih* von Buchari und Muslim hat der Prophet (s) gesagt:

„Wenn du deinen Hund zur Jagd losläßt, nenne Allahs Namen. Wenn er ein Tier fängt, und du kommst dazu, während es noch lebt, schlachte es."

● Voraussetzungen beim Jagdgerät

Es gibt zweierlei Jagdgeräte:

a) Waffen wie Schwerter, Spieße und Pfeile, wie in dem folgenden Koranvers genannt:

„…mit dem Wild, das eure Hände oder Lanzen erlangen…" (5:95)

b) Jagdtiere, die man abrichten kann, wie den Hund und den Leopard, oder den Falken und den Habicht.
Allah der Erhabene spricht:

„…Erlaubt sind euch die guten Dinge und das, was ihr eure abgerichteten Jagdtiere (für euch zu fangen) gelehrt habt, wie Allah euch gelehrt hat…" (5:5)

● Jagd mit Waffen

Hier müssen zwei Voraussetzungen erfüllt werden, wenn das Tier mit einer Jagdwaffe getötet wird. Erstens muß die Waffe in den Körper des Tieres eindringen und es verletzen. Tod durch bloßen Schlag macht nicht *halal*. Adi bin Hatim berichtet: „Ich fragte Allahs Gesandten (s) nach Wild, das mit einer Jagdwaffe (*mirad*) getötet wird. Er antwortete:

„Wenn du die Waffe schleuderst und es in das Wild eindringt, iß es. Aber wenn es durch den Schlag der (stumpfen) Seite getötet wird, dann iß es nicht." [1]

Dieser *hadith* belegt, daß das Wild dadurch *halal* wird, daß etwas in seinen

1 Buchari, Muslim.

Körper eindringt, selbst wenn es eine stumpfe Waffe ist. Demgemäß ist Wild, das von einem Gewehr oder einer Pistole getötet wurde *halal*, weil die Kugel noch tiefer in den Körper eindringt als ein Speer, ein Pfeil oder ein Schwert. Der *hadith*, den Ahmad berichtet: „Eßt nicht, was von einer *banduqa* getötet wurde, ohne es zu schlachten" und der von Buchari berichtete *hadith* von Ibn Umar, nach dem ein von der *banduqa* getötetes Tier wie ein erschlagenes Tier ist, meint mit *banduqa* einen Tonklumpen und nicht eine moderne Schußwaffenkugel. Der Prophet (s) hat auch verboten, mit Steinen nach dem Wild zu werfen:

„Es erjagt kein Tier und tötet keinen Feind, sondern kann einen Zahn zerschlagen oder ein Auge verletzen." [1]

Die zweite Voraussetzung beim Jagen mit einer Waffe besteht darin, daß der Name Allahs gesagt werden muß, wenn man die Waffe schleudert oder mit ihr zustößt, wie der Prophet (s) Adi bin Hatim im obigen *hadith* angewiesen hat. [2]

● Jagd mit Hunden und Ähnlichem

Beim Jagen mit Hunden, Falken usw. gilt Folgendes: Das Tier muß abgerichtet sein. Es muß die Beute für seinen Herrn und nicht für sich selbst erlegen, wie dies der Koran vorschreibt. Drittens muß der Name Allahs genannt werden, wenn die Jagd beginnt. Die Grundlage für all diese Voraussetzungen ist der Koranvers:

„Sie fragen dich, was ihnen erlaubt ist. Sag: Erlaubt sind euch die guten Dinge und die Beute wilder wie Hunde abgerichteter Tiere, indem ihr sie lehrt, wie Allah euch gelehrt hat. Eßt von dem, was sie für euch fangen und nennt Allahs Namen darüber und fürchtet Allah..." (5:6)

1. Die Definition für „Abrichten" ist bekannt. Abrichten bedeutet, daß ein Tier der Kontrolle seines Herrn untersteht: Es kommt, wenn er es ruft, es jagt, wenn er es losschickt und es hält still, wenn er es dazu auffordert. Zwar haben die Rechtsgelehrten dafür verschiedene Kriterien aufgestellt, doch ist der gesunde Menschenverstand ein besserer Richter, um zu entscheiden, ob ein Tier abgerichtet ist oder nicht.

2. Die Definition von „die Beute für seinen Herrn fangen" bedeutet, daß es selbst die Beute nicht frißt. Der Prophet (s) hat gesagt: „Wenn du deinen Hund dem Wild nachschickst und er frißt davon, sollst du nicht davon essen, denn der Hund hat das Wild dann für sich gejagt. Wenn du den Hund losschickst

1 Buchari, Muslim.

2 Dies gilt auch für das Schießen.

und er das Wild tötet, ohne davon zu fressen, dann iß es, weil er es für seinen Herrn erjagt hat.“ [1]

Manche Rechtsgelehrte unterscheiden zwischen Jagdtieren wie Hunden und Jagdvögeln wie Falken. Sie gehen davon aus, daß man Wild, das teilweise von einem Jagdvogel angefressen wurde, essen darf, während das beim Hund verboten ist.

Der Grund für diese beiden Voraussetzungen ist einmal, zu betonen, daß der Jagdhund gut abgerichtet sein muß, immer unter der Kontrolle seines Herrn, und daß zweitens die Menschenwürde erhalten bleibt, indem der Mensch nicht ißt, was Tiere übrig gelassen haben. Schließlich ist ein gut abgerichteter Hund, der für seinen Herrn ein Wild erlegt, einer unbelebten Waffe in seiner Hand, wie z.B. einem Pfeil, nicht unähnlich.

3. Den Namen Allahs zu nennen, wenn der Hund zur Jagd losgelassen wird, ist wie das Nennen des Namens Allahs, wenn der Pfeil abgeschossen, der Speer geworfen oder mit dem Schwert zugestoßen wird. Die koranische Anweisung, den Namen Allahs dabei auszusprechen, wurde auch im *hadith* betont, wie bei Adi bin Hatim. Der Pflichtcharakter dieser Bedingung wird auch dadurch betont, daß der Verzehr nicht erlaubt ist, wenn ein anderer Hund als der des Jägers beim Wild angetroffen wird. Adi sagte zum Propeten (s): „Angenommen, ich schicke meinen Hund los, aber treffe beim Wild einen anderen Hund an und weiß nicht, welcher es erlegt hat?“ Der Prophet antwortete:

„Iß es nicht, denn du hast zwar Allahs Namen über deinen Hund, aber nicht über den anderen Hund gesprochen.“

Wenn man aber Allahs Namen beim Loslassen des Hundes oder bei der Anwendung der Waffe vergessen hat, kann man das dadurch gut machen, daß man ihn beim Essen spricht, denn Allah hat der muslimischen *umma* die Fehler vergeben, die durch Vergeßlichkeit oder Irrtum verursacht sind. Wie schon erwähnt, gilt das auch, wenn die Nennung des Namens Allahs beim Schlachten vergessen wurde.

Was es bedeutet Allahs Namen zu erwähnen, wurde schon vorher im Zusammenhang mit dem Schlachten erklärt und braucht darum hier nicht wiederholt werden.

- Tot aufgefundenes Wild

Es kann vorkommen, das ein Wild getroffen wird, aber dennoch entkommt. Der Jäger findet es vielleicht erst später — manchmal Tage später — tot auf.

1 Ahmad, auch berichtet von Buchari und Muslim.

In solchen Fällen ist das Wild als Nahrung unter folgenden Voraussetzungen erlaubt:

1) daß es nicht in Wasser aufgefunden wird. Der Prophet (s) hat gesagt: „ Wenn du einen Pfeil abschießt und er (das Tier) tötet, dann iß, außer wenn es in Wasser aufgefunden wird, weißt du nicht, ob sein Tod durch Ertrinken oder deinen Pfeil verursacht wurde." [1]

2) daß es keine andere als die durch den Pfeil verursachte Verletzung aufweist. Adi bin Hatim befragte den Propheten (s): „Wenn ich einen Pfeil abschieße und das Tier am nächsten Morgen mit meinem Pfeil darin auffinde?" Der Prophet (s) antwortete:

„Wenn du weißt, daß dein Pfeil es getötet hat und du keine Spuren von wilden Tieren daran findest, dann iß." [2]

3) daß das Wild noch nicht verwest. Menschen gesunden Geschmacks werden ganz natürlich von verrottendem Fleisch abgestoßen, und es zu verzehren ist wahrscheinlich auch schädlich. Im *sahih* Muslim wird berichtet, daß der Prophet (s) dem Abu Thalaba al-Khaschini gesagt hat: „Wenn du einen Pfeil abschießt, und das Wild verschwindet für drei Tage, und du es dann findest, iß, was nicht verwest ist."

Rauschmittel

Das arabische Wort *khamr* bezeichnet alle alkoholischen Getränke, die berauschen. Man würde Binsenweisheiten verkünden, wenn man die schädlichen Auswirkungen des Trinkens auf den Verstand der Person diskutierte, auf die Gesundheit, die Religion, die Arbeit oder das Unglück, das so ein Mensch über seine Familie bringt, deren Bedürfnisse er vernachlässigt und der seine Pflichten als Familienoberhaupt gegenüber Frau und Kindern nicht erfüllt, oder wenn wir auf das geistige, materielle und moralische Übel eingehen würden, das sich in Gesellschaften und Nationen durch den weitverbreiteten Alkoholgebrauch ausdehnt. Ein Wissenschaftler auf diesem Gebiet hat zu recht geschrieben: „Die Menschheit hat keine größere Katastrophe erlitten als das, was durch den Konsum von Alkohol geschieht. Würde man weltweit Statistiken sammeln von allen Patienten in Krankenhäusern, die wegen Alkohol an Geisteskrankheiten leiden, am delirium tremens, Nervenzusammenbrüchen und Krankheiten der Verdauungsorgane, wozu noch die Statistiken über Selbstmorde, Morde, Bankrotte, Besitzveräußerungen und zerstörten Familien aufgrund von Alkoholkonsum hinzukommen, dann wäre die Zahl derartiger Fälle so unglaublich

1 Buchari, Muslim.

2 *sahih* nach Tirmidhi.

hoch, daß im Vergleich dazu alles Ermahnen und Predigen gegen das Trinken zu wenig schiene."

In der Zeit der *dschahilijja* liebten die Araber Alkohol und Trinkgelage außerordentlich. Diese Liebe zum Wein wird noch in ihrer Sprache deutlich, in der es über 100 Bezeichnungen dafür gibt, und in ihrer Dichtkunst, in welcher der Wein, die Trinkgefäße und Trinkgelage usw. gepriesen werden.

Um diesem überall vorhandene Übel in der Gesellschaft entgegenzutreten, hat Allah der Erhabene einen weisen Weg der Erziehung und Bildung angewandt, der es schrittweise verboten hat. Zuerst untersagte er den Menschen das Gebet in betrunkenem Zustand zu verrichten. Dann machte er sie einsichtig, daß der Schaden des Weintrinkens größer als der Nutzen ist und schließlich offenbarte Er den Vers in der *Sure al-Maida*, der es vollkommen und entschieden verbietet:

„Ihr Gläubigen! Der Wein, das Glückspiel, die Götzenbilder und die Lospfeile sind ein Greuel vom Werk Satans. Meidet sie, vielleicht ergeht es euch wohl. Der Satan will durch Wein und Glückspiel nur Feindschaft und Haß zwischen euch säen und euch abwenden vom Gedenken an Allah und vom Gebet. Wollt ihr deshalb nicht davon ablassen?" (5:93)

In diesen beiden Versen verbietet Allah Wein und Glückspiel eindeutig und entschieden und bringt sie in Verbindung mit Götzen und Orakeln durch Lospfeile. Er erklärt das alles für *ridschsun*, (Abscheulichkeit, Schmutz), ein Begriff, den der Koran für besonders verkommene, unanständige und schlechte Dinge verwendet. Er schreibt dies alles dem Satan zu, der ja wirklich nur aus Unanständigkeit und Bösem besteht, und Er verlangt von den Gläubigen, sich als einzig möglichem Weg zum Erfolg dessen zu enthalten. Anschließend erwähnt Allah, der Erhabene, die schädlichen Auswirkungen von Wein und Glückspiel auf die Gesellschaft, nämlich das Zerstören der guten Beziehungen und das Entstehen von Feindschaft und Haß, zusätzlich zu dem Schaden für die menschliche Seele durch das Vernachlässigen der religiösen Pflichten, des Gedenkens an Allah und der Verrichtung des Pflichtgebets (*salat*). Die Verse enden mit einer besonders deutlichen Ermahnung, davon abzulassen: „Wollt ihr deshalb nicht davon ablassen?" Und die Anwort der Gläubigen auf diese entschiedene Aufforderung war: „Wir haben davon abgelassen, o Herr, wir haben abgelassen!"

Die Reaktion der Gläubigen auf diese Verse war wirklich bemerkenswert. Zu diesem Zeitpunkt waren manche beim Trinken, mit halbgefüllten Gefäßen in den Händen. So bald sie hörten, „Der Wein wurde verboten", schütteten sie ihre Getränke auf den Boden und zerschlugen die großen Tonbehälter, in denen andere Getränke goren.

In der heutigen Zeit gibt es viele Regierungen, die sich der schädlichen Wirkungen des Alkohols auf Einzelperson, Familie und Gesellschaft bewußt sind. Manche, wie die Vereinigten Staaten, haben sogar versucht, durch Gesetze den Alkohol abzuschaffen, was aber fehlschlug. Nur dem Islam ist es gelungen, ihn zu bekämpfen und auszurotten.

Die Kirchenvertreter haben über die Rolle des Alkohols für die Christenheit unterschiedliche Auffassungen. Manche behaupten, die Bibel gestatte das Trinken von kleinen Mengen, weil das gut für die Verdauung sei (Vgl. z.B. 1.Tim. 5:23). Aber selbst wenn es stimmen würde und eine kleine Menge Wein für die Verdauung nützlich wäre, müßte auch diese kleine Menge verboten werden, weil eine kleine Menge zu einer großen führt, ein Glas zum anderen, bis man süchtig geworden ist. Aus diesem Grund ist die Haltung des Islam zum Alkoholverbot und dem Versperren aller Zugänge zum Alkoholtrinken eindeutig und unmißverständlich.

● Alles Berauschende ist *haram*

Die erste Erklärung, die der Prophet (s) hierüber gab, definierte nicht die Substanzen des Weines, sondern seine berauschende Wirkung. Demnach versteht man unter *khamr* alle Substanzen, die berauschen, gleich in welcher Form oder unter welcher Bezeichnung sie auftreten. So sind beispielsweise Bier und ähnliche Getränke *haram*.

Der Prophet (s) wurde einmal nach bestimmten Getränken aus Honig, Getreide oder Gerste gefragt, die man vergor, bis sie alkoholisch waren. Allahs Gesandter (s), der mit der vielsagenden Ausdrucksweise gesegnet war, antwortete sehr prägnant:

„Alles Berauschende ist *khamr*, und jeder *khamr* ist *haram*.“ [1]

Umar erläuterte von der Kanzel des Propheten: „*Khamr* ist das, was den Geist benebelt.“ [2]

● Was in großen Mengen berauscht, ist in jeder Menge *haram*

Beim Verbot der Rauschmittel nimmt der Islam eine kompromißlose Haltung ein, gleich, ob es sich um eine große oder kleine Menge handelt. Wird jemandem erlaubt, auch nur einen kleinen Schritt auf diesem Weg zu tun, werden die nächsten Schritte folgen, dann geht er und läuft schließlich und macht nirgends mehr Halt. Deshalb hat der Prophet (s) gesagt:

„Das, was in großer Menge berauscht, ist auch in kleiner Menge *haram*“ [3]

1 Muslim.

2 Buchari, Muslim.

3 Ahmad, Abu Dawud, Tirmidhi.

„Wenn ein „fark“ [1] zum Rausch führt, ist ein Schluck davon verboten.“ [2]

- Handel mit Alkohol

Der Prophet (s) beließ es nicht dabei, das Trinken von Alkohol, ob viel oder wenig, zu verbieten, sondern er verbot auch jedweden Handel damit, auch mit Nichtmuslimen. Ein Muslim darf keine alkoholischen Getränke importieren oder exportieren, oder eine derartige Verkaufsstätte besitzen oder dort arbeiten. Im Zusammenhang mit Alkohol hat der Prophet (s) zehn Arten von Leuten verflucht:

„Allah hat den *khamr* verflucht, und den, der ihn herstellt, den, für den er hergestellt wird, den, der ihn trinkt, den, der ihn bringt, den, der ihn trägt, den, für den er getragen wird, den, der ihn verkauft, den, der am Verkauf verdient, den, der ihn kauft und den, für den er gekauft wird.“ [3]

Als der oben erwähnte Koranvers aus der *Sure al-Maida* geoffenbart wurde, verkündete der Prophet (s):

„Allah hat *khamr* verboten. Wer also diesen Vers hört und etwas davon hat, soll es weder trinken noch verkaufen.“

Der Berichterstatter dieses *hadith* sagte: „Die Leute brachten, was immer sie davon hatten und gossen es in den Straßen von Madina aus.“ [4]

Weil der Islam auch alle Zugänge versperrt, die zu *haram* führen, ist es für einen Muslim auch *haram*, jemandem Trauben zu verkaufen, von dem er weiß, daß er daraus *khamr* macht. In einem *hadith* heißt es:

„Wenn jemand in der Erntezeit Trauben ansammelt und sie aufbewahrt, um sie an einen Juden oder Christen zu verkaufen oder sonst jemanden, auch an einen Muslim, der *khamr* herstellt, der springt mit offenen Augen ins Höllenfeuer.“ [5]

- Alkohol darf nicht verschenkt werden

So wie der Verkauf von Alkohol oder der Empfang des Preises dafür dem Muslim verboten ist, darf er ihn auch niemandem, wie z.B. einem jüdischen oder christlichen Freund zum Geschenk machen. Alkoholische Getränke dürfen von Muslimen nicht als Geschenk empfangen oder gegeben werden, weil ein Muslim rein ist und nur Reines gibt oder annimmt.

1 fark, ein Hohlmaß

2 Ahmad, Abu Dawud, Tirmidhi.

3 Tirmidhi und Ibn Madscha, mit verläßlicher Autorität.

4 Muslim.

5 Von al-Tabarani in Al-Ausat berichtet und von al-Hafiz in *bulugh al-maram* als *sahih* eingestuft.

Es wird berichtet, daß einmal ein Mann dem Propheten ein Faß Wein zum Geschenk brachte. Der Prophet (s) teilte ihm mit, daß Allah es verboten hat.

„Soll ich es nicht verkaufen?" fragte der Mann. „Der, der es verbot, hat auch den Verkauf davon verboten", antwortete der Prophet (s). „Soll ich es nicht einem Juden zum Geschenk machen?" fragte der Mann. „Der, der es verbot, hat auch verboten es einem Juden zum Geschenk zu machen," sagte der Prophet (s). „Was soll ich dann damit machen?" fragte der Mann. „Gieß es aus", antwortete der Prophet. [1]

- Trinkrunden meiden

Ebenso wird dem Muslim befohlen, von Trinkrunden oder Versammlungen fernzubleiben, wo Alkohol serviert wird. Umar berichtete, daß er Allahs Gesandten sagen hörte:

„Wer an Allah und den Jüngsten Tag glaubt, darf nicht an einem Tisch sitzen, an dem *khamr* getrunken wird." [2]

Während der Muslim die Pflicht hat, das Böse, das er sieht, zu beseitigen, muß er sich davon fernhalten, wenn er es nicht beseitigen kann und den Ort verlassen, an dem die Leute sich darin ergehen.

Es wird berichtet, daß der rechtgeleitete Kalif Umar ibn Abdul-Aziz nicht nur jene auspeitschen ließ, die tranken, sondern auch die, die bei ihnen saßen, selbst wenn sie nicht mitgetrunken hatten. Als er einmal von einer Gruppe von Leuten einer Trinkrunde hörte, ließ er sie allesamt auspeitschen. Man sagte ihm, daß jemand darunter sei, der fastete. Er antwortete: „Fangt mit ihm an. Habt ihr nicht Allahs Wort gehört: Und Er hat euch in der Schrift herabgesandt: „Wenn ihr hört, daß die Zeichen Allahs geleugnet und verspottet werden, dann sitzt nicht mit ihnen, bis sie zu einem anderen Gespräch übergehen, (sonst) würdet ihr wie sie werden." (4:139)

- Alkohol, da selbst ein Schaden, kann kein Heilmittel sein

Aufgrund all dieser eindeutigen Koranverse und *ahadith* sehen wir, daß der Islam in der Bekämpfung des Alkohols eine entschlossene Haltung einnimmt und auch den Muslim davon fernhält, indem er Hürden errichtet, so daß ihm kein Zugang, weit oder eng, dazu bleibt, Alkohol zu trinken oder auch nur damit Umgang zu haben. Der Muslim darf weder große noch kleine Mengen Rauschmittel konsumieren, er darf nicht damit umgehen, weder Kaufen noch Verkaufen, Herstellen oder Verschenken. Er darf sie nicht nach Hause oder

1 Musnad al-Hamidi.

2 Ahmad, Tirmidhi u.a.

in sein Geschäft bringen, er darf sie auch auf Gesellschaften z.B. aus freudigem Anlaß nicht servieren, auch nicht einem nichtmuslimischen Gast anbieten. Auch darf er sie nicht mit irgendwelcher Nahrung oder Getränken vermischen.

Eine Frage, die von manchen gestellt wird, bleibt aber noch zu beantworten, nämlich die nach dem Gebrauch von Alkohol als Medizin. Diese Frage wurde vom Propheten (s) beantwortet, als ihm ein Mann berichtete, daß er Wein als Heilmittel herstelle. Der Prophet (s) sagte:

„Es ist kein Heilmittel, sondern eine Krankheit." [1]

Er hat weiter gesagt:

„Allah hat die Krankheit und die Heilung gegeben. Für jede Krankheit gibt es eine Heilung. Also nehmt Heilmittel, aber nehmt nichts, das *haram* ist, als Heilmittel." [2]

Über Rauschmittel sagte Ibn Masud: „Allah hat nicht in das Heilung gelegt, was Er euch verboten hat." [3]

Darum überrascht es nicht, daß der Islam den Gebrauch von Alkohol und anderer verbotener Substanzen als Medizin untersagt. Wie von Ibn Qajjim erläutert, schließt das Verbot einer Sache auch ein, daß man sie vermeidet und ihr vollkommen fernbleibt, während sie als Medizin zu verwenden sie wünschenswert macht, und man sie zur Hand haben muß, und das widerspricht dem Zweck des Gesetzgebers. Ibn Qajjim sagte: „Wäre Alkohol als Medizin erlaubt, wo die Leute ihm bereits zugeneigt sind, würde es ihnen einen Grund verschaffen, ihn zum Genuß und zur Freude zu trinken, besonders weil die Leute der Meinung sind, daß es ihrer Gesundheit nutzt, ihren Beschwerden abhilft und ihre Krankheiten heilt." [4]

Hier ist auch anzumerken, daß die Einstellung, mit der ein Patient seine Medizin einnimmt, eine beträchtliche Wirkung auf die Beschleunigung oder Verzögerung der Heilung hat. Ibn Qajjim, der in die Psychologie des Menschen Einsicht hatte, führt dazu aus:

„Eine Voraussetzung für die Wirksamkeit der Medizin ist, daß der Patient an ihre Wirksamkeit glaubt und daß Allah sie mit dem Segen der Heilkraft versehen hat. Die Auffassung des muslimischen Patienten, daß eine bestimmte Substanz, wie z.B. Alkohol, *haram* ist, hindert ihn zu glauben, daß sie gleichzeitig

1 Muslim, Ahmad, Abu Dawud, Tirmidhi.

2 Abu Dawud.

3 Buchari, als Kommentar zum obigen *hadith*.

4 Zad al-maad, Bd. 3, S.115-6.

heilsam und gesegnet ist. Er hat also kein Vertrauen dazu und nimmt sie nicht mit Zustimmung. Im Gegenteil! Je stärker sein Glauben ist, um so größer wird seine Abneigung dagegen sein, und so größer sein Mißtrauen. Wenn er dann widerwillig nimmt, was er haßt und ihn ekelt, wird es kein Heilmittel, sondern eine Krankheitsursache für ihn sein." [1]

Nach dieser Klarstellung müssen wir jedoch den Ausnahmefall der Zwangslage erwähnen. Für so einen Fall hat die *scharia* andere Regeln. Angenommen, ein Mensch ist in Lebensgefahr, und es gibt keinen Ersatz für eine Medizin, die auch Alkohol enthält, und ein muslimischer Arzt, der zugleich Experte auf seinem Gebiet und bemüht ist, eine Medizin zu verschmähen, die Alkohol enthält — in diesem Fall erlaubt die *scharia* eine derartige Medizin, weil sie immer auf das Wohlergehen des Menschen abzielt.

Man muß sich aber darüber im Klaren sein, daß diese Ausnahme wirklich nur auf die Zwangslage zu beziehen ist:

„Wenn aber einer gezwungen ist, ohne Verlangen und Überschreitung, dann ist dein Herr verzeihend und barmherzig." (6:146)

● Drogen

„*Khamr* ist, was den Geist benebelt." Dies waren die Worte, die Umar ibn al-Khattab von der Kanzel des Propheten (s) gesprochen hatte, und die uns mit einem entscheidenden Kriterium ausstatten, zu bestimmen, was zur verbotenen Kategorie von *khamr* zählt. So bleibt kein Raum für Zweifel oder Fragen: jede Substanz, die den Geist benebelt oder verdunkelt, seine Fähigkeiten des Denkens, der Wahrnehmung und der Unterscheidung beeinträchtigt, ist von Allah und Seinem Gesandten (s) bis zum Tag der Auferstehung verboten. Drogen wie Marihuana, Kokain, Opium usw. gehören zweifellos zu der verbotenen Kategorie des *khamr*. Es ist genügend bekannt, daß der Gebrauch solcher Drogen die sinnliche Wahrnehmung beeinflußt, und das Nahe fern und das Ferne nah erscheinen läßt, daß ihr Gebrauch Einbildungen und Hallizunationen hervorruft, so daß die Realität zu verschwinden und das Eingebildete wahr erscheint, und daß Drogenkonsum ganz allgemein den Gedankengang und die Entscheidungsfindung beeinträchtig. Solche Drogen werden genommen, um der inneren Wirklichkeit der Gefühle und der äußeren Wirklichkeit der Realitäten von Leben und Religion in den Bereich der Fantasie und Einbildung zu entkommen. Zu diesen psychologischen Tatsachen kommen die physischen Wirkungen: körperliche Abspannung, nervliche Abstumpfung und allgemeiner gesundheitlicher Abstieg. Auch die moralischen Folgen wie Mangel an Moralgefühl, Schwächung der Willenskraft und Vernachlässigung der Verant-

1 Siehe *zad al-maad*, Bd.3.

wortung sind wohlbekannt. Drogenabhängigkeit macht den Menschen letztendlich zu einem kranken Glied der Gesellschaft. Weiter kann Drogenabhängigkeit zur Zerstörung der Familie oder sogar zur Kriminalität führen. Da für die Drogen große Mengen Geld benötigt werden, wird ein Abhängiger durchaus auch seiner Familie lebensnotwendige Dinge vorenthalten, um Drogen zu kaufen und auch zu illegalen Mitteln greifen, um sie bezahlen zu können.

Wenn wir uns an den Grundsatz erinnern, daß ein Verbot sich nach Unreinheit und Schädlichkeit richtet, gibt es keinen Zweifel über das Verbot derartig abscheulicher Substanzen wie Drogen, die so viel physischen, psychischen, moralischen, gesellschaftlichen und wirtschaftlichen Schaden anrichten.

Die muslimischen Rechtsgelehrten waren einer Meinung, die zu ihrer jeweiligen Epoche und an ihren Orten vorhandenen Drogen zu verbieten, allen voran der Schaich al-Islam Ibn Taimijja, der sagte:

„Dieses Kraut (*haschisch*) ist *haram*, ob es berauscht oder nicht. Sündige Menschen rauchen es, weil sie dadurch Ekstase und Entzücken hervorrufen, eine Wirkung wie die Trunkenheit. Während Wein den Trinker anregt und streitbar macht, bewirkt Haschisch Abstumpfung und Lethargie. Auch stört das Rauchen den Geist und Temperament, erregt sexuelle Leidenschaft und führt zu schamloser Promiskuität, und das sind noch größere Übel als die vom Alkohol verursachten. Der Gebrauch des Haschisch hat sich unter den Leuten nach dem Erscheinen der Tartaren verbreitet. Die *hadd*-Strafe [1] für Haschisch-Rauchen, viel oder wenig, ist die gleich wie für Weintrinken, d.h. 80 oder 40 Hiebe."

Die Anwendung der *hadd*-Strafe für das Haschischrauchen begründet er wie folgt:

„Es ist eine Regel der *scharia*, daß jedwede verbotene Sache, nach der die Leute verlangen, wie z.B. Wein oder unrechte Geschlechtsbeziehung, mit der *hadd*-Strafe und die Verletzung eines Verbotes, in einer Sache, nach der man kein Verlangen verspürt, wie der Verzehr von Fleisch eines krepierten Tieres, mit *tazir* bestraft wird. [2]
Haschisch ist etwas, was die Leute einzunehmen begehren, und dem Abhängigen fällt es schwer, davon abzulassen. Deswegen ist die Anwendung der Verbotstexte von Koran und *sunna* die gleiche wie bei anderem." [3]

1 Für bestimmte Verbrechen setzt der Koran Strafen fest, wie das Auspeitschen für Weintrinken, Wiedervergeltung oder Gutmachung bei Mord und Körperverletzung. Diese Strafen bezeichnet man als *hadd*-Strafen. *Hadd* (Mz. *hudud*) sind die von Allah gesetzten „Grenzen" (Übers).

2 Für Vergehen, deren Strafe nicht im Koran oder *hadith* festgesetzt sind, kann die muslimische Regierung selbst Strafe, wie z.B. Bußgeld oder Gefängnis festsetzen. Solche Strafen nennt man *tazir*.

3 *Fatawa* Ibn Taimijja, Bd.4, S.262, vgl. auch sein Buch *al-sijasa al-scharijja*.

● Der Verzehr von schädlichen Dingen ist *haram*

Eine allgemeine Regel der islamischen *scharia* besagt, daß es dem Muslim verboten ist, etwas zu essen oder zu trinken, was zu seinem Tod führt, sei es schnell oder schrittweise, wie Gifte oder gesundheitsschädliche und körperschädigende Stoffe. Auch darf man nicht große Mengen von Lebensmitteln oder Getränken zu sich nehmen, die in großer Menge Krankheit bewirken. Der Muslim ist ja nicht ausschließlich sein eigener Herr. Er gehört seiner Religion und seiner *umma* (der muslimischen Gemeinschaft), und sein Leben, seine Gesundheit, sein Reichtum und alles, was Allah ihm gegeben hat, sind ihm anvertraut, und er darf nichts davon beeinträchtigen. Allah der Erhabene spricht:

„Und tötet euch nicht selbst, Allah ist barmherzig gegen euch.“ (4:29)

„Und richtet euch nicht eigenhändig zugrunde...“ (2:191)

Der Gesandte (s) sagte:

„Schadet nicht euch selbst noch anderen.“ [1]

In Anwendung dieses Grundsatzes können wir sagen, daß der Tabakkonsum *haram* ist, weil es erwiesen ist, daß er gesundheitsschädlich ist, besonders, wenn der Arzt jemandem geraten hat, das Rauchen aufzugeben. Selbst wenn es nicht gesundheitsschädlich ist, ist es doch Geldverschwendung, von Geld, das weder für religiösen noch weltlichen Nutzen ausgegeben wird, und der Prophet (s) hat die Verschwendung des Besitzes verboten. (Buchari) Dies ist da noch schlimmer, wo das Geld für den eigenen Unterhalt oder den der Familie benötigt wird.

1 Ahmad, Ibn Madscha.

2. Kleidung und Schmuck

Der Islam gestattet und verlangt sogar, daß der Muslim auf seine Erscheinung achtet, sich schön bekleidet, seine Würde wahrt und genießt, was Allah zum Zweck der Bekleidung und des Schmuckes geschaffen hat.

Aus islamischer Sich hat die Bekleidung zweierlei Sinn: einmal bedeckt sie den Körper, zum anderen verschönert sie die Erscheinung. Allah der Erhabene rechnet die Ausstattung mit Bekleidung und Schmuck zu Seinen Gnadengaben für die Menschen: „Ihr Kinder Adams, Wir haben euch mit Kleidung ausgestattet, um eure Blöße zu bedecken und zum Schmuck..." (7:25)

Wer einen dieser beiden Aspekte, Bedeckung oder Schmuck, vernachlässigt, ist vom Weg des Islam zum Weg des Satans abgewichen. Deshalb warnt Allah die Menschen sowohl im Hinblick auf die Nacktheit als auch die Vernachlässigung der Erscheinung, weil das Fallstricke des Satans sind:

„Ihr Kinder Adams, der Satan soll euch nicht verführen, wie er eure Eltern aus dem Paradies vertrieb, ihnen ihre Kleidung raubend, um ihnen ihre Blöße zu zeigen..." (7:26)

„O Kinder Adams, legt eure schöne Kleidung an bei jeder Gebetsstätte und eßt und trinkt, doch übertreibt nicht..." (7:30)

Der Islam hat die Muslime verpflichtet, die Geschlechtsteile zu bedecken, die zu entblößen jedermann natürlicherweise Scham empfindet, um sich von den unbekleideten Tieren zu unterscheiden. Er lehrt sogar, diese Körperteile auch dann nicht zu entblößen, wenn man allein ist, damit Bedecktsein zum Charakteristikum seines Wesens wird.

Bahaz bin Hakim berichtete von seinem Großvater:

„Ich fragte: „O Allahs Gesandter, was sollen wir von unserer Scham bedecken und was soll offen bleiben?" Er antwortete: „Niemand außer deiner Frau oder der, die dir gehört, soll sie sehen." Dann fragte ich: „Und wenn ein paar Leute (auf der Reise) zusammenleben?" Er antwortete: „Bemühe dich, daß niemand sie sieht." Da sagte ich: „Und was, wenn man allein ist?" Er antwortete: „Allah der Erhabene verdient am meisten, daß man sich vor Ihm schämt." [1]

● Sauberkeit und Verschönerung sind islamische Eigenschaften

Bevor der Islam sich mit den Fragen des Schmucks und der guten Erscheinung befaßte, setzte er sich ziemlich (ausführlich) mit der Frage der Sauber-

1 Ahmad, Abu Dawud, Tirmidhi, Ibn Madscha.

keit auseinander, denn Sauberkeit ist des Wesen der guten Erscheinung und das Schöne bei jedem Schmuck.

Der Prophet (s) hat gesagt:

„Haltet euch sauber, denn der Islam ist sauber." (Ibn Hibban)

„Sauberkeit lädt ein zum Glauben, und der Glaube führt den, der ihn hat, zum Paradiesgarten." [1]

Der Prophet (s) legte großen Wert darauf, daß man Körper, Kleidung, Wohnung und Straße sauber hält und betonte besonders das Säubern der Zähne, der Hände und des Haares. Diese Betonung der Sauberkeit ist indes nicht verwunderlich in einer Religion, welche die Reinheit zum Schlüssel für ihre grundsätzliche Form des Gottesdienstes, *salat*, gemacht hat, denn das Gebet des Muslims wird nicht angenommen, wenn nicht sein Körper, seine Kleidung und der Ort, wo er *salat* verrichtet allesamt rein sind. Hinzu kommt die verpflichtende Art der Herstellung der Reinheit, entweder für den ganzen Körper in der Form der Ganzdusche (*ghusl*), oder für die dem Schmutz ausgesetzten Körperteile in der Form der Waschung (*wudu*) zum Gebet.

Die Wüstenumgebung und das Nomadenleben in Arabien waren keine besonders guten Voraussetzungen für das Streben nach Reinheit und Verfeinerung, und die meisten Menschen vernachlässigten diese Aspekte. Der Prophet (s) führte sie durch seine lebendige Belehrung und direkte Ermahnung schrittweise aus diesen ungehobelten Verhaltensweisen und lehrte sie Gepflegtheit und gute Sitten. Einmal kam ein Mann mit unordentlichem Kopf- und Barthaar zum Propheten (s). Der Prophet (s) bedeutete ihm, sich zu kämmen. Der Mann tat dies, und nachdem er zum Propheten zurückgekommen war, sagte dieser:

„Ist das nicht besser, als mit unordentlichem Haar zu kommen und wie ein Teufel auszusehen?" [2]

Bei einer anderen Gelegenheit sah der Prophet einen Mann mit ungekämmtem Haar und fragte:

„Hat er nichts, um sein Haar zu kämmen?" [3]

Und als er einen Mann mit schmutziger Kleidung sah, erkundigte er sich:

„Kann er nichts finden, womit er seine Kleider wäscht?" [4]

Einmal kam ein Mann zum Propheten (s) und trug billig wirkende Kleidung.

1 al-Tabarani.

2 Muwatta Imam Malik.

3 Abu Dawud.

4 Abu Dawud.

Der Prophet (s) fragte: „Hast du Besitz?" „Ja", antwortete der Mann. „Was für Besitz?", fragte der Prophet (s). Der Mann antwortete: „Allah hat mir allerlei Art von Reichtum gegeben."
Da sagte der Prophet (s) zu ihm:
„Da Allah dir Reichtum gegeben hat, laß auch die Wirkung Seiner Gnade und Gunst bei dir sehen." [1]

Der Prophet (s) bestand darauf, daß die Leute zu Versammlungen wie dem Freitagsgebet oder den Festgebeten schön angezogen und gut gepflegt erschienen. Er sagte:

„Wer es sich leisten kann, dem steht es an, daß er andere Kleider als die Arbeitskleider zum Freitagsgebet anzieht." [2]

● Gold und Seide für Männer verboten

Verschönerung und Eleganz sind vom Islam nicht nur erlaubt und gefordert, sondern er lehnt im allgemeinen auch die Versuche ab, sie zu verbieten.

„Sag: Wer hat den Schmuck Allahs verboten, den Er für Seine Knechte hervorgebracht hat, und die guten Dinge Seiner Versorgung?" (7:30)

Allerdings hat der Islam den Männern zwei Arten von Schmuck verboten, sie aber den Frauen gestattet, nämlich Goldschmuck und Kleidung aus reiner Seide. Ali berichtet, daß der Prophet (s) Seide in die rechte Hand und Gold in die linke nahm und sagte:

„Diese beiden sind für die Männer unter meinen Anhängern *haram*" [3]

Umar berichtet, daß er den Propheten (s) sagen hörte:

„Tragt keine Seide, denn wer sie in diesem Leben trägt, wird sie nicht im Jenseits tragen." [4]

Bei anderer Gelegenheit sagte der Prophet über ein Seidengewand:

„Das ist die Kleidung eines charakterlosen Menschen." [5]

Einmal sah der Prophet (s) an der Hand eines Mannes einen goldenen Ring. Er nahm ihm den Ring sofort weg, warf ihn von sich und sagte:

„Hebt jemand etwa ein Stück glühender Kohle auf und hält es in der Hand?"

1 al-Nasai.

2 Abu Dawud.

3 Ahmad, Abu Dawud, al-Nasai Ibn Hibban und Ibn Madscha, der den Zusatz berichtet: „und *halal* für die Frauen."

4 Buchari, Muslim. Ähnlich auch von Anas.

5 Buchari, Muslim.

Als der Prophet (s) gegangen war, sagte jemand zu dem Mann: „Hebe ihn auf und fange etwas damit an." Er antwortete: „Nein, bei Allah, ich werde ihn nicht aufheben, nachdem Allahs Gesandter (s) ihn weggeworfen hat." [1]

Das Verbot für den Goldring gilt gleichfalls für das, was wir bei Leuten sehen, die im Luxus leben: den Goldfüller, die Golduhr, das goldene Zigarettenetui und das Goldfeuerzeug, Goldzähne usw. Der Prophet (s) erlaubte den Männer aber, silberne Ringe zu tragen. Nach Ibn Umar berichtet al-Buchari: „Der Propeht (s) trug einen Silberring. Nach ihm trugen ihn Abu Bakr und Umar und Osman trug ihn, bis er von seinem Finger in den Brunnen Aris fiel." [2] Was andere Metalle wie z.B. Eisen angeht, gibt es keine zuverlässigen Texte, die sie verbieten. Im Gegenteil, im *sahih* al-Buchari finden wir, daß Allahs Gesandter (s) einem Mann, der heiraten wollte, riet: „Gib ihr ein Geschenk, und wäre es nur ein Ring aus Eisen." Hieraus leitete al-Buchari das Erlaubtsein von Eisenringen ab. Der Prophet machte ihm Hinblick auf seidene Kleidung aus medizinischen Gründen Zugeständnisse und gab Abd al-Rahman bin Auf und Zubair bin al-Awwam die Erlaubnis, Seide zu tragen, weil beide an der Krätze litten. [3]

- Warum Männern Gold und Seide verboten sind.

Mit diesen Verboten für Männer will der Islam bestimmte hohe erzieherische und moralische Ziele erreichen. Der Islam ist die Religion der Bemühung (*dschihad*) und der Stärke und schützt deshalb die männlichen Eigenschaften und vermeidet Zeichen der Schwäche, der Passivität und der Letharige. Allah hat die körperliche Beschaffenheit des Mannes anders als die der Frau gestaltet. Für einen Mann paßt es nicht, daß er sich mit feinsten Stoffen und teuerstem Schmuck verschönert.

Darüberhinaus gibt es auch ein gesellschaftliches Ziel dieser beiden Verbote. Das Verbot von Seide und Gold für Männer ist Teil eines größeren islamischen Vorhabens, das luxuriöse Leben zu bekämpfen. Aus der Sicht des Korans führt luxuriöses Leben zur Schwächung und dem Niedergang der Völker. Auch ist es ein Ausdruck bestehender sozialer Ungerechtigkeit, weil sich nur wenige — auf Kosten der Masse der Leute — Luxusgüter leisten können.

Weiterhin ist das luxuriöse Leben ein Feind jeder Aufforderung zur Wahrheit, Gerechtigkeit und gesellschaftlicher Reform. Der Koran sagt:

„Und wenn Wir eine Stadt vernichten wollten, erging unser Gebot an die, die im Luxus darin lebten, und sie frevelten darin und so erfüllte sich an ihr das

1 Muslim.

2 Buchari, Kapitel *libas* (Bekleidung).

3 Buchari.

Wort, und Wir zerstörten sie ganz und gar." (17:17)

„Wir haben keinen Warner zu einer Stadt gesandt, deren im Luxus (lebende) Bewohner nicht gesagt hätten: Wir glauben nicht an eure Sendung." (34:33)

In Übereinstimmung mit dem koranischen Geist untersagte der Prophet (s) den Muslimen, sich in übermäßigem Konsum zu ergehen. Nicht nur verbot er Männern Gold und Seide, sondern er verbot beiden, Männern und Frauen, den Gebrauch von goldenem oder silbernem Eßgerät.

Schließlich gibt es auch noch den wirtschaftlichen Aspekt. Da Gold ein universales Tauschmittel ist, macht sein Gebrauch im Haushalt oder als Schmuck für Männer keinen wirtschaftlichen Sinn.

- Warum Gold und Seide den Frauen erlaubt sind

Die Frauen sind von diesen beiden Verboten ausgenommen, mit Rücksicht auf ihre weibliche Natur und die Liebe zu Schmuck. Doch darf sie ihren Schmuck nicht dazu benutzen, die Aufmerksamkeit der Männer auf sich zu lenken und ihr Begehren zu erwecken. Im *hadith* heißt es:

„Wenn eine Frau Parfüm benutzt und unter die Leute geht, so daß der Geruch sie erreicht, ist sie eine Ehebrecherin, und der Blick auf sie, ist der Blick eines Ehebrechers." [1]

Allah der Erhabene ermahnt auch die Frauen:

„und sie sollen nicht ihre Füße zusammenschlagen, damit nicht ihr verborgener Schmuck offenbar wird..." (24:31)

- Die Bekleidung der muslimischen Frau

Der Islam verbietet der Frau, Kleidung zu tragen, die den Körper nicht bedeckt und die durchsichtig ist und erkennen läßt, was darunter ist. Ebenso ist es verboten, eng anliegende Kleidung zu tragen, die die Körperkonturen, besonders die sexuell anziehenden Körperteile, nachzeichnet. Abu Huraira berichtet, daß Allahs Gesandter (s) gesagt hat:

„Zwei Arten von Leuten des Höllenfeuers sehe ich nicht an: Menschen, die mit Peitschen wie Kuhschwänzen die Leute schlagen (d.h. Tyrannen, Feinde des eigenen Volkes) und Frauen, die nackt sind, obwohl sie bekleidet sind, die verführen und verführt werden, deren Haare wie die geneigten Kamelhöcker frisiert sind. Diese werden den Paradiesgarten nicht betreten, und nicht einmal sein Geruch wird sie erreichen, obwohl er sehr weit reicht." [2]

1 Al-Nasai und Sahih ibn Khuzaima und Ibn Hibban.

2 Muslim.

Der Prophet (s) beschrieb solche Frauen als bekleidet, aber dennoch nackt, weil ihre durchsichtige feine Kleidung den Körper nicht verhüllt, sondern ihn vielmehr enthüllen soll. So ist auch die Kleidung der heutigen Frauen. Die Frisur verglich der Prophet mit dem Höcker einer besonderen Kamelart (*bakht*), die sehr große Höcker hat, weil die Frauen ihr Haar in Bienenkorbform von der Kopfmitte nach oben frisierten. Es ist so, als würde der Prophet (s) um Jahrhunderte in unsere Zeit schauen, in der das Entwerfen von Frisuren und von Kleidern verschiedenster Art eine von Männern beherrschte Domäne geworden ist, die für ihre Arbeit Höchstpreise verlangen. Aber das ist nicht alles. Viele Frauen, die mit dem natürlichen Haar, das Allah ihnen gegeben hat, nicht zufrieden sind, kaufen Perücken aus Kunsthaar, um es dem eigenen hinzuzufügen und Fülle, Schönheit und Glanz zu vermehren in der Annahme, daß sie dies schöner und attraktiver macht.

Das Erstaunliche bei diesem *hadith* ist übrigens der Zusammenhang zwischen politischer Unterdrückung und moralischem Niedergang. Diese Verbindung wird durch Tatsachen erhärtet, denn dies ist die Weise, wie Herrscher das Volk sich mit ihren eigenen Wünschen und Gelüsten befassen lassen, damit sie keine Zeit haben, über öffentliche Angelegenheiten nachzudenken.

- Über das Nachahmen des anderen Geschlechtes

Der Prophet (s) verkündete, daß ein Mann keine Frauenkleider und eine Frau keine Männerkleider tragen soll. Er verfluchte Männer, die Frauen nachahmen, und Frauen, die Männer nachahmen. [1] Dieses Nachahmen beinhaltet die Art und Weise zu sprechen, zu gehen, sich zu kleiden, zu bewegen usw.

Das Schlechte an solchem Verhalten, das sowohl den Einzelnen wie die Gesellschaft betrifft, besteht in der Auflehnung gegen die natürliche Ordnung. Nach dieser natürlichen Ordnung gibt es Männer und Frauen, und jedes der beiden Geschlechter hat die ihm besonderen Eigenschaften. Wenn aber die Männer unmännlich und die Frauen unweiblich werden, kehrt das die natürliche Ordnung um und zerstört sie.

Der Prophet (s) hat denjenigen als von Allah und den Engeln im Diesseits und im Jenseits verflucht bezeichnet, den Allah als Mann erschaffen hat und der durch das Nachahmen der Frauen weibisch wird, und die Frau, die durch das Nachahmen der Männer unweiblich wird. [2]

Deshalb verbot der Prophet (s) den Männern, Stoffe mit auffallenden, großen Mustern zu tragen. Muslim berichtet im *sahih* von Ali:

1 Buchari u.a.

2 al-Tabarani.

„Allahs Gesandter (s) verbot mir einen Goldring zu tragen, ein Seidengewand und Kleidung mit auffälligem Muster."

Muslim berichtet auch einen *hadith* von Ibn Umar, der sagte:

„Allahs Gesandter (s) sah mich in zwei Gewändern mit auffälligem Muster und er sagte: „Das ist, was die Ungläubigen tragen. Trage so etwas nicht!""

● Bekleidung und Prahlen und Stolz

Die allgemeine Regel, die guten Dinge wie Essen, Trinken und Bekleidung zu genießen, verlangt, daß dies ohne Extravaganz oder Prahlen geschieht.

Extravaganz bedeutet, die Grenzen dessen zu überschreiten, was im Gebrauch von *halal* nützlich ist, und Prahlen hat mit der Absicht und dem Herzen zu tun und weniger mit dem Äußerlichen. Prahlen ist mit der Absicht verbunden, besser und vorzüglicher als andere auszusehen, aber

„Allah liebt keine stolzen Prahler." (57:23)

Der Prophet (s) sagte:

„Am Tag der Auferstehung wird Allah den nicht ansehen, der sein Gewand aus Stolz hinter sich herschleifen läßt." [1]

Um jeden Verdacht des Prahlens zu vermeiden, verbot der Prophet (s) den Muslimen, sogenannte „Prunkgewänder" zu tragen, die man anzieht, um andere zu beeidrucken, und die nur nutzloses und überflüssiges Wetteifern hervorrufen.

Im *hadith* heißt es:

„Am Tag der Auferstehung wird Allah den, der Prunkgewänder trägt, mit den Gewändern der Erniedrigung bekleiden." [2]

Jemand fragte Ibn Umar: „Was für Kleider soll ich tragen?" Ibn Umar antwortete: „Solche, die nicht die Geringschätzung der Unverständigen bewirken (weil sie wertlos und schäbig sind), und nicht den Tadel der Weisen (weil sie extravagant sind)." [3]

● Extremes Verhalten durch Verändern von Allahs Schöpfung

Der Islam verwirft Übertreibungen bei der Verschönerung, die zur Veränderung der körperlichen Erscheinung führen, wie Allah sie geschaffen hat. Der Koran betrachtet derartige Eingriffe als vom Satan eingegeben:

„...und ihnen befehlen, die Schöpfung Allahs zu verändern." (4:118)

1 Buchari, Muslim.

2 Ahmad, Abu Dawud, al-Nasai und Ibn Madscha.

3 al-Tabarani.

- Verbot des Tätowierens, Kürzen der Zähne und Schönheitsoperationen

Zu den Übertreibungen gehört auch das Tätowieren und Kürzen der Zähne. [1] Allahs Gesandter (s) verfluchte den, der tätowiert, und den, der tätowiert wird, den, der die Zähne kürzt und den, dessen Zähne gekürzt werden. [2]

Durch das Tätowieren wird das Gesicht und andere Körperteile dauerhaft durch blaue Farbe und abstoßende Muster entstellt. Manche Araber, besonders Frauen, hatten gewöhnlich große Teile des Körpers tätowiert, während Angehörige bestimmter Sekten sich die Bilder ihrer Götzen oder religiöse Rituale auf Hände und Brust tätowieren liessen. Zu all diesen Scheußlichkeiten kommt der Schmerz und die Angst hinzu, die der Tätowierte durch die Nadelstiche erfährt. Deshalb wurden beide, der Tätowierer und der Tätowierte verflucht. Was das Kürzen der Zähne betrifft, verfluchte der Prophet (s) Männer und Frauen, die solches vornehmen und Frauen, die danach verlangen. Wenn es ein Mann tut, verdient er noch größere Verfluchung. Auch verbot der Prophet (s) die Zwischenräume zwischen den Zähnen zu erweitern und verfluchte „Frauen, die bei sich selbst oder anderen um der Schönheit willen die Zahnzwischenräume erweitern und verändern, was Allah geschaffen hat.“

Ganz offensichtlich hat Allah manche Frauen mit Zahnzwischenräumen und andere ohne geschaffen. Manche Frauen, die sie nicht haben, möchten sie vielleicht künstlich herbeiführen, durch Abfeilen oder Abtrennen von Stücken der benachbarten Zähne. Der Islam betrachtet das als eine Art Betrug und übermäßige Beschäftigung mit der individuellen Schönheit und mißbilligt beides.

Aufgrund dieser *ahadith* des Propheten (s) kennen wir auch die Haltung der islamischen *scharia* zu Schönheitsoperationen. Solche Schönheitsoperationen sind durch die materialistische westliche Weltanschauung weit verbreitet, die ja den Körper und seine Befürfnisse betont. Männer und Frauen geben Unsummen aus, um ihre Nasen oder Brüste umzuformen, oder was sonst sie für mißgestaltet halten. Solches Verhalten zählt zweifellos zur übertriebenen Verschönerung und dem unnötigen Verändern dessen, was Allah geschaffen hat. Es verdient den Fluch Allahs und Seines Pophetens (s). Auch bedeutet es Qual, Schmerz und Geldverschwendung nur um der äußeren Erscheinung willen. Außerdem ist es ein Ausdruck der bevorzugten Beschäftigung mit der Erscheinung statt dem Wesen, mit dem Körper, statt dem Geist.

„Es kann vorkommen, daß jemand eine ungewöhnliche körperliche Verunstaltung hat, die Aufmerksamkeit erweckt und dem Betroffenen körperlichen und seelischen Schmerz verursacht, wenn er Leuten begegnet. In solch einem

1 ein Schönheitsmittel der vorislamischen Araber.

2 Muslim.

Fall darf er die Verunstaltung behandeln lassen und derart die Peinlichkeit beheben, die sein Leben unglücklich macht. Allah der Allbarmherzige hat uns in der Religion kein Bedrängnis auferlegt..." [1]

Diese Aussage ist wohl durch den *hadith* über das Erweitern der Zahnabstände gestützt, denn dort wird abgelehnt, es wegen gutem Aussehen und künstlicher Verschönerung zu unternehmen. Doch wo es geschieht, um Schmerzen zu beseitigen, ist es nicht falsch, und Allah weiß es am besten.

- Augenbrauen zupfen

Zur übermäßigen Verschönerung, die der Islam verbietet, gehört auch *al-nams*, das Entfernen von Haaren der Augenbrauen, um sie auszudünnen oder zu formen. Der Prophet (s) verfluchte sowohl die Frau, die es vornimmt, wie die, die es vornehmen läßt. [2] Dieser Brauch wird besonders verboten, wenn er ein Merkmal von Prostituierten ist. Nach manchen hanbalitischen Gelehrten ist das Entfernen von Gesichtshaaren (außer den Augenbrauen) und der Gebrauch von Puder, Cremen und anderen Schönheitsmitteln erlaubt, wenn der Ehemann zustimmt, weil dies zum weiblichen Schmuck gehört. Al-Nawawi ist etwas strenger und betrachtet auch die Entfernung von Gesichtshaaren als *al-nams* und somit als verboten. Im Gegensatz zu seiner Auffassung dürfen wir aber auf die Erklärung von Abu Dawud in seinem *sunan* hinweisen, nach der „*al-nams* das Zupfen der Augenbrauen, um sie auszudünnen" ist, woraus wir schließen dürfen, daß es nicht das Entfernen von Gesichtshaaren mit einschließt.

Al-Tabari berichtet über die Frau von Abu Ishaq, die jung war und die Schönheit liebte und einmal Aischa fragte: „Was ist, wenn eine Frau Haar von ihrer Stirn entfernt, um ihrem Mann zu gefallen?" Aischa erwiderte: „Entferne, was dir schadet, was du kannst." [3]

- Perücken und Haarteile

Bei der weiblichen Verschönerung ist auch das Hinzufügen von anderem Haar, echtem oder künstlichem, zum eigenen Haar — d.h. das Tragen von Perücken und Haarteilen — verboten.

Buchari berichtet nach Aischa, ihrer Schwester Asma, Ibn Masud, Ibn Umar und Abu Huraira:

„Allahs Gesandter (s) verfluchte *al-wasila* und *al-mustausila*." *Wasila* bezeich-

1 Al-Bahi al-Khuli: *al-mara baina-l-bait wa-l-mudschtama*, 2.Aufl., S.105.

2 Abu Dawud, nach guter Autorität

3 *Fath al-bari* im Buch über Kleidung, Kapitel über das Augenbrauenzupfen, als Erläuterung des *hadith* von Ibn Masud.

net eine Frau, die Perücken und Haarteile herstellt und *mustausila* eine Frau, die sie benutzt.

Für Männer ist so etwas in noch größerem Maße verboten, sei es der *wasil* (Friseur) oder der *mustausil*, wie heutzutage manche unmännlichen langhaarigen Männer der Hippie-Art.

Der Prophet (s) war im Kampf gegen derartiges Fälschen sehr streng, so weit, daß er selbst einer Frau, die wegen einer Krankheit Haarausfall hatte, nicht erlaubt hat, anderes Haar hinzuzufügen, selbst als ihre Hochzeit bevorstand. Al-Buchari berichtet von Aischa, daß ein Mädchen von den *ansar* heiratete, krank wurde und ihr Haar verlor. Manche Leute wollten, daß sie ihrem Haar fremdes Haar beifügte, aber als sie den Propheten (s) danach fragten, war seine Antwort:

„Allah hat die *wasila* und die *mustausila* verflucht." [1]

Weiter berichtet al-Buchari von Asma, daß eine Frau zum Propheten (s) gesagt hat: „O Allahs Gesandter, seit meine Tochter Masern hatte, ist ihr Haar ausgefallen und ich will sie verheiraten. Soll ich ihr ein paar (andere) Haarsträhnen hinzufügen?" Der Prophet (s) antwortete:

„Allah hat die *wasila* und die *mustausila* verflucht."

Said ibn al-Musajjib berichtet, daß Muawija bei seinem letzten Besuch in Madina eine öffentliche Ansprache hielt. Im Verlauf der Rede zeigte er eine Haarsträhne und sagte: „Ich habe niemanden außer den Juden dies gebrauchen sehen. Der Prophet (s) nannte das Hinzufügen von fremdem Haar zum eigenen Haar Fälschung."

Nach einem anderen Bericht sagte er den Leuten von Madina:

„Wo sind eure Gelehrten? Ich hörte den Propheten (s) den Gebrauch davon verbieten, und er sagte: „Die Kinder Israel wurden vernichtet, als ihre Frauen anfingen, dies zu gebrauchen."

Daß der Prophet (s) den Gebrauch von falschem Haar als Fälschung zeichnete, gibt den Grund für das Verbot an. Es handelt sich dabei in der Tat um Betrug, Täuschung und Fälschung, und der Islam verurteilt jede Täuschung und sagt sich von jedem los, der sich ihrer im materiellen oder psychologischen Sinne bedient, denn „wer betrügt, gehört nicht zu uns." [2]

Khattabi sagt:

„Für solche Praktiken sind (im Jenseits) schlimme Strafen angedroht, weil sie

1 Buchari, Buch über die Bekleidung, Kapitel „Haar hinzufügen"

2 Von verschiedenen *sahaba* berichtet.

Täuschung und Betrug beinhalten. Erlaubt man etwas davon, wir die Tür für andere Arten der Täuschung geöffnet. Auch geht es dabei um die Veränderung der von Allah gegebenen Züge, wie im *hadith* von Ibn Masud über „die, die Allahs Schöpfung verändern" berichtet." [1]

In diesem *hadith* ist also das Hinzufügen von anderem Haar verboten, ob es natürliches oder künstliches ist, weil es sich um Täuschung und Betrug handelt. Nicht verboten ist der Gebrauch von anderen Stoffen im Haar, wie Faden oder Tuch, die mit dem natürlichen Haar verflochten werden können. Nach Said ibn Dschubair hat der Prophet (s) gesagt:

„Bei *tawamil* ist nichts dabei", [2] womit der Gebrauch von Wolle oder Seide zum Haarflechten gemeint ist. Auch Imam Ahmad Hanbal äußerte sich dahingehend, daß es erlaubt ist. [3]

- Haare färben

Ein weiterer Aspekt betrifft das Färben der grauen Haare von Kopf oder Bart. Juden und Christen, so wurde berichtet, enthielten sich davon, das Haar zu färben und betrachteten derartige Verschönerung als Gegensatz zu Frömmigkeit und Hingabe und als unpassend für Rabbiner, Priester und Mönche. Der Prophet (s) untersagte den Muslimen , es ihnen nachzumachen, damit die Muslime ihre eigenen und besonderen Eigenschaften von Erscheinung und Verhalten entwickelten.

Buchari berichtet nach Abu Huraira, daß der Prophet (s) gesagt hat:

„Die Juden und Christen färben ihr Haar nicht, also unterscheidet euch von ihnen." [4]

Hierbei handelt es sich aber nur um eine Empfehlung, nicht eine strikte Anweisung, wie aus dem Verhalten der *sahaba* ersichtlich wird. Abu Bakr und Umar pflegten das Haar zu färben, während andere wie z.B. Ali, Ubaj ibn Kab und Anas es nicht taten.

Bleibt die Frage, welches Färbemittel zu benutzen ist. Sollte die Farbe schwarz oder dürfen es auch andere Farben sein? Oder sollte Schwarz vermieden werden? Für einen sehr alten Mann mit weißem Haar und Bart wäre Schwarz wohl kaum passend. Am Tag der Einnahme von Mekka brachte Abu Bakr seinen sehr betagten Vater und trug ihn bis er ihn vor dem Propheten (s) niedersetzte.

1 *Fath al-Bari*, im Kapitel über „Haar hinzufügen".

2 *Fath al-Bari*, nach Abu Dawud.

3 *Fath al-Bari*.

4 Buchari, Kapitel Haarefärben im Buch über Kleidung.

Als dieser das schneeweiße Haar von Abu Qahafa sah, sagte er:

„Ändere es, aber vermeide schwarz." [1]

Ist ein Mann aber nicht von solch fortgeschrittenem Alter und Schwäche wie Abu Qahafa, schadet schwarze Farbe nicht. Hierzu sagte al-Zuhri:

„Wir färbten unser Haar schwarz, wenn das Gesicht jung aussah, aber ließen davon ab, wenn das Gesicht Falten bekam und die Zähne schlecht wurden." [2]

Manche frühen Muslime, darunter *sahaba* wie Sad ibn Abi Waqqas, Uqba ibn Amr, al-Hassan, al-Hussain, Dscharir und andere erlaubten schwarze Farbe. Manche Gelehrte halten dies nicht für statthaft, außer im Kriegsfall, wenn der Feind durch das junge Aussehen der muslimischen Kämpfer beeindruckt werden soll.

Abu Dharr berichtete den *hadith*:

„Das beste zum Färben der grauen Haare ist Henna und *katam*." [3]

Henna macht das Haar rot, und *katam*, eine Pflanze aus dem Jemen schwarz mit roter Tönung. Nach Anas benutzte Abu Bakr Henna und *katam*, während Umar nur mit Henna färbte.

● Den Bart wachsen lassen

Das Wachsenlassen des Bartes gehört auch zu unserem Thema. Buchari berichtet nach Ibn Umar, daß der Prophet (s) gesagt hat: „Unterscheidet euch von den Polytheisten (*muschrikun*): Laßt den Bart wachsen und schneidet den Schnurrbart."

Wie der *hadith* sagt, ist der Sinn hier die Unterscheidung von den Götzendienern, die, was den obigen Fall betrifft, Zoroastrier waren, Feueranbeter, die ihre Bärte stutzten oder abrasierten. Mit dem Befehl des Propheten (s), sich zu unterscheiden, war die Absicht verbunden, daß die Muslime eine unabhängige Persönlichkeit entwickeln sollten, die sich von anderen im inneren Gehalt wie in der äußeren Erscheinung unterschied, in Wesen und Form. Auch ist das Abrasieren des Bartes ein Affront gegen die männliche Natur, weil es ein Versuch ist, den Frauen ähnlich zu sein, wo doch der Bart ein zugehöriger Teil des Männlichen und eines seiner besonderen Merkmale darstellt.

Den Bart wachsen lassen, bedeutet aber nicht, ihn wild wachsen zu lassen, bis er zum Ärgernis wird. Der Bart soll zweifellos in der Länge und Breite

1 *Fath al-bari*, zum obigen *hadith*.

2 Ibn Abu Asim im Buch „Haarfärben".

3 Fath al-Bari.

beschnitten werden. Dies ist in einem *hadith* von Tirmidhi empfohlen, auch haben es die Muslime der ersten Generation so gehandhabt. Ajjad sagte:

„Es ist *makruh*, den Bart zu rasieren oder stark zu kürzen, aber gut, ihn der Länge und Breite nach zu beschneiden, wenn er zu groß wird."

Abu Schamah sagte: „Manche Leute haben angefangen, die Bärte abzurasieren, und das ist ein Schritt mehr als die Zoroastrier, die sie nur kurz schnitten." [1]

Heutzutage rasiert die Mehrheit der Muslime die Bärte und imitiert so die Fremden, die ihre Länder kolonisiert haben. Es ist traurig, daß die Eroberten es immer den Eroberern nachmachen. Die heutigen Muslime mißachten den Befehl des Propheten (s), sich von den Ungläubigen zu unterscheiden und sie nicht nachzumachen. „Jemand, der Leute nachmacht, gehört zu ihnen." [2]

Eine Großzahl der Rechtsgelehrten betrachtet das Bartabrasieren auf Grund des Befehls des Propheten (s) als *haram*. Dieser Befehl, den Bart wachsen zu lassen, macht es zur Verpflichtung, besonders, zur Unterscheidung zu den Nichtmuslimen, weil es Pflicht für die Muslime ist, sich von denen zu unterscheiden, die nicht glauben.

Es gibt keine Berichte darüber, daß irgend ein Muslim der frühen Generation diese Verpflichtung übergangen hätte. Allerdings erlauben manche moderne Gelehrte das Bartrasieren unter dem Eindruck der Entwicklung der öffentlichen Meinung. Sie sagen, das Barttragen sei eine gewöhnliche Tat des Propheten (s) gewesen, nicht aber mit der Religion verbunden und müsse deshalb nicht befolgt werden. Die Wahrheit ist aber, daß das Barttragen nicht allein deshalb erforderlich ist, weil der Prophet (s) einen Bart hatte, sondern weil er es ausdrücklich befahl, um die Unterscheidung zu den Nichtgläubigen zu wahren. Ibn Taimijja hat überzeugend dargelegt, daß die Unterscheidung zwischen Muslim und Ungläubigem ein Ziel des Gesetzgebers war, denn Ähnlichkeit der Erscheinung bewirkt Liebe, Freundschaft und gefühlsmäßige Zuneigung, wie auch die Liebe im Herzen äußere Ähnlichkeit hervorruft. Diese psychologische Tatsache wird durch Erfahrung und Beobachtung gestützt. Ibn Taimijja sagt:

„Der Koran, die *sunna* und die Übereinstimmung der Muslime lehren allesamt die Muslime sich von den Ungläubigen zu unterscheiden und im allgemeinen zu vermeiden, ihnen ähnlich zu sein. Alles, was auf versteckte und diffuse Weise Zerfall herbeiführt, hat hiermit auch zu tun und ist ebenfalls verboten. Das Nachahmen der Erscheinung der Ungläubigen führt zum Nachahmen

1 *Fath al-bari*, Kapitel über den Bart.

2 *Hadith*, nach Ibn Umar, bei Abu Dawud.

ihres schlechten Verhaltens und ihrer schlechten Eigenschaften — ja, sogar ihrer Glaubenslehren. Solche Einflüsse kann man nicht unter Kontrolle bringen und auch nicht leicht feststellen, so daß es schwierig oder gar unmöglich wird, sie auszumerzen. Deshalb hat der Gesetzgeber alles verboten, was eine Ursache für den Zerfall ist.“ [1]

Es gibt also drei Auffassungen über das Rasieren des Bartes: eine, daß es *haram* ist, das ist die Meinung von Ibn Taimijja und anderen, eine zweite, daß es *makruh* ist, die Meinung von Ajjad im *Fath al-Bari*, aber von sonst niemandem und drittens, daß es erlaubt ist, wie manche moderne Gelehrte sagen. Die zweite Auffassung, daß es *makruh* ist, liegt wohl näher an der Wahrheit und der Mäßigung. Wie gesagt ist der Grund für das Barttragen die Unterscheidung zu den Nichtmuslimen, wie beim Haarefärben die Unterscheidung zu Juden und Christen. Es ist bekannt, daß manche *sahaba* ihr Haar nicht färbten, was andeutet, daß es eher empfohlen statt verpflichtend war. Ähnlich kann das Bartwachsen als empfohlen aber nicht verpflichtend gelten und somit das Rasieren als *makruh* statt *haram* angesehen werden.

Es ist jedenfalls wahr, daß von keinem *sahabi* bekannt ist, daß er den Bart abrasierte. Vielleicht gab es keinen Grund dafür und das Barttragen war eine Sitte unter ihnen.

1 *Kitab iqtida al-sirat al-mustaqim.*

3. Die Wohnung

Das Heim ist der Ort, an dem der Mensch sich vor den Elementen schützt und wo er von den Einschränkungen und Zwängen der Gesellschaft befreit ist. Es ist ein Ort der Erholung für den Körper und Entspannung des Geistes. Darum hat Allah der Erhabene bei der Aufzählung Seiner Gnaden für Seine Knechte gesagt:

„Und Allah hat euch Behausungen gegeben zur Wohnung…" (16:82)

Der Prophet (s) liebte eine geräumige Wohnung und betrachtete dies als eine Sache, die zum Glück in dieser Welt gehört. Er sagte:

„Das Glück hat vier Bestandteile: eine gute Ehefrau, ein geräumiges Haus, einen guten Nachbar und ein angenehmes Reittier." [1]

Auch hat er oft gebetet: „O Herr, vergib mir meine Sünde, mache mein Haus geräumig und segne mich in meinem Unterhalt."

Man fragte ihn: "O Allahs Gesandter, warum gebrauchst du so oft dieses Bittgebet?" Er antwortete: „Ist dabei irgend etwas ausgelassen?" [2]

Der Prophet (s) hielt die Leute auch zur Sauberkeit ihrer Häuser als klaren Ausdruck des Islam an, der eine Religion der Sauberkeit ist. Sauberkeit ist ein Unterscheidungsmerkmal des Muslims gegenüber denen, die Unsauberkeit als Bestandteil ihrer Religion ansehen, um Allah wohlgefällig zu sein. Allahs Gesandter (s) hat gesagt:

„Allah ist gut und liebt das Gute, Er ist rein und liebt Reinheit, Er ist großzügig und liebt Großzügigkeit, Er ist gastfreundlich und liebt die Gastfreundschaft. Also haltet eure Räume und Höfe sauber und ähnelt nicht den Juden." [3]

● Gegenstände des Luxuslebens und der Vielgötterei

Der Muslim kann sein Haus mit verschiedenen Pflanzen schmücken, mit verzierten Stoffen und anderen ornamentalen Gegenständen:

„Sag: Wer hat Allahs Schmuck verboten, den Er für Seine Knechte hervorgebracht hat?" (7:30)

Ein Muslim darf sich zweifellos Schönheit für sein Heim wünschen und Eleganz für seine Kleidung, Schuhe und anderes, was mit der persönlichen Er-

1 Sahih Ibn Hibban.

2 al-Nasai und Ibn Sunni, mit gesunder Überliefererkette.

3 Tirmidhi.

scheinung zusammenhängt. Einmal sagte der Prophet (s):

„Wer auch nur ein Körnchen Überheblichkeit im Herzen hat, wird den Paradiesgarten nicht betreten." Ein Mann fragte: „Was ist mit dem, der gern ein schönes Gewand und gute Schuhe trägt?" Der Prophet (s) antwortete: „Allah ist schön und liebt das Schöne." [1]

In einer anderen Version dieses *hadith* kam ein hübscher Mann zum Propheten (s) und sagte: „Ich mag das Schöne und wie du siehst habe ich auch etwas davon bekommen, so weit, daß es mir mißfällt, wenn jemand bessere Sandalen als ich trägt. Ist das Überheblichkeit, O Allahs Gesandter?" Der Prophet (s) antwortete: „Nein. Überheblichkeit bedeutet, die Wahrheit zu mißachten und andere Menschen mit Geringschätzung zu betrachten." [2]

Der Islam lehnt aber das Übermäßige ab und der Prophet (s) mochte es nicht, daß ein Muslim sein Haus mit luxuriösen und verschwenderischen Gegenständen überfüllt, was schon der Koran mißbilligt, oder auch mit Gegenständen der Vielgötterei, wogegen die Religion der Einheit Gottes ja mit jeder möglichen Waffe ankämpfte.

● Gold- und Silbergerät

Deswegen hat der Islam den Gebrauch von Gold- und Silbergerätschaften und reinen Seidenmatten im muslimischen Haus verboten. Der Prophet (s) warnte davor, daß, wer hiervon abweicht, schwere Strafe im Jenseits auf sich zieht. Nach Umm Salama berichtet Muslim, daß der Prophet (s) gesagt hat:

„Wer von Gold- und Silbergerät ißt oder trinkt, füllt seinen Magen mit dem Höllenfeuer." [3]

Buchari berichtet nach al-Hudhaifa:

„Allahs Gesandter (s) verbot uns von goldenem oder silbernem Geschirr zu essen, Gewänder aus Seide oder Brokat zu tragen oder auf Seidenstoff zu sitzen. Er sagte: „Sie sind für jene (die Ungläubigen) in dieser Welt und für uns im Jenseits." [4]

Auch ist das, was für den Gebrauch verboten wurde, ebenfalls als Schmuck oder zur Verzierung verboten.

Diese Verbote über Gerätschaften, Matten und ähnliche Dinge gelten für Männer wie für Frauen, denn der Sinn dieser Regeln besteht darin, unnötigen Luxus

1 Muslim.

2 Abu Dawud.

3 Muslim.

4 Buchari.

aus dem Haus zu verbannen. Ibn Qudama hat diesen Gedanken treffend und klar ausgedrückt:

„Männer und Frauen sind hierin gleich, wegen des allgemeinen Charakters des *hadith*, und weil dieses Verbot in der Zurschaustellung von Extravaganz und Stolz einerseits und in der Verletzung der Gefühle der Armen andererseits begründet ist. Das Tragen von Gold und Silber und Seide wurde den Frauen jedoch gestattet, damit sie sich für ihre Ehemänner schön machen. Dies ist aber eine Ausnahme, die für keinen anderen Gebrauch gilt. Sollte jemand einwenden: „Wenn der Grund, den du genannt hast, zutrifft, wären Gerätschaften aus Rubin und anderen edlen Materialien ebenfalls verboten worden, weil sie noch teurer (als Gold und Silber) sind", würden wir antworten: „Die Armen kennen diese Dinge nicht und ihre Gefühle werden nicht verletzt, selbst wenn sie solches bei den Reichen in Gebrauch sehen." Auch verhindert schon die Seltenheit solcher Dinge ihren Gebrauch und so ist ihr Verbot aufgrund von Extravaganz überflüssig." [1]

Wir haben schon oben die wirtschaftlichen Gründe für das Verbot von Goldschmuck für Männer angeführt. In diesem Fall ist der Grund noch schwerwiegender und auch offensichtlicher. Gold und Silber sind universelle Geldmaßstäbe, die das Festsetzen von Preisen und die Transaktionen zwischen verschiedenen Nationen erleichtern und somit Handel und Geschäft fördern. Es ist Allahs Gnade, daß Er die Menschen dahin leitete, sie als Tauschmittel zu verwenden. Somit ist die rechte wirtschaftliche Nutzung von Gold und Silber ihr freier Verkehr. Sie sollen nicht in den Häusern als Münzen gehortet, oder noch schlimmer, in Haushaltsgegenständen und -verzierungen festgelegt werden.

Diesen Gesichtspunkt hat Imam al-Ghazali auf sehr schöne Weise in dem Kapitel „*al-schukr*" (Die Dankbarkeit) seines Werkes *Ihja al-ulum al-din* dargelegt:

„Wer Gold- und Silbermünzen einschmilzt, um daraus Vasen und Gefäße zu machen ist Allahs Freigebigkeit gegenüber undankbar und schlimmer als jemand, der sie hortet. Es ist wie den Bürgermeister der Stadt zum Straßenkehren oder Kleidernähen zu verwenden, oder Arbeiten zu verrichten, die sonst von den gewöhnlichsten Leuten verrichtet werden. Ihn einzusperren wäre weniger beleidigend. Materialien wie Porzellan, Eisen, Blei und Kupfer können Gold und Silber für das Vasen- und Gefäßmachen ersetzen, nicht aber als Geld oder Maßstäbe für den Tausch. Wenn jemand dies aufgrund eigener Einsicht nicht verstehen kann, würden wir ihm sagen, daß der Sprecher Allahs dies erklärt hat: „Wer von Gold- oder Silbergeschirr ißt, füllt seinen Magen mit dem Höllenfeuer."

1 *Al-Mughni*, Bd.8, S.323.

Es soll hier niemand sagen, daß dieses Verbot eine starke Einschränkung für den Muslim im eigenem Heim bedeute, denn es gibt eine Vielzahl von zuträglichen und bekömmlichen Dingen, aus denen er auswählen kann. Was für wunderschöne Vasen, Gefäße und Töpfe hat man doch aus Glas, Porzellan, Kupfer und vielen anderen Materialien hergestellt! Ebenso gibt es besonders schönes Bettzeug, Kissen und Tischtücher aus Baumwolle, Leinen und anderen Stoffen.

● Der Islam verbietet Statuen

Der Islam verbietet Statuen im Heim des Muslims. Statuen sind vollständige feste Figuren, die nicht entstellt oder sonst wie verunstaltet wurden. Ihre Anwesenheit im Haus wird als ausreichend angesehen, die Engel zu vertreiben, die Allahs Barmherzigkeit und Seine Zufriedenheit darstellen. Allahs Gesandter (s) hat gesagt:

„Engel betreten kein Haus, in dem Statuen (oder Figuren) sind.“ [1]

Nach der Erklärung von Gelehrten hat jemand, der in seinem Haus Statuen hat, damit die Ungläubigen imitiert, die ja Götzen in ihren Häusern haben und sie verehren. Die Engel werden davon abgestoßen. Sie betreten solche Häuser nicht und verlassen sie.

Einem Muslim ist auch verboten, Statuen herzustellen, selbst wenn er es für Nichtmuslime tun würde. Der Prophet (s) hat gesagt:

„Zu den Leuten, die am Tag der Auferstehung am härtesten bestraft werden, gehören die, die Figuren machen“ oder „die Allahs Schöpfung nachmachen.“ [2]

Er sagte auch:

„Am Tag der Auferstehung wird der, der eine Figur machte, aufgefordert, ihr Geist einzuhauchen, und das kann er nie,“ [3] d.h. er wird als Tadel und zur Demütigung aufgefordert, ihr Leben zu geben.

● Warum Statuen verboten sind

Einer der Gründe für dieses Verbot, obwohl nicht der einzige, wie manche vielleicht annehmen, ist der Schutz des Glaubens an Gottes Einzigkeit und das Bemühen, sich weit von den Bräuchen der Götzendiener zu entfernen, die mit eigener Hand Statuen und Götzenbilder anfertigen, sie dann als heilig bezeichnen und vor ihnen in Verehrung stehen.
Die Empfindlichkeit des Islam, den Glauben an Gottes Einheit und Einzigkeit

1 Buchari, Muslim; Wortlaut nach Muslim.

2 Buchari, Muslim.

3 Buchari, Muslim.

zu schützen, ist sehr feinfühlig und sicherlich sind Vorsicht und Bedenken auch angebracht. Schließlich begann der Götzendienst ja damit, daß die Menschen Figuren ihrer Verstorbenen und frommen Vorfahren anfertigten, um sich ihrer zu erinnern. Langsam begannen sie mit der Verehrung und steigerten dies mehr und mehr, bis aus diesen Statuen Götter geworden waren, die sie neben Gott anbeteten, sie um Hilfe riefen, ihren Zorn fürchteten und sie um Segen anflehten. Dies ist, was bei früheren Völkern wie denen von *Wadd*, *Suwwa*, *Jaghuth*, *Jauq* und *Nasra* geschah. [1]

Es überrascht nicht, daß eine Religion, die allem Zerfall Einhalt gebieten will, jeden Zugang verschließt, durch den die Vielgötterei (*schirk*) sich offen oder versteckt in die Gedanken und Herzen der Menschen einschleichen kann. Ein solcher Zugang ist auch das Nachahmen der Götzendiener oder Anhänger anderer Religionen, die ihre Hochachtung für ihre Heiligen übertreiben. Die islamische Gesetzgebung ist ja nicht bloß für eine oder zwei Generationen gedacht, sondern für die gesamte Menschheit, so lange sie auf diesem Planeten existiert. Was in einer Umgebung vielleicht undenkbar scheint, kann in einer anderen durchaus angenommen werden, und was in einer bestimmten Zeit unmöglich aussieht, kann zu einer anderen Wirklichkeit werden.

Ein anderer Grund für dieses Verbot betrifft denjenigen, der die Skulpturen anfertigt, den Bildhauer. Der Bildhauer ist stolz auf sein Werk, so, als habe er etwas aus dem Nichts geschaffen oder als habe er Lehm oder Stein belebt. Einmal hatte ein Bildhauer eine Figur nach größter Mühe vollendet. Sie war so vollkommen und schön, daß er davor stand, sich in der Bewunderung der feinen Linien und Züge verlor und schließlich, von Stolz und Einbildung so überwältigt wurde, daß er ausrief: Sprich! Sprich!

Darum hat der edle Gesandte (s) gesagt:

„Die Figuren anfertigen, werden am Tag der Auferstehung bestraft werden. Es wird zu ihnen gesagt: Gebt dem, was ihr gemacht habt, Leben.“ [2]

In einem *hadith qudsi* sagt Allah der Erhabene:

„Wer tut Schlimmeres als der, der etwas schaffen möchte, wie Ich schaffe? Soll er ein Atom schaffen! Soll er ein Korn Gerste schaffen!“ [3]

Die mit dieser Sache befaßten Menschen kennen keine Grenzen und machen Statuen von nackten und erotischen Figuren, Göttern und Heiligen anderer Religionen. Ein Muslim darf derartigen Bräuchen keinesfalls zustimmen.

1 Namen heidnischer Gottheiten, die im Koran genannt sind (71:22-23). Zur Erläuterung vgl. z.B. Anhang XIII in der Koranübersetzung von Abdullah Yusuf Ali.

2 Buchari, Muslim.

3 Buchari, Muslim.

Schließlich waren und sind Statuen Symbole des aristokratischen und luxuriösen Lebens. Die Menschen gehobener Stellung füllen ihre Paläste, Höfe und Zimmer mit Statuen aus den verschiedensten Materialien. Es überrascht darum nicht, daß eine Religion, die dem Luxus in all seinen Ausdrucksformen den Kampf ansagte, dem Muslim nicht gestattet, Statuen im Haus zu haben.

- Die islamische Weise des Gedenkens.

Man könnte nun fragen: Ist es nicht ein Ausdruck des treuen Festhaltens der Leute an der Erinnerung an ihre Helden, deren große Taten in den Annalen der Geschichte verzeichnet sind, daß sie Statuen errichten, ihnen zur Ehre und als Erinnerung für die kommenden Generationen an ihre Errungenschaften und ihre Größe? Die Erinnerung der Leute ist doch kurz, und im Lauf der Zeit werden sie die Vergangenheit vergessen.

Die Antwort hierauf ist: Der Islam verabscheut die Glorifizierung von Personen, gleich wie ''groß'' sie sein mögen, ob sie leben oder verstorben sind. Der Prophet (s) sagte:

„Verehrt mich nicht wie die Christen Jesus den Sohn der Maria verehren, sondern sagt: Er ist ein Knecht Allahs und Sein Gesandter.“ [1]

Als seine Gefährten (aus Achtung aufstanden) um ihn zu begrüßen, verbot er es ihnen und sagte:

„Steht nicht auf, wie die Perser das tun, daß einige andere derart ehren.“ [2]

Auch warnte er seine Anhänger davor, ihn nach seinem Tod übermäßig zu preisen:

„Macht mein Grab nicht zu einer Stätte der Festlichkeiten“ [3]

Zu seinem Herrn betete er:

„O mein Herr, laß nicht mein Grab zu einem Götzen gemacht werden, der angebetet wird.“ [4]

Einmal kamen ein paar Leute zum Propheten (s) und sagten zu ihm: „O Allahs Gesandter, der Allerbeste von uns, der Sohn unseres Allerbesten, unser Anführer und Sohn unseres Anführers.“ Er sagte:

„Ihr Leute, sagt, was ihr gegenseitig zu euch sagt, oder etwas davon, und laßt euch nicht vom Satan irreführen. Ich bin Muhammad, Knecht Allahs und Sein

1 Buchari u.a.
2 Abu Dawud, Ibn Madscha.
3 Abu Dawud.
4 Muwatta Imam Malik.

Gesandter. Ich mag es nicht, daß ihr mich über das hinaus erhebt, was Allah, der Mächtige und Ruhmreiche mir gegeben hat." [1]

Eine Religion, deren Lehre selbst in Bezug auf Allahs Gesandten (s) von solcher Bescheidenheit ist, kann es niemals dulden, daß götzenähnliche Statuen für manche Leute errichtet werden, die tausende von Mark kosten, nur damit die Menschen mit Bewunderung und Hochachtung auf sie zeigen. Viele vorgebliche Größen und selbsternannte Gestalter der Geschichte sind durch diese offene Tür in die Ruhmeshalle geschlichen, denn wer immer dazu imstande ist, errichtet sich selbst Statuen und Denkmäler oder läßt dies von seinen Bewunderern tun, so daß die Menschen davon weggeführt werden, jene zu schätzen, die wirklich groß sind.

Der Gläubige strebt nur nach dieser wahren Unsterblichkeit, die allein Allah gewähren kann, Der das Geheime und das Verborgene kennt, Der nicht irreführt und auch nicht vergißt. In Seinem Verzeichnis der Unsterblichen gibt es viele Menschen, deren Größe bei den meisten Menschen unerkannt geblieben ist. Der Hocherhabene liebt jene gottesfürchtigen und religiösen Seelen, die Seiner insgeheim im Herzen gedenken, die ohne Fanfarenklang Gutes tun, deren Gegenwart von den Leuten nicht bemerkt und deren Abwesenheit von den Leuten nicht vermißt wird.

Wird die Größe mancher dieser edlen Seelen von den Menschen erkannt, soll die Weitergabe an die kommenden Generationen nicht durch das Errichten von Statuen erfolgen. Die rechte islamische Weise, ihrer zu gedenken, besteht darin, die Erinnerung an ihre guten Taten, Ideen und Errungenschaften in den Herzen und Gedanken dadurch wachzuhalten, daß man darüber spricht. Allahs Gesandter, die Kalifen, die Anführer und Imame des Islam sind alle nicht durch Figuren oder Statuen verewigt worden. In unserem Glauben erzählt der Vater den Kindern und diese wiederum ihren Kindern von den Errungenschaften und Vorstellungen solcher Menschen. Auf Versammlungen und Treffen sind diese Erzählungen wie eine frische Brise, mit denen Herzen und Gedanken der Muslime ohne die Notwendigkeit für Bilder oder Figuren angefüllt werden. [2]

1 Al-Nasai, aufgrund guter Autorität.

2 Ich zitiere hier Teil eines Vortrags von Professor Muhammad al-Mubarak, Dekan des Scharia-Kollegs in Damaskus, den er unter dem Titel „Zu einem neuen Verständnis des Islam" an der al-Azhar Universität gehalten hat. Der folgende Abschnitt enthält eine tiefgehende Analyse der Frage, wie die Erinnerung an die Großen weitergegeben wird:
„Wir stehen vor der Situation, daß viele neue Wege, Ordnungen und Gewohnheiten in unser gesellschaftliches Leben eingedrungen sind, die mit unserem richtigen Glauben und den festgelegten moralischen Grundsätzen unvereinbar sind. Dazu gehört auch die Art und Weise, wie die Europäer und Amerikaner durch das Errichten von Statuen ihrer Helden gedenken. Wenn wir die Sache unbefangen untersuchen, ohne uns allem zu fügen, was aus dem Westen kommt, und über die Weise nachdenken, wie man der hohen Errungenschaften der Großen gedenkt, so stellen wir fest, daß insbesondere die Araber von ihren Großen nichts verewigten außer ihren edlen Taten und guten Eigenschaften, wie Treue, Großzügigkeit und Mut. Ihre Art und Weise, die Erinnerung daran wachzuhalten bestand

- Die Ausnahme des Kinderspielzeugs

Für dreidimensionale Figuren, denen nicht mit Verehrung begegnet werden soll und die nicht als Ausdruck des gehobenen Lebens zur Schau gestellt werden, gelten die obigen warnenden Ausführungen indes nicht. In einem solchen Fall hat sich der Islam ihnen nicht verschlossen und sieht in ihrem Gebrauch auch nichts Schädliches.

Kinderspielzeug wie z.B. Puppen in menschlicher Form, als Tiere usw. gehören hierzu. Die Frau des Propheten (s), Aischa, sagte:
„Ich pflegte im Hause von Allahs Gesandtem (s) mit Puppen zu spielen und meine Freundinnen kamen zum Spiel herüber. Wenn sie Allahs Gesandten (s) kommen sahen, versteckten sie sich, aber er war froh, sie bei mir zu sehen und so spielten wir miteinander." [1]

Aischa berichtet auch:

„Eines Tages fragte mich Allahs Gesandter (s): „Was ist das?" Ich antwortete: „Meine Puppen." Er fragte: „Und was ist das in der Mitte?" „Ein Pferd",

darin, die Geschichten ihrer Helden zu erzählen, sie von einer Generation zur anderen zu überliefern und Lobgesänge auf sie zu verfassen und vorzutragen. Auf diese Weise wurde die Großzügigkeit von Hatim und der Mut von Antara in der vorislamischen Zeit sprichwörtlich. Als der Islam auftrat, betonte er die Bedeutung dieser Methode. Der beste aus Allahs Schöpfung und der letzte Gesandte war nur ein sterblicher Mensch: „Sag: Ich bin ein Mensch wie ihr, mein Herr hat mir offenbart..." (18:110).
Der Islam betonte, daß die Größe der Menschen in ihren Taten und nicht ihrer äußeren Erscheinung liegt, er machte den Propheten (s) zum Beispiel für die ganze Menschheit und verbot solche Heiligung und übertriebene Hochachtung für Menschen, die der Anbetung ähnelt und die zugleich die Herabsetzung der übrigen Menschheit bedeutet. Als Allahs Gesandter (s) verstarb, seinem Herrn zu begegnen, lenkte der erste Kalif die Aufmerksamkeit der Leute auf diese Tatsache und sagte: „Wenn einer Muhammad anbetete, dann wißt, daß Muhammad tot ist, aber wenn einer Allah anbetet, Allah lebt und stirbt nicht." Danach trug er die Worte Allahs des Erhabenen vor: „Muhammad ist nur ein Gesandter, Gesandte sind vor ihm gestorben. Und wenn er stirbt oder getötet wird, werdet ihr auf euren Fersen kehrtmachen?" (3:138)
Der Islam verewigt die Erinnerung an Leute wegen ihrer guten und nützlichen Taten und die Erinnerung daran verbleibt in den Herzen der Muslime. Derart wissen die Gebildeten und die Ungebildeten, die Jungen und die Alten von der Gerechtigkeit Omars, der Beständigkeit und Weisheit Abu Bakrs und der Frömmigkeit und dem Mut von Ali. Dazu brauchte es keiner steinernen Figur, denn ihre Taten und Eigenschaften sind in die Herzen der Menschen eingemeißelt.
Gedenken mit Statuen ist in Wirklichkeit ein Rückfall in die ferne Vergangenheit und ein Niedergang von einem höheren Niveau. Es war die Weise der Griechen und Römer, die von den Europäern übernommen wurde. Sie alle sind ihrem Wesen nach Götzendiener.
Hinsichtlich der Vorstellung über das Wesen des Menschen und seinem wahren Wert sind sie den Muslimen weit unterlegen, selbst den vorislamischen Arabern, denn wegen ihrer Unfähigkeit, die wahre Größe des Menschen und seiner Möglichkeiten zu begreifen, können sie in ihnen nur Götter sehen, und ihre Götter als Menscheninkarnation. Worauf wir abzielen ist, daß es uns nicht ansteht, diesen fremden Brauch nachzumachen, der unserem unterlegen ist, und daß wir nicht von den Regeln der *scharia* abweichen, nach denen das Herstellen von Statuen verboten und für die menschliche Psyche und Moral auch schädlich ist."

1 Buchari, Muslim.

antwortete ich. „Und was ist daran?“ fragte er. „Flügel“, sagte ich. „Ein Pferd mit Flügeln?“ fragte er. „Hast Du nicht gehört, daß Salomo, der Sohn Davids, Pferde mit Flügeln hatte?“ sagte ich. Darauf lachte Allahs Gesandter (s) so herzlich, daß ich seine Backenzähne sehen konnte.“ [1]

Die in diesem *hadith* erwähnten Puppen sind Kinderpuppen, denn Aischa war sehr jung, als sie den Propheten (s) heiratete. Schaukani sagt, daß diese *ahadith* genügender Beweis dafür sind, daß Kinder mit dreidimensionalem Figuren (wie Menschen- oder Tierpuppen) spielen dürfen. Es wird berichtet, daß Imam Malik einmal einen Mann Puppen für seine Tochter kaufen sah und ihm das mißfiel, aber Qadi Ijad sagt, daß es Mädchen erlaubt ist, mit Puppen zu spielen.

Diese Erlaubnis gilt auch für Figuren aus Zuckerwerk bei Festen, weil sie nur gegessen werden.

- Unvollständige oder entstellte Statuen

In den *hadith*-Büchern wird berichtet, daß der Engel Gabriel sich einmal weigerte, daß Haus von Allahs Gesandtem (s) zu betreten, weil sich bei der Tür eine Statue befand. Auch am kommenden Tag trat er nicht ein, sondern sagte zum Propheten (s): „Laß den Kopf dieser Statue abbrechen, damit sie einem Baumstamm ähnelt.“ [2]

Aufgrund dieses *hadith* haben manche Gelehrte gesagt, daß vollständige Figuren verboten, unvollständige, denen etwas fehlt, ohne daß ein Mensch nicht leben könnte, aber erlaubt seien. Die richtige Auslegung der Anweisung Gabriels, den Kopf abzubrechen, damit die Figur wie ein Baumstamm aussieht, hat aber meines Erachtens nicht damit zu tun, daß das Fehlen eines Gliedes das Leben unmöglich macht, sondern daß dadurch die Statue entstellt war und deshalb ihr Anblick keine Gefühle der Verehrung hervorrufen würde.

Wenn wir die Sache objektiv betrachten, werden wir zweifellos zu dem Schluß kommen, daß es noch mehr *haram* ist, in der Öffentlichkeit Büsten aufzustellen, um die Erinnerung an Könige und große Männer weiterzugeben, als Figuren im Haus zum Schmuck zu haben.

- Gemälde und eindimensionaler Schmuck

Die islamische Haltung gegenüber Figuren in der Form von Statuen haben wir erklärt. Aber wie verhält es sich mit Figuren und Kunstwerken auf ebener Oberfläche, wie Papier, Stoff, Vorhängen, Wänden, Münzen, Papiergeld usw.?

1 Abu Dawud.

2 Abu Dawud, al-Nasai, Tirmidhi und Ibn Hibban.

Bevor wir hierauf antworten, müssen wir zuerst feststellen: Was stellt das Bild dar? Wo befindet es sich? Wofür wird es verwendet? Was bezweckte der Künstler, als er es herstellte?

Wenn die Bilder zum Gegenstand der Anbetung werden, wie z.B. die Kuh bei den Hindus, ist jemand, der sie mit dieser Absicht herstellt in Wirklichkeit ein Ungläubiger, der *schirk* und Irregehen propagiert. Solche Leute hat der Prophet (s) mit harter Strafe im Jenseits bedroht:

„Am Tag der Auferstehung wird die schlimmste Strafe für die Bildermacher sein.“ [1]

Al-Tabari sagte zur Erklärung dieses *hadith*: „Was hier mit Bildermachern gemeint ist, sind jene, die Figuren herstellen, damit sie neben Allah angebetet werden, und das ist Unglaube (*kufr*). Wer sie nicht zu diesem Zweck macht, ist nur schuldig, eine Abbildung (*suwar*) gemacht zu haben.“

So handelt auch derjenige nicht als Muslim, der solche Abbildungen an die Wand hängt, um sie zu verehren, denn der Islam hat sein Herz verlassen.

Als nächstes untersuchen wir den Fall eines Menschen, der Bilder nicht deshalb macht, daß sie angebetet werden, sondern damit sie mit Allahs Schöpfung wetteifern. Er ist stolz darauf, etwas geschaffen zu haben, so wie Allah der Erhabene und Mächtige erschafft. Solch ein Mensch hat sich gegen den Glaubenssatz des *tauhid* aufgelehnt und über ihn hat der Prophet (s) gesagt:

„Die von den Leuten am schlimmsten Bestraften sind jene, die versuchen, etwas ähnliches zu schaffen, was Allah geschaffen hat.“

Dies bezieht sich direkt auf die Absicht des Künstlers. Auch der schon zitierte *hadith qudsi* belegt das wohl:

„Wer tut Schlimmeres als der, der etwas schaffen möchte, wie Ich schaffe? Soll er ein Atom schaffen! Soll er ein Korn Gerste schaffen!“

Auch hier gibt es den Bezug zu den Künstlern, die Allahs Eigenschaften als Schöpfer und Hervorbringer nachahmen wollen. Die Herausforderung Allahs, ein Atom oder ein Korn Gerste zu schaffen, deutet darauf hin, daß ihr künstlerisches Werk mit der Absicht verbunden ist, so etwas zu schaffen, wie Er es geschaffen hat. Um sie dafür am Tag der Auferstehung zu demütigen, wird ihnen öffentlich gesagt werden: „Bringt zum Leben, was ihr geschaffen habt!“, was sie natürlich niemals vermögen.

Es ist verboten, Porträts von Personen anzufertigen oder zu erwerben, die aus religiösen oder weltlichen Gründen verehrt werden. Zur ersten Kategorie zählen

1 Muslim.

Darstellungen von Propheten, wie Abraham, Isaak, David und Jesus, von Engeln wie Gabriel und Michael und von Heiligen und rechtschaffenen Menschen wie Maria usw. So etwas ist jüdischer oder christlicher Brauch. Bedauerlicherweise haben manche Muslime als Neuerung in der Religion und Nachahmung der Leute der Schrift damit begonnen, Bilder von Ali, Fatima und anderen zu machen und zu erwerben.

Zur zweiten Kategorie gehören die Porträts von Königen, Anführern und Künstlern. Obwohl darin weniger Übel liegt, muß auch das ihnen inneliegende Übel betont werden, besonders wenn es sich bei den Dargestellten um Ungläubige handelt, Tyrannen und Übeltäter, wie Herrscher, die nicht nach Allahs Offenbarung richten, Anführer, die die Menschen zu einer anderen Lehre als der Lehre Allahs rufen und Künstler, die Falschheit rühmen und Schlechtigkeiten und Unmoral unter den Leuten verbreiten.

Vermutlich waren viele der in der Zeit des Propheten (s) und danach angefertigten Porträts solche zur Glorifizierung von Personen, und höchstwahrscheinlich wurden sie von Griechen oder Persern gemalt und sind darum nicht frei vom Einfluß von deren Glaubensvorstellungen und Heiligen- und Herrscherverehrung. Muslim berichtet von Abu Duha:

„Ich war mit Masruq in einem Haus mit Statuen. Masruq fragte mich: „Sind das Statuen von Khosrau?" Ich sagte: „Nein, das sind Statuen von Maria." Masruq hielt sie für Erzeugnisse eines Zoroastriers, weil diese ihre Könige sogar auf Gefäßen abbildeten. Als es sich aber herausstellte, daß es christliche Erzeugnisse waren, sagte er: Abdullah ibn Masud berichtete, daß er Allahs Gesandten (s) sagen hörte: „Zu den Leuten, die am Tag der Auferstehung am schlimmsten bestraft werden, gehören die, die Figuren machen."

Zeichnen, Malen und Erwerben von Bildern von Pflanzen, Bäumen und unbelebten Dingen wie Seen, Meere, Schiffe, Berge, die Sonne, Mond, Sterne und ähnliche Naturszenen ist erlaubt. Hierüber gibt es keine Meinungsverschiedenheit. Auch wenn jemand ein Bild einer belebten Sache anfertigen will, ohne die Absicht, es Allah als Schöpfer gleichzutun oder um des Ruhmes und der Ehre willen, ist das meines Erachtens nicht verboten. Hierüber gibt es zahlreiche gesunde *ahadith*. Muslim berichtet in seinem *sahih* nach Basr ibn Said, der dies von Zaid ibn Khalid, und dieser es von Ibn Talha, dem Gefährten des Propheten (s) gehört hat, daß Allahs Gesandter (s) gesagt hat: „Die Engel betreten kein Haus, in dem Figuren sind." [1] Basr sagte: „Dann wurde Zaid krank und wir besuchten ihn. Auf dem Vorhang seiner Tür war ein Bild. Ich sagte zu meinem Gefährten Ubaid Allah al-Khulani, dem Knecht von Maimuna,

1 Muslim.

der Gattin des Propheten (s): „War es nicht Zaid, der uns neulich über die Bilder erzählt hat?“ Ubaid Allah antwortete: „Hast du nicht gehört, wie er sagte: außer, wenn es Stoff ist?“

Tirmidhi berichtet von Utba, daß dieser einmal Abu Talha al-Ansari besuchte, als er krank war. Dort traf er Sahl bin Hanif (auch ein Gefährte des Propheten). Abu Talha rief jemanden und ließ ihn ein Tuch zerreissen, das unter ihm war. Sahl fragte: „Warum zerreißt du es?“ Abu Talha antwortete: „Es sind Bilder darauf, und du weißt, was der Prophet (s) darüber gesagt hat.“ Sahl fragte: „Hat er nicht auch gesagt: außer wenn es Stoffstücke sind?“ „Doch“, antwortete Abu Talha, „aber so fühle ich mich besser.“ [1]

Zeigen diese beiden *ahadith* nicht, daß die verbotenen Figuren die massiven sind, d.h. Statuen? Was Figuren betrifft, die auf Holz, Papier, Stoff, Matten und Teppichen und Wänden usw. gemalt oder gedruckt sind, gibt es keinen gesunden eindeutigen Text, der beweist, daß sie verboten sind. Allerdings gibt es gesunde *ahadith*, die die Abneigung des Propheten (s) gegen solche Bilder zeigen, weil sie an das Luxusleben und Liebe zum Minderwertigen erinnern.

Muslim berichtet von Zaid ibn Khalid al-Dschuhani, der von Abu Talha al-Ansari hörte:

„Ich hörte die Aussage von Allahs Gesandtem (s): „Die Engel betreten kein Haus, in dem ein Hund oder eine Statue ist.“ Dann ging ich zu Aischa und fragte sie: „Weißt du, daß Allahs Gesandter (s) sagte: „Die Engel betreten kein Haus, in dem ein Hund oder eine Statue ist? Hast du Allahs Gesandten (s) das sagen hören?“ Sie sagte: „Nein, aber ich werde dir sagen, was er getan hat. Einmal, als er auf einer Reise war, bedeckte ich die Tür mit einem Vorhang, auf dem Bilder waren. Als er zurückkam und es sah, konnte ich ihm am Gesicht ansehen, daß er es nicht mochte. Er riß es herunter und riß es in Stücke und sagte: „Allah hat uns nicht aufgetragen, Steine und Erde zu bekleiden.“ Sie sagte: „Wir zerschnitten es und machten aus dem Stoff zwei Kissen, die wir mit Palmzweigen ausstopften. Er hat mich dafür nicht getadelt.“

Aus diesem *hadith* ist nur zu entnehmen, daß das Schmücken von Wänden u.ä. mit Vorhängen, auf denen sich Bilder befinden, gelinde mißbilligt ist. Al-Nawawi sagt: „In diesem *hadith* gibt es kein Verbot. Die entscheidenden Worte sind vielmehr: „Allah hat uns nicht aufgetragen.“ Dies bedeutet, daß so etwas nicht Pflicht oder verdienstvoll ist, aber es bedeutet keineswegs ein Verbot. Muslim berichtet auch von Aischa: „Wir hatten einen Vorhang mit dem Bild eines Vogels darauf. Als Allahs Gesandter (s) das Haus betrat, sah er es gerade vor sich und sagte: Entfernt es von hier. Wenn ich hereinkomme und

1 Tirmidhi stuft diesen *hadith* als gut und gesund (*hasan wa sahih*) ein.

ihn sehe, werde ich an die hiesige Welt erinnert." Der Prophet (s) befahl Aischa nicht, den Vorhang zu zerreißen, sondern nur ihn von dem Platz wegzunehmen, wo er gegenüber dem Eingang hing. Er mochte ihn dort nicht sehen, weil er ihn an die Welt und ihre Reize erinnerte. Dies verwundert nicht, weil der Prophet (s) *sunna* und *nafil* (freiwillige) Gebete zu Hause verrichtete. Vorhänge, Bettzeug und Figuren hätten ihn vielleicht vom Gebet und von voller Aufmerksamkeit im Bittgebet abgelenkt. Al-Buchari berichtet auch von Anas: „Aischa hatte einen Teil ihres Raumes mit einem Tuch geschmückt. Allahs Gesandter (s) sagte ihr: „Entferne es aus meiner Sicht, weil die Figuren darauf mich vom Gebet ablenken."

Aus den voranstehenden *ahadith* ist ziemlich klar, daß der Prophet (s) es nicht mißbilligte, in seinem Haus einen Vorhang mit einem Vogelbild darauf und ein Tuch mit Figuren zu haben. Aufgrund dieser und anderer ähnlicher *ahadith* haben die früheren Gelehrten gesagt: „Was verboten ist, sind Figuren, die Schatten werfen (d.h. massive Figuren) und nicht solche, die keine Schatten werfen (d.h. auf ebener Oberfläche)." [1]

Als weitere Stützung dieser Haltung führen wir noch einmal den *hadith qudsi* an, in dem Allah der Erhabene sagt:

„Wer tut Schlimmeres als der, der etwas schaffen möchte, wie Ich schaffe? Soll er ein Atom schaffen! Soll er ein Korn Gerste schaffen!" Offensichtlich besteht Allahs Schöpfung nicht aus zweidimensionalen Gemälden auf ebener Oberfläche, denn Er gestaltet dreidimensionale körperliche Wesen:

„Er bildet euch in den Mutterschößen, wie Er will..." (3:4)

Es gibt nur einen *hadith*, den sowohl Buchari als auch Muslim von Aischa berichten, der Schwierigkeiten bereitet. Aischa sagt, daß sie ein Polster mit Bildern darauf brachte. Als Allahs Gesandter (s) es sah, hielt er an der Tür an und kam nicht herein. Sie sah die Unzufriedenheit auf seinem Gesicht und sagte: „O Allahs Gesandter, ich wende mich zu Allah und Seinem Gesandten in Reue, was habe ich falsch gemacht?" Er sagte: „Was ist das für ein Polster?" Sie sagte: „Ich habe es für dich gekauft, damit du darauf sitzt oder deinen Kopf darauf legst." Da sagte Allahs Gesandter:

„Die solche Figuren machen, werden bestraft und es wird ihnen gesagt: Gebt dem, was ihr geschaffen habt, Leben." Er fuhr fort: „Die Engel betreten kein Haus, in dem Figuren sind."

Im Bericht von Muslim folgt noch die Ergänzung: „Aischa sagte, daß sie es

1 Al-Nawawi erwähnt diese Auffassung im Kommentar zu Muslim, aber lehnt sie als falsch ab. Al-Hafiz hat in *Fath al-Bari* diese Auffassung auf gesunder Autorität auf al-Qasim ibn Muhammad ibn Abu Bakr zurückgeführt, der ein Rechtsgelehrter — und der beste seiner Tage — in Medina war.

zerschnitt und zwei Kissen zum Darauflehnen machte." Gegen diesen *hadith* gibt es aber verschiedene Einwände:

1. Der Inhalt des *hadith* wurde in vielen scheinbar widersprüchlichen Versionen mitgeteilt. Manche sagen, der Prophet (s) habe den Vorhang mit den Bildern benutzt, nachdem er zerschnitten und zu Kissen verarbeitet worden war. In einer anderen Version hatte er ihn nicht benutzt.

2. Nach manchen Versionen steht nur seine Mißbilligung des Bedeckens der Wände mit bebilderten Vorhängen fest, wobei der Grund für seine Mißbilligung darin besteht, daß sie Zeichen des Luxus sind. Nach der Version von Muslim hat er gesagt: „Allah hat uns nicht aufgetragen, Steine und Erde zu bekleiden."

3. Dann gibt es den *hadith* von Aischa selbst, von Muslim mitgeteilt, mit dem Vorhang und dem Vogelbild darauf, in dem der Prophet sagte: „Entfernt es von hier. Wenn ich hereinkomme und es sehe, werde ich an die hiesige Welt erinnert." Diese Aussage enthält kein Verbot.

4. Weiter gibt es den *hadith* über das Tuch in Aischas Haus, das den Propheten (s) vom Gebet ablenkte und er befahl ihr, es wegzunehmen. Al-Hafiz sagt: „Hier gibt es das Problem, diesen *hadith* und den mit dem Polster, die beide von Aischa kommen, miteinander in Einklang zu bringen. Dieser *hadith* weist darauf hin, daß er das Tuch in seinem Hause erlaubte, so lange es ihn nicht vom Gebet ablenkte. Er hatte gegen die Bilder darauf keine besonderen Einwände." Dann versucht al-Haifz, die beiden *ahadith* in Einklang zu bringen, indem er sagt, daß auf dem Kissen etwas Belebtes und auf dem Tuch etwas Unbelebtes abgebildet war. Dieser Versuch mißlingt aber hinsichtlich des *hadith* mit dem Vorhang, auf dem ein Vogel abgebildet war.

5. Der *hadith* mit dem Polster widerspricht dem von Abu Talha mitgeteilten *hadith*, nach dem Bilder auf Stoff ausgenommen sind. Al-Qurtubi sagt: „Eine Übereinstimmung ist möglich, weil Aischas *hadith* die Mißbilligung des Propheten (s), während Abu Talhas *hadith* das grundsätzliche Erlaubtsein mitteilt, und das ist kein Widerspruch. Al-Hafiz ibn Hadschar stimmt mit ihm hierin überein.

6. Der Überlieferer des *hadith* vom Polster von Aischa war ihr Cousin al-Qasim ibn Muhammad ibn Abu Bakr. Al-Qasim selbst erlaubte Bilder auf ebener Oberfläche. Ibn Aun sagt: „Ich betrat das Haus von al-Qasim am Rande von Mekka und sah eine Stoffdecke mit den Bildern eines Bibers und eines Phoenix." (*Fath al-Bari*, nach Ibn Abi Schaiba, der al-Qasim zitiert. Die Überlieferer sind zuverlässig). Al-Hafiz erklärt dies: „Vermutlich hielt er sich an die allgemeine Anweisung des Propheten (s): „außer wenn es auf dem Stoff ist" und betrachtete die Haltung des Propheten (s) gegenüber Aischas Vorhang als Sonderfall,

das soll heißen, der Prophet (s) mißbilligte die Kombination von Wanddekoration und den Bildern auf dem Stoff. Dies wird auch durch die Bemerkung gestützt: „Allah hat uns nicht aufgetragen, Steine und Erde zu bekleiden." Al-Qasim ibn Muhammad ibn Abu Bakr war einer der sieben Rechtsgelehrten von Medina und der beste seiner Zeit. Er hat den *hadith* über das Polster berichtet. Wäre er nicht vom Erlaubtsein dieser Stoffdecke überzeugt gewesen, hätte er sie nicht gehabt." [1]

Es gibt noch einen anderen Weg, diese *ahadith* in Einklang miteinander zu bringen. Wahrscheinlich war der Prophet (s) in der Anfangszeit des Islam besonders streng und verbot alle Bilder, weil die Muslime gerade erst von Polytheismus und Götzendienst gekommen waren und dazu neigten, Figuren und Statuen für heilig zu halten. Nachdem der Glaube an die Einheit Allahs tief in ihren Herzen und Gedanken verankert war, erlaubte er zweidimensionale Figuren, d.h. Zeichnungen und Drucke. Er selbst mochte in seinem Haus keine Vorhänge oder Tücher mit Figuren oder Bildern haben, wobei er auch Zeichnungen und Drucke auf Stoff, Papier oder der Wand nicht ausnahm.

Einer der großen hanafitischen Rechtsgelehrten, al-Tahawi, sagt: „Anfangs verbot der Prophet (s) alle Arten von Figuren, auch die zweidimensionalen, weil die Muslime sich erst vor kurzem von der Bilderanbetung gelöst hatten. Darum war alles derartige verboten. Später hob er dieses Verbot für bedruckten Stoff auf, weil Bekleidung notwendig ist. Auch erlaubte er Figuren, die nicht verehrt wurden (also z.B. Kissen mit Bildern, auf denen man sitzt oder Matten, auf die man tritt usw.), weil keine Gefahr bestand, daß die Unwissenden etwas verehren würden, was derart herabgemindert war. Das Verbot von nicht herabgeminderten Figuren blieb erhalten." [2]

- Erlaubtsein einer herabgeminderten Figur

Jede Veränderung einer Figur, die dazu führt, daß sie nicht mehr verehrt wird, mindert sie herab und setzt sie aus dem Bereich des Verabscheuungswürdigen in den des Erlaubten. Im *hadith* wird berichtet, daß Gabriel beim Propheten (s) eintreten wollte und als er eingelassen wurde, sagte:

„Wie kann ich hereinkommen solange ein Vorhang mit Figuren in deinem Haus ist? Wenn du ihn brauchtst, schneide die Köpfe ab, oder schneide ihn in Stücke und mache Kissen oder eine Bodenmatte daraus."

Diese Worte erklären, weshalb Aischa, als sie das Mißfallen des Propheten über das Polster mit den Bildern erkannte, es in kleinere Kissen zum Aufstützen

1 Vgl. *Fath al-Bari*, Kapitel über „Figuren und Künstler".

2 Berichtet von Scheikh Bakhit in *Al-Dschawab al-Schafi*.

verarbeitete, damit so dem, was darauf abgebildet war, nicht die geringste Achtung erwiesen würde. Wir haben Hinweise darauf, daß die frühe Generation der Muslime Gegenstände mit Bildern darauf verwendete, aber nur so, daß es keine Achtung erwies. Urwa benutzte Armkissen mit den Bildern von Vögeln und Menschen darauf. Ikrama sagte: „Wir verabscheuten Figuren in aufrechter Stellung, aber störten uns nicht daran, wenn sie auf Matten oder Läufern waren, weil darauf zu treten sie herabminderte."

- Fotografien

Bisher wurde das Wort „Bilder" (*suwar*) für alles verwendet, was auf ebener Oberfläche geschnitzt oder gemalt ist. Die Fotografie ist eine neuere Erfindung, die es natürlich zur Zeit des Propheten (s) und der frühen Muslime nicht gab. So stellt sich die Frage, ob die islamischen Vorschriften über Bilder und Künstler auch für Fotografien und Fotografen gelten.

Diejenigen Rechtsgelehrten, die das Verbot nur auf Statuen beziehen, haben gegen fotografische Abbildungen keine Einwände, besonders wenn es sich nicht um Ganzaufnahmen handelt. Andere stellen viele Fragen. Sind Fotografien nicht wie Bilder? Trifft es nicht zu, daß der Grund für die Bestrafung der Bildermacher, wie im *hadith* erwähnt, nämlich das Nachmachen der Eigenschaft Allahs als Schöpfer, bei Fotografien nicht zutrifft? Macht nicht die Abwesenheit des Grundes für ein Verbot das Verbot überflüssig? Der verstorbene ägyptische Rechtsgelehrte Scheich Muhammad Bakhit entschied, daß es keinen Grund für ein Verbot gibt, weil der Fotograf lediglich das Abbild eines realen Gegenstandes einfängt.

Verbotene Abbildungen sind solche, deren Gegenstand nicht vorhanden und vom Künstler hervorgebracht wird, der beabsichtigt, Allahs Schöpfung nachzumachen, und das trifft beim Fotografieren mit einer Kamera nicht zu. [1]

Selbst jene, die besonders streng sind und alle Arten von Figuren, Fotografien eingeschlossen, als verabscheuungswürdig ansehen, machen je nach Notwendigkeit doch Ausnahmen bei Bildern für Ausweise, Pässe, Verbrecherkarteien, Bilder zu Lehrzwecken usw., mit der Vorgabe, daß es keine Absicht gibt, diese Bilder zu achten oder zu verehren, was den islamischen Glauben verletzt. Die Notwendigkeit für solche Bilder ist zweifellos größer als die bedruckten Stoffe, die der Prophet (s) ausgenommen hat.

- Der Gegenstand der Fotografien

Es ist eindeutig klar, daß der Gegenstand der Fotografien der entscheidende Faktor ist, ob eine Fotografie erlaubt oder verboten ist. Kein Muslim würde

1 Vgl. die kleine Schrift *Al-dschawab al-schafi fi ibahat al-taswir al-fotografi.*

dem Verbot widersprechen, Dinge zu fotografieren, die dem Glauben, der Moral und den Gesetzen des Islam zuwiderlaufen. So gibt es keinen Zweifel, daß Fotos, Zeichnungen und Gemälde von Nackten oder Halbnackten verboten sind, von jenen männlichen und weiblichen Körperteilen, die das Verlangen wecken oder Abbildungen von Männern und Frauen in geschlechtsbezogenen Situationen, wie man sie in den Illustrierten, Zeitungen und auf den Filmplakaten findet. Es ist *haram* derartige Bilder herzustellen, sie zu veröffentlichen, sie zu erwerben, sie nach Hause, ins Büro oder Geschäft zu bringen oder sie an die Wand zu hängen. Es ist *haram*, sie betrachten zu wollen. Das gilt auch für Bilder von Tyrannen, Ungläubigen und Ungerechten. Ein Muslim muß solche Leute verabscheuen und ihnen um Allahs willen feindlich gesinnt sein. Ein Muslim darf kein Bild eines „großen" Mannes machen oder erwerben, der Atheist ist und die Existenz Gottes bestreitet, eines Götzendieners, der Kühe, Feuer oder sonst etwas anbetet, eines Juden oder Christen, der das Prophetentum Muhammads (s) leugnet, oder eines vorgeblichen Muslims, der nicht nach dem entscheidet, was Allah geoffenbart hat. Ebenso sollte der Muslim auch keine Bilder von unmoralischen Personen machen oder erwerben, die das Obszöne und die Unzucht in der Gesellschaft verbreiten, wie Sänger, Schauspieler und andere Unterhaltungskünstler.

Das gleiche ist der Fall bei Bildern von polytheistischen Ritualen oder Symbolden anderer Religionen, die der islamischen Lehre zuwiderlaufen, wie Götzen, Kruzifixe usw. In der Zeit des Propheten (s) wiesen wahrscheinlich die meisten Matten, Vorhänge und Kissen solche Bilder auf. Buchari berichtet, daß der Prophet (s) alles in seinem Haus zerbrach, das kreuzförmig war.

Ibn Abbas berichtet, daß bei der Einnahme von Mekka der Prophet (s) das Heilige Haus (die Kaba) nicht betrat, bevor nicht alle die dort befindlichen Figuren zerstört waren. [1] Zweifellos standen diese Figuren und Bilder für die götzendienerischen Bräuche der Mekkaner und waren das Erbe von Generationen des Unglaubens und Irregehens.

Ali ibn Abi Talib berichtet:
Allahs Gesandter (s) war auf einem Begräbnis und sagte: „Wer von euch eilt nach Medina und läßt dort keinen Götzen heil und kein Grab aufgeschüttet ohne es einzuebnen und kein Bild verehrt, ohne es zu verunstalten?" Jemand sagte: „Ich, O Allahs Gesandter!" Er fügte hinzu: „Die Leute von Medina fürchteten dies." Er ging und kam nach einer Zeit zurück und berichtete: „Allahs Gesandter (s), keinen Götzen habe ich ganz gelassen, kein Grab, das ich nicht eingeebnet und kein Bild, das ich nicht verunstaltet habe." Dann sagte Allahs

1 Buchari.

Gesandter (s): „Wer zu diesen Bräuchen zurückkehrt, hat geleugnet, was Muhammad offenbart wurde.“ [1]

Was für Bilder konnten das gewesen sein, die der Prophet (s) zu verunstalten und zu beschädigen befahl, außer den Darstellungen des Götzendienstes aus der Zeit der *dschahilijja*? Der Prophet (s) war entschlossen, Madina von den Resten des Götzendienstes zu säubern, und darum bezeichnete er die Rückkehr zu derartigen Bräuchen als das Leugnen der ihm geoffenbarten Botschaft.

● Zusammenfassung der Vorschriften über Bilder und Bildermacher

Wir fassen hier die Vorschriften über Bilder und Bildermacher zusammen:

1. Am strengsten verboten sind Figuren, die anstelle von oder neben Allah angebetet werden sollen. Wer sie mit Absicht zu diesem Zweck herstellt, geht in die Richtung des Unglaubens (*kufr*). Die am strengsten verbotenen solcher Figuren sind Statuen — wie die Figur Jesus Christus bei den Christen — und wer daran teilhat, sie zu verbreiten oder zu ehren, trägt seinen Anteil an der Sünde, wenn er darüber Bescheid weiß und es zu diesem Zweck tut.

2. Darauf folgen Figuren, die nicht zur Anbetung, aber mit der Absicht des Nachahmens von Allahs Schöpfung gemacht werden. Wenn der Künstler behauptet, er bringe hervor und schaffe wie Allah es tut, ist er ein Ungläubiger. Hier kommt es allein auf die Absicht des Künstlers an.

3. Danach kommen Statuen, die in der Öffentlichkeit errichtet werden, um „großer Persönlichkeiten“, wie Könige, Führer und Berühmtheiten zu gedenken. Dies gilt für ganze Statuen wie für Büsten.

4. Dann kommen Statuen von Lebewesen, die weder angebetet noch verehrt werden. Es besteht allgemeine Übereinstimmung, das sie *haram* sind, mit Ausnahme solcher, denen in keiner Weise ehrerbietig begegnet wird. Puppen oder Schokolade- bzw. Zuckerfiguren sind klare Ausnahme.

5. Es folgen Bilder von „großen“ Leuten wie Herrschern und Politikern, insbesondere, wenn sie auf Wänden angebracht sind. Besonders verboten sind dabei Bilder von Tyrannen, Atheisten und unmoralischen Menschen, denn sie zu achten, bedeutet den Islam zu zerstören.

6. Dann kommen Bilder von Menschen oder Tieren, denen man keine besondere Achtung entgegenbringt, die aber Ausdruck von Luxus und gehobenem Lebensstil sind, wie z.B. wenn sie eine Wand bedecken. Diese sind lediglich zu mißbilligen.

1 Ahmad; Al-Mundhiri erläutert: „Dieser *hadith* hat inschallah zuverlässige Überlieferer. Muslim berichtet nach Hajjan ibn Hasin, daß Ali ihm gesagt hat: „Ich sage dir, was mir Allahs Gesandter (s) sagte: Laß keine Figur, ohne sie zu verunverstalten und kein Grab, ohne es einzuebnen.“

7. Anfertigen und Erwerben von Zeichnungen und Gemälden von Bäumen, Seen, Schiffen, Bergen und ähnlichen Landschaften ist erlaubt. Wenn sie aber vom Gebet ablenken oder zu extravagantem Leben führen, sind sie mißbilligt.

8. Fotografien sind grundsätzlich erlaubt. Sie werden nur dann *haram*, wenn ihr Gegenstand *haram* ist, wie z.B. Götzen, Personen, die wegen ihres religiösen oder weltlichen Status verehrt werden, vor allem die Führer der Götzendiener, Kommunisten oder anderer Ungläubiger, oder unmoralische Schauspieler und Unterhaltungskünstler.

9. Wenn die verbotenen Statuen oder Bilder aber verunstaltet oder herabgesetzt wurden, darf man sie verwenden. Ein Beispiel dafür sind Figuren auf einer Matte oder einem Teppich, weil man auf sie tritt.

● Grundlose Hundehaltung

Ohne triftigen Grund einen Hund nur als Haustier im Haus zu haben wurde vom Propheten (s) verboten. Wenn man sieht, wie verschwenderisch wohlhabende Leute ihren Hund behandeln und ihre Verwandten meiden, wieviel Aufmerksamkeit sie ihrem Hund geben und ihre Geschwister und Nachbarn vernachlässigen, dann erkennen wir den Grund für dieses Verbot. Auch verunreinigt der Hund Haushaltsgegenstände durch sein Lecken. Der Prophet (s) sagte: „Wenn ein Hund einen Teller leckte, wascht ihn sieben Mal, einmal davon mit Sand (oder Erde)." [1]

Manche Gelehrte sind der Meinung, der Grund für das Verbot der Hundehaltung sei vielleicht, weil sie Besucher anbellen, die Bedürftigen vertreiben, die um Almosen bitten und Vorübergehenden nachjagen und sie beißen.

Der Prophet (s) hat gesagt:
„Gabriel kam zu mir und sagte: „Ich kam gestern zu dir, aber was mich vom Eintreten abhielt war, daß an der Tür eine Statue, auf der Tür ein Vorhang mit Figuren und im Haus ein Hund war. Also gib Anweisung, daß der Kopf der Statue abgeschlagen wird, damit sie wie ein Baumstamm aussieht, daß der Vorhang zerschnitten wird und in zwei Kissen zum Aufstützen gemacht und der Hund herausgebracht wird." [2] Dieses Verbot gilt nur für Hundehaltung ohne triftigen Grund oder Nutzen.

● Erlaubtsein von Jagdhunden und Wachhunden

Hunde für einen bestimmten Zweck wie Jagd, Viehbewachung oder Feldbewachung usw. sind hiervon ausgenommen. In einem *hadith*, den Buchari und

1 Buchari.

2 Abu Dawud, al-Nasai, Tirmidi und Ibn Hibban in seinem *sahih*.

Muslim überliefern, hat der Prophet (s) gesagt:
„Wer einen Hund hat, außer zur Jagd oder zur Bewachung von Feldfrucht oder Vieh, verliert jeden Tag ein großes Maß (*qirat*) seines Lohnes."

Aufgrund dieses *hadith* vertreten manche Rechtsgelehrte die Auffassung, daß Hunde als gewöhnliche Haustiere zu halten eher als *makruh* und nicht als *haram* einzustufen sei, weil das *haram* absolut verboten ist, gleich ob es dabei Verminderung des Lohnes gibt oder nicht. Das Verbot der Hundehaltung im Haus (ohne Grund) bedeutet aber nicht, daß Hunde mißhandelt oder gar ausgerottet werden sollen. Im Koran steht:

„Es gibt kein Tier auf der Erde und keinen Vogel, der mit seinen Flügeln fliegt, die nicht Völker sind so wie ihr. (6:38)"

Der Prophet (s) hat gesagt:
„Wären die Hunde nicht ein Volk (*umma*) unter Völkern, hätte ich befohlen, sie zu töten." [1]

Der Prophet (s) erzählte seinen Gefährten auch von einem Mann, der in der Wüste einen vor Durst lefzenden Hund fand, zu einem Brunnen ging, seinen Schuh mit Wasser füllte und dem Hund zu trinken gab, bis er seinen Durst stillte. Allahs Gesandter (s) sagte: „Allah dankte ihm und vergab ihm." [2]

- Wissenschaftliche Erkenntnisse über Hundehaltung

Manche Freunde des Westens in muslimischen Ländern geben vor, voll Liebe und Mitgefühl für alle Lebewesen zu sein und fragen, warum der Islam vor dem „besten Freund" des Menschen warnt. Ihnen zum Nutzen sei hier ein längeres Zitat aus einem Artikel des deutschen Wissenschaftlers Dr. Gerhard Fentsmer[3] (aus der Zeitschrift *Kosinos*) angeführt, in dem der Verfasser die Gefahren für die menschliche Gesundheit durch Hundehaltung oder Kontakt mit Hunden erhellt:

„Das zunehmende Interesse vieler Leute in jüngster Zeit, Hunde als Haustiere zu halten, veranlaßt uns, die Öffentlichkeit auf die Gefahren aufmerksam zu machen, die hieraus entstehen, besonders, wenn der Haushund umarmt und geküßt wird und die Hände von jung und alt ablecken darf oder, was noch schlimmer ist, die Teller und Gerätschaften, die von Menschen zum Essen und Trinken benutzt werden.

Abgesehen davon, daß dies unhygienisch und unfein ist, widerspricht es dem

1 Abu Dawud, Tirmidhi. Der Prophet sagt dies, nachdem Gabriel ihn darauf hinwies, daß Engel kein Haus betreten, in dem sich ein Hund befindet.

2 Buchari.

3 vgl. arabischer Text, S. 118, Fußnote 1. Den genauen Namen sowie die Zeitschrift kenne ich nicht. (Anm. des Übersetzers).

guten Geschmack und den Manieren. Doch interessiert uns dies weniger, und wir überlassen das den Lehrern von Erziehung und Anstand. Dieser Artikel soll vielmehr bestimmte wissenschaftliche Erkenntnisse vermitteln.

Vom medizinischen Standpunkt aus, der uns hier am meisten betrifft, darf man die Gefahren für die menschliche Gesundheit und das Leben durch Hundehaltung und Spielen mit Hunden nicht ignorieren. Viele Menschen haben für ihre Unwissenheit schon einen hohen Preis gezahlt, weil der vom Hund übertragene Bandwurm die Ursache für eine chronische Krankheit ist, die manchmal tödlich endet. Dieser Wurm kommt beim Menschen vor, beim Vieh und in Schweinen, aber in voll entwickelter Form nur bei Hunden, Wölfen und selten bei Katzen. Diese Würmer unterscheiden sich von anderen durch ihre Winzigkeit und wurden deshalb erst in jüngerer Zeit entdeckt. Der Entwicklungsprozess dieses Wurms weist manche biologische Besonderheiten auf. In den von ihm verursachten Veränderungen entwickelt ein einziger Wurm zahlreiche Köpfe, die sich ausdehnen und weitere Veränderungen und Geschwüre hervorrufen. Diese Köpfe entwickeln sich nur in den Mandeln des Hundes in voll ausgewachsene Würmer. Beim Menschen oder anderen Tieren treten sie als Veränderungen und Geschwüre auf, die völlig anders als die des Bandwurms sind. Bei Tieren kann die Veränderung die Größe eines Apfels erreichen und die infizierte Leber kann um das Fünf- bis Zehnfache anwachsen. Beim Menschen kann die Veränderung Faustgröße oder sogar die eines Kinderkopfes erreichen und ist mit gelblicher Flüssigkeit von 10 bis 20 Pfund Gewicht gefüllt. Beim infizierten Menschen entstehen verschiedenartige Entzündungen der Lungen, Muskeln, Rückenmark, Nieren und des Gehirns in so verschiedenen Erscheinungsbildern, daß bis vor kurzem die Spezialisten Schwierigkeiten hatten, sie zu erkennen.

Wo aber solche Entzündungen auftreten, stellen sie eine große Gefahr für Gesundheit und Leben des Patienten dar. Schlimmer ist, daß wir bisher noch kein Gegenmittel gefunden haben, obwohl wir das Leben, die Geschichte, Ursprung und Verlauf der Krankheit kennen. Nur manchmal sterben diese Parasiten ab, vielleicht aufgrund von Antikörpern, die der menschliche Körper entwickelt hat. Leider sind die Fälle selten, in denen die Parasiten absterben, ohne schon Schaden angerichtet zu haben. Die Chemotherapie ist ergebnislos geblieben und die übliche Behandlung besteht in Entfernung der befallenen Körperteile. Aus all diesen Gründen sollten wir mit allen Mitteln gegen diese furchtbare Krankheit ankämpfen und den Menschen vor ihren Gefahren schützen.

Professor Noeller hat durch post-mortem Untersuchungen an menschlichen Leichen in Deutschland festgestellt, daß die Rate der Infektion mit Hundewürmern mindestens ein Prozent beträgt. In manchen Gegenden wie Dalmatien, Island, Südost-Australien und Holland, wo Hunde als Zugtiere benutzt werden, ist die Rate bei Hunden 12 Prozent. In Island hat man gefunden, daß unter 43 Personen eine Person an Entzündungen durch diesen Wurm leidet. Rechnen wir hierzu noch das menschliche Leid, den Fleischverlust durch infiziertes Vieh und die dauernde Gefährdung der menschlichen Gesundheit durch diese Bandwürmer, dann können wir diesem Problem nicht weiter selbstgefällig gegenüberstehen.

Am besten würde es sein, den Wurm auf die Hunde zu begrenzen und sie nicht weiter zu verbreiten, weil wir doch Hunde halten müssen. Wir sollten nicht vergessen, wenn nötig, die Hunde zu behandeln und die Würmer aus den Mandeln zu entfernen und diesen Prozess vielleicht auch in Abständen wiederholen, vor allem bei Hirten- und Wachhunden.

Der Mensch kann Leben und Gesundheit durch gebührenden Abstand vom Hund schützen. Man sollte den Hund nicht umarmen, mit ihnen spielen oder ihn den Kindern nahekommen lassen. Kindern sollte beigebracht werden, nicht mit Hunden zu spielen und an ihnen herumzutätscheln. Hunde sollen den Kindern nicht die Hände lecken oder sich aufhalten, wo Kinder spielen. Leider dürfen Hunde überall herumstreifen, besonders, wo Kinder spielen, und ihre Näpfe sind überall im Haus verteilt. Hunde müssen eigene getrennte Näpfe haben und dürfen nicht Schüsseln oder Teller lecken, die von Menschen benutzt werden. Sie dürfen auch nicht in Lebensmittelgeschäfte, Gaststätten oder auf den Markt kommen. Im allgemeinen muß man streng darauf achten, daß sie mit nichts in Berührung kommen, was Menschen zum Essen und Trinken verwenden."

Wir wissen bereits, daß der Prophet (s) verbot, mit Hunden umzugehen, und daß er davor warnte, sie am Teller lecken zu lassen oder sie ohne triftigen Grund zu halten. Wie ist es möglich, daß die Lehren eines ungebildeten Arabers, Muhammad, mit den neuesten wissenschaftlichen Erkenntnissen übereinstimmt? Wir können nichts weiter sagen, als was im Koran steht:

„Er spricht nicht nach eigenem Wunsch. Es ist nichts als eine geoffenbarte Offenbarung..." (53:3-4)

Arbeit und Erwerb des Lebensunterhaltes

„Er ist es, der euch die Erde gefügig gemacht hat, also wandelt auf ihren Wegen und eßt von Seiner Versorgung..." (67:15)

Die grundsätzliche Einstellung des Islam gegenüber der Stellung des Menschen in der Welt ist, daß Allah der Erhabene die Erde zum Nutzen des Menschen gemacht und ihm Kontrolle über sie gegeben hat. Der Mensch soll von dieser Gnade profitieren und Allahs Gnadengaben überall auf der Erde zu erlangen suchen.

- Pflicht zur Arbeit, wenn man dazu in der Lage ist

Dem Muslim ist nicht erlaubt, Arbeit zum Erwerb des Lebensunterhaltes unter dem Vorwand zu vermeiden, daß er sein Leben dem Gottesdienst widmet oder allein auf Allah vertraut, denn Gold und Silber fallen bestimmt nicht einfach vom Himmel. Es ist auch nicht erlaubt, von der Wohltätigkeit zu leben, wenn jemand genug verdienen kann, um seine und seiner Angehörigen Bedürfnisse mit eigener Anstrengung abzudecken. Hierzu hat der Prophet (s) gesagt: „Almosen sind weder für den Wohlhabenden noch für den Gesunden erlaubt." [1]

Der Prophet (s) hat es dem Muslim auch verboten, von anderen ohne wirkliche Not zu betteln und so Ehre und Würde zu verlieren. Er sagte:
„Wer ohne Not bettelt ist wie einer, der glühende Kohle in der Hand trägt." [2]

Weiter sagte er:
„Wer von den Leuten bettelt, um sein Vermögen zu vergrößern, dem wird am Tag der Auferstehung das Gesicht zerkratzt und er wird brennende Steine aus der Hölle essen, also soll es verringern wer will und vermehren, wer will." [3]

Schließlich sagte der Prophet:
„Jemand von euch bettelt und bettelt, bis er Allah (am Tag der Auferstehung) ohne Fleisch im Gesicht begegnet." [4]

Durch solche strengen Warnungen versuchte der Prophet (s), den Muslim zu erziehen, seine Würde zu wahren, Selbstvertrauen zu entwickeln und sich von der Abhängigkeit von andern zu lösen.

1 Tirmidhi.

2 Baihaqi und Sahih Ibn Khuzaima.

3 Tirmidhi — verringern bedeutet, nicht zu betteln, und vermehren bedeutet zu betteln.

4 Buchari, Muslim.

● Erlaubtes Bitten

Der Prophet (s) war sich aber auch der Notlagen bewußt. Wer aus einer Notlage heraus gezwungen ist, die Regierung oder einzelne Personen um finanzielle Hilfe zu bitten, wird nicht getadelt.

Allahs Gesandter (s) hat gesagt:
„Das Betteln ist wie das Fleisch aus dem Gesicht zu kratzen. Wer also sein Gesicht wahren will, soll es vermeiden, es sei denn, er wendet sich an den Herrscher oder in wirklicher Not.“ [1]

Im Sahih Muslim wird von Abu Bishr Qubaisa ibn al-Makharaq berichtet: „Ich stimmte zu, *hamala*[2] zu zahlen und bat Allahs Gesandten (s) um Hilfe. Da sagte der Prophet:
„Warte, bis wir Almosen (*sadaqa*) bekommen, und wir werden dir davon etwas geben.“ Er fuhr fort: „Qubaisa, es ist nicht erlaubt, um Geld zu bitten, außer in drei Fällen: wenn jemand Schlichtungsgeld bezahlen will, darf er die Leute um Hilfe bitten, bis der betreffende Betrag zusammengekommen ist. Danach soll er aufhören. Ein Mann, den eine Katastrophe betroffen hat und der seinen Besitz verlor, darf um Geld bitten, bis er wieder auf eigenen Füßen stehen kann und ein Mann, der Hunger leidet und von dem drei zuverlässige Leute in der Gemeinde sagen: „Dieser Mann leidet Hunger“, der darf um Hilfe bitten, bis er wieder auf eigenen Füßen stehen kann. Außer diesen drei (Fällen), Qubaisa, ist es absolut verboten, um etwas zu bitten. Wer es trotzdem tut, erwirbt Verbotenes.“ [3]

● Würde der Arbeit

Manche Leute verachten bestimmte Arbeiten oder Berufe. Aber der Prophet (s) lehnte diese Vorstellung ab. Er lehrte seine Gefährten, daß die gesamte Würde des Menschen an seine Arbeit gebunden ist — gleich welcher Art — und daß wirkliche Schande und Erniedrigung darin besteht, von anderer Leute Hilfe abhängig zu sein. Er sagte: „Es ist besser, daß einer einen Strick nimmt und ein Bündel Holz auf dem Rücken trägt, um es zu verkaufen, damit Allah sein Gesicht wahrt, als daß er von den Leuten bettelt, ob sie ihm geben oder nicht.“ [4]

Der Muslim kann seinen Lebensunterhalt durch Landwirtschaft, Handel oder Handwerk oder sonst einen Beruf oder Arbeit erwerben, so lange es nicht bedeutet, etwas zu tun, zu unterstützen oder zu verbreiten, was *haram* ist.

1 Abu Dawud, al-Nasai.

2 *hamala*: Geld, das ein Schlichter zahlt, um streitende Parteien zu versöhnen.

3 Abu Dawud, al-Nasai.

4 Buchari, Muslim.

- Landwirtschaft

Im Koran nennt Allah der Erhabene bei der Erwähnung Seiner Wohltaten und Gnaden auch die Grundsätze für die Landwirtschaft. Er hat die Erde ausgebreitet und sie für Anbau und Herstellung geeignet und fruchtbar gemacht. Dies ist eine Gabe für die Menschen, an die sie sich erinnern und für die sie dankbar sein sollten: „Und Allah hat die Erde für euch ausgebreitet, damit ihr auf breiten Pfaden zieht." (71:18-19)

„Und die Erde hat Er für die Geschöpfe bereitgestellt, in ihr sind Früchte und Palmen mit Blütenscheiden und Getreidehalme und duftenden Blumen. Welche der Wohltaten wollt ihr wohl leugnen?" (55:9-12)

Allah hat auch für ausreichendes Wasser gesorgt. Er sendet es als Regen herab und läßt es in Flüssen fließen, um damit die tote Erde zu beleben:

„Und Er ist es, der vom Himmel Wasser herabsendet und wir bringen dadurch die Keime aller Dinge hervor. Daraus bringen Wir Grünes hervor, aus dem Wir übereinandergeschichtetes Korn hervorbringen...(6:99)

„So soll der Mensch auf seine Speise schauen. Wir haben Wasser in Fülle ausgegossen, dann haben Wir die Erde in Spalten zerteilt und dann ließen Wir Korn in ihr entstehen und Reben und eßbare Kräuter..." (80:25-7)

Weiterhin schickte Allah die Winde, „mit guter Kunde", um die Wolken zu verteilen und die Saat zu verteilen:

„Und die Erde, Wir haben sie ausgebreitet und festgegründete Berge darauf gestellt, und Wir ließen mancherlei Dinge aus ihr sprießen im rechten Maß. Und in ihr schufen Wir Mittel zum Unterhalt für euch und jene, die ihr nicht versorgt. Und es gibt kein Ding, von dem wir nicht Schätze hätten, und Wir senden es nur nach bestimmten Maß herab. Und wir entsenden die fruchtbaren Winde und entsenden Wasser vom Himmel und geben es euch zu trinken und ihr seid es nicht, die es aufspeichern." (15:19-22)

Alle diese Koranverse enthalten Aufforderungen an den Menschen, sich mit der Landwirtschaft zu befassen, denn das ist ihm durch göttliche Gnade leicht gemacht worden.

Der Prophet (s) hat gesagt:
„Wenn ein Muslim eine Pflanze pflanzt oder eine Feldfrucht anbaut, ißt kein Vogel und kein Mensch davon, ohne daß es ihm als Almosen (Sadaqa) angerechnet wird." [1]

Auch sagte er:
„Wenn ein Muslim eine Pflanze pflanzt, wird was davon gegessen oder gestoh-

1 Buchari, Muslim.

len wird, bis zum Tag der Auferstehung für ihn als Almosen gerechnet.“ [1]

Dieser *hadith* bedeutet, daß der Lohn eines Menschen, der einen Baum oder eine Feldfrucht anbaut, so lange fortdauert, wie seine Früchte gegessen oder gebraucht werden, selbst wenn er sie an jemanden verkauft hat. Die Gelehrten sagen:

„Es ist Allahs Großzügigkeit, daß er den Lohn eines Menschen auch nach dessen Tod vermehrt, gerade so, wie in seinem Leben, für sechserlei: für Almosen, deren Nutzen fortdauert, für Wissen, das angewendet wird, für rechtschaffene Kinder, die für ihn beten, für Bäume, die er pflanzte, für Feldfrucht, die er säte und für Grenzen, die er bewachte.“

Einmal ging ein Mann an Abu Darda vorbei, als er einen Nußbaum pflanzte. Der Mann sagte: „Pflanzt du diesen Baum, obwohl du ein alter Mann bist? Dieser Baum wird viele Jahre nichts tragen.“ Abu Darda antwortete: „Andere werden seine Früchte essen und der Lohn wird meiner sein.“

Einer der Gefährten des Propheten (s) sagte, daß er Allahs Gesandten (s) sagen hörte:

„Wenn jemand einen Baum pflanzt, ihn geduldig hegt und sich um ihn kümmert, bis er Frucht trägt, dem wird Allah der Mächtige und Erhabene all das als Almosen anrechnen, wofür die Früchte verwendet werden.“ [2]

Aufgrund dieser Worte des Propheten sind manche Gelehrte der Auffassung, die Landwirtschaft sei der beste Beruf. Andere sagen, Handwerk sei besser, und noch andere halten Handel für das Beste. Um dies miteinander zu vereinbaren, sagen manche: es hängt von den Umständen ab. Wenn Nahrungsmittel knapp sind, ist Landwirtschaft am besten, wenn die Leute Waren brauchen, ist Handel am besten und wenn hergestellte Waren benötigt werden, ist Handwerk und Fabrikation das Beste. Diese an Bedingungen geknüpfte Bevorzugung scheint modernen wirtschaftlichen Gedanken am nächsten zu sein.

● Verbotene Feldfrucht

Es ist verboten, Pflanzen anzubauen, wie z.B. *haschisch* u.ä., deren Verzehr verboten ist oder für die es keine unschädliche Verwendung gibt. Beim Tabak verhält es sich so, daß wenn man Rauchen als *haram* oder *makruh* einstuft, auch den Tabakanbau entsprechend einstufen muß. Wir selbst ziehen es vor, Rauchen als *haram* einzustufen.

Es ist keine zulässige Entschuldigung, wenn der Muslim sagt, daß er die ver-

1 Muslim.

2 Ahmad.

botene Feldfrucht für einen Nichtmuslim anbaut, denn ein Muslim darf niemals an etwas beteiligt sein, das *haram* ist. So verhält es sich auch mit einem Muslim, der Schweine züchten würde, um sie an Christen zu verkaufen. Das ist eindeutig ungesetzlich. Wie wir schon gesehen haben, kann nicht einmal eine erlaubte Sache, wie Trauben, an andere verkauft werden, wenn bekannt ist, daß sie damit Wein herstellen.

● Handwerk und Beruf

Landwirtschaft ist eine wesentliche Sache, und der Islam will die Leute dazu ermutigen, indem er den Nutzen davon in dieser Welt und die Belohnung dafür im Jenseits aufzeigt. Vom islamischen Standpunkt wäre es aber nicht wünschenswert, wenn die Menschen sich bei ihren wirtschaftlichen Betätigungen nur auf die Landwirtschaft beschränken wollten, so wie die Schnecke sich in ihr Haus zurückzieht. Der Prophet (s) hat die Muslime davor gewarnt, daß eine Beschränkung auf Ackerbau und Viehwirtschaft allein sie mancherlei Gefahren aussetzen würde, wie Niederlagen, Erniedrigung und Verlust der religiösen Freiheit, wie auch die Geschichte dies klar bestätigt. Er sagte: „Wenn ihr mit Zinsen zu tun habt und das nur anders bezeichnet, an den Kuhschwänzen klebt und mit dem Ackerbau zufrieden seid und vom *dschihad* ablaßt, wird Allah euch eine Schande auferlegen, die erst wieder von euch genommen wird, wenn ihr zu eurer Religion zurückgekehrt seid." [1]

Darum muß der Muslim über die Landwirtschaft hinaus solche Fertigkeiten, Handwerke und Berufe entwickeln, die für das Leben einer guten Gemeinschaft erforderlich sind, für eine freie und starke Nation und für das Erbe und den Reichtum eines Landes. Wie die großen Gelehrten und Rechtsgelehrten erklärt haben, sind diese erforderlichen Gewerbe und Berufe nicht nur von der islamischen *scharia* erlaubt, sondern für die muslimische Gemeinschaft als solche eine Verpflichtung. Solche Verpflichtungen nennt man „Pflicht des Genüges" (*fard kifaja*), d.h. die muslimische Gemeinschaft muß unter ihren Mitgliedern solche aufweisen, die in jedem notwendigen Wissensbereich, Gewerbe und Beruf in ausreichender Zahl tätig sind. Wenn es einen Mangel an Fachkräften in bestimmten Wissenschaften oder Gewerben gibt, ist die gesamte muslimische Gemeinschaft schuldig, besonders aber die Regierenden und die Verantwortlichen. Imam al-Ghazali sagt:

„Wissenszweige, die als *fard kifaja* gelten, schließen alle Bereiche ein, die für das Wohlergehen in dieser Welt erforderlich sind, wie z.B. die folgenden: Medizin, notwendig für das physische Leben, Mathematik für die Alltagsge-

1 Abu Dawud.

schäfte, Erbteilung u.a.m.. Es handelt sich um Wissenschaften, ohne die sich die Gemeinde in Bedrängnis befinden würde. Wo aber jemand, der sie beherrscht in der Gemeinde vorhanden ist, genügt das und die Verpflichtung, nach diesem Wissen zu streben, ist keine Pflicht mehr für den Rest der Gemeinschaft.

Es sollte nicht überraschen, daß wir auch Medizin und Mathematik als *fard kifaja* zählen, wie die grundlegenden Gewerbe, z.B. Landwirtschaft, Weben, Politik, Aderlassen und Schneidern. Denn wenn einer Stadt der Bader fehlt, würden ihre Einwohner betroffen und sie der Vernichtung ausgesetzt sein. Hat nicht Er, der die Krankheit herabsandte, auch das Heilmittel herabgesandt, Anleitung für seinen Gebrauch und Wege, es zu verabreichen, gezeigt? Darum darf man sich nicht der Vernichtung aussetzen, indem man das Heilmittel vernachlässigt." [1]

Der Koran erwähnt viele Gewerbe und bezeichnet sie als Allahs Gnade und Wohltat. Allah der Erhabene sagt über Dawud:
„Und Wir haben für ihn das Eisen weichgemacht: Mache Kettenhemden und füge die Maschen gehörig ineinander..." (34:10)

„Und Wir lehrten ihn die Kunst, Panzer für euch anzufertigen, damit sie euch vor eurer Gewalttat schützen. Und seid ihr wohl dankbar?" (21:80)

Über Salomo sagt Allah:
„Und wir ließen eine Quelle von geschmolzenem Messing für ihn fließen. Und von den Dschinn arbeiteten einige vor ihm mit der Erlaubnis seines Herrn, und wer von ihnen von unserem Befehl abwich, dem gaben wir von der Strafe des flammenden Feuers zu schmecken. Sie arbeiteten für ihn, was er wollte an Hallen, Bildnissen, Schüsseln gleich Wassertrögen und feststehenden Töpfen. „Wirket in Dankbarkeit, ihr vom Hause Davids! Wenige Meiner Diener sind dankbar." (34:11-12)

Über Dsu-l-Qarnain und seinen Dammbau sagt Allah:
„Er sprach: Das worin mich mein Herr gefestigt hat, ist besser (als euer Tribut). Und so helft mit mit Kräften, ich will zwischen euch und zwischen ihnen einen Grenzwall ziehen. Bringt mit Eisenstücke" Und als er (die Kluft) zwischen ihnen ausgefüllt, sprach er: „Blaset", und da er es in Feure gesetzt, sprach er: „Bringt mit flüssiges Erz, damit ich es darauf gieße." Und so waren sie nicht imstande, ihn zu übersteigen, und waren auch nicht imstande, ihn zu durchlöchern." (18:94-96)

Allah erwähnt auch die Geschichte von Noah und dem Bau der Arche, und Er erwähnt auch große Schiffe, so groß wie Berge, die auf den Meeren segeln:

1 *ihja ulum al-din*, Bd.1, Buch über das Wissen.

„Und zu Seinen Zeichen gehören die Schiffe im Meer gleich Bergen." (42:31)

Weiter erwähnt der Koran die Jagd in all ihren verschiedenen Formen, vom Fischfang bis zu Jagd von Landtieren und zum Tauchen nach Perlen, Korallen usw.

Darüber hinaus hat uns der Koran den Wert des Eisens in so deutlicher Weise vor Augen geführt, wie sie kaum in einem anderen früheren Buch, religiös oder nicht, zu finden ist. Nachdem Allah der Erhabene von der Sendung der Propheten zu den Völkern und von der Offenbarung der Schriften gesprochen hat, sagte Er:

„...und Wir haben das Eisen herabgesandt, in dem große Stärke und Nutzen für die Menschen ist..." (57:25)

Es überrascht nicht, daß die Sure mit diesem Vers die Überschrift *al-hadid*, das Eisen, bekam.

Jede Tätigkeit, die ein Bedürfnis der Gesellschaft erfüllt oder wirklichen Nutzen bringt, gilt als gute Tat, vorausgesetzt, der Mensch verrichtet sie auf rechte Weise, wie der Islam es verlangt. Der Islam hat viele Tätigkeiten und Berufe mit Würde versehen, die von den Menschen als niedrig und unwürdig angesehen werden. Obwohl die Leute im allgemeinen den Schafhirten nicht mit besonderer Achtung begegnen, hat der Prophet (s) gesagt:

„Allah hat keinen Propheten geschickt, der nicht Schafe gehütet hat." Man fragte ihn: „O Allahs Gesandter, du auch?" Er antwortete: „Ja, ich hüte die Schafe der Leute von Mekka für einen (bestimmten) Lohn." [1]

Muhammad (s), der Gesandte Allahs und das Siegel der Propheten, hütete Schafe! Es waren nicht einmal seine eigenen Schafe, sondern die der Leute von Mekka und er bekam Lohn dafür. Dies hat er seinen Gefährten berichtet, um sie zu lehren, daß jene Menschen zu ehren sind, die arbeiten, nicht jene, die im Luxus leben oder herumsitzen. Der Koran erzählt vom Propheten Moses (Musa), Friede auf ihm, der für acht Jahre als angeheuerter Arbeiter tätig war, um die Tochter eines alten Mannes zu heiraten. Moses war ein ausgezeichneter Arbeiter und Angestellter, und die Tochter des alten Mannes hatte wirkliche Einsicht in seinen Charakter gezeigt, als sie sagte: „Mein Vater, stelle ihn ein, der Beste, den du einstellen kannst, ist der Starke und Vertrauenswürdige." (28:26)

Ibn Abbas sagt: „David war ein Rüstungs- und Waffenschmied, Adam ein Landwirt, Noah ein Schreiner, Idris ein Schneider und Moses ein Schafhirte." [2] Da jeder Prophet Allahs einen Beruf hatte, sollte auch der Muslim in seinem

1 Buchari.

2 al-Hakim.

Beruf Zufriedenheit finden. In einem *hadith* heißt es:

„Niemand ernährt sich besser als mit seiner Hände Arbeit, und David, der Prophet Allahs ernährte sich von seiner Hände Arbeit." [1]

- Vom Islam verbotene Gewerbe und Berufe

Der Islam hat seinen Anhängern aber auch bestimmte Berufe und Gewerbe verboten, weil sie für Glauben, Moral, Ehre oder die guten Sitten in der Gesellschaft schädlich sind.

- Prostitution

Die Prostitution ist beispielsweise in vielen westlichen Ländern erlaubt. Man erteilt Genehmigungen und Erlaubnisse für die in diesem Gewerbe Tätigen, und die Prostituierten sind anderen Berufstätigen gleichgestellt. Der Islam verurteilt und verwirft so etwas absolut und verbietet jeder Frau, frei oder unfrei, durch Verkauf ihrer Geschlechtlichkeit Geld zu erwerben.

In der Zeit der *dschahilija* haben manche Leute von ihren Mägden eine tägliche Summe verlangt, ohne Rücksicht, wie sie dieses Geld verdient hatten. Die Mehrzahl mußte zur Prostitution übergehen. Manche Leute zwangen ihre Mägde sogar zur Prostitution, um einer solch erbärmlichen Summe willen. Als der Islam kam, nahm er diese entehrende Last von seinen Söhnen und Töchtern: „Und zwingt nicht eure Mägde zur Hurerei, wo sie keusch leben wollen, weil ihr nach dem Gewinn des irdischen Lebens trachtet..." (24:33)

Ibn Abbas berichtet, daß Ibn Ubajj, das Oberhaupt der Heuchler von Medina zum Propheten (s) kam und eine sehr schöne Magd namens Muadha mitbrachte und sagte: „Sie gehört jenen Waisen, o Allahs Gesandter. Willst du ihr nicht die Hurerei gestatten, damit die Waisen das Geld bekommen können?" „Nein", antwortete der Prophet (s). [2]

Derart verbot Allahs Gesandter (s) diese abscheuliche Tätigkeit, gleich, wer vielleicht den Nutzen davon haben würde und verwarf jedwede Entschuldigung dafür, Not, Verzweiflung oder sonst einen verdienstvollen Zweck, damit die muslimische Gesellschaft von derartigen erniedrigen Bräuchen freibleibt.

- Tanz und erotische Kunst

Gleichfalls erlaubt der Islam auch sexuell anregende Tänze oder sonstige erotisierende Tätigkeiten nicht, wie anzügliche oder obszöne Lieder, provokative

1 Buchari u.a.

2 *Tafsir* Fakhr al-Din Razi, Bd. 23, S.320.

Schauspiele und jedweden sonstigen Unsinn, den manche Leute heutzutage mit „Kunst“ oder „Avantgarde“ oder ähnlichen irreführenden Begriffen bezeichnen.

Tatsächlich verbietet der Islam jeden Sexualkontakt und Sexualbeziehung außerhalb der Ehe und er verbietet zugleich jeden Akt, seien es Taten oder Worte, die dazu gehören. Das ist das Geheimnis hinter den entschiedenen Worten des Korans, die Unzucht und auch Ehebruch verbieten (was beides im Arabischen als *zina* bezeichnet wird): „Und bleibt der *zina* fern, es ist eine Schändlichkeit und ein übler Weg.“ (17:34)

Dies bedeutet, daß nicht nur *zina* verboten ist, sondern auch alles, was einen in die Nähe davon bringt. Alles, wovon wir oben gesprochen haben, und das ist überall bekannt, ist „der *zina* nahekommen“, wie z.B. provokative Tänze oder Lieder usw. Damit ist beabsichtigt, zu verführen, zu erregen und dieser Sünde zuzuführen. Und was für Verheerungen richten sie im Leben der Menschen an!

- Statuen und ähnliches herstellen

Wir haben schon gesehen, daß der Islam den Erwerb und noch mehr das Herstellen von Statuen verbietet. Al-Buchari berichtet nach Said ibn Abi al-Hasan, der gesagt hat: „Ich war bei Ibn Abbas, als ein Mann kam und sagte: „O Ibn Abbas, ich verdiene meinen Lebensunterhalt mit eigenen Händen; ich mache diese Figuren.“ Ibn Abbas sagte: „Ich werde dir sage, was ich Allahs Gesandten (s) sagen hörte: „Allah wird den strafen, der Figuren macht, bis er ihnen Geist einhaucht, was er nicht vermag.“ Als er die Verstörung des Mannes bemerkte, fragte ihn Ibn Abbas: „Was bedrückt dich? Wenn du Figuren herstellen mußt, dann solche von Bäumen oder sonst etwas, das keine Seele hat.“ [1]

Dies gilt natürlich auch für das Herstellen von Götzenbildern. Was Zeichnen, Malen oder Fotografie betrifft, haben wir schon ausgeführt, daß sie teils erlaubt und schlimmstenfalls abzulehnen sind, je nachdem, was dem islamischen Gesetz mehr entspricht. Natürlich darf der Gegenstand, wie schon gesagt, nicht sexuell anzüglich sein, wie z.B. die erotischen Teile des weiblichen Körpers, oder Intimitäten zwischen Mann und Frau. Auch sollte es sich nicht um einen heiligen oder hochgeachteten Menschen handeln, wie Engel oder Propheten.

- Herstellen von Rauschmitteln

Wir haben schon gesehen, daß der Islam jede Mitwirkung bei der Verbreitung von alkoholischen Getränken verbietet, ob es sich dabei um Herstellung, Ver-

1 Buchari.

trieb oder Konsum handelt, und daß jeder daran Beteiligte von Allahs Gesandtem (s) verflucht wurde. Bei anderen Rauschmitteln und Drogen wie Haschisch, Kokain usw. verhält es sich ebenso. Sie herzustellen, zu vertreiben oder zu konsumieren ist *haram*. Kurz gesagt verbietet der Islam also dem Muslim sich an jedwedem Gewerbe, Geschäft oder Beruf zu beteiligen, das mit *haram* zu tun hat oder es verbreitet.

- Handel

Der Koran und die *ahadith* des Propheten (s) ermutigen den Muslim, sich in Geschäft und Handel zu betätigen und Reisen zu unternehmen, um, wie der Koran sagt, nach „Allahs Huld zu streben". Allah erwähnt sogar die zu Handelszwecken Reisenden zusammen mit denen, die auf Seinem Weg kämpfen:

„...und ander reisen im Land im Trachten nach Allahs Huld und andere kämpfen auf Allahs Weg." (73:20)

Allah erwähnt die Handelschiffe, das hauptsächliche Transportmittel für Güter durch die Welt, als einen Seiner Gnadenerweise für die Menschheit und ermutigt dazu, sich in Export und Import zu betätigen. Allah sagt:

„... und du siehst die Schiffe es (das Meer) durchpflügen in eurem Trachten nach Seiner Huld, und vielleicht seid ihr dankbar." (35:13)

An anderer Stelle spricht er von den Winden und bringt sie mit den Schiffen in Verbindung:

„Und zu Seinen Zeichen gehört es, daß Er die Winde als frohe Boten entsendet, sowohl um euch von Seiner Barmherzigkeit kosten zu lassen, als auch, damit die Schiffe eilen auf Sein Geheiß, und damit ihr nach Seiner Huld trachtet, und vielleicht seid ihr dankbar." (30:45)

An anderer Stelle erwähnt der Koran dies als Mahnung an Allahs Macht und Weisheit:

„Siehe, in der Schöpfung der Himmel und der Erde, und in dem Wechsel der Nacht und des Tages, und in den Schiffen, welche das Meer durcheilen mit dem, was den Menschen nützt... darinnen sind Zeichen für ein Volk von Verstand!" (2:159)

„Und zu Seinen Zeichen gehören die Schiffe im Meer gleich Bergen." (42:31)

Allah erinnert die Einwohner Mekkas auch daran, daß er ihre Stadt zum Zentrum des Handels der Arabischen Halbinsel machte:

„..Aber haben Wir ihnen nicht ein sicheres Heiligtum zur Wohnung gegeben, zu dem Früchte aller Dinge zusammengebracht werden, eine Versorgung von Uns?..." (28:57)

So wurde das Gebet von Abraham beantwortet, der sagte:
„Unser Herr, siehe ich habe einen Teil meiner Nachkommenschaft in einem unfruchtbaren Tal bei Deinem heiligen Hause angesiedelt. Unser Herr, mögen sie das Gebet einhalten! Und erfülle die Herzen der Menschen mit Liebe zu ihnen und versorge sie mit Früchten, vielleicht sind sie Dir dankbar." (14:40)

Allah zählt es zu seinen Gnadenerweisen den Quraisch gegenüber, daß er ihnen die beiden jährlichen Handelsreisen ermöglichte, die in den Jemen im Winter und die nach Syrien im Sommer. Sie reisten in Sicherheit, weil sie die Hüter der *Kaaba* waren. Deshalb sollten sie dem Herrn der *Kaaba* dankbar sein, indem sie Ihn anerkennen und Ihn allein anbeten:
„Für die Vereinigung der Quraisch, für ihre Vereinigung zur Winter- und zur Sommerkarawane. So mögen sie dienen dem Herrn dieses Hauses, der sie mit Speise versieht gegen den Hunger und sicher macht vor Furcht." (106:1-4)

Der Islam hat alljährlich eine großartige Gelegenheit für den internationalen Handel geboten. Die jährliche Wallfahrt bringt Millionen von Muslimen aus aller Welt an einem Ort zusammen: „...laß sie zu dir kommen, zu Fuß und auf jedem hageren Kamel, (und) sie kommen auf allen tiefen Talwegen, damit sie Zeugnis ablegen von den Vorteilen, die sie dadurch haben, und um des Namens Allahs zu gedenken..." (22:28-29)

Handelstätigkeit ist zweifellos einer von diesen Vorteilen. Buchari berichtet, daß die Muslime zögerten, während des *hadsch* Geschäfte zu tätigen, aus Sorge daß dies die Aufrichtigkeit ihrer Absichten und die Reinheit ihres Gottesdienstes beeinträchtigen könnte. Darauf wurden die folgenden Koranverse geoffenbart, die klar und deutlich aussagen:
„Es ist keine Sünde, daß ihr Gewinn von eurem Herrn begehrt..." (2:194)

Der Koran preist auch jene, die oft zur Moschee gehen und ihren Herrn morgens und abends rühmen:

„Männer, die weder Ware noch Handel abhält von dem Gedenken an Allah und der Verrichtung des Gebets und dem Entrichten der *zakat*..." (24:37)

Aus islamischer Sicht sind die wahren Gläubigen nicht jene, die in den Moscheen bleiben, auch nicht die Mystiker oder Einsiedler in ihren Einsiedeleien. Der wahre Gläubige ist der Tatenmensch, dessen besonderes Merkmal darin besteht, daß ihn die geschäftige Welt seine Pflicht gegenüber seinem Schöpfer nicht vergessen läßt.

Dies sind einige der Lehren des Korans über Geschäft und Handel. Der Prophet (s) hat durch seine Worte und Taten die Geschäftsregeln abgesteckt und die Muslime dazu ermutigt, ja sogar gedrängt, sich im Handel zu betätigen. Zum Beispiel hat er gesagt:

„Ein ehrlicher, vertrauenswürdiger Händler wird am Tag der Auferstehungt mit den Glaubenszeugen auferweckt.“ [1]

„Ein ehrlicher, vertrauenswürdiger Händler wird zu den Propheten, den Wahrhaften und den Märtyrern gehören.“ [2]

Es überrascht nicht, daß der Prophet (s) die Rolle des ehrlichen Kaufmanns mit der eines Mudschahid oder Glaubenszeugen für Allahs Sache gleichsetzt. Diese Bewertung wird durch die allgemeine Lebenserfahrung bestätigt, denn der Kampf für Allahs Sache findet nicht allein auf dem Schlachtfeld, sondern auch an der Wirtschaftsfront statt.

Der Prophet (s) versprach den Kaufleuten hohen Rang bei Allah und großen Lohn im Jenseits. Bekanntlich ist die treibende Kraft hinter den meisten Geschäften Habgier und Profitstreben mit allen Mitteln: „Geld bringt Geld“ und „Geschäft ist Geschäft“ sind die Motive für die meisten Handelsbetätigungen. Ein Kaufmann, der in einer Atmosphäre von Ehrlichkeit und Fairness bleibt, ist ein Kämpfer gegen seine inneren Triebe und verdient den Rang eines Kämpfers für Allahs Sache.

Die Verführungen im Geschäft sind groß, und können einen Geschäftsmann dazu bringen, daß seine Aufmerksamkeit nur noch den Bilanzen gilt, und er ständig sein Kapital und den Gewinn überschlägt. Sogar zu Lebzeiten des Propheten (s) geschah einmal folgendes:

Während der Prophete (s) eine Ansprache hielt, traf die Nachricht von der Ankunft einer Karawane mit Handelsgütern ein. Die Leute eilten davon und ließen den Propheten (s) zurück, so daß Allah sie ermahnte:

„Doch wenn sie eine Ware oder einen Zeitvertreib sehen, so streben sie dorthin und lassen dich stehen. Sag: Was bei Allah ist, ist besser als ein Zeitvertreib oder eine Ware, und Allah ist der beste Versorger.“ (62:11)

Darum verdient der Mensch, der im Strudel der Geschäfte beständig bleibt, Allah im Herzen fürchtet und Seinen Namen mit den Lippen nennt, in der Gesellschaft der von Allah Begünstigten zu sein: der Propheten, der Zeugen der Wahrheit und der Märtyrer um Seiner Sache willen.

Schon das eigene Beispiel des Propheten (s) im Hinblick auf Geschäft und Handel genügt. Er war immer darauf aus, die spirituelle Seite zu fördern. So erbaute er die Moschee in Madina auf der Grundlage der Frömmigkeit und um Allahs Wohlgefallen zu erlangen, als einen Versammlungsort für Gottesdienst, als eine Schule für Unterweisung und Lernen, als Zentrale für den Ruf zum

1 Ibn Madscha, al-Hakim, der es als gut bezeichnete.

2 Al-Hakim, Tirmidhi, mit guter Überliefererkette.

Islam und Regierungssitz. Ebenso war er aber auch darauf aus, die wirtschafliche Seite zu fördern. So richtete er einen Marktplatz ein, auf dem die Juden nicht die Autorität besaßen, die sie vorher auf dem Markt der Banu Qainuqa hatten. Der Prophet (s) selbst legte die Regeln für das Geschäftslebens fest und erläuterte und lehrte seine verschiedenen Aspekte. Betrug oder falsche Angaben waren verboten, auch das Horten, das Unterbieten u.ä. Diese Themen sollen in dem Kapitel „*Halal* und *Haram* im täglichen Leben des Muslims" unter der Überschrift „Geschäftliches" behandelt werden.

Unter den Gefährten des Propheten (s) gab es geschickte Kaufleute, sowie Handwerker, Bauern und alle anderen möglichen Berufe. Mitten unter ihnen war Allahs Gesandter (s), dem Allahs Wort geoffenbart wurde, zu dem Gabriel, der zuverlässige Geist, die Offenbarungen brachte, und der die Menschen im Lichte dieser himmlischen Botschaften leitete. Jeder der Gefährten liebte den edlen Gesandten (s) von ganzem Herzen und wünschte sich nichts mehr, als ständig in seiner Umgebung und nicht einen Augenblick von ihm getrennt zu sein. Trotzdem stellen wir fest, daß ein jeder von ihnen mit seiner Arbeit beschäftigt war, der eine unterwegs auf einer Handelsreise durch das Land, der andere in seinem Palmenhain oder auf dem Feld, ein dritter mit seinem Handwerk beschäftigt. Wer etwas von den Lehren des Propheten (s) versäumte, erkundigte sich bei seinen Brüdern danach, und der Prophet (s) wies immer seine Zuhörer an, den Abwesenden zu berichten. Die *ansar* (Helfer, Leute aus Medina) waren meist Bauern und Dattelpalmzüchter, während die Mehrheit der Einwanderer (*muhadschirun*) aus Mekka in Handel und Geschäft tätig waren.

Auf der einen Seite ist Abdur Rahman ibn Auf, der *muhadschir*, und auf der anderen Sad ibn al-Rabi, der *ansar*, die der Prophet (s) zu Brüdern in Allah machte, als die Muslime von Mekka nach Medina ausgewandert waren. Saad bot Abdurrahman die Hälfte seines Besitzes an, eines seiner zwei Häuser und sagte ihm, er solle eine seiner beiden Frauen wählen, damit er sich von einer scheide. Dieses große Opfer wurde mit einer edlen Entschuldigung zurückgewiesen.

„Möge Allah dich und deine Familie in Deinem Wohlstand segnen", sagte Abdurrahman zu Saad. „Ich brauche das nicht. Sag mir nur, welcher Markt am geschäftigsten ist." Saad antwortete: „Der Markt von Bani Qainuqa." Abdurrahman ging mit etwas Käse und Butter auf diesen Markt und verbrachte den Tag mit Kauf und Verkauf, und setzte seine Geschäfte fort, bis er zu einem der reichsten Männer der Muslime wurde und bei seinem Tod einen riesigen Besitz hinterließ.

Und da war Abu Bakr al-Siddiq, der ebenfalls Kaufmann war. Selbst an dem Tag, an dem die Muslime ihn zum Kalifen gewählt hatten, wollte er zum Markt gehen. Und da war Omar, der von sich sagte: „Der Gang zum Markt hielt mich davon ab, den *ahadith* von Allahs Gesandtem (s) zuzuhören." Und da war Osman und viele andere Große, die sich in Handel und Geschäft betätigen.

- Verbotene Geschäfte

Der Islam verbietet keine Geschäfte außer denen, die mit Ungerechtigkeit, Betrug, unmäßigem Profit oder der Verbreitung von *haram* zu tun haben.

Es ist *haram*, Geschäfte mit alkoholischen Getränken zu machen, mit Rauschmitteln, Drogen, Schweinen, Götzen, Statuen oder sonst etwas, dessen Verzehr oder Gebrauch der Islam verboten hat. Alle Einnahmen aus solchen Geschäften sind sündig und der Platz für jemanden, der sich von solchen Einnahmen ernährt, ist wohl das Höllenfeuer. In solchen Geschäften werden Ehrlichkeit und Zuverlässigkeit nicht als verdienstvoll gelten, weil der Islam solche Tätigkeiten verabscheut und solche Geschäfte nicht duldet und sie bekämpft.

Mit Gold oder Seide zu handeln ist indes nicht verboten, weil diese ja den Frauen erlaubt sind, es sei denn etwas wäre aus diesen Stoffen speziell für Männer hergestellt.

Selbst wenn der Handel sich völlig auf erlaubte Gegenstände beschränkt, muß der Kaufmann doch viele moralische Überlegungen berücksichtigen, damit er nicht zu den Niederträchtigen gehört, denn „die Niederträchtigen werden in der Hölle sein". (83:16)

Einmal, als der Prophet (s) zur Moschee ging, sah er ein paar Leute bei Geschäftemachen. „O ihr Händler", rief er. Als sie sich zu ihm wandten, manche sich den Hals verrenkten, um ihn anzuhören, sagte er:

„Händler werden am Tag der Auferstehung als Sünder erweckt, außer denen, die Allah fürchten, rechtschaffen handeln und wahrhaft sind." [1]

Wathila ibn al-Asqa sagte: „Wir waren Händler. Der Prophet (s) kam oft zu uns und sagte: „Ihr Händler, hütet euch vor dem Lügen." [2]

Er warnte sie davor, die Unwahrheit über ihre Ware zu sagen, weil das die Schwäche der Kaufleute ist. Lügen führt zu Übertretungen und die führen zum Höllenfeuer. Der Prophet (s) warnte auch ganz allgemein vor häufigem Schwören und besonders dem Beschwören bei einer Lüge:

1 Tirmidhi, Ibn Madscha, Ibn Hibban, al-Hakim.

2 al-Tabarani.

„Am Tag der Auferstehung wird Allah dreierlei Personen nicht anschauen und nicht reinigen und schwer bestrafen. Einer davon ist der, der (die Wahrheit) beschwört und dabei über seine Ware lügt.“ [1]

Abu Said berichtet: „Ein Araber mit einem Schaf kam vorbei und ich sagte: „Wirst du es mir für 3 *dirham* verkaufen?“ Er antwortete: „Bei Allah, nein!“, aber dann verkaufte er es mir doch. Ich erzählte dies dem Propheten (s) und er sagte: „Er hat sein Jenseits für diese Welt verkauft.“ [2]

Auch sollte sich der Händler vor dem Betrug hüten, denn der Betrüger gehört nicht zur islamischen Gemeinde. Er sollte sich vor dem Verfälschen der Waage und Gewichte hüten und vor dem Horten, um nicht den Schutz von Allah und Seinem Gesandten einzubüßen, und er muß sich vor Zins (*riba*) hüten, denn Allah hat dies verboten und der Prophet (s) hat gesagt:

„Ein *dirham* von *riba*, den jemand wissentlich verbraucht, ist schlimmer als 36 mal *zina* zu begehen.“ [3]

Über all dies werden wir beim Thema „Geschäftliches“ noch Näheres ausführen.

● Arbeit gegen Entgelt

Dem Muslim steht es frei, Arbeit im Dienste der Regierung, einer Organisation oder einer Einzelperson anzunehmen, so lange er seine Arbeit zufriedenstellend verrichten und seine Pflichten erfüllen kann. Er darf aber keine Arbeit annehmen, für die er ungeeignet ist, besonders nicht, wenn sie etwas mit Recht oder Regieren zu tun hat. Abu Huraira berichtet, daß der Prophet (s) gesagt hat:

„Wehe den Herrschern, Anführern und Schatzmeistern! Am Tag der Auferstehung werden manche Menschen wünschen, mit den Haaren an den Sternen befestigt zu sein und zwischen Himmel und Erde zu hängen, statt die Last ihrer Verantwortung zu tragen.“ [4]

Abu Dharr berichtet: „Ich sagte: „O Allahs Gesandter! Willst du mich nicht ernennen?“ Der Prophet klopfte mir auf die Schulter und sagte dann: „Abu Dharr, du bist schwach und dies ist eine Verantwortung, und am Tag der Auferstehung wird es ein Grund für Bedauern und Scham sein außer für jemanden, der sich dafür eignet und seine Verantwortung erfüllt.“ [5]

1 Muslim u.a.

2 Sahih Ibn Hibban.

3 Ahmad, nach zuverlässigen Überlieferern.

4 Sahih Ibn Hibban, al-Hakim, der die Überlieferer als authentisch einstufte.

5 Muslim.

Der Prophet (s) sagte auch:
„Es gibt dreierlei Richter, die einen werden in den Paradiesgarten, die beiden anderen in die Hölle kommen. Der im Paradiesgarten ist der, welcher die Wahrheit kannte und entsprechend urteilte, und der die Wahrheit kannte, aber falsch urteilte, und der die Leute in Unkenntnis verurteilte, werden in der Hölle sein.“ [1]

Für den Muslim ist es besser, nicht nach hohem Amt zu streben, auch wenn er dafür geeignet ist, denn wer so ein Amt als Mittel benutzt, um seine Person herauszustellen, ist ein Knecht dieses Amtes, und wer sich weltlichem Ruhm zuwendet, wird keine Rechtleitung vom Himmel bekommen. Abdur Rahman ibn Samura berichtet:

Allahs Gesandter (s) sagte mir: „Abdur Rahman, verlange nicht nach der Herrschaft, denn wenn du dazu ernannt wirst, ohne danach zu verlangen, wird dir geholfen werden, aber wenn du auf deinen Wunsch hin ernannt wirst, wirst du allein verantwortlich gemacht.“ [2]

Anas berichtet, daß der Prophet (s) gesagt hat:
„Wer das Amt des Richters haben möchte und Empfehlungen sammelt, bleibt sich selbst überlassen, aber wem es aufgezwungen wird, dem schickt Allah einen Engel, ihn zu leiten.“ [3]

Wenn aber jemand weiß, daß es keinen anderen gibt, der eine bestimmte Arbeit verrichten kann, und daß der Öffentlichkeit Schaden ensteht, wenn er sich nicht dazu bereit erklärt, dann muß er sich melden. Der Koran berichtet uns von der Geschichte des Propheten Josef, in der Josef dem Herrscher sagt:

„Setze mich über die Speicher des Landes, siehe ich bin ein kluger Hüter.“ (12:55)

Dies sind die islamischen Regeln für Regierungsämter u.ä.

● Verbotene Beschäftigungen

Was wir oben über das Erlaubtsein der Arbeit als Regierungsbeamter oder Angestellter einer Organisation oder Privatperson gesagt haben, schließt natürlich solche Tätigkeiten aus, die der Sache des Islam oder den Muslimen schaden. So darf ein Muslim z.B. nicht Offizier oder Soldat einer Streitmacht sein, die gegen Muslime kämpft und auch nicht in einem Betrieb tätig sein, der Waffen herstellt, die gegen Muslime eingesetzt werden, und natürlich auch nicht in

1 Abu Dawud, Tirmidhi, Ibn Madscha.

2 Buchari, Muslim.

3 Abu Dawud, Tirmidhi.

einer Organisation, die dem Islam feindlich gesinnt ist und seine Anhänger bekämpft.

Ebenso ist jede Dienstleistung *haram* die Ungerechtigkeit unterstützt oder etwas verbreitet, was *haram* ist. So darf ein Muslim nicht in einer Einrichtung tätig sein, die mit Zinsen arbeitet, einem Alkoholgeschäft, Nachtklub, Tanzsalon usw.

Dabei ist es keine annehmbare Entschuldigung zu sagen, daß man das, was *haram* ist, nicht selbst verwendet oder nicht direkt damit zu tun hat. Wie wir schon sagten, ist es ein islamischer Grundsatz, daß alles, was *haram* hilft oder unterstützt, selbst *haram* ist. Darum verfluchte der Prophet (s) denjenigen, der den Zinsbrief ausstellt und den, der ihn bezeugt, sowie den, der den Zins nimmt. Ebenso wurde derjenige verflucht, der den Wein bringt, der ihn serviert und der, der ihn trinkt.

In einer unvermeidlichen Zwangslage dürfte ein Muslim zeitweilig derartig beschäftigt sein, doch sollte er sich in der Zwischenzeit nach anderen Stellen umsehen, bis Allah ihm eine Tür öffnet, denn Allah öffnet Türen für jene, die ernsthaft bemüht sind, zu vermeiden was *haram* ist.

Der Muslim ist immer auf der Hut vor Versuchungen, die ihn zu zweifelhaften Betätigungen führen könnten und so seinen Glauben schwächen und seine Religion beeinträchtigen, gleich wie groß der Gewinn oder die Einnahmen dabei sein mögen. Der Prophet (s) hat gesagt:

„Laß, was in dir Zweifel weckt (und tu) das, was keinen Zweifel in dir weckt.“ [1]

Er hat auch gesagt:
„Den Rang der Gottesfürchtigen (*muttaqin*) erreicht der Knecht erst, wenn er Unschädliches läßt aus Sorge, daß es schädlich sein könnte.“ [2]

- Allgemeiner Grundsatz zum Erwerb des Unterhaltes

Die allgemeine Regel für den Erwerb des Lebensunterhaltes besagt, daß der Islam seinen Anhängern nicht erlaubt, ihr Geld auf jede beliebige Weise zu erwerben, sondern daß zwischen erlaubten und unerlaubten Methoden auf der Grundlage des allgemeinen Wohlergehens der Gesellschaft unterschieden wird. Als allgemeine Regel darf man anführen, daß jede Transaktion, bei der einseitig Gewinn erzielt wird, während andere Verlust erleiden müssen, unrechtmäßig ist, während jede Transaktion, die für alle Beteiligten fair und nützlich ist und auf gegenseitiger Zustimmung beruht, als erlaubt gilt.

1 Ahmad, Tirmidhi, Al-Nasai, al-Hakim und *Sahih* ibn Hibban.

2 Tirmidhi.

„O ihr, die ihr glaubt, verzehrt nicht euer Gut unter euch auf unrechtmäßige Weise, es sei denn im Handel nach gegenseitiger Übereinkunft, und tötet euch nicht selbst, siehe Allah ist barmherzig zu euch. Und wer dies in Feindschaft und Frevel tut, den werden Wir im Feuer brennen lassen, denn dies ist Allah ein Leichtes." (4:33-34)

Dieser Vers legt zwei Bedingungen für Transaktionen fest: 1. die Transaktion beruht auf gegenseitiger Übereinstimmung, 2. der Gewinn der einen Partei beruht nicht auf dem Verlust der anderen. Die Bedeutung der Worte „tötet euch nicht selbst" haben die Gelehrten auf zweierlei Weise erläutert, die beide hier anzuwenden sind. Die erste, „tötet einander nicht" und die zweite ist „tötet euch nicht mit eigenen Händen". In beiden Fällen vergießt jemand, der einen anderen zum eigenen Nutzen Schaden zufügt, folglich dessen Blut und öffnet die Tür dazu, daß anderer es auch ihm antun, was schließlich zu seinem eigenen Ruin führt. Diebstahl, Bestechung, Glückspiel, Betrug, Unterschlagung, falsche Angaben und Zins, in all diesem sind beide Bedingungen enthalten, die in Allahs Worten „Tötet euch nicht selbst" dargelegt ist., obwohl manches davon in gegenseitiger Übereinstimmung ausgeführt werden mag.

Kapitel 3
Halal und haram in Ehe und Familie

1. Die körperlichen Triebe
2. Die Ehe
3. Beziehung zwischen Ehegatten
4. Schwangerschaftsverhütung
5. Ehescheidung
6. Beziehung zwischen Eltern und Kindern

1. Die körperlichen Triebe

Allah der Erhabene hat den Menschen als Seinen Stellvertreter auf der Erde geschaffen, damit er sie bebaut und regiert. Dieser Zweck kann natürlich nur erfüllt werden, wenn die Menschheit sich fortpflanzt, lebt und webt, anbaut, herstellt und die Anweisungen des Schöpfers ausführt. Demgemäß hat der Schöpfer bestimmte Triebe und Regungen in den Menschen hineingelegt, damit er zu den verschiedenen Handlungen bewegt wird, die den Fortbestand der Spezies sichern. Zu diesen Trieben, die der Mensch befriedigen muß, um als Einzelner zu überleben, gehört das Verlangen nach Speise und Trank. Der Sexualtrieb andererseits dient dem Fortbestand der Gattung. Die Sexualität ist ein starker Antrieb im Menschen, der Befriedigung und Erfüllung seiner Rolle verlangt. Auf den Sexualtrieb haben die Menschen dreierlei Reaktionen entwickelt:

1. Eine Reaktion besteht darin, das sexuelle Bedürfnis ungehemmt mit jedem zu befriedigen, der verfügbar ist, wann immer man möchte, ohne Einschränkung durch Religion, Moral oder Sitte. Das ist die Einstellung der Anhänger der „freien Liebe", die von Religion nichts halten und von Moral nicht wissen wollen. Diese Anschauung reduziert den Menschen auf das Niveau des Tieres, verdirbt die Einzelnen und zerstört die Familie und die ganze Gesellschaft.

2. Der zweite Ansatz besteht darin, den Sexualtrieb zu unterdrücken und zu verdrängen. Dies wird von den asketischen Religionen und jenseitsbezogenen Philosophien vertreten, was zum Mönchstum und zur Weltflucht führt. Die Unterdrückung eines natürlichen Triebes oder sogar die Auslöschung seiner Funktion widerläuft der Absicht und dem Zweck Allahs und befindet sich im Konflikt mit der natürlichen Ordnung, die zum Fortbestand des Lebens die Anwendung dieses Triebes benötigt.

3. Der dritte Weg besteht darin, die Befriedigung dieses Triebes zu regulieren, ihn in bestimmten Grenzen wirksam werden zu lassen und ihn weder zu unterdrücken noch ihm völlig freie Bahn zu lassen. Dies ist die Haltung der Offenbarungsreligionen, die die Ehe eingerichtet und Hurerei und Ehebruch verboten haben. Insbesondere der Islam anerkennt die Bedeutung des Geschlechtstriebes, erleichtert seine Befriedigung durch rechtmäßige Ehe und verbietet ebenso streng Sexualität außerhalb der Ehe sowie alles, was dazu führt. Er verbietet außerdem den Zölibat und das allgemeine Meiden der Frau.

Dies ist die angemessene und ausgewogene Einstellung. Wäre die Ehe nicht erlaubt, könnte die Sexualität ihre Rolle für den Fortbestand der Menschheit nicht erfüllen. Wären Hurerei und Ehebruch nicht verboten, würde die Familie nicht gedeihen. Ohne Frage entwickeln sich nur im Schatten einer beständigen Familie Mitgefühl, Liebe, Barmherzigkeit und Zuneigung sowie die Fähigkeit, für andere Opfer zu bringen — Gefühle, ohne die eine Gesellschaft keinen Zusammenhalt entwickeln kann. Wenn es also keine Familien gäbe, dann gäbe es auch keine Gesellschaft, durch die der Mensch sich zur Vervollkommnung weiter entwickeln kann.

● Verbot der Annäherung an *zina*

Es überrascht nicht, daß alle Offenbarungsreligionen Hurerei und Ehebruch (*zina*) verboten und bekämpft haben. Der Islam, die letzte der Offenbarungsreligionen, verbietet *zina* äußerst streng, denn *zina* führt zu Unklarheiten der Abstammung, Kindesmißbrauch, Zerstörung der Familie, Bitterkeit in den zwischenmenschlichen Beziehungen, Verbreitung von Gelüsten, Geschlechtskrankheiten und allgemeinem moralischem Niedergang. So ist Allahs Befehl zweifellos gerecht und wahr:

„Und bleibt der *zina* fern, siehe es ist eine Schändlichkeit und ein übler Weg." (17:34)

Wie bekannt, verschließt der Islam alle Zugänge zu etwas, das verboten ist. Dies wird dadurch erreicht, daß auch jeder Schritt und jedes Mittel, das zum *haram* führt, verboten ist. Demgemäß ist alles verboten, was die Leidenschaft erregt, die Türe zu unrechtmäßiger Geschlechtsbeziehung öffnet und Anzüglichkeit und Obszönität verbreitet.

● *Khalwa*

Der Islam verbietet *khalwa* [1] für Mann und Frau, die sich außerhalb der *mahram* [2]-Beziehung befinden.

Der Grund hierfür ist nicht etwa ein Mangel an Vertrauen in den einen oder beide, sondern sie sollen gegen falsche Gedanken und geschlechtliche Gefühle geschützt werden, die in Männern und Frauen ganz natürlicherweise entstehen, wenn sie allein sind und ein Zutritt Dritter nicht zu erwarten ist. Der Prophet (s) hat gesagt:

„Wer an Allah und den Jüngsten Tag glaubt, darf nicht mit einer Frau allein sein, ohne daß ein *mahram* von ihr dabei ist, denn sonst wird der Satan der Dritte bei ihnen sein." [3]

1 *khalwa* — Alleinsein — bedeutet, daß ein Mann und eine Frau derart allein sind, daß die Anwesenheit Dritter nicht zu erwarten und die Gelegenheit für Intimitäten wie Berührung, Küssen, Umarmen oder sogar Geschlechtsverkehr gegeben ist.

2 *Mahram* ist entweder eine eheliche Beziehung oder ein Verwandschaftsgrad, der die Ehe ausschließt. Der *mahram* einer Frau ist ihr Gatte und jeder andere männliche Verwandte, den sie nicht heiraten darf wie der Vater, Großvater, Sohn, Bruder, Onkel oder Neffe. Alle anderen Beziehungen werden im Folgenden der Einfachheit halber als „Nicht-*mahram*" bezeichnet.

3 Amir ibn Rabia; Ahmad.

Allah der Erhabene sagt den Gefährten des Propheten (s):
„...und wenn ihr sie (die Frauen des Propheten) um einen Gegenstand bittet, dann bittet sie hinter einem Vorhang. Das ist reiner für eure und ihre Herzen..“(33:53)

In einer Erläuterung zu diesem Vers sagt der Imam al-Qurtubi:
„Dies bedeutet solche Gedanken, wie sie bei Männern über Frauen und bei Frauen über Männer vorkommen. So wird jede Möglichkeit der Verdächtigung und Anschuldigung ausgeschlossen und der Schutz wird gewährt. Dieser Befehl schließt ein, daß niemand sich zumuten soll, mit einer Frau allein zu sein, die ihm nicht erlaubt ist. Solche Situationen zu vermeiden, ist besser für die Herzensreinheit, die Seelenkraft und die Vollkommenheit der Keuschheit.“ [1]

Der Prophet (s) warnte Frauen besonders vor *khalwa* mit nahen männlichen Verwandten wie dem Bruder des Ehegatten oder dem Cousin, weil hier die Leute meist sehr nachlässig sind, manchmal mit schlimmen Folgen. Ganz offensichtlich hat ein Verwandter viel leichter Zutritt zu einer Frau als ein Fremder, und niemand würde ihn darüber befragen. Deswegen ist die Verführung hier näher und gefährlicher. Das gilt auch für die Nicht-*mahram* Verwandten der Frau, wie z.B. ihr Cousin, und auch ihnen ist es verboten, mit ihr ihn *khalwa* zu sein. Der Prophet (s) sagte:

„Hütet euch einzutreten, wo Frauen sind.“ Jemand von den *ansar* fragte: „O Allahs Gesandter, was ist mit den angeheirateten Verwandten?“ Er antwortet: „Die angeheirateten Verwandten sind der Tod.“ (Buchari, Muslim) [2]

Damit ist gemeint, daß in solcher Intimität Gefahren und sogar Vernichtung liegen: die Religion wird zerstört, wenn sie die Sünde begehen, die Frau ist ruiniert, wenn der Mann sich aus Eifersucht von ihr scheidet, gesellschaftliche Verbindungen werden zerissen, wenn Verwandte einander verdächtigen.

Die Gefahr liegt also nicht allein in der geschlechtlichen Versuchung. Sie ist noch viel größer, was die Möglichkeiten für Klatsch über persönliche Dinge zwischen Ehemann und Ehefrau betrifft, durch Leute, die keine Geheimnisse bewahren können und sich darin ergehen, über andere zu reden. Solches Gerede hat schon manche Ehe und manches Heim zerstört. In Erklärung der Worte „Die angeheirateten Verwandten sind der Tod“ sagt Ibn al-Athir: „Das ist eine arabische Redensart wie man auch sagt: „Der Löwe ist der Tod“ oder

1 *Tafsir* al-Qurtubi, Bd. 14, S.228.

2 Al-Nawawi erklärt: „Angeheiratete Verwandte sind hier Verwandte des Ehemanns außer seinem Vater und seinen Söhnen (die *mahram* seiner Frau sind), wie z.B. sein Bruder, Neffe, Onkel, Cousin usw., mit denen die Frau eine Ehe eingehen dürfte, wenn sie nicht verheiratet wäre.“ Al-Mazari schließt auch den Vater des Ehemannes mit ein, vgl. *Fath-al-bari*, Bd. 11, S.344.

„Der König ist das Feuer", was bedeutet: dem Löwen zu begegnen, ist wie dem Tod zu begegnen, oder einem König ausgesetzt zu sein, ist wie dem Feuer ausgesetzt zu sein. Das Alleinsein einer Frau mit einem solchen Verwandten ist viel gefährlicher als mit einem Fremden, weil der Verwandte sie dazu bringen kann, etwas gegen den Wunsch des Ehemanns zu tun, wie z.B. etwas verlangen, was man sich nicht leisten kann, über ihn herziehen usw."

● Der lüsterne Blick

Im Bereich des Sexuellen verbietet der Islam auch, eine Person des anderen Geschlechts lange anzuschauen, denn das Auge ist der Schlüssel der Gefühle und der Blick ein Bote des Verlangens, der die Botschaft der Hurerei oder des Ehebruchs trägt. Ein früherer Dichter hat gesagt:

„Alle Affairen beginnen mit dem Blick — ein Funke entzündet ein rasendes Feuer", und ein zeitgenössiger Poet erklärt:

„Ein Blick, dann ein Lächeln, dann ein Gruß, dann ein Gespräch, dann eine Verabredung, dann die Begegnung."
Darum hat Allah der Erhabene die gläubigen Männer und Frauen angewiesen, den Blick zu senken, als Er ihnen befahl, die Scham zu hüten:

„Sprich zu den gläubigen Männern, daß sie (welche) von ihre Blicke senken und ihre Scham hüten. Das ist reiner für sie. Siehe, Allah kennt ihr Tun. Und sprich zu den gläubigen Frauen, daß sie (welche) von ihre Blicke niederschlagen und ihre Scham hüten, und daß sie nicht ihre Reize zur Schau trage, es sei denn, was sichtbar ist, und daß sie ihren Schleier über ihren Busen schlagen und ihre Reize nur ihren Ehegatten zeigen oder ihren Vätern, oder den Vätern ihrer Ehegatten oder ihren Söhnen oder den Söhnen ihrer Ehegatten oder ihren Brüdern oder den Söhnen ihrer Brüder oder den Söhnen ihrer Schwestern oder ihren Frauen oder denen, die ihre Rechte besitzt, oder ihren Dienern, die keinen Trieb haben oder Kindern, welche die Blöße der Frauen nicht beachten. Und sie sollen nicht ihre Füße zusammenschlagen, damit nicht ihr verborgener Schmuck bekannt wird..." (24:30-31)

Diese beiden Verse enthalten mehrere Anweisungen Gottes. Zwei betreffen Männer wie Frauen, nämlich den Blick zu senken und die Schamteile zu hüten, während die übrigen Anweisungen speziell an die Frauen gerichtet sind.

Man beachte den Unterschied der beiden Ausdrücke „den Blick zu senken" und „die Scham(teile) hüten". Während man die Schamteile ohne Ausnahme zu hüten hat, ist das „Senken des Blicks" nicht absolut, weil die Notwendigkeit und das allgemeine Interesse der Menschen erfordert, daß der Anblick von Menschen anderen Geschlechts verschiedentlich erlaubt ist.

„Von den Blicken zu senken“ bedeutet nicht, daß man beim Anblick einer Person des anderen Geschlechts die Augen schließt oder den Kopf zum Boden neigt, weil das nicht erwünscht ist und außerdem nicht möglich ist. An anderer Stelle sagt der Koran „Senke deine Stimme“ (31:18), was auch nicht bedeutet: verschließe deine Lippen. Den Blick senken bedeutet hier den Blick von den Vorübergehenden abzuwenden und nicht die anziehende Gestalt einer Person des anderen Geschlechts mit den Blicken nachzeichnen. Der Prophet (s) sagte zu Ali ibn Abi Talib: „Ali, laß nicht dem ersten Blick den zweiten folgen. Der erste ist dir erlaubt, aber der zweite nicht.“ [1]

Der Prophet (s) betrachtete den begierigen und lüsternen Blick auf eine Person des anderen Geschlechts als *„zina* des Auges“, wie er sagte:

„Auch die Augen begehen *zina*, und ihr *zina* ist der lüsterne Blick.“ [2]

Er bezeichnete den lüsternen Blick als *zina*, weil er auf unerlaubte Weise sexuelle Freude und Befriedigung gibt. Das ist es auch, was von Jesus berichtet wird, der laut dem Matthäus-Evangelium gesagt hat:

„Ihr habt gehört, daß gesagt ist: Du sollst nicht ehebrechen. Ich aber sage euch: Wer eine Frau ansieht, ihrer zu begehren, der hat schon mit ihr die Ehe gebrochen in seinem Herzen.“ (Matt. 5:27-28)

Solche begierigen und lüsternen Blicke sind nicht nur eine Gefahr für die Keuschheit, sondern führen auch zur Beunruhigung des Geistes und Verwirrung der Gedanken. Ein Dichter sagt:

„Läßt du deine Blicke umherstreifen, werden viele betörende Anblicke dein Herz schmachten lassen. Du siehst, was nicht gänzlich dein sein kann, und doch wirst du nicht zufrieden sein mit dem wenigen, was du sahst.“

● Verbot, die *aura* anzusehen

Aura, (wörtlich das zu Verhüllende) bezeichnet die Körperteile, die nach islamischer Lehre in der Gegenwart anderer, gleich welchen Geschlechts, bedeckt sein müssen.

Die *aura* eines anderen Menschen anzuschauen, ist zu vermeiden. Der Prophet (s) verbot, daß jemand die *aura* einer anderen Person anschaut, sei es des eigenen oder anderen Geschlechts, mit oder ohne Begierde. Er sagte:
„Ein Mann soll nicht die *aura* eines anderen betrachten und auch nicht eine Frau die *aura* einer anderen Frau, auch soll kein Mann mit einem anderen unter

1 Ahmad, Abu Dawud, Tirmidhi.

2 Buchari u.a.

einer Decke liegen und auch keine Frau mit einer anderen." [1] Die Gelehrten haben hieraus abgeleitet, daß zwei Männer oder zwei Frauen nicht unter der selben Decke liegen sollen, so daß sich Teile ihrer Körper berühren.

Die *aura* des Mannes, von der in diesem *hadith* die Rede ist, reicht vom Nabel bis zum Knie, obwohl manche Gelehrte wie Ibn Hazm und einige malikitische Rechtsgelehrte sagen, daß der Schenkel keine *aura* ist. Für einen Mann, der nicht ihr *mahram* ist, gilt als *aura* der Frau ihr gesamter Körper mit Ausnahme von Gesicht und Händen, während es sich bei einem *mahram* wie ihrem Vater oder Bruder anders verhält. Darauf werden wir noch zurückkommen.

Natürlich ist es verboten, das mit den Händen oder anderen Körperteilen zu berühren, was anzuschauen verboten ist.

Was wir über das Verbot des Anschauens oder Berührens der zu bedeckenden Körperteile gesagt haben, wird in einem Notfall hinfällig, z.B. bei Erster Hilfe oder medizinischer Versorgung. Ebenso wird hinfällig, was wir über das Erlaubtsein des Blickes gesagt haben, vorausgesetzt daß keine Verführung und Begierde gegeben sind, weil die Zugänge zur Sünde verschlossen sein müssen.

● Was man sehen darf

Aus voranstehender Diskussion wird ersichtlich, daß eine Frau den Körper eines Mannes mit Ausnahme der *aura*, d.h. vom Nabel zu den Knien sehen darf, wenn dies ohne Begierde und ohne Gefahr der Versuchung geschieht. Der Prophet (s) ließ Aischa den Abessiniern beim Speerüben im Hof der Moschee zuschauen und sie wandte sich erst ab, als sie genug hatte. [2]

Ebenso darf ein Mann Gesicht und Hände einer Frau ansehen, weil sie nicht zu ihrer *aura* gehören, vorausgesetzt er schaut sie nicht aus Begierde an und Versuchung muß nicht befürchtet werden. Aischa berichtet, daß einmal ihre Schwester Asma mit durchscheinender Kleidung zum Propheten (s) kam, die ihren Körper entblößte. Der Prophet (s) wandte den Blick ab und sagte:

„Asma, wenn eine Frau ihre erste Periode hatte, soll man nichts von ihr sehen, außer diesem und diesem", und dabei zeigte er auf sein Gesicht und Hände." [3]

Dieser *hadith* gilt als schwach, aber es gibt andere *ahadith*, die diesen Grundsatz stützen, daß Gesicht und Hände sichtbar sein dürfen, wenn sie ohne Versuchung angeschaut werden können.

1 Muslim, Abu Dawud und al-Tirmidhi.

2 Buchari, Muslim.

3 Abu Dawud.

Zusammengefaßt ist der Blick auf das, was nicht die *aura* eines Mannes oder einer Frau einschließt, erlaubt, wenn es nicht absichtlich angestarrt oder mit Begierde und Befriedigung wiederholt wird. Es entspricht der Vernünftigkeit der *scharia*, daß ein zufälliger Blick auf etwas Unerlaubtes vergeben wird. Dscharir ibn Abdullah berichtet:

„Ich fragte Allahs Gesandten (s) über den ungewollten Blick. Er antwortete: „Wende deine Augen ab", was bedeutet: sieh nicht absichtlich wieder hin." [1]

● Die Reize der Frau: Was darf man sehen und was nicht

Bisher haben wir vom Senken des Blickes gesprochen, was in den obigen Versen sowohl Männern als auch Frauen befohlen wird. Diese Verse enthalten noch weitere Anweisungen Gottes. Allah der Erhabene sagt:

„...und daß sie nicht ihre Reize zur Schau tragen, es sei denn, was sichtbar sein muß..." (24:31)

Die Reize der Frau schließen sowohl natürliche wie das Gesicht, die Haare und andere anziehende Körperteile ein wie auch die künstliche Verstärkung der Schönheit durch Kleidung, Schmuck, Make-up usw. In diesem Vers hat Allah der Erhabene den Frauen aufgetragen, ihre Reize nicht zur Schau zu stellen, außer „was sichtbar sein muß".

Über diese Ausnahme gibt es unter den Gelehrten Meinungsverschiedenheiten. Bedeutet es das, was ohne Absicht und notwendigerweise entblößt wird, wie z.B. wenn der Wind einen Körperteil entblößt? Oder bedeutet es das, was der Sitte nach, gefühlsmäßig oder ganz natürlicherweise entblößt ist?

Die Mehrheit der frühen muslimischen Rechtsgelehrten geht von der zweiten Bedeutung aus. Ibn Abbas erläutert den Satz, „was sichtbar sein muß" als *kuhl* (Augenschminke) und einen Ring, und Anas hat ähnliches gesagt. In der Erlaubnis, Gesicht und Hände zu zeigen, sind Augenschminke und Ring inbegriffen. Said ibn Dschubair, Ata und al-Azawi haben ausdrücklich gesagt, daß Gesicht und Hände zu sehen sein dürfen. Aischa, Qatada und andere haben Armbänder zu dem hinzugefügt, was von den Reizen zu sehen sein darf, was bedeutet, daß ein Teil des Armes auch dazu gehört. Verschiedene Gelehrte haben die Entblößung des Unterarmes von einer Handbreite bis zur Hälfte des Unterarmes erlaubt.

Andererseits haben andere wie Ibn Masud den Satz „was sichtbar sein muß" auf das beschränkt, was notwendigerweise sichtbar ist, so das Übergewand (*abaja*, *dschilbab*, *tschador*, *burqa* usw.) Ich selbst bevorzuge die Meinung,

1 Ahmad, Abu Dawud, Muslim, Tirmidhi.

daß der koranische Satz „was sichtbar sein muß“ sich auf das Gesicht und die Hände bezieht und deren gewöhnlichen Schmuck ohne Übertreibung, wie *kuhl* für die Augen und Ringe für die Hände, wie es eine Gruppe von Gefährten des Propheten und ihren unmittelbaren Nachfolgern vertreten haben. Diese Erlaubnis schließt aber solche Kosmetika, wie sie Frauen heute für Wangen, Lippen und Fingernägel benutzen, aus. Diese Kosmetika halten wir für übertrieben und nicht zu erwünschen und sie dürfen nur im eigenen Haus benutzt werden. Das Ziel des Gebrauchs solcher Kosmetika, wenn die Frau aus dem Haus geht, besteht offensichtlich darin, die Aufmerksamkeit der Männer auf sich zu lenken, was verboten ist. Zugleich ist aber die Interpretation von „was sichtbar sein muß“ im Sinne des Obergewandes oder Überwurfs nicht einsichtig, denn das ist nichts, was man verbergen könnte, so daß dafür eine Ausnahme nicht gemacht werden müßte. Auch kann man nicht verhindern, was der Wind entblößt, ob eine Ausnahme dafür gemacht wird oder nicht. Doch leuchtet es ein, daß der Sinn der Ausnahme darin besteht, der gläubigen Frau ein Zugeständnis zu machen und ihr zu erlauben, etwas zu entblößen, was auch verdeckt werden könnte. Vernünftigerweise sind es Gesicht und Hände, die von der Verhüllung ausgenommen sind.

Sicherlich darf eine Frau Gesicht und Hände entblößen, weil sie zu verhüllen für sie eine Erschwernis wäre, vor allem, wenn sie aus berechtigtem Zweck außer Hause ist. Eine Witwe muß vielleicht arbeiten, um ihre Kinder durchzubringen, oder eine arme Frau muß möglicherweise ihrem Mann bei der Arbeit helfen. Wäre das Verhüllen von Gesicht und Händen eine Pflicht, würde es für solche Frauen ein Hindernis und Erschwernis bedeuten. Al-Qurtubi sagt: „Es scheint wahrscheinlich, daß die Ausnahme (in den Versen der *Sure al-Nur*) sich auf Gesicht und Hände bezieht, weil diese der Sitte nach unverhüllt bleiben und es auch für Handlungen des Gottesdienstes wie Gebet und Wallfahrt verlangt wird, daß sie unbedeckt bleiben. Dieser Schluß wird gestützt durch das, was Abu Dawud von Aischa berichtet hat. Sie sagte, daß Asma, die Tochter Abu Bakrs einmal zum Propheten in durchscheinender Kleidung kam. Der Prophet (s) wandte sein Gesicht ab und sagte: „Asma, wenn eine Frau ihre erste Periode hatte, soll man nichts von ihr sehen, außer diesem und diesem“ und er zeigte auf sein Gesicht und seine Hände.“

Darüberhinaus dürfen wir aus Allahs Worten „Sag den gläubigen Männern und Frauen, daß sie ihre Blicke senken sollen“, entnehmen daß die Gesichter der Frauen in der Zeit des Propheten (s) nicht verhüllt waren. Wäre der ganze Körper, das Gesicht eingeschlossen, bedeckt gewesen, dann wäre es ohne Sinn gewesen, zu befehlen, daß der Blick gesenkt wird, denn es gäbe nichts zu sehen.

Trotz alle dem ist aber wegen der in unserer Zeit weitverbreiteten Unmoral und der Nachlässigkeit in der Befolgung der islamischen Anweisungen das Beste für eine muslimische Frau, alle ihre Reize zu verhüllen, wenn sie kann, das Gesicht eingeschlossen, besonders, wenn sie schön ist und eine Verführung vermieden werden soll.

Allah der Erhabene sagt auch:
„...daß sie ihren Schleier über ihren Busen schlagen...“ (24:31)

Für die muslimische Frau ist es Pflicht, daß sie ihren Kopf, Busen und Hals vollständig bedeckt, so daß davon nichts sichtbar ist. Zusätzlich sagt Allah der Erhabene:
„...und ihre Reize nur ihren Ehegatten zeigen oder ihren Vätern...“ (24:31)

Diese Anweisung verbietet es den Frauen, ihre bedeckten Reize wie die Ohren, Haare, Hals, Busen oder Beine vor Nicht-*mahram* Männer zu entblößen, die nur Gesicht und Hände („was sichtbar sein muß“) sehen dürfen.

Von diesem Verbot sind zwölf Gruppen ausgenommen:

1. „ihre Ehegatten“. Ehemann und Ehefrau dürfen vom anderen sehen, was sie wollen. In einem *hadith* heißt es: „Hüte deine *aura*, außer vor deiner Ehefrau“.

2. „Ihre Väter“, die Großväter väterlicher- und mütterlicherseits eingeschlossen.

3. „Väter ihrer Ehemänner“, denn diese gelten als Väter der Frauen.

4. „ihre Söhne“, sowie der Enkelsöhne von Söhnen und Töchter.

5. „Söhne (Stiefsöhne) ihrer Ehemänner“, eine Notwendigkeit für den normalen Umgang, da die Frau als ihre Mutter gilt.

6. „ihre Brüder“, Halb- und Stiefbrüder eingeschlossen.

7. „Söhne ihrer Brüder“, weil Heirat zwischen einem Mann und seiner Vaterschwester gänzlich verboten ist.

8. „Söhne ihrer Schwestern“, weil Heirat zwischen einem Mann und seiner Mutterschwester gänzlich verboten ist.

9. „ihre Frauen“, d.h. weibliche Verwandte und Schwestern im Glauben, also andere muslimische Frauen. Nichtmuslimische Frauen dürfen von einer muslimischen Frau nur das sehen, was für Nicht-*mahram* Männer zu sehen erlaubt ist. Diese Ansicht ist als richtig bestätigt.

10. „die ihre Rechte besitzt“, d.h. unfreie Diener, weil sie im Islam als Familienangehörige gelten. Manche Gelehrte beschränken diese Erlaubnis nur auf weibliche Unfreie.

11. „Diener, die keinen Trieb haben“, d.h. männliche Hausangestellte, die

wegen physischem oder psychischen Zustand kein sexuelles Bedürfnis haben. Dies gilt nur unter folgenden zwei Bedingungen: daß sie die Diener derjenigen Personen sind, zu deren Haus sie Zugang haben und daß sie kein geschlechtliches Verlangen haben.

12. „Kinder, welche die Blöße der Frauen nicht beachten", d.h. kleine Kinder, deren Geschlechtsbewußtsein noch nicht entwickelt ist. Werden aber Anzeichen von sexuellem Drang erkennbar, soll die Frau sie wie Nicht-*mahram* Männer behandeln, auch wenn sie die Pubertät noch nicht erlangt haben.

Der besagte Koranvers erwähnt weder Onkel mütterlicher- noch väterlicherseits, weil sie der Sitte nach wie der Vater anzusehen sind.

In einem *hadith* heißt es:
„Der Onkel eines Mannes ist wie sein Vater." [1]

● Die *aura* der Frau

Was vom Körper der Frau nicht sichtbar sein darf, bildet die *aura*. Sie ist zu bedecken, und sie zu entblößen ist *haram*.

Nach der Auslegung, die wir vorzogen, ist die *aura* der Frau für Nicht-*mahram* Männer und nichtmuslimische Frauen der gesamte Körper, mit Ausnahme von Gesicht und Händen. Wir stimmen mit al-Razis Darlegung überein, daß der Islam der Frau erlaubt hat, jene Körperteile, das Gesicht und die Hände, zu entblößen, die bei der alltäglichen Betätigung und zum Geben und Nehmen entblößt sein müssen. Der Islam hat ihr befohlen, das zu bedecken, was nicht notwendigerweise entblößt sein muß und läßt zu, was gewöhnlich sichtbar sein muß oder unvermeidliche Entblößung. Das alles entspricht der Flexibilität des Islam. Al-Razi sagt:

„Weil das Zeigen von Gesicht und Händen erforderlich ist, mußten die Rechtsgelehrten zustimmen, daß diese nicht zur *aura* gehören, und weil das Zeigen der Füße nicht unbedingt erforderlich ist, haben sie verschiedene Meinung darüber, ob die Füße *aura* sind oder nicht." [2]

Hinsichtlich der zwölf genannten Gruppen von *mahram*-Verwandten darf die Frau ihr Haar, Ohren, Hals, obere Partie der Brust, Arme und Beine unbedeckt lassen. Andere Körperteile wie Rücken, Bauch, Oberschenkel und die Geschlechtsmerkmale dürfen vor niemandem, männlich oder weiblich, außer dem Ehegatten entblößt werden.

Diese Auslegung des Verses kommt seiner Absicht näher als die mancher

1 Muslim.

2 Fakhr al-Din al-Razi, *tafsir* Bd. 20, S.205-6.

Gelehrter, die sagen, bei einer Frau sei die *aura* gegenüber ihren *mahram*-Verwandten und muslimischen Frauen der Bereich zwischen Nabel und Knie. Vielmehr scheint doch die Ansicht dieses Verses zu stützen, was andere Gelehrte sagen: daß die *aura* der Frau gegenüber den *mahram*-Männern der Bereich des Körpers ist, der bei der alltäglichen Hausarbeit nicht entblößt wird, daß also das, was bei ihrer Alltagstätigkeit entblößt wird, von ihren *mahram*-Verwandten auch gesehen werden darf.

Darum befiehlt Allah den gläubigen Frauen, sich mit einem losen Obergewand zu bedecken, wenn sie aus dem Haus gehen, weil sie so von den ungläubigen und unmoralischen Frauen unterschieden werden können. Allah der Erhabene befahl Seinem Propheten (s), diese Botschaft der gesamten islamischen *umma* zu verkünden:

„O Prophet! Sag deinen Gattinnen und deinen Töchtern und den Frauen der Gläubigen, daß sie sich in ihren Überwurf verhüllen. So werden sie eher erkannt und werden nicht belästigt..." (33:59)

In der Zeit der *dschahilijja* sind manche Frauen ausgegangen und haben die anziehenden Körperteile unbedeckt gelassen, wie den Hals, die Oberseite der Brust und das Haar, und die Unzüchtigen und Müßiggänger folgten ihnen überall hin. So wurde dieser edle Vers geoffenbart, der den gläubigen Frauen befiehlt, sich mit ihrem Obergewand zu bedecken, damit kein reizerweckender Teil ihres Körpers sichtbar ist. Ihre Erscheinung macht schon jedermann klar, daß sie eine keusche gläubige Frau ist, die kein Unzüchtiger oder Heuchler zu belästigen wagt.

Aus diesem Vers ist klar ersichtlich, daß der Grund für diese Anweisung nicht etwa Furcht vor dem Vergehen der Frau oder Mißtrauen ihr gegenüber ist, wie manche Leute behaupten, sondern die Gefahr, die von Unzüchtigen und schlechten Männern ausgeht. Die Frau, die sich entblößt, verführerisch bewegt oder einladend redet wird immer Männer anziehen, die sie begehren. Dies bestätigt der Koranvers:

„...seid nicht entgegenkommend in der Rede, daß der, in dessen Herz Krankheit ist, lüstern wird..." (33:32)

Darum besteht der Islam darauf, daß die muslimische Frau sich bedeckt und damit schützt. Hier gibt es keine Konzessionen, außer daß dies für alte Frauen ein wenig gemindert wird. Allah der Erhabene sagt:

„und eure alten Frauen, die nicht mehr auf Heirat hoffen, begehen keine Sünde, wenn sie ihre Kleider ablegen, ohne ihre Reize zu enthüllen, aber es ist besser für sie, sich dessen zu enthalten, und Allah ist hörend und wissend." (24:60)

Mit „alten Frauen“ sind hier Frauen in der Menopause gemeint, die kein Verlangen nach Heirat oder geschlechtlicher Beziehung haben und zu denen Männer sich nicht hingezogen fühlen. Allah hat ihnen gegenüber dieses Zugeständnis gemacht, damit sie ihr Obergewand, wie *tschador*, *abaja*, *burqa*, *dschilbab* usw. ablegen können. Aber der Koran macht zur Bedingung, daß dies nur zur Erleichterung und Bequemlichkeit geschieht, nicht um ihre Reize zu zeigen. Trotz dieses Zugeständnisses ist es besser für sie, in ihrer Würde vollkommener und über jeden Verdacht hoch erhaben zu sein:
„aber es ist besser für sie, sich dessen zu enthalten.“ (24:60)

- Frauen in öffentlichen Bädern

Im Hinblick auf die Sorge des Islam um die *aura* der Frau und die rechte Bedeckung hat der Prophet (s) die muslimische Frau davor gewarnt, öffentliche Bäder zu betreten und sich vor anderen Frauen zu entkleiden, die ihre körperliche Erscheinung dann vielleicht zum Gegenstand ihres Klatsches und vulgärer Bemerkungen machen. Ebenso hat der Prophet (s) die muslimischen Männer davor gewarnt, ohne Hüfttuch öffentliche Bäder zu betreten. Dschabir berichtete, daß Allahs Gesandter (s) gesagt hat:
„Wer an Allah und den Jüngsten Tag glaubt, darf ein öffentliches Bad nicht ohne Untergewand (zur Bedeckung der Geschlechtsteile) betreten, und wer an Allah und den Jüngsten Tag glaubt, darf seine Frau nicht zum öffentlichen Bad gehen lassen.“ [1]

Aischa sagte:
„Zuerst verbot Allahs Gesandter (s) den Leuten, in öffentliche Bäder zu gehen, aber später erlaubte er es den Männern mit Untergewand.“
(Abu Dawud, auch Tirmidhi und Ibn Madscha)

Eine Ausnahme bei diesem Verbot wird für die Frau gemacht, die wegen einer Krankheit warme Bäder braucht, und für Frauen nach der Entbindung. Abdullah ibn Amr berichtet, daß der Prophet (s) über die öffentlichen Bäder sagte:
„Männer dürfen sie nicht ohne Untergewand betreten. Hindert die Frauen daran, sie zu betreten, außer bei Krankheit oder nach der Entbindung.“ [2]
In der Überliefererkette dieses *hadith* gibt es eine Schwäche, aber er wird gestützt durch die Regeln der *scharia*, die beim Gottesdienst und in anderen Fällen für Kranke Zugeständnisse macht, und durch das bekannte Prinzip, daß etwas, was aus Vorsicht verboten wurde, bei Notwendigkeit oder Nutzen erlaubt ist. Auch wird es gestützt durch einen *hadith*, den al-Hakim nach Abdullah

1 Al-Mundari sagt in *al-targhib*, daß dies von al-Nasai und Tirmidhi berichtet, wird der es als gut einstufte. Nach al-Hakim ist es „gesund“.

2 Ibn Madscha, Abu Dawud. Einer der Überlieferer ist Zijada ibn Anam al-Ifriqi.

ibn Abbas berichtet, nach dem der Prophet (s) gesagt hat:
„Hütet euch vor dem Gebäude, das öffentliches Bad heißt". Die Leute sagten: „O Allahs Gesandter, es entfernt doch den Schmutz und nützt den Kranken." Da sagte er: „Dann soll, wer es betritt, seine Blöße bedecken." [1]

Betritt eine Frau ein öffentliches Bad ohne triftigen Grund, hat sie eine verbotene Tat begangen und die Maßregelung des Propheten (s) verdient. Abul Malih al-Hadhali berichtet, daß einige Frauen aus Syrien Aischa besuchten, und sie fragte: „Seid ihr von dort, wo die Frauen in öffentliche Bäder gehen? Ich hörte Allahs Gesandten (s) sagen:
„Eine Frau, die sich außerhalb des Hauses ihres Ehegatten entkleidet, zerreißt den Schutz zwischen sich und ihrem Herrn." [2]

Umm Salama berichtet, daß der Prophet (s) gesagt hat:
„Wenn eine Frau sich außerhalb ihres Hauses entkleidet, reißt Allah Seinen Schutz von ihr."

Wenn der Islam schon eine solche strenge Haltung gegenüber dem Betreten von öffentlichen Bädern durch Frauen einnimmt, wobei es sich immer noch um Gebäude mit geschlossenen Wändeln handelt, zu denen nur Frauen zutritt haben, stelle man sich sein Urteil über die fast nackten Frauen vor, die an den Stränden und Schwimmbädern ihre Blöße dem begierigen und lüsternen Blick jedes Vorübergehenden preisgeben, ohne sich irgendwie zu schämen. Sie haben bestimmt jeden Schutz zwischen sich und ihrem allbarmherzigen Herrn zerissen. Und ihre Männer sind Mitsünder, weil sie die verantwortlichen Beschützer ihrer Frauen sind. Wenn sie das nur wüßten!

- Verbot der Entblößung weiblicher Reize

Moral und Benehmen der muslimischen Frau unterscheiden sich deutlich von denen der nichtmuslimischen Frauen oder der Frauen aus der Zeit der *dschahilijja*. Die muslimische Frau ist keusch, würdevoll, und besitzt Selbstachtung und Schamgefühl. Andererseits ist die Frau, die von der göttlichen Rechtleitung nichts weiß, eingebildet und oft begierig, ihre Attraktivität zur Schau zu stellen. Dieses Zurschaustellen umfaßt Entblößung anziehender Körperteile, auf herausfordernde Weise gehen und sprechen, den Schmuck zeigen, entblößende und sexuell aufreizende Kleidung tragen usw.

Die verschiedenen Weisen, wie Frauen ihre Attraktivität zur Schau stellen, ist niemand ein Geheimnis, früher oder heutzutage. In Erläuterung des Koranverses über die Frauen des Propheten (s) „und bleibt in euren Häusern und zeigt nicht eure Reize wie in der früheren Zeit der Unwissenheit..." (33:33)

1 Al-Hakim, gesund.

2 Tirmidhi, auch Abu Dawud, Ibn Madschah und al-Hakim, der es als „gesund" einstuft (*al-targhib*).

sagt Mudschahid: "Die Frauen sind damals unter den Männern umhergelaufen. Qatada sagt: „Sie gingen auf verführerische und sinnliche Weise", während Maqatil sagt: „Das Zurschaustellen der Reize bedeutet, ein Tuch auf dem Kopf zu tragen, ohne es zu befestigen, oder mit dem Halsband, Ohrringen und anderem Schmuck auf provokative Weise herumzuspielen."
Die Art und Weise auf welche Frauen sich in der vorislamischen Zeit der *dschahilija* zur Schau stellten, schloß ein, sich uneingeschränkt unter Männern zu bewegen, verführerischen Gang, eine Kopfbedeckung so zu tragen, daß Schmuck und Schönheit von Kopf und Hals zu sehen waren. In der heutigen Zeit der Unwissenheit von der göttlichen Rechtleitung hat aber das Zurschaustellen weiblicher Attraktivität solche vulgären Extreme erreicht, daß die Frauen der vorislamischen Zeit im Gegensatz dazu fast wie Vorbilder an Keuschheit und Würde scheinen!

- Benehmen der muslimischen Frau

Das rechte islamische Benehmen, das von der muslimischen Frau gefordert ist, und sie davon abhält, ihre Attraktivität ausschweifend zur Schau zu stellen, ist durch folgendes gekennzeichnet:

a) Senken des Blicks: der wertvollste Schmuck einer Frau ist ihr Schamgefühl, und der beste Ausdruck des Schamgefühls ist das Senken des Blickes, wie Allah der Erhabene im Koran sagt:
„Und sage den gläubigen Frauen, sie sollen von ihren Blicken senken..." (24:31)

b) sich nicht auf solche Weise in die Gesellschaft von Männern begeben, daß körperlicher Kontakt entsteht oder Männer Frauen berühren, wie das heute oft in den Kinos, Universitäten, Hörsälen, Bussen, Straßenbahnen usw. geschieht. Maqal ibn Jasar berichtet, daß Allahs Gesandter (s) gesagt hat:
„Es ist besser, daß einer von euch mit einem Eisenstachel in den Kopf gestochen wird, als eine Frau zu berühren, die man nicht berühren darf." [1]

c) Ihre Kleidung muß den Grundsätzen der islamischen *scharia* entsprechen, die folgende sind:
1. Die Kleidung muß den gesamten Körper bedecken, mit Ausnahme dessen, „was sichtbar sein muß", was nach der am meisten vorzuziehenden Auslegung Gesicht und Hände sind.
2. Die Kleidung darf nicht durchscheinend sein, so daß sichtbar wird, was darunter ist. Der Prophet (s) hat uns davon unterrichtet:
„Unter den Bewohnern der Hölle sind solche Frauen, die bekleidet und doch nackt sind, die verführen und verführt werden. Sie werden den Paradiesgarten nicht betreten und nicht einmal sein Geruch wird sie erreichen."

1 Al-Mundhiri sagt: Dies wird von al-Tabarani und al-Baihaqi berichtet, und die Überlieferer bei al-Tabarani sind zuverlässig und „gesund".

Die Bedeutung von „bekleidet und doch nackt" ist, daß ihre leichten dünnen und durchscheinenden Kleider nicht verbergen, was darunter ist. Einmal kamen Frauen der Bani Tamim in durchscheinender Kleidung zu Aischa, und sie sagte: „Wenn ihr Gläubige seid - diese Kleidung paßt nicht zu gläubigen Frauen." Bei einer anderen Gelegenheit, als eine Braut mit einem dünnen durchsichtigen Kopftuch hereingebracht wurde, sagte sie: „Eine Frau, die sich so kleidet, glaubt nicht an die *Sure al-Nur*." [1]

3. Die Kleidung darf nicht zu eng anliegend sein, damit nicht die Konturen des Körpers und besonders die Rundungen sichtbar sind, selbst wenn sie nicht durchscheinen. Dies trifft zu auf viele der Modearten der sinnlichen westlichen Welt, deren Modeschöpfer miteinander wetteifern, solche Kleidung für Frauen zu entwerfen, die vor allem den Busen, die Taille und die Hüften betonen, um die lüsterne Bewunderung der Männer zu erwecken. Auch Frauen, die solche Kleidung tragen, fallen unter den Begriff „bekleidet und doch nackt", weil solche Kleidung oft noch provokativer als durchscheinende Kleidung ist.

4. Sie darf keine Kleidung tragen, die speziell Männerkleidung ist, wie heutzutage Hosen. Der Prophet (s) verfluchte Frauen, die Männern ähnlich sein wollten, und Männer, die Frauen ähneln, und verbot Frauen, Männerkleidung zu tragen, und umgekehrt.

5. Bei der Wahl der Kleidung sollte sie nicht die Nichtmuslime nachahmen, seien es Christen oder Juden oder Polytheisten, denn der Islam verwirft die Übereinstimmung mit nichtislamischen Vorstellungen und will, daß seine Anhänger eigene Merkmale in der Erscheinung wie auch in Glauben und Verhalten entwickeln. Darum sind die Muslime aufgefordert worden, sich von den Nichtmuslimen auf vielfältige Weise zu unterscheiden, und darum hat der Prophet (s) gesagt:

„Wer Leute nachahmt, gehört zu ihnen."

d) Die muslimische Frau bewegt sich und spricht auf würdige und sachliche Art und vermeidet Kokettieren in Gesichtsausdruck und Bewegung. Flirten und verführerisches Benehmen sind Eigenschaften schlechtgesinnter, nicht muslimischer Frauen. Allah der Erhabene sagt:

„...seid nicht geziert in der Rede, daß der, in dessen Herzen Krankheit ist lüstern wird..." (33:32)

e) Sie zieht nicht die Aufmerksamkeit der Männer auf ihre verborgenen Reize durch Parfüm oder Herumspielen und Klirren mit ihrem Schmuck u.ä. Allah sagt:

„Und sie sollen nicht ihre Füße zusammenschlagen, damit nicht ihr verborgener Schmuck bekannt wird..." (24:31)

1 Sure 24, die wie auch Sure 33 viele Anweisungen über Reinheit und Schicklichkeit, Beziehung zwischen Mann und Frau sowie Kleidung enthält.

In der Zeit der *dschahilija* stampften Frauen mit den Füßen, wenn sie an Männern vorbeigingen, damit das Klirren ihrer Fußreifen zu hören war. Der Koran hat dies verboten, weil es den wollüstigen Mann dazu bringen kann, der Frau nachzugehen und weil es auch die böse Absicht der Frau zeigt, die den Mann so auf sich aufmerksam machen will. Ebenso verhält es sich mit der islamischen Anweisung über Parfüm, denn auch hier ist die Absicht, Männer durch Erregung ihrer Wünsche anzuziehen. In einem *hadith* heißt es:
„Die Frau, die sich parfümiert und durch eine Menschenansammlung geht, ist eine Ehebrecherin." [1]

Aus all dem ist zu entnehmen, daß der Islam nicht, wie manche Leute behaupten, verlangt, daß eine Frau im Haus eingeschlossen bleiben muß, bis der Tod sie heraus und zu ihrem Grab führt. Im Gegenteil, sie darf zum Gebet ihr Haus verlassen, um sich zu bilden, und zu anderen erlaubten Zwecken, religiösen und anderen, wie das der Brauch bei den Frauen der Gefährten des Propheten (s) und der späteren Generationen der Fall war, die als die besten und vorbildlichsten der islamischen Geschichte gelten. Zu den Frauen dieser Epoche gehörten solche, die zusammen mit dem Propheten (s) an Schlachten teilnahmen, und danach unter den Kalifen und ihren Heerführern. Allahs Gesandter (s) sagte zu seiner Frau Sauda:
„Allah hat euch erlaubt, zu euren Erfordernissen auszugehen." [2]

Er hat auch gesagt:
„Wen seine Frau um Erlaubnis bittet, in die Moschee zu gehen, der verweigere es ihr nicht." [3]

Bei anderer Gelegenheit hat er gesagt:
„Hindert Allahs Mägde nicht daran, Allahs Moscheen (zu besuchen)." [4]

Manche sehr strenge Gelehrte sind der Ansicht, daß eine Frau nichts von einem Mann sehen darf, der nicht ihr *mahram* ist. Sie begründen dies mit einem *hadith*, den Tirmidhi nach Nabhan, dem Knecht von Umm Salama berichtet, nämlich, daß der Prophet (s) seinen Frauen Umm Salama und Maimuna sagte, sie sollten sich bedecken, als Ibn Umm Maktum hereinkam. „Aber er ist blind", sagten sie. Der Prophet (s) antwortete: „Seid ihr auch blind? Seht ihr ihn nicht?"

1 Al-Mundhiri sagt: Dies berichtete Abu Dawud und Tirmidhi, der es als „gesund" und gut einstufte. Der *hadith* wurde auch von al-Nasai, Ibn Khuzaima und Ibn Hibban mit den folgenden Worten berichtet: „Eine Frau, die sich parfümiert und an Leuten vorbeigeht, daß ihr Geruch sie erreicht, ist eine Ehebrecherin." Auch al-Hakim berichtete dies und sagte: „Es hat zuverlässige Überlieferer."

2 Buchari, im Buch „Heirat", Kapitel „Frauen dürfen zu ihren Erfordernissen ausgehen", berichtet nach Aischa.

3 Umar; Buchari.

4 Muslim.

Hadithforscher sagen aber, daß die Weise, in der dieser *hadith* überliefert wurde, nicht zuverlässig ist. Während der eigentliche Berichterstatter Umm Salama ist, wird der Bericht von ihrem Knecht Nabhan weitergegeben, der kein zuverlässiger Berichterstatter ist. Selbst wenn der *hadith* zuverlässig wäre, zeigt er nur, daß der Prophet im Hinblick auf seine Frauen sehr streng war, weil ihre außergewöhnliche Stellung besonders große Sittsamkeit von ihnen verlangte. Abu Dawud und andere große Gelehrte sind auf diese besondere Stellung der Frauen des Propheten (s) eingegangen. Jedenfalls bleibt aber der folgende anerkannte und gesunde *hadith* unbestritten: Der Prophet (s) wies Fatima bint Qais an, die erforderliche Wartezeit (*idda*) nach dem Tod ihres Gatten im Haus von Umm Scharik zu verbringen, dann besann er sich jedoch und sagte: „Meine Gefährten versammeln sich in ihrem Haus. Geh und bleibe bei Ibn Umm Maktum, der ein Blinder ist. Wenn Du dich entblößt, sieht er dich nicht." [1]

● Umgang mit männlichen Gästen

Eine Frau darf den Gästen ihres Mannes in seiner Gegenwart servieren, solange sie die islamischen Regeln über Kleidung, Bewegung und Gespräch dabei beachtet. Dabei werden sie die Frau natürlich sehen, und die Frau auch die Männer, aber das schadet nicht, wenn keine Gefahr für irgendwelche Verwicklungen besteht.

Al-Buchari, Muslim und andere haben nach Sahl ibn Sad al-Ansari berichtet: „Abu Usaid al-Saadi lud den Propheten (s) und seine Gefährten zu seiner Hochzeit ein. Das Essen wurde von keinem anderen als seiner Frau Umm Usaid zubereitet und aufgetragen. Sie weichte Datteln in Milch in einem Steintopf über Nacht ein. Als der Prophet (s) mit dem Essen fertig war, zerstampfte sie die Datteln und brachte es ihm zu trinken."

Schaich al-Islam Ibn Hadschar führt dazu aus:
„Aufgrund dieses *hadith* schließen wir, daß eine Frau ihrem Mann und seinen männlichen Gästen servieren darf. Offensichtlich ist das Auftragen für die Gäste nur gestattet, wenn keine Versuchung zu befürchten und sie richtig bekleidet ist. Wenn sie nicht richtig bekleidet ist (wie bei der Mehrzahl der Frauen unserer Tage der Fall), darf sie nicht vor den Männern erscheinen."

● Geschlechtliche Perversion: Eine große Sünde

Wir müssen wissen, daß der Islam bei der Regulierung des Geschlechtstriebes nicht nur die unrechten geschlechtlichen Beziehungen und alles, was dazu führt verboten hat, sondern auch die als Homosexualität bekannte geschlechtliche Abartigkeit. Diese widernatürliche Betätigung ist eine Umkehr der natürlichen

1 *Tafsir* al-Qurtubi, Bd. 11, S.228.

Ordnung, eine Zersetzung der männlichen Geschlechtlichkeit und ein Verbrechen gegen die Rechte der Frau. [1]

Die Verbreitung dieses entarteten Verhaltens in einer Gesellschaft zerstört ihr natürliches Lebensmuster und macht jene, die es praktizieren, zu Knechten ihrer Begierden und beraubt sie des anständigen Geschmacks, der anständigen Moral und der anständigen Lebensweise. Die Geschichte des Volkes von Lot, wie im Koran berichtet, sollte uns genügen. Das Volk von Lot war dieser schamlosen Abartigkeit verfallen und nahm Abstand von der natürlichen, reinen und rechtmäßigen Beziehungen zur Frau bei der Verfolgung jener unnatürlichen, schlechten und unrechten Verhaltensweise. Darum sagte ihr Prophet Lot zu ihnen: „Geht ihr von allen Geschöpfen zu Männern und laßt, was euch euer Herr an Frauen erschaffen hat? Ja, ihr seid ein ausschweifendes Volk.“ (26:165-66)

Am schlimmsten kam die Abartigkeit dieses Volkes, ihr Mangel an Rechtleitung, ihre verdorbene Moral und ihre Abirrung des Geschmacks in ihren Verhalten den Gästen von Lot gegenüber zum Ausdruck, die als Engel der Strafe in Menschengestalt von Allah geschickt worden waren, um dieses Volk zu prüfen und ihre Perversität offenzulegen. Der Koran berichtet die Geschichte folgendermaßen:
„Und als unsere Gesandten zu Lot kamen, bekümmerte er sich über sie und sein Arm war machtlos für sie und er sprach: „Dies ist ein böser Tag“. Und es kam sein Volk zu ihm geeilt, und sie hatten zuvor Böses verübt. Er sprach: „O mein Volk, diese meine Töchter sind reiner für euch, darum fürchtet Allah und bringt nicht Schande über mich in (Gegenwart) meiner Gäste. Ist kein rechtschaffener Mann unter euch?“
Sie sagten: „Du weißt doch, daß wir keinen Anspruch auf deine Töchter erheben, und wahrlich du weißt, was wir wollen.“ Er sagte: „Hätte ich doch Stärke wieder euch, oder könnte ich zu einer starken Stütze meine Zuflucht nehmen.“ (Die Engel) sprachen: „O Lot, wir sind Gesandte deines Herrn, sie werden nie zu dir gelangen...“ (11:79-83)
Die islamischen Rechtsgelehrten haben über die Strafe für dieses abscheuliche Tun verschiedene Meinungen. Sollte es die gleiche Strafe wie für Hurerei sein, oder sollten beide, der aktive und der passive Teil getötet werden? Zwar scheinen solche Strafen grausam, doch wurden sie empfohlen, um die Reinheit der islamischen Gesellschaft zu erhalten und sie von abartigen Elementen rein zu halten.

● Über Selbstbefriedigung

Der starke Drang, sich von sexueller Spannung zu befreien, kann einen jungen Mann zur Selbstbefriedigung führen.

1 Das Entsprechende gilt auch bei weiblicher Gleichgeschlechtlichkeit.

Die Mehrheit der Gelehrten betrachtet sie als *haram*. Imam Malik stützt sein Urteil darüber auf den Koranvers:
„Und die sich der Frauen enthalten, es sei denn ihren Gattinnen oder derer, die ihre Rechte besitzt, denn hierein sind sie nicht zu tadeln. Wer aber über dies hinaus begehrt, das sind die Übertreter...“ (23:5-7)
Er hält den, der sich selbst befriedigt für einen, der „über dies hinaus begehrt“.

Andererseits wird berichtet, daß Imam Ahmad ibn Hanbal die Samenflüssigkeit als eine Körperausscheidung wie andere auch ansah und es erlaubte, sie auszustoßen, wie auch der Aderlaß erlaubt ist. Ibn Hazm vertritt ebenfalls diese Ansicht. Die hanbalitischen Rechtsgelehrten erlauben die Selbstbefriedigung aber nur unter zwei Voraussetzungen: erstens, bei Furcht davor, Ehebruch zu begehen und zweitens, nicht in der Lage zum Heiraten zu sein.
Wir neigen dazu, die Ansicht von Imam Ahmad in einer Lage anzunehmen, in der sexuelle Erregung und die Gefahr besteht, etwas Verbotenes zu begehen. Beispielsweise mag ein junger Mann ins Ausland gegangen sein, um zu studieren oder zu arbeiten und ist dort vielen Versuchungen ausgesetzt, denen er fürchtet, nicht widerstehen zu können. Dann darf er sich dieser Art der Befreiung von sexueller Spannung bedienen, wenn er es nicht übermäßig oder gewohnheitsmäßig tut.
Noch besser ist aber der Rat des Propheten (s) an den jungen Muslim der nicht heiraten kann, nämlich daß er Hilfe durch häufiges Fasten sucht, denn das Fasten stärkt die Willenskraft, lehrt Beherrschung der Wünsche und stärkt die Gottesfurcht. Der Prophet (s) hat gesagt: „Ihr jungen Männer, wer von euch eine Frau ernähren kann, soll heiraten, weil das den Blick (von Frauen) abwendet und die Keuschheit bewahrt, aber wer das nicht kann, soll fasten, denn das beruhigt die Erregung.“ [1]

2. Die Ehe

● Kein Mönchstum im Islam
Einerseits stellt sich der Islamgegen die geschlechtliche Sittenlosigkeit und verbietet darum Hurerei und Ehebruch und verschließt alle Wege dazu. Andererseits ist der Islam aber dagegen, den Sexualtrieb zu unterdrücken. Deshalb fordert er die Leute zur Ehe auf und untersagt Weltflucht und Kastration. [2]

Wenn ein Muslim die Möglichkeiten hat zu heiraten, darf er sich nicht der Ehe mit dem Argument entziehen, daß er sich allein dem Gottesdienst widmen und ein Mönchsleben und in Weltflucht leben möchte.

1 Buchari.

2 Weltflucht bedeutet Ehelosigkeit und sich von weltlicher Betätigung zurückzuziehen, um sich allein dem Gottesdienst zu widmen. Kastration ist die Unterdrückung des Sexualtriebes durch Entfernen der Hoden.

Der Prophet (s) bemerkte bei manchen seiner Gefährten eine Neigung zum Mönchstum. Er erklärte dies zu einer Abweichung vom geraden Weg des Islam und als Verwerfen seiner *sunna* (beispielhaftes Handeln des Propheten (s) und reinigte so den Islam von dieser christlichen Vorstellung. Abu Qulaba berichtet:
Einige der Gefährten des Propheten (s) beschlossen, der Welt zu entsagen, ihre Frauen zu verlassen und Mönche zu werden. Der Prophet (s) sagte ihnen mit Schärfe:
„Leute vor euch sind wegen ihrer Weltflucht untergegangen. Sie legten sich selbst übermäßige Bedingungen auf, bis Allah Nöte über sie brachte. Ihr könnt noch manche von ihnen in Klöstern und Tempeln sehen. Dient also Allah und setzt Ihm nichts zur Seite, verrichtet *hadsch* und *umra*, seid rechtschafffen, und alle Angelegenheiten werden für euch geordnet." [1]

Abu Qulaba sagte, daß der folgende Koranvers hinsichtlich jener Gefährten geoffenbart wurde:
„O ihr, die ihr glaubt, verwehrt nicht die guten Dinge, die Allah euch erlaubt hat, und übertretet nicht, siehe Allah liebt nicht die Übertreter." (5:89)

Mudschahid berichtet: „Einige Leute, darunter Osman ibn Mazun und Abdullah ibn Umar, wollten ihre Frauen verlassen, sich kastrieren und grobe Kleidung tragen. Da wurde dieser und der folgende Vers geoffenbart." [2]

Buchari und andere berichten, daß drei Personen zu den Frauen des Propheten kamen und sich erkundigten, wie der Prophet (s) seinen Gottesdienst verrichtete. Als ihnen davon berichtet worden war, schien es ihnen wenig und sie sagten: „Welch ein Unterschied zwischen uns und Allahs Gesandtem (s) dem die vergangenen und zukünftigen Sünden von Allah vergeben wurden!"
Einer sagte: „Was mich angeht, werde ich immer fasten und nie aufhören. Der zweite sagte „Ich werde in der Nacht beten und nicht schlafen." Der dritte sagte „Ich werde nichts mit Frauen zu tun haben und niemals heiraten." Als der Prophet (s) davon hörte, erklärte er ihnen ihren Irrtum und ihr Abweichen vom geraden Weg und sagte:
„Ich weiß am besten von Allah unter euch und fürchte Ihn am meisten, und dennoch bete ich und schlafe, faste und breche mein Fasten. Wer sich von meiner *Sunna* abwendet, hat nichts mit mir zu tun."

Sad ibn Waqqas sagte:
„Allahs Gesandter (s) wandte sich dagegen, daß Uthman ibn Mazun im Zölibat lebte. Hätte er es ihm gestattet, so hätten wir uns kastriert." [3]

1 Abdur Razzaq, Ibn Dscharir und Ibn al-Mundhir.

2 Ibn Dscharir in seinem *tafsir*.

3 Buchari, Muslim.

Als eine Botschaft an die jungen Männer aller Epochen sagte der Prophet (s): „Ihr jungen Männer, wer von euch eine Frau ernähren kann, soll heiraten, weil das den Blick (von Frauen) abwendet und die Keuschheit bewahrt.“ [1]

Auf Grund dieser Aussage haben manche Gelehrte den Schluß gezogen, daß Heirat für denjenigen Muslim Pflicht ist, der eine Frau ernähren kann und daß die Ehe zu vermeiden nicht statthaft ist.

Andere Gelehrte fügen bei der Pflicht zur Ehe noch das Verlangen danach als Bedingung hinzu, und daß man befürchtet, Sünden zu begehen.

Tatsächlich paßt es nicht zu einem Muslim, daß er sich der Ehe enthält, weil er Armut befürchtet, oder daß er seine Verpflichtungen nicht erfüllen kann. Er sollte jeden denkbaren Versuch unternehmen, Arbeit zu bekommen, Allah um Hilfe bitten, denn Allah hat versprochen, denen zu helfen, die heiraten, um ihre Keuschheit und Reinheit zu schützen. Allah der Erhabene sagt:

„Und verheiratet die Ledigen unter euch, und eure aufrichtige Knechte und Mägde. Wenn sie arm sind, wird Allah sie reich machen aus Seinem Überfluß...“ (24:32)

Allahs Gesandter hat gesagt: „Drei haben ein Recht auf Allahs Hilfe: wer heiratet, um ein anständiges Leben zu führen, der Knecht, der sich freikaufen will, und wer auf Allahs Weg kämpft.“ [2]

- Die Frau sehen, die man heiraten möchte

Es ist dem muslimischen Mann erlaubt, die Frau zu sehen, der er die Ehe vorschlagen möchte, bevor er weitere Schritte unternimmt, damit er, wenn er die Ehe eingeht, weiß, was auf ihn zukommt. Hat er andererseits die zukünftige Frau nicht vor der Heirat gesehen, wird sie ihm vielleicht nicht gefallen und es könnte ihm nach der Eheschließung leid tun.

Das Auge ist der Botschafter des Herzens. Wenn sich die Blicke begegnen, begegnen sich auch die Herzen und Seelen von Mann und Frau. Muslim berichtet nach Abu Huraira, daß ein Mann zum Propheten (s) kam und ihm sagte, daß er einen Ehevertrag mit einer Frau der *ansar* eingegangen war. Der Prophet (s) fragte: „Hast Du sie gesehen?“ Er antwortete: „Nein“. Da sagte der Prophet: „Dann geh und sieh sie an, denn es gibt etwas in den Augen der *ansar*.“

Al-Mughira bin Schuba sagte:
„Ich hielt um die Hand einer Frau an und Allahs Gesandter (s) sagte: „Sieh sie an, denn das bewirkt vielleicht Liebe zwischen euch.“ Ich ging zu ihren

1 Buchari.

2 Ahmad, Nasai, Tirmidhi, Ibn Madscha und al-Hakim.

Eltern und teilte ihnen den Rat des Propheten (s) mit. Sie schienen mit dem Gedanken nicht einverstanden zu sein. Ihre Tochter hörte die Unterhaltung von ihrem Zimmer aus und sagte: „Wenn der Prophet (s) dir aufgetragen hat, mich anzusehen, dann sieh mich an." Ich sah sie an und danach heiratete ich sie." [1]

Der Prophet (s) hat weder bei Mughira noch dem anderen Mann festgelegt, wieviel von der Frau sie sehen durften. Manche Gelehrte sind der Meinung, daß das Ansehen auf Gesicht und Hände beschränkt ist. Allerdings ist es ja jedermann erlaubt, Gesicht und Hände zu sehen, wenn keine Begierde damit verbunden ist. Deshalb, da es eine Ausnahmesituation ist, wenn man eine Frau heiraten will, sollte der Mann, der den Vorschlag macht, offensichtlich mehr als das von der Frau sehen können. Der Prophet (s) hat gesagt:
„Wenn jemand eine Frau heiraten möchte, soll er, wenn er kann, etwas von ihr sehen, was ihn zur Heirat lädt." [2]

Manche Gelehrte sind hinsichtlich dieser Erlaubnis zu Extremen gelangt, aber der beste Weg scheint der mittlere zu sein. Ein Gelehrter hält es für passend, daß in unserer Zeit ein Mann, der um die Hand anhält, die Frau so sehen dürfe, wie sie vor ihrem Vater, Bruder und anderen *mahram*-Verwandten erscheint. Er sagt:
„Im Zusammenhang des obigen *hadith* darf er sie sogar, zusammen mit ihrem Vater oder einem anderen *mahram*-Verwandten als Begleiter, bei ihren üblichen Besuchen der Verwandten oder in der Öffentlichkeit begleiten, wenn sie richtig islamisch bekleidet ist. Auf diese Weise kann er Einblick in ihre Vernunft, ihr Verhalten und ihre Persönlichkeit gewinnen, was ein Teil der Bedeutung des *hadith* darstellt: „sehen, was ihn zur Heirat lädt." [3]

Ist die Absicht des Mannes zur Ehe aufrichtig, darf er die Frau mit oder auch ohne ihr und ihrer Familie Wissen sehen. Dscharir bin Abdullah sagte über seine Frau: „(Vor der Ehe) habe ich mich unter einem Baum versteckt, um sie zu sehen."

Aus dem *hadith* über Mughira entnehmen wir, daß ein Vater eines Mädchens einen ernsthaften Heiratskandidaten nicht wegen Sitte und Brauch daran hindern darf, sie zu sehen, denn Sitte und Brauch müssen von der *scharia* bestimmt werden. Wie könnte das göttliche Gesetz etwa menschlichen Vorstellungen unterliegen?

Andererseits kann niemand, weder der Vater, der Kandidat noch die Verlobte diese Erlaubnis so weit ausdehnen, daß der junge Mann und die Frau unter

1 Ahmad, Tirmidhi, Ibn Madscha, Ibn Hibban, Darimi.

2 Abu Dawud.

3 Al-Bahi al-Khuli: *al-mara bain al-bait wa-l-mudschtama*.

dem Vorwand der Verlobung oder des Eheversprechens ins Kino gehen, in Klubs oder Einkaufsstätten, ohne daß ein *mahram*-Verwandter von ihr dabei ist, was unter Muslimen heute ja durchaus verbreitet ist, weil sie die westliche Zivilisation und ihre Bräuche gern nachahmen.

- Verbotene Heiratsanträge

Einem muslimischen Mann ist es verboten, einer geschiedenen oder verwitweten Frau während ihrer *idda* (der Wartezeit, während der sie nicht heiraten darf), einen Antrag zu machen, denn diese Wartezeit gilt als Teil der früheren Ehe und darf nicht verletzt werden. Obwohl man in dieser Zeit seinen Wunsch zur Ehe auf indirekte Weise und in Andeutungen kundtun darf, ist ein ausdrücklicher Heiratsantrag verboten. Allah der Erhabene sagt:

„Und ihr begeht keine Sünde, wenn ihr den Frauen die Verlobung vorschlagt oder euch (das) vornehmt..." (2:235)

Auch darf kein Muslime einer Frau einen Antrag machen, die bereits mit einem anderen Muslim verlobt ist. Derjenige, dessen Antrag schon angenommen wurde, hat ein Recht erworben, das zum Schutze von guter Beziehung und Zuneigung unter den Menschen bewahrt werden muß. Wo aber eine Verlobung gelöst oder dem zweiten Mann vom ersten Erlaubnis erteilt wurde, schadet ein Antrag nicht.

Muslim berichtet, daß Allahs Gesandter (s) gesagt hat:
„Ein Gläubiger ist der Bruder des Gläubigen. Er darf darum seinen Bruder beim Kauf nicht überbieten oder einer Frau einen Antrag machen, wenn sein Bruder es schon getan hat, es sei denn, er erlaubt es ihm."

Buchari berichtet, daß der Prophet (s) gesagt hat:
„Keiner darf der Verlobten eines anderen einen Antrag machen, es sei denn, dieser tritt zurück oder gibt ihm Erlaubnis."

- Zustimmung der Frau

Die Entscheidung über ihre Heirat zu treffen, ist das Recht der Frau, und ihr Vater oder Vormund darf sich nicht über ihre Einwände oder ihre Wünsche hinwegsetzen. Der Prophet (s) hat gesagt:
„Eine Frau, die schon einmal verheiratet war, hat mehr Verfügungsrecht über sich als ihr Vormund, und die Erlaubnis einer Jungfrau muß von ihr ersucht werden, und ihre Erlaubnis ist ihr Schweigen." [1]

Ibn Madscha und einige andere Überlieferer berichten den folgenden *hadith*:
„Ein Mädchen kam zum Propheten (s) und berichtete ihm, daß ihr Vater sie

1 Buchari, Muslim.

gegen ihren Willen an ihren Vetter verheiratet habe.
Daraufhin überließ der Prophet (s) ihr die Sache. Sie sagte dann: „Ich bin damit einverstanden, was mein Vater getan hat, aber ich wollte es den Frauen bekannt werden lassen, daß Väter in dieser Sache nicht die Entscheidung haben."

Der Vater eines Mädchens darf die Heirat seiner Tochter nicht hinausschieben, wenn der Antrag von einem Mann kommt, der gleichgestellt, fest in der Religion und im Charakter ist. Der Prophet (s) hat gesagt:
„Drei Dinge sollen nicht aufgeschoben werden: Das Gebet, wenn die Zeit dafür gekommen ist, die Beerdigung, wenn der Leichnam gekommen ist, und die Heirat einer Frau, wenn ein gleichgestellter Mann den Antrag machte." [1]

Auch hat er gesagt:
„Wenn jemand kommt, mit dessen Religion und Charakter ihr zufrieden seid, so verheiratet ihn. Wenn ihr es nicht tut, gibt es Niedergang und großes Übel auf der Erde." [2]

● Frauen, die zu heiraten verboten ist

Für einen Muslim ist es absolut verboten, eine Frau zu heiraten, die zu einer der folgenden Kategorien zählt:

1. Die Ehefrau des Vaters, ob geschieden oder verwitwet. In der Zeit der *dschahiljja* waren solche Heiraten erlaubt. Dann verbot sie der Islam, weil eine Frau, wenn sie mit dem Vater eines Mannes verheiratet war, den Status seiner Mutter annimmt und dies Verbot besteht zur Ehre und Achtung des Vaters. Da diese unverletzliche Verbot auch für geschlechtliche Anziehung zwischen Sohn und Stiefmutter keinen Raum läßt, können sie eine Beziehung von Achtung und Ehre pflegen.

2. Die Mutter sowie die Großmutter beiderseits.

3. Die Tochter, einschließlich der Enkeltöchter von Sohn oder Tochter.

4. Die Schwester, einschließlich Halb- und Stiefschwester.

5. Die Tante väterlicherseits, gleich ob sie die wirkliche Schwester, Halbschwester oder Stiefschwester des Vaters ist.

6. Die Tante mütterlicherseits, gleich ob sie die wirkliche Schwester, Halbschwester oder Stiefschwester der Mutter ist.

7. Die Tochter des Bruders, d.h. die Nichte.

1 Tirmidhi.
2 Tirmidhi.

8. Die Tochter der Schwester, d.h. die Nichte.

Alle diese weiblichen Blutverwandten sind die *muharramat* eines Mannes und er ist ihr *mahram*. Heirat mit einer *mahram*-Verwandten ist absolut verboten. Die Gründe dafür sind folgende:

a) Es ist der menschlichen Natur instinktgemäß zuwider, gegenüber solch nahen Verwandten wie der Mutter, der Schwester und der Tochter irgendwelche sexuelle Gedanken zu haben. Selbst bestimmte Tiere vermeiden die Begattung mit derart nahestehenden Tieren. Die Achtung eines Menschen gegenüber seiner Tante ist wie die gegenüber seiner Mutter, und ebenso werden die Onkel wie Väter angesehen.

b) Da die Familie in Vertrautheit und Innigkeit, aber ohne Inzest-Beziehungen, zusammenleben muß, will die *scharia* jedwede geschlechtliche Anziehung zwischen derart engen Verwandten an der Wurzel abschneiden.

c) Da zwischen derart engen Blutsverwandten natürliche Liebe und Zuneigung existiert, will die *scharia* den Kreis von Liebe und Verwandschaft erweitern, indem Inzest verboten und der Mann angewiesen wird, seine Frau außerhalb der Familie zu suchen. So erweitert jede Ehe den Bereich der Liebe und bringt immer neue Menschen in dieses sich stets ausdehnende Netz der Zuneigung:
„Und Er hat Liebe und Mitgefühl zwischen euch gesetzt.“ (30:20)

d) Die natürlichen Gefühle von Liebe und Zuneigung zwischen einem Mann und den genannten weiblichen Verwandten müssen dauerhaft stark erhalten werden. Wenn die Heirat mit solchen Verwandten erlaubt wäre, würden Eifersucht, Meinungsverschiedenheiten und Zerstörung der Familie verursacht und genau diese Gefühle von Liebe und Zuneigung vernichtet, die der Familie Zusammenhalt und Bestand geben.

e) Die Kinder aus einer Ehe mit derart engen Blutsverwandten würden meist krank und schwach sein. Wenn in einer Familie körperliche oder geistige Schwächen vorhanden sind, würden sie bei den Kindern aus solchen Ehen noch deutlicher hervortreten.

f) Die Frau braucht jemanden, der für ihre Rechte eintritt und sie gegenüber ihrem Ehemann unterstützt, besonders wenn die Beziehung zu ihm gespannt ist. Wenn die Frauen, die sie verteidigen können, ihre Rivalinnen wären, wie könnte das möglich sein?

- Wegen Milchverwandschaft verbotene Ehen

9. Die Amme: Es ist einem Muslim verboten, die Frau zu heiraten, die ihn in seiner Kindheit gesäugt hat, denn das Säugen macht sie seiner wirklichen

Mutter gleich, weil die Milch zur Entwicklung seines Fleisches und seiner Knochen beigetragen hat.

Das Stillen läßt bei der Frau bewußt oder unbewußt Gefühle der Mutterschaft und beim Kind Gefühle der Abstammung entstehen, und obwohl diese Gefühle beim Heranwachsen und Erwachsensein des Kindes zu verschwinden scheinen, sind sie doch im Unterbewußtsein verborgen.

Das Verbot der Heirat wegen Milchverwandschaft gilt indes nur, wenn das Säugen vor der Entwöhnung stattfand, d.h. solange die Milch die eigentliche Nahrung darstellte. Eine andere Bedingung ist, daß das Kind sich zu fünf verschiedenen Gelegenheiten sattgetrunken haben muß, wobei sattgetrunken bedeutet, daß das Kind von sich aus aufhört zu trinken. Die Festlegung auf fünf solche Gelegenheiten scheint nach einer Durchsicht der entsprechenden *ahadith* die vorzuziehende Ansicht zu sein.

10. Die Milchschwester: Wie die Frau durch das Stillen zur Mutter des Kindes wird, so werden auch ihre Töchter zu Schwestern, ihre Schwestern zu Tanten usw. Der Prophet (s) hat gesagt:
„Auf Grund der Milchverwandschaft ist *haram*, was auf Grund der Abstammung *haram* ist.“ [1]
So sind Milchschwestern, Milchtanten und Milchnichten allesamt *muharramat* und sie zu heiraten, ist absolut verboten.

- Verschwägerung

11. Die Schwiegermutter: Heiraten der Mutter seiner Frau ist dem Mann ab dem Moment verboten, wo er einen Ehevertrag eingegangen ist, gleich, ob die Ehe vollzogen wurde oder nicht. Die Heirat an sich gibt der Schwiegermutter den Status der Mutter

12. Die Stieftochter: Ein Mann kann seine Stieftochter (die Tochter seiner Ehefrau aus einer früheren Ehe) nicht ehelichen, wenn er mit ihrer Mutter die Ehe vollzogen hat. Wird die Frau aber vor Vollziehen der Ehe geschieden, darf der Mann ihre Tochter aus einer früheren Ehe heiraten.

13. Die Schwiegertochter: Das ist die Frau des leiblichen, nicht aber des adoptierten Sohnes. Der Islam hat eigentlich die legalisierte formelle Adoption abgeschafft, weil sie den Tatsachen und der Wirklichkeit nicht entspricht und dazu führt, daß etwas, was grundsätzlich erlaubt ist, verboten, und daß etwas grundsätzlich Verbotenes erlaubt wird. Allah, der Erhabene sagt:

„...noch hat Er eure Adoptivsöhne zu euren leiblichen Söhnen gemacht. Das sind (nur) eure Worte in eurem Mund...“ (33:4) d.h. es ist nur eure Ausdrucks-

1 Buchari, Muslim.

weise, die aber nicht die Wirklichkeit verändert und auch einen Außenstehenden nicht zu einem Blutsverwandten einer Familie macht.

Diese drei Gruppen weiblicher Verwandter zu heiraten ist verboten, damit unter den Verschwägerten friedliche Beziehungen erhalten werden können.

● Zwei Schwestern

14. Im Gegensatz zur Sitte in der Zeit der *dschahilijja* hat der Islam es verboten, mit zwei Schwestern zugleich verheiratet zu sein, weil die Liebe und schwesterlichen Gefühle, die der Islam unter Schwestern pflegen will, zerstört würden, wenn eine Schwester die Mitfrau der anderen wäre. Während der Koran von zwei Schwestern spricht, hat der Prophet (s) noch ergänzt:
„Ein Mann darf nicht mit einer Frau und ihrer Vaterschwester zugleich verheiratet sein, auch nicht mit einer Frau und ihrer Mutterschwester.“ [1]

Er sagte auch: „Wenn ihr das tut, zertrennt ihr die Verwandschaftsbande.“ [2]

Wie könnte der Islam aber das Zertrennen der Verwandschaftsbande gestatten, wo er gerade auf sie so viel Wert gelegt hat?

● Verheiratete Frauen

15. Solange eine Frau verheiratet ist, darf sie mit keinem anderen Mann verheiratet sein. Einen anderen Mann darf sie nur heiraten, wenn zwei Voraussetzungen erfüllt sind:
1. ihre Ehe ist durch Tod ihres Gatten oder Ehescheidung aufgelöst.
2. sie hat die von Allah vorgeschriebene Wartezeit (idda) vollendet. Bei einer schwangeren Frau endet diese Zeit mit der Entbindung. Ist sie Witwe aber nicht schwanger, beträgt die *idda* vier Monate und zehn Tage. Ist sie geschieden, aber man weiß nicht, ob schwanger, beträgt die *idda* drei Menstruationsperioden. Diese *idda* gilt für Frauen, die Perioden haben. Für eine Frau, die nicht menstruiert, beträgt die *idda* drei Monate.
Allah der Erhabene spricht:

„Und die geschiedenen Frauen sollen warten, bis sie dreimal die Reinigung gehabt haben, und es ist ihnen nicht erlaubt, zu verheimlichen, was Allah in ihren Schößen erschaffen hat, wenn sie an Allah und den Jüngsten Tag glauben.“ (2:228)

„Und diejenigen eurer Frauen, die keine Reinigung mehr zu erwarten haben — wenn ihr in Zweifel seid, so sei ihr Termin drei Monate, und ebenso derer,

1 Buchari, Muslim.

2 Ibn Hibban.

die noch keine Reinigung hatten. Die Schwangeren aber, ihr Termin sei bis zur Ablegung ihrer Bürde." (65:4)

„Und diejenigen unter euch, die verscheiden und Gattinen hinterlassen — so müssen diese vier Monate und zehn Tage warten..." (2:234)

Dies fünfzehn Gruppen von Frauen, die zu heiraten verboten ist, werden in der *Sure al-nisa* genannt:

„Und heiratet nicht Frauen, die zuvor eure Väter geheiratet hatten, es sei denn bereits zuvor geschehen. Siehe, es ist eine Schande und ein Abscheu und ein übler Weg. Verwehrt sind euch eure Mütter, eure Töchter, eure Schwestern, eure Vatersschwestern, und Muttersschwestern, eure Brüderstöchter und Schwestertöchter, eure Nährmütter und Milchschwestern und die Mütter eurer Frauen und eure Stieftöchter, die in eurem Schutze sind, von euren Frauen, zu denen ihr eingegangen seid. Seid ihr aber noch nicht eingegangen zu ihnen, dann ist es keine Sünde. Ferner die Ehefrauen eurer Söhne aus euren Lenden, und ihr sollt nicht zwei Schwestern zusammen haben, es sei denn bereits geschehen. Siehe Allah ist verzeihend und barmherzig. Und (verboten sind euch) verheiratete Frauen" (4:22-24)

- *Muschrik*-Frauen

16. Eine Frau, die *muschrika* ist, d.h. Götzen anbetet oder etwas anderes Allah beigesellt, zählt auch zu denen, die nicht geheiratet werden dürfen. Allah der Erhabene sagt:

„Und heiratet nicht eher *muschrik*-Frauen, bis sie gläubig geworden sind, wahrlich, eine gläubige Magd ist besser als eine *muschrik*-Frau, auch wenn sie euch gefällt. Und verheiratet (eure Töchter) nicht mit *muschrik*-Männern, bis sie gläubig geworden sind, und wahrlich, ein gläubiger Knecht ist besser als ein *muschrik*-Mann, auch wenn er euch gefällt. Sie laden ein zum Feuer, Allah aber lädt ein zum Paradies und zur Verzeihung..." (2:220-21)

Dieser Vers teilt mit, daß ein muslimischer Mann keine *muschrik*-Frau heiraten und eine muslimische Frau keinen *muschrik*-Mann heiraten darf, weil eine unüberbrückbare Kluft zwischen den beiden Glaubenswelten besteht. Der Islam lädt ein zum Paradiesgarten, währen *schirk* (Götzendienst, Mittgötterei) zum Höllenfeuer führt. Während der Muslim an Allah, Seine Gesandten und das Jenseits glaubt, gesellen die *muschrikun* Allah andere bei, verwerfen Seine Gesandten und leugnen das Jenseits. Ehe bedeutet, unter einem Dach harmonisch und in Liebe zusammen zu leben. Wie könnten aber zwei derart widersprüchliche Glaubensvorstellungen und Lebensweisen in einem Heim friedlich nebeneinander bestehen?

- Ehe mit Frauen der Leute der Schrift

Der Islam hat dem muslimischen Mann erlaubt, jüdische oder christliche Frauen zu heiraten, weil sie zu den Leuten der Schrift, *ahlu-lkitab* gehören, d.h. Leute, deren Brauchtum auf einer von Gott geoffenbarten Schrift beruht. Obwohl sie diese Schrift verändert und verdreht haben, haben sie dennoch eine Religion göttlichen Ursprungs, und darum macht der Islam für den Umgang mit ihnen einige Ausnahmen. Der Koran sagt:

„...und die Speise derer, denen die Schrift gegeben ward, ist euch erlaubt, wie eure Speise ihnen erlaubt ist. Und (erlaubt sind euch zu heiraten) keusche Frauen, die gläubig sind und keusche Frauen von denen, welchen die Schrift vor euch gegeben wurde, wenn ihr ihnen ihre Morgengabe gegeben habt und anständig mit ihnen lebt, ohne Hurerei, und keine Konkubinen nehmt..." (5:7)

Ein solches Ausmaß von Toleranz ist eine Eigenheit des Islam, die man bei anderen Glaubenslehren und Völkern kaum antrifft. Obwohl der Islam die Leute der Schrift wegen ihres Unglaubens und ihrer Abirrung verantwortlich macht, erlaubt er dem Muslim doch, eine Christin oder Jüdin zu heiraten, als seine Gefährtin, Hausherrin, Mutter seiner Kinder, Quelle seiner inneren Ruhe und Lebensgefährtin, die ihren Glauben behalten darf — all das, obwohl der Koran über die Ehe und ihr Geheimnis sagt:

„Und zu Seinen Zeichen gehört, daß Er euch von euch selber Gattinen erschuf, damit ihr ihnen beiwohnt, und er hat zwischen euch Liebe und Barmherzigkeit gesetzt..." (30:20)

Hier ist allerdings eine Warnung angebracht. Eine gläubige praktizierende muslimische Frau, die ihre Religion liebt, ist einer solchen muslimischen Frau vorzuziehen, die einfach den Islam von ihren Eltern übernommen hat. Der Prophet (s) hat gesagt:

„Nehmt die, die religiös ist, und gedeiht." [1]

So ist auch natürlich, daß eine muslimische Frau, gleich wer sie ist, zu einem muslimischen Mann besser paßt, als eine Christin oder Jüdin, ungeachtet ihrer Verdienste. Wenn ein muslimischer Mann den geringsten Anhaltspunkt hat, daß eine nicht-muslimische Frau den Glauben und das Verhalten seiner Kinder beeinflussen wird, muß er dieses Risiko vermeiden.

Wo die Zahl der Muslime in einem Land klein ist - wenn sie zum Beispiel Einwanderer in einem nicht-muslimischen Land sind - sollte es ihren Männern verboten werden, nicht-muslimische Frauen zu heiraten. Denn da es den muslimischen Frauen verboten ist, nicht-muslimische Männer zu heiraten, bedeutet

1 Buchari.

die Heirat mit nicht-muslimischen Frauen zugleich, daß die muslimischen Frauen unverheiratet bleiben. Da eine solche Situation schädlich für die Gesellschaft der Muslime ist, kann dieser Schaden durch eine zeitweilige Aufhebung dieser Erlaubnis abgewendet werden.

- Eine muslimische Frau darf keinen Nichtmuslim heiraten

Es ist der muslimischen Frau untersagt, einen Nichtmuslim zu heiraten, gleich, ob er zu den Leuten der Schrift gehört oder nicht. Wir haben bereits das Wort Allahs zitiert:

„Und verheiratet (eure Töchter) nicht an *muschrik*-Männer, bis sie gläubig geworden sind..." (2:220)

Über die muslimischen Frauen, die nach Medina einwanderten, sagte Allah:

„...habt ihr sie jedoch als Gläubige erkannt, dann laßt sie nicht zu den Ungläubigen zurückkehren. Sie sind ihnen nicht erlaubt, noch sind jene für sie erlaubt..." (60:10)

Es gibt keinen Text, der eine Ausnahme für die Leute der Schrift macht. Darum herrscht aufgrund des obigen Verses unter den Muslimen Übereinstimmung über dieses Verbot.

So darf eine muslimische Frau keinen Christen oder Juden heiraten, obwohl ein muslimischer Mann eine Jüdin oder Christin heiraten darf. Für diesen Unterschied gibt es viele gute Gründe. Zunächst ist der Mann das Familieoberhaupt, ernährt die Familie und ist für seine Frau verantwortlich. Während der Islam der jüdischen oder christlichen Frau eines Muslims durch seine Gesetze und Anweisungen Freiheit des Glaubens und der Religionsausübung garantiert, so daß ihre Rechte nach ihrem Glauben gewahrt sind, garantieren andere Religionen, wie Judentum und Christentum, einer Ehefrau anderen Glaubens ihre Freiheit des Glaubens und der Religionsausübung nicht und schützen auch ihre Rechte nicht. Wie kann der Islam in diesem Fall die Zukunft seiner Töchter der Ungewißheit überlassen und sie in die Hände von Leuten geben, die weder ihre Religion achten noch bemüht sind, ihre Rechte zu wahren?
Die Ehe zwischen Mann und Frau unterschiedlichen Glaubens kann nur auf der Achtung des Mannes vor dem Glauben seiner Frau beruhen, sonst wird eine gute Beziehung nicht entstehen. Der Muslim glaubt, daß beide, Judentum und Cristentum, von göttlicher Offenabrung herrühren, wenn auch später Verfälschungen vorgenommen wurden. Der Muslim glaubt auch, daß Gott Moses Torah und Jesus *indschil* offenbarte, und daß Moses und Jesus (Friede auf ihnen) zu Allahs Gesandten gehören, die sich durch ihre Standhaftigkeit auszeich-

neten. Demanch lebt die jüdische oder christliche Ehefrau eines Muslimen unter dem Schutz eines Mannes, der die Grundlage ihres Glaubens, ihre Heilige Schrift und ihre Propheten achtet, während im Gegensatz dazu der Jude oder Christ weder den göttlichen Ursprung des Islam anerkennt, noch seinen Propheten (s). Wie könnte eine muslimische Frau mit einem solchen Mann zusammenleben, wobei ihre Religion von ihr die Beachtung bestimmter Formen des Gottesdienstes fordert, Pflichten und auch manche Verbote? Es wäre der muslimischen Frau unmöglich, die Achtung für ihren Glauben und ihre Religionsausübung zu erhalten, wenn sie in dieser Hinsicht bei jedem Schritt im Gegensatz zum Herrn des Hauses stünde.

Man erkennt also, daß der Islam folgerichtig einem muslimischen Mann verbietet, eine *muschrik*-Frau zu heiraten, weil der Islam dem *schirk* absolut entgegensteht, denn es wäre offensichtlich für zwei solche Menschen unmöglich, miteinander in Harmonie und Liebe zu leben.

- Prostitution

17. Die Prostituierte (*az-zanija*) ist eine Frau, die öffentlich Unzucht betreibt und Geld verdient. Es wird berichtet, daß Marthad ibn Abi Marthad den Propheten (s) um Erlaubnis bat, eine Prostituierte namens Anaq zu heiraten, mit der er in der vorislamischen Zeit zu tun hatte. Der Prophet (s) gab keine Antwort, bis Allah den Koranvers offenbarte:
„Der Hurer soll nur eine Hure heiraten oder eine *muschrik*-Frau, und die Hure soll nur einen Hurer heiraten, oder einen *muschrik*-Mann, und den Gläubigen ist solches verwehrt." (24:3)
Der Prophet (s) trug Marthad diesen Vers vor und sagte:
„Heirate sie nicht." [1]

Allah der Erhabene hat den Muslimen erlaubt, keusche gläubige Frauen zu heiraten, oder keusche Frauen der Leute der Schrift. Auch hat er den Männern die Ehe unter der Voraussetzung gestattet, daß „es zur Ehe und nicht in Unzucht" (4:28) geschieht. Wer also diesen Befehl aus Allahs Schrift nicht akzeptiert und auch nicht als verbindlich ansieht, [2] ist ein *muschrik*, und niemand wird in heiraten wollen, außer einem anderen *muschrik*. Wer diesen Befehl als verbindlich ansieht, aber trotzdem eine Prostituierte heiratet, mit der die Ehe verboten ist, der macht sich selbst der Prostitution schuldig. Der genannte Vers folgt auf den Vers, in dem die Strafe des Auspeitschens für die männlichen und weiblichen Prostituierten festgelegt ist:

1 Abu Dawud, Nasai, Tirmidhi.

2 Wie wir im 1. Kapitel sahen, gehört das Recht, Erlaubtes und Verbotenes festzulegen, allein Allah. Jemand, der diesem ausdrücklichen Befehl Allahs zuwiderhandelt oder ihn mißachtet, gilt als muschrik, der Allah etwas zur Seite stellt.

„Die Hure und den Hurer geißelt jeden von beiden mit hundert Hieben..." (24:2)

Während es sich hierbei um eine Körperstrafe handelt, ist die Strafe in 24:3 eine zivilrechtliche Strafe, denn dem Prostituierten das Recht zu nehmen, keusche Frauen zu heiraten ist, wie jemandem Staatsangehörigkeit, Nationalität oder andere Bürgerrechte als Strafe für ein Verbrechen zu nehmen.

Ibn al-Qajjim, nachdem er die Bedeutung dieser Koranverse erläutert hat, fährt fort:

„Diese ausdrückliche Anweisung des Korans ist das, was die menschliche Natur und der Verstand fordert. Allah der Erhabene verbietet Seinem Knecht, der Zuhälter seiner abgeirrten Frau zu sein, weil Er die Natur des Menschen mit einer instinktiven Abneigung und Verachtung dafür versehen hat, als Kuppler zu handeln. Darum schimpfen die Leute, wenn sie jemanden zutiefst beleidigen wollen, als „Mann einer Hure", und Allah läßt das für einen Muslim nicht zu.

Dieses Verbot wird auch erhellt durch die Betrachtung des Verbrechens dieser Frau gegen ihren Gatten und die Gesellschaft. Sie beschmutzt das Bett ihres Gatten und entstellt die Abstammung, von der Allah will, daß sie für den Bestand und das gute reibungslose Zusammenwirken der Gesellschaft erhalten bleibt. Dies hat Er als eine Seiner Gnaden der Menschheit gegenüber aufgezählt. Ehebruch führt zu Unklarheiten und Zweifel bei der Abstammung. Es ist einer der Vorzüge der *scharia*, daß sie die Ehe mit einer Prostituierten verbietet, bis sie bereut und es sich erweist, daß sie nicht schwanger ist" (d.h. bis sie eine Regelblutung hatte, um sicher zu sein, daß sie kein Kind empfangen hat). [1]

Auch ist die Prostituierte eine widerliche und verachtete Frau. Allah hat bestimmt, daß die Ehe eine Quelle von Zuneigung und Mitgefühl zwischen den Eheleuten sein soll. Wie könnte aber eine widerliche Frau das Ziel der Liebe eines tugendhaften Mannes sein, wo die Ehegatten doch Gemeinsamkeiten in ihren Vorstellungen, Haltungen und Charakteren aufweisen müssen, wenn wahre Liebe und Verständnis unter ihnen entstehen soll? Da Widerlichkeit und Tugend einander entgegenstehen, sowohl dem Wesen wie der moralischen Erwägung nach, so kann es nicht einmal Symphatie, geschweige denn Liebe und Zuneigung zwischen den beiden geben. Allah der Erhabene hat mit Seinem Wort die Wahrheit gesprochen:

1 *Ighathat al-lahfan*, Bd. 1, S.66-7.

„Schlechte Frauen für schlechte Männer und schlechte Männer für schlechte Frauen und gute Frauen für gute Männer und gute Männer für gute Frauen…“ (24:26)

● Die Zeitehe (*muta*)

Im Islam ist die Ehe eine feste und ernst zu nehmende Verbindung, ein verbindlicher Vertrag, der auf der Absicht beider Partner beruht, dauerhaft zusammen zu leben, um als Einzelperson die Früchte von innerer Ruhe, Zuneigung und Mitgefühl, wie im Koran erwähnt, zu gewinnen, als auch zum gesellschaftlichen Ziel der Fortpflanzung und des Fortbestandes der menschlichen Art:

„Und Allah hat euch aus euch selber Gattinen gegeben, und von euren Gattinen Söhne und Enkel…“ (16:72)

Bei der Zeitehe (im Arabischen als *muta* bekannt), die von den beiden Partnern für eine festgelegte Zeitdauer gegen eine festgelegte Summe Geldes abgeschlossen wird, werden die genannten Ziele der Ehe nicht erreicht. Während der Prophet (s) Zeitehen auf den Reisen und Kriegszügen erlaubte, bevor die islamische Gesetzgebung ihren Abschluß erreichte, hat er sie später verboten und endgültig *haram* gemacht.

Der Grund dafür, daß die Zeitehe anfangs noch erlaubt war, bestand darin, daß die Muslime sich in einer Art Übergangsphase von der Zeit der *dschahilijja* zum Islam befanden. Hurerei war unter den vorislamischen Arabern weit verbreitet. Nach dem Auftreten des Islam mußten sie auf Feldzüge gehen und waren so durch das lange Getrenntsein von ihren Frauen unter großem Druck. Unter den Gläubigen gab es solche, die stark, und andere, die schwach im Glauben waren. Die Schwachen befürchteten, Ehebruch zu begehen, eine schwere Sünde und ein schlimmer Weg, während die Starken andererseits bereit waren, sich zu entmannen, wie Ibn Masud berichtet:

„Wir waren mit Allahs Gesandtem (s) auf einem Feldzug und hatten unsere Frauen nicht dabei. Da fragten wir Allahs Gesandten (s): „Sollen wir uns nicht entmannen?“ Er verbot uns das, aber erlaubte uns, mit einer Frau die Ehe für ein Gewand (als Morgengabe, *mahr*) für eine bestimmte Zeit zu schließen.“

So bot die Zeitehe eine Lösung für die Schwierigkeiten, sowohl der Schwachen wie der Starken. Auch war das ein Schritt auf dem Weg zur endgültigen gesetzlichen Regelung für das vollkommene Eheleben, in dem die Ziele der Dauer, Keuschheit, Fortpflanzung, Liebe, Mitgefühl und Erweiterung der Beziehungen unter den Menschen durch die Ehe verwirklicht werden.

Erinnern wir uns doch, daß der Koran beim Verbot von Rauschmitteln und Zins ebenfalls eine schrittweise Veränderung vornahm, weil diese beiden Übel in der Gesellschaft der *dschahilijja* weit verbreitet und tief verwurzelt waren. Auf gleiche Weise nahm der Prophet (s) eine schrittweise Veränderung des Sexualverhaltens vor, indem er zunächst die Zeitehe als einen Schritt weg von der Hurerei und dem Ehebruch erlaubte und zugleich der dauerhaften Ehe näherkam. Dann verbot er die Zeitehe absolut, wie dies von Ali und vielen anderen Gefährten berichtet wird. Muslim hat dies in seinem *Sahih* berichtet, daß al-Dschuhani bei der Einnahme von Mekka beim Propheten (s) war, und daß der Prophet (s) manchen Muslimen erlaubte, Zeitehen einzugehen. Al-Dschuhani sagte: „Bevor er Mekka verließ, hat Allahs Gesandter (s) dies verboten." In einem anderen Bericht lauten die Worte:

„Allah hat es bis zum Tag der Auferstehung *haram* gemacht."

So bleibt die Frage: ist die Zeitehe (*muta*) absolut *haram* wie die Ehe mit der eigenen Mutter oder Tochter, oder ist es ein Verbot wie das Essen von Schweinefleisch oder „totem Fleisch", das in einer wirklichen Zwangslage erlaubt wird, wobei hier die Zwangslage die Furcht ist, die Sünde der *zina* zu begehen? Die Mehrheit der Gefährten war der Ansicht, daß mit dem Abschluß der islamischen Gesetzgebung die Zeitehe absolut verboten wurde. Ibn Abbas war anderer Auffassung und erlaubte sie in der Zwangslage. Jemand fragte ihn nach der Zeitehe, und er erlaubte sie ihm. Einer seiner Knechte fragte ihn: „Gilt das nicht nur unter großen Schwierigkeiten, wenn nur wenige Frauen da sind und ähnlichem?" und er antwortete: „Ja." [1]

Später aber, als Ibn Abbas sah, daß die Leute nachlässig geworden waren und die Zeitehe ohne Notwendigkeit eingingen, zog er seine Entscheidung zurück und änderte seine Meinung. [2]

- Die Mehrehe

Der Islam ist eine Lehre, die mit der Natur übereinstimmt und dem Menschen Lösungen für komplexe Probleme bietet und Extreme vermeidet. Diese Besonderheit des Islam ist bei seiner Haltung gegenüber der Mehrehe am deutlichsten erkennbar. Der Islam erlaubt dem Muslim, mehr als eine Frau zu heiraten, um einige besonders drückende menschliche Probleme, individuelle, wie gesellschaftliche, zu lösen.

Viele Völker und Religionen vor dem Islam erlaubten, eine Vielzahl von Frauen zu heiraten, deren Anzahl zehn und manchmal hundert erreichte, ohne daß Be-

1 Buchari.

2 *Zad al-miad*, Bd. 4, S.7; Baihaqi, Muslim.

dingungen oder eine Grenze gesetzt wurden. Der Islam hat andererseits klare Begrenzungen und Bedingungen für die Mehrehe gesetzt. Die Begrenzung ist auf höchstens vier Frauen festgelegt, mit denen ein Mann verheiratet sein darf. Als Ghailan al-Thaqafi den Islam annahm, hatte er zehn Frauen. Der Prophet (s) sagte:

„Wähle vier von ihnen und scheide dich von den übrigen.“ [1]

Auch andere Männer, die acht oder fünf Frauen hatten als sie den Islam annahmen, wurde vom Propheten (s) angewiesen, nur vier zu behalten. [2]

Der Prophet (s), der selbst neun Frauen hatte, wurde von Allah zu seinen Lebzeiten um der Sache der *dawa* (der Einladung zum Islam) und wegen der Bedürfnisse der muslimischen *umma* nach seinem Tod zum Ausnahmefall gemacht.

- Gerechtigkeit den Ehefrauen gegenüber ist Bedingung

Die Bedingung, die der Islam setzt, um einem Mann mehr als eine Ehefrau zu erlauben ist, daß er sich zutraut, seinen beiden oder mehreren Frauen gegenüber Gerechtigkeit walten zu lassen und zwar im Hinblick auf Essen, Trinken, Wohnung, Kleidung, Ausgaben und auch in der Verteilung seiner Zeit unter ihnen. Wer nicht die Zuversicht hat, daß er diese Verpflichtungen mit Gerechtigkeit und Billigkeit erfüllt, dem ist von Allah, dem Erhabenen, verboten, mehr als eine Frau zu heiraten, denn Allah, der Erhabene, sagt:

„...und wenn ihr fürchtet, nicht gerecht zu sein, dann (heiratet) nur eine ...“ (4:3)

Der Prophet (s) hat gesagt:
„Wer zwei Frauen hat und sie nicht gleichermaßen behandelt, der wird am Tag der Auferstehung einen Teil seines Körpers hinter sich herschleifen.“ [3]

Die Gleichbehandlung bezieht sich hier auf die Rechte der Frauen, nicht die Zuneigung, die der Gatte ihnen gegenüber fühlt, denn Gleichmäßigkeit in der Liebe übersteigt die menschliche Fähigkeit und Unausgewogenheiten darin werden von Allah vergeben, Der sagt:

„Es ist euch nicht möglich, in Billigkeit gegen eure Frauen zu verfahren, auch wenn ihr danach streben würdet. Doch wendet euch nicht gänzlich (von der einen oder anderen) ab...(4:128)

1 Schafii, Ahmad, Tirmidhi, Ibn Madscha, Ibn Abi Schaiba, Darqutni, Baihaqi.
2 Musnad Abu Dawud, Ahmad, Darimi, Ibn Hibban, al-Hakim, Abu Dawud, Nasai, Ibn Madscha.
3 *Sunan* sowie Ibn Hibban und al-Hakim.

Darum hat der Prophet (s) seine Zeit gleichmäßig unter seinen Frauen aufgeteilt und gesagt:
„O Allah, das ist meine Aufteilung, so weit ich darüber Macht habe, also ziehe mich nicht zur Rechenschaft für das, worüber Du Macht hast und ich nicht." (*Sunan*) wobei er Bezug nahm auf die Hinwendung und Zuneigung, die er einer Frau gegenüber spürte. Wenn er auf eine Reise gehen wollte, loste der Prophet (s) gewöhnlich aus, welche seiner Frauen ihn begleiten sollte. [1]

● Warum der Islam die Mehrehe erlaubt

Der Islam ist die letzte und abschließende Verkündigung Allahs des Erhabenen, und der Abschluß der Reihe Seiner Offenbarungen an die Menschheit. Darum brachte er ein allgemeines Gesetz, das für alle Orte und Zeiten anwendbar ist, für die gesamte Menschheit. Der Islam hat nicht gesetzliche Regeln allein für die Stadtbewohner, die den Nomaden vernachlässigen würden, und nicht nur für die kalten Regionen der Erde unter Ausschluß der warmen und nicht nur für eine bestimmte Epoche unter Ausschluß früherer oder späterer Generationen.

Der Islam erkennt die Bedürfnisse und Interessen aller Menschen an, von Einzelpersonen wie Gemeinschaften. Unter den Menschen gibt es auch solche, die sehr gern Kinder hätten, aber deren Ehefrau vielleicht unfruchtbar ist oder sonst ein Problem hat. Ist es nicht ihr gegenüber rücksichtsvoller und besser für ihn, daß er eine zweite Frau heiratet, die ihm Kinder schenkt, während er die erste Frau behält und all ihre Rechte gewährleistet sind?

Es kann auch den Fall des Mannes geben, der ein starkes sexuelles Bedürfnis, während seine Frau nur wenig Verlangen danach hat, oder die vielleicht krank ist, besonders lange Regelblutungen hat u.ä.m. und der Ehemann sein Bedürfnis nicht lange Zeit zügeln kann. Sollte es ihm nicht erlaubt sein, eine zweite Frau gesetzmäßig zu heiraten, statt „Freundinnen" nachzujagen?

Es gibt auch Zeiten, in denen es mehr Frauen als Männer gibt, wie z.B. nach Kriegen, in denen oft die Männer dezimiert werden. In einer solchen Lage entspricht es den Interessen der Gesellschaft und der Frauen selbst, daß sie die zweite Ehefrau eines Mannes werden, statt ihr ganzes Leben ehelos zu leben, und des Friedens, der Zuneigung und des Schutzes des Ehelebens und der Freuden der Mutterschaft beraubt zu sein, nach denen sie sich ganz natürlich sehnen. Bei einem solchen Überschuß von Frauen, die nicht mit einem Mann verheiratet sind, gibt es nur drei Möglichkeiten:

1. sie verbringen ihr ganzes Leben in bitterer Entbehrung
2. sie werden zu Sexualobjekten und Spielzeugen von wollüstigen Männern

1 Buchari, Muslim.

3. sie werden die zweite Ehefrau von Männern, die mehr als eine Frau ernähren können und sie gut behandeln.

Zweifellos ist die dritte Alternative die richtige Lösung und ein Heilmittel für diese Situation. Das ist die Entscheidung des Islam:

„Wer aber entscheidet besser als Allah für verständige Leute?" (5:55)

Dies ist die islamische „Polygamie", die man im Westen so verabscheut und auf die man mit so viel Feindschaft reagiert, während die Männer dort jede Anzahl von Freundinnen haben können, ohne Einschränkungen und ohne rechtliche oder moralische Verantwortung, weder gegenüber der Frau oder den Kindern, die sie vielleicht als Ergebnis einer solchen unreligiösen und unmoralischen Vielzahl von außerehelichen Beziehungen zur Welt bringt. Man möge die beiden Alternativen vergleichen — Mehrehe oder Vielzahl von unrechten Beziehungen — und frage die Leute, was der richtige Weg ist und welcher Personenkreis rechtgeleitet ist!

3. Die Beziehung zwischen den Ehegatten

Der Koran betont die geistigen Ziele der Ehe und macht sie zur Grundlage des Ehelebens. Diese Ziele verwirklichen sich im inneren Frieden, durch die erfüllte Sexualbeziehung mit dem Ehepartner, den man liebt, durch die Erweiterung des Kreises, in dem durch die Ehe zwischen zwei Familien Liebe und Zuneigung entsteht und durch die Zuneigung und Güte zwischen den Kindern in der liebevollen Zuwendung seitens ihrer Eltern. Das sind die Ziele, die Allah genannt hat:

„Und zu Seinen Zeichen gehört es, daß Er euch von euch selber Gattinen schuf, damit ihr ihnen beiwohnt, und Er hat zwischen euch Liebe und Mitgefühl gesetzt. Siehe hierin sind bestimmte Zeichen für nachdenkende Leute." (30:20)

- Die sexuelle Beziehung

Der Koran vernachlässigt aber auch nicht die sinnliche Seite und die körperliche Beziehung zwischen Ehemann und Ehefrau. Er führt die Menschen zum besten Weg, das sexuelle Bedürfnis zu befriedigen und zugleich schädliche oder abartige Praktiken zu vermeiden. Es wird berichtet, daß die Juden und Zoroastrier bei der Vermeidung des Kontaktes mit menstruierenden Frauen ins Extrem verfielen, während die Christen trotz der Blutung die sexuelle Beziehung aufrecht erhalten. Die Araber der Zeit der *dschahilijja* aßen nicht, tranken nicht und saßen nicht mit menstruierenden Frauen zusammen, sondern schickten sie in besondere Behausungen wie die Juden und Zoroastrier.

Also fragten manche Muslime den Propheten (s), was im Hinblick auf menstruierende Frauen erlaubt ist. Da wurde der folgende Koranvers geoffenbart:

„Und sie werden dich über die Reinigung befragen. Sag: Sie ist ein Schaden. Enthaltet euch daher eurer Frauen während der Reinigung und kommt ihnen nicht nahe, bis sie rein sind. Sind sie aber rein, dann kommt zu ihnen, wie Allah es euch geboten hat. Allah liebt die, die sich zu Ihm wenden und liebt die sich Reinigenden." (2:222)

Manche leute haben den Satz „kommt ihnen nicht nahe" verstanden als während der Periode nicht im gleichen Haus leben. Der Prophet (s) erläuterte darauf die richtige Bedeutung des Verses und sagte:

„Ich habe euch nur befohlen, mit menstruierenden Frauen nicht Geschlechtsverkehr zu haben und habe euch nicht befohlen, sie aus dem Haus zu schicken, wie die Fremden das tun."

Als die Juden von Medina dies hörten, sagten sie: „Dieser Mann will nichts, was wir tun, unverändert lassen, sondern tut immer das Gegenteil." [1]

Also darf der Muslim seine menstruierende Frau liebkosen und sich mit ihr erfreuen, wobei nur der eigentliche Bereich der Menstruation vermieden wird. Wie immer ist auch hier die islamische Einstellung ein Mittelweg zwischen den beiden Extremen des Verweisens der menstruierenden Frau aus dem Haus und mit ihr geschlechtlich zu verkehren.

Neuere medizinische Forschungsergebnisse zeigen, daß der Menstruationsfluß toxische Stoffe enthält, die dem Körper schaden, wenn sie nicht austreten. Ebenfalls hat man den Grund erkannt, weshalb Geschlechtsverkehr in dieser Zeit zu vermeiden ist: Durch die Ausscheidungen der inneren Drüsen werden die Geschlechtsorgane stark mit Blut gefüllt und die Nerven besonders empfindlich, so daß Geschlechtsverkehr zu Irritierungen führt, die den Menstruationsfluß behindern und Entzündungen der Geschlechtsorgane hervorrufen. [2]

● Verbotener Geschlechtsverkehr

Über die geschlechtliche Beziehung hat Allah der Erhabene folgende Worte geoffenbart:

„Eure Frauen sind euch ein Acker, geht zu eurem Acker, von wannen ihr wollt, aber schickt (etwas) voraus für eure Seelen und fürchtet Allah und wisst, daß ihr Ihm begegnen werdet, und verkünde Freuden den Gläubigen." (2:223)

1 *Tafsir* al-Razi, Bd. 6, S.66.

2 Abdul Aziz Ismail: *Al-Islam wa-l-tibb al-hadith* (Der Islam und die moderne Medizin).

Der indische Gelehrte Waliullah Dehlevi hat über den Anlaß dieser Offenbarung und ihre Bedeutung gesagt:

„Die Juden hatten die Haltungen für den Geschlechtsverkehr ohne göttliche Erlaubnis unnötigerweise eingeschränkt. Die *ansar* (aus Madina), ihre Freunde, folgten ihren Bräuchen und sagten: „Wenn ein Mann mit seiner Frau Vaginalverkehr hat und auf ihrem Rücken ist, wird das Kind schielen." Darauf wurde der Koranvers geoffenbart: „Geht zu eurem Acker, von wannen ihr wollt", d.h. es spielt keine Rolle, ob der Ehemann auf seiner Frau oder auf ihrem Rücken ist, so lange es sich um Vaginalverkehr handelt, was der Acker bedeutet. Diese Dinge haben nichts mit religiösen oder sozialen Regeln zu tun sondern sind Angelegenheiten des persönlichen Geschmacks. Solche Redensarten gehörten zu den Absurditäten bei den Juden und Allah der Erhabene hat sie abgeschafft." [1]

Die Haltungen beim Geschlechtsverkehr zu bestimmen ist nicht Sache der Religion. Allerdings wird ein Muslim, der Allah fürchtet, und gewiß ist, daß er Ihm begegnet, im Umgang mit seiner Frau den Analverkehr vermeiden, weil der Prophet (s) gesagt hat: „Nähert euch den Frauen nicht anal." [2]

Er bezeichnete dies auch als die „kleinere Homosexualität". [3]

Eine Frau von den *ansar* erkundigte sich bei ihm nach dem Vaginalverkehr von hinten und er trug ihr den Koranvers vor:

„Geht zu eurem Acker, von wannen ihr wollt" als einziges Behältnis. [4]

Einmal kam Umar zu ihm und sagte: „O Allahs Gesandter, ich bin ruiniert." Der Prophet (s) fragte: „Was hat dich ruiniert?" Er antwortete: „Vergangene Nacht habe ich meine Frau umgedreht", und er meinte, daß er Vaginalverkehr mit ihr von hinten hatte. Der Prophet (s) sagte nichts, bis der obige Vers geoffenbart war. Dann sagte er zu ihm: „Von vorn oder von hinten, aber hüte dich vor Verkehr während der Monatsblutung und Analverkehr." [5]

- Geheimnisse von Ehegatten bewahren

Der Koran preist tugendhafte Frauen, „die gehorsam sind und bewahren, was Allah bewahrt hat..." (4:38)

1 *Hudschat al-baliga*, Bd. 2, S.134.

2 Ahmad, Tirmidhi, Nasai, Ibn Madscha.

3 Ahmad, Nasai.

4 d.h. die Vagina — Anm. d. Übers. Ahmad.

5 Ahmad, Tirmidhi.

Zu diesen Geheimnissen, die bewahrt werden müssen, gehört die intime Beziehung zwischen den Ehegatten, über die man nicht in der Öffentlichkeit oder mit Freunden spricht. Der Prophet (s) hat gesagt:

"Zu denen, die vor Allah am Jüngsten Tag den schlechtesten Stand haben gehört der Mann, der mit seiner Frau Geschlechtsverkehr hat und sie mit ihm, und er verbreitet dann ihr Geheimnis." [1]

Abu Huraira berichtet:
„Allahs Gesandter (s) führte uns im Gebet, und als er fertig war, wandte er sich zu uns und sagte: „Bleibt sitzen. Ist unter euch der Mann, der zu seiner Frau kommt, die Tür schließt, den Vorhang zuzieht und dann herauskommt und darüber spricht und sagt: „Ich habe dies und das mit meiner Frau gemacht?" Sie blieben still. Dann wandte er sich zu den Frauen und sagte: „Ist jemand unter euch, der über so etwas spricht?" Ein Mädchen erhob sich auf die Knie, damit Allahs Gesandter (s) sie sah und hören würde, was sie sagte. Sie sagte: „Ja, bei Allah, die Männer sprechen darüber und die Frauen auch." Da sagte der Prophet (s): „Wißt ihr, wem die gleichen, die das tun? Die das tun, sind wie ein männlicher und ein weiblicher Teufel, die sich auf der Straße begegnen und ihr Verlangen befriedigen, während die Leute zusehen." [2]

Dies unverblümte Ausdrucksweise müßte genügen, den Muslim von solch schlechtem und niederen Benehmen abzuhalten, das ihn oder sie dem Teufel gleichmacht!

4. Geburtenkontrolle

Die Erhaltung der menschlichen Gattung ist unfraglich das erste Ziel der Ehe und diese Erhaltung der Gattung bedarf der fortwährenden Fortpflanzung. Darum unterstützt der Islam, daß man viele Kinder hat und hat beide, männliche und weibliche Nachkommenschaft, gesegnet. Er gestattet dem Muslim aber, seine Familie nach guten Gründen und anerkannten Notwendigkeiten zu planen. Die Methode der Schwangerschaftsverhütung zur Zeit des Propheten (s) war der *coitus interruptus*, d.h. das Herausziehen des Penis aus der Vagina kurz vor dem Samenerguß, womit das Eintreten des Samen verhindert wird. Die Gefährten des Propheten (s) wandten diese Methode in der Epoche an, in der ihm der Koran geoffenbart wurde. Dschabir berichtet:
„Wir haben den *coitus interruptus* in der Zeit angewandt, in der Allahs Gesandtem der Koran geoffenbart wurde." [3]

1 Ahmad, Abu Dawud, al-Bazzar.

2 *Sunan* Ahmad, Abu Dawud, Al-Bazzar.

3 Buchari, Muslim.

In einer Version bei Muslim hat er gesagt:

„Wir haben den *coitus interruptus* in der Zeit des Propheten (s) praktiziert. Er erfuhr davon, aber er hat es nicht verboten."

Ein Mann kam zum Propheten (s) und sagte:
„Ich habe eine Magd und ich wende den *coitus interruptus* an. Ich möchte nicht, daß sie schwanger wird, und mir verlangt, wonach Männern verlangt. Die Juden sagen, das sei die geringere Art des lebendigen Begrabens von Kindern."
Der Prophet (s) antwortete:

„Die Juden haben unrecht. Wenn Allah ein Kind schaffen will, kannst du es nicht verhindern." [1]

D.h. trotz des *coitus interruptus* kann ein Samentropfen in die Vagina gelangt sein, der zur Schwangerschaft führt, ohne daß man es gewahr wurde.

In einer Versammlung, auf der auch Umar anwesend war, sagte jemand: „Manche sagen, der *coitus interruptus* sei die geringer Art des lebendigen Begrabens von Kindern." Da sagte Ali: „Das ist nicht der Fall, bevor nicht sieben Stufen vollendet sind: von Erde sein, dann ein Samentropfen, dann ein Klumpen, dann eine Gewebemasse, dann Knochen mit Fleisch bedeckt, die dann eine andere Schöpfung werden." [2]
„Du hast recht", sagte Umar, „möge Allah Dir langes Leben geben."

- Gründe für Geburtenkontrolle

Der erste gute Grund, um die Schwangerschaft zu verhüten, ist die Befürchtung, daß die Schwangerschaft oder Entbindung das Leben oder die Gesundheit der Mutter gefährden. Hier sind frühere Erfahrungen oder die Ansicht eines zuverlässigen Arztes Anhaltspunkte für solch eine Situation. Allah der Erhabene sagt:

„...und stürzt euch nicht mit eigener Hand ins Verderben..." (2:191) „...und tötet euch nicht selbst, Allah ist barmherzig gegen euch." (4:33)

Ein anderer Grund ist die Befürchtung, daß die Bürde der Kinder die Lage der Familie dermaßen beengt, daß man etwas Verbotenes annehmen oder tun würde, um ihre Bedürfnisse zu stillen. Allah sagt:

„... Allah will es euch leicht und nicht schwer machen..." (2:181) „...Allah will euch keine Last auflegen..." (5:9)

Auch die Sorge, daß die Gesundheit oder Erziehung der Kinder schaden nimmt,

1 Abu Dawud, Ibn Madscha, Nasai, Tirmidhi.

2 Ali bezog sich auf Sure 23:12-14.

könnte ein guter Grund sein. Nach Usama ibn Zaid, berichtet Muslim in seinem *sahih* daß ein Mann zu Allah Gesandtem (s) kam und sagte: „ Ich wende mit meiner Frau den *coitus interruptus* an." Der Prophet (s) sagte: „Warum tust du das?" Er sagte: „Aus Sorge um ihr Kind", oder vielleicht sagte er: „Aus Sorge um ihre Kinder." Da sagte Allahs Gesandter (s):

„Wäre (die Schwangerschaft der stillenden Mutter) schädlich, hätte es den Persern und Griechen geschadet."

Ein weiterer guter Grund ist die Befürchtung, daß eine neue Schwangerschaft oder ein weiterer Säugling dem früheren Säugling schadet. Der Prophet (s) bezeichnete Geschlechtsverkehr mit einer stillenden Mutter bzw. den Geschlechtsverkehr der bei einer stillenden Mutter zur Schwangerschaft führt als „*ghila*", in der Annahme, daß die Schwangerschaft die Milch beeinträchtigt und den Säugling schwächt. Weil er sehr um das Wohl seiner *umma* besorgt war, riet er von dem, was schädlich ist, ab. Zu seinen persönlichen Ansichten [1] gehörte die Meinung:
„Tötet eure Kinder nicht insgeheim, denn *ghila* übermannt den Reiter und wirft ihn vom Pferd." [2]

Allerdings ging der Prophet (s) nicht so weit, daß er Geschlechtsverkehr mit einer stillenden Frau verboten hätte, weil er feststellte, daß die Perser und die Griechen, die seinerzeit beiden mächtigsten Nationen, dies praktizierten, ohne daß ihren Kindern ein Schaden zugefügt wurde. Auch fürchtete er, daß es für die Ehemänner eine große Härte seine würde, sich von ihren Frauen während der Stillperiode fernzuhalten, die bis zu zwei Jahren dauern kann. Er sagte: „Ich wollte *ghila* verbieten, aber ich zog die Perser und Griechen in Betracht, die ihre Kinder während der Schwangerschaft stillen ohne daß es ihnen Schaden zufügt." [3]

Ibn al-Qajjim sagt bei der Besprechung der Zusammenhänge zwischen diesem *hadith* und dem vorangehenden „Tötet eure Kinder nicht insgeheim...":

"Der Prophet (s) sah, daß Schwangerschaft dem Säugling auf die gleiche Weise schadet wie dem Reiter der Sturz vom Pferd: es beeinträchtigt aber tötet das Kind nicht. Er riet deshalb dazu, während die Frau ein Kind stillt, Geschlechtsverkehr, der zur Schwangerschaft führt, zu vermeiden, aber er hat es nicht verboten. Dann wollte er es verbieten, um die Gesundheit des Säuglings zu schützen, erkannte aber, daß die daraus folgende Härte für den Ehemann, besonders den jüngeren, für die Gesellschaft noch schädlicher sein würde. Deshalb

1 Manchmal brachte der Prophet (s) seine persönliche Ansicht zum Ausdruck, was er von verbindlichen religiösen Entscheidungen unterschied.

2 Abu Dawud; Man sagt, ein Kind das von einer schwangeren Mutter gestillt wird, leidet darunter im späteren Leben wie ein Reiter, der vom Pferd geworfen wird.

3 Muslim.

zog er es vor, als er dies alles gegeneinander abwog, es nicht zu verbieten. Außerdem sah er, daß bei den beiden mächtigsten und volkreichsten Nationen seiner Epoche, die Frauen ihre Kinder während der Schwangerschaft stillten, ohne daß dies ihre Stärke oder Zahl beeinträchtigte, und deshalb nahm er Abstand davon, es zu verbieten. [1]

In unserer Zeit gibt es neue Methoden der Schwangerschaftsverhütung, die das Ziel des Propheten (s) verwirklichen, nämlich den Säugling vor eventuellem Schaden zu schützen, der während der Schwangerschaft seiner Mutter entstehen könnte, und zugleich die Härte gegenüber dem Ehemann vermeiden hilft, der sonst seiner stillenden Frau sexuell nicht nahekommen sollte. Hieraus dürfen wir schließen, daß nach islamischer Ansicht der ideale Abstand zwischen zwei Kindern dreißig Monate beträgt, oder dreiunddreißig, wenn das Baby für volle zwei Jahre gestillt werden soll. [2]

Imam Ahmad bin Hanbal ist der Auffassung, daß zur Schwangerschaftsverhütung die Zustimmung der Ehefrau erforderlich ist, weil sie sowohl ein Recht auf die sexuelle Erfüllung wie darauf hat, zu entscheiden, ob sie ein Kind haben möchte oder nicht. Es wird berichtet, daß Umar den *coitus interruptus* ohne Zustimmung der Ehefrau verbot. Das war seitens des Islam ein bemerkenswerter Schritt dahin, die Rechte der Frau in einer Epoche zu begründen, in der sie rechtlos waren.

- Abtreibung

Während der Islam die Schwangerschaftsverhütung bei gutem Grund erlaubt, gestattet er Gewalt gegen die Schwangerschaft nach ihrem Auftreten nicht.

Die muslimischen Rechtsgelehrten sind einer Meinung darin, daß die Abtreibung *haram* ist, nachdem der Fötus vollständig ausgebildet ist und seine Seele bekommen hat. Es ist auch ein Verbrechen, daß dem Muslim verboten ist, weil es den Angriff auf einen vollständigen lebenden Menschen bedeutet. Die Rechtsgelehrten bestehen darauf, daß Blutgeld (*dija*) gezahlt werden muß, wenn das lebendige Baby abgetrieben wurde und dann starb, während eine geringere Strafe zu zahlen ist, wenn es tot abgetrieben wurde. Es gibt allerdings eine Ausnahme. Wenn, sagen die Rechtsgelehrten, nachdem das Baby voll ausgebildet ist, zuverlässig erwiesen wird, daß bei der Fortsetzung der Schwangerschaft der Tod der Mutter eintreten würde, dann muß man nach dem allgemeinen Grundsatz der *scharia* das kleinere Übel wählen und abtreiben.
„Denn die Mutter ist der Träger des Fötus, auch hat sie eine Rolle im Leben,

1 Ibn al-Qajjim: *miftah dar al-saada*, S.620; *Zad al-miad* Bd. 4, S.26 ff.

2 Zwei volle Jahre ist die Maximalzeit für das Stillen eines Kindes aus islamischer Sicht.

mit Pflichten und Verantwortlichkeiten und ist auch eine Stütze der Familie. Es wäre nicht möglich, ihr Leben für das Leben eines Fötus zu opfern, der noch keine Persönlichkeit geworden ist und noch keine Verpflichtungen und Verantwortlichkeiten zu erfüllen hat." [1]

Imam al-Ghazali macht einen klaren Unterschied zwischen Schwangerschaftsverhütung und Abtreibung. Er sagt:
„Schwangerschaftsverhütung ist nicht wie Abtreibung. Abtreibung ist ein Verbrechen gegen ein existierendes Lebewesen. Die Existenz hat verschiedene Stufen. Die erste Stufe ist das Einnisten des Samens in der Gebärmutter und die Vermischung mit den Absonderungen der Frau. Dann kann das Leben entstehen. Hier einzugreifen, ist ein Verbrechen. Wenn es sich weiter entwickelt und zu einem Klümpchen geworden ist, wäre Abtreibung ein noch größeres Verbrechen. Wenn es eine Seele bekommen hat und seine Schöpfung vollendet ist, wird das Verbrechen noch schwerwiegender. Das Verbrechen erreicht das schlimmste Ausmaß, wenn es geschieht, nachdem der Fötus sich lebend von der Mutter abgetrennt hat." [2]

5. Ehescheidung

Die Ehe ist, wie schon gesagt, ein festes Band, mit dem Allah Mann und Frau verbindet. Während sie zunächst als Individuen „einzeln" sind, gelten sie nach der Heirat als Paar. Die Ehe macht sie zu einem Paar und so sind Freude und Leid des einen auch Freude und Leid des anderen. Der Koran beschreibt dieses Band in sehr schöner und lebendiger Ausdrucksweise:

„Sie sind euch ein Kleid und ihr seid ihnen ein Kleid..." (2:183) was bedeutet, daß jeder dem anderen ein Schutz, Bedeckung, Stütze und Schmuck ist.

Jeder der beiden Ehegatten hat dem anderen gegenüber Rechte, die anzuerkennen und nicht zu vermindern sind. Diese gegenseitigen Rechte sind gleich, mit Ausnahme dessen, was den Männern aufgrund ihrer natürlichen Stellung eigen ist, wie Allah sagt:

„Und sie sollen (gegen ihre Gatten) verfahren, wie (jene) gegen sie in Güte; doch haben die Männer den Vorrang vor ihnen..." (2:228)

Dieser Vorrang (*daradscha*) hängt zusammen mit der Rolle des Mannes als Unterhaltsleistender und Oberhaupt der Familie.

Ein Mann fragte den Propheten (s): „O Allahs Gesandter, welche Rechte hat eine Ehefrau uns gegenüber?" Er antwortete: „Daß du sie ernährst wie dich

1 Schaich Shaltut: *al-fatawa*, S.164

2 *Al-ihja*, Buch über die Ehe, S.74

selbst, daß du sie kleidest wie dich selbst, daß du sie nicht ins Gesicht schlägst, sie nicht schlecht behandelst und dich nicht von ihr absonderst, es sei denn im Hause." [1]

Deshalb ist des dem muslimischen Ehemann nicht erlaubt, die Versorgung seiner Frau mit Nahrung und Kleidung zu vernachlässigen. In einem *hadith* heißt es:

„Es ist groß genug an Sünde für einen, den Unterhalt der von ihm Abhängigen nicht nachzukommen." [2]

Die Frau ins Gesicht zu schlagen ist ebenfalls verboten, weil es eine Verletzung der Menschenwürde sowie eine Gefährdung ihres schönsten Körperteils darstellt. Wo ein Muslim gezwungen ist, bei offener Auflehnung seine Frau zu disziplinieren, darf er sie, wenn alle Mittel versagen, dennoch nicht so schlagen, daß es Schmerzen oder eine Verletzung hervorruft, und er darf keinesfalls ihr Gesicht oder andere leicht verletzbare Körperteile anrühren. Auch darf ein Muslim seine Frau nicht verunglimpfen, verfluchen oder beleidigen. Über die Rechte des Ehemannes hat der Prophet (s) gesagt:

„Keiner Frau, die an Allah glaubt, ist erlaubt, jemanden im Haus ihres Gatten haben, wenn er es nicht mag. Sie darf nicht aus gehen, wenn er es nicht mag, und sie darf niemandem sonst gehorchen. Sie darf sich ihm nicht verweigern. Sie darf ihn nicht schlagen (wenn sie stärker ist). Wenn er mehr Unrecht hat als sie, soll sie auf ihn einreden, bis er versöhnt ist. Lenkt er auf ihr Zureden hin ein, wird ihr Versöhnungsbemühen von Allah angenommen, und ihr Anliegen obsiegt, und wenn er nicht versöhnt ist, hat ihr Versöhnungsbemühen Allah doch erreicht." [3]

- Gegenseitige Toleranz zwischen den Ehegatten

Ein Ehemann muß seiner Frau gegenüber Geduld üben, wenn er bei ihr etwas feststellt, was er ablehnt und nicht mag. Er sollte anerkennen, daß er es mit einem menschlichen Wesen mit natürlicher Unvollkommenheit zu tun hat und sollte die guten Eigenschaften gegen die Mängel aufwiegen. Der Prophet (s) hat gesagt:

„Ein gläubiger Mann soll eine gläubige Frau nicht verabscheuen. Wenn ihn etwas unzufrieden macht, stellt ihn doch etwas anderes zufrieden."

Allah der Erhabene spricht:
„Geht in Billigkeit mit ihnen um, und wenn ihr Abneigung gegen sie empfindet,

1 Abu Dawud, Sahih Ibn Hibban.

2 Abu Dawud, Nasai, Hakim.

3 Hakim.

empfindet ihr vielleicht Abneigung gegen etwas, in das Allah viel Gutes gelegt hat.“ (4:23)

Während der Islam einerseits vom Mann verlangt, dem gegenüber tolerant und geduldig zu sein, was ihn bei seiner Frau unzufrieden macht, trägt er der Frau andererseits auf, ihren Ehemann soweit zufrieden zu stellen, wie ihre Fähigkeit und ihr Charme das ermöglichen und warnt sie davor, nicht eine Nacht vergehen zu lassen, während der ihr Mann böse mit ihr ist. In einem *hadith* heißt es:

„Es gibt drei, deren Gebet nicht eine Spanne über ihren Kopf steigt: der Mann, der ein Gemeinschaftsgebet leitet, während die Leute ihn nicht mögen, eine Frau, die die Nacht verbringt, während ihr Mann böse mit ihr ist, und zwei Brüder, die sich streiten.“ [1]

- Auflehnung und Streit

Wegen seiner natürlichen Fähigkeit und seiner Verantwortung, für seine Familie zu sorgen, ist der Mann der Vorstand von Haushalt und Familie. Er hat Anspruch auf Gehorsam und Zusammenarbeit seitens der Frau, und sie darf sich nicht gegen seine Autorität auflehnen und derart Auseinadersetzungen verursachen. Ohne einen Kapitän würde das Schiff des Haushalts kentern und sinken. Stellt der Ehemann fest, daß bei seiner Frau Ungehorsam und Auflehnung gegen ihn entstehen, sollte er sich aufs Beste bemühen, ihre Haltung durch gute Worte, freundliche Überzeugung und Argumente zu korrigieren. Hilft das nicht, sollte er nicht weiter bei ihr schlafen und versuchen, ihre liebenswürdige weibliche Natur zu erwecken, damit wieder Friede einkehrt und sie in harmonischer Weise auf ihn eingeht. Wenn auch das fehlschlägt, darf er sie leicht mit den Händen schlagen, wobei er das Gesicht und andere empfindliche Stellen zu meiden hat. Auf keinen Fall darf er einen Stock oder sonstigen Gegenstand benutzen, der Schmerzen und Verletzungen verursacht. Vielmehr sollte dieses „Schlagen“ von der Art sein, das der Prophet (s) einem seiner Knechte gegenüber erwähnte, als er über ihn verärgert war. Er sagte:

„Wäre nicht die Widervergeltung des Tages der Auferstehung, dann hätte ich dich mit diesem *miswak* (eine Art Zahnbürste) geschlagen.“ [2]

Der Prophet (s) ermahnte die Männer wegen des Schlagens ihrer Frauen und sagte:

„Wie kann einer von euch seine Frau schlagen wie einen Knecht und dann

1 Ibn Madscha, *Sahih* Ibn Hibban.

2 Ibn Sad, *tabaqat*.

am Ende des Tages mit ihr Geschlechtsverkehr haben?“ [1]

Es wurde dem Propheten (s) berichtet, daß manche seiner Gefährten ihre Frauen schlugen, woraufhin er sagte:
„Diese sind nicht die besten unter euch.“ [2]

Imam al-Hafiz ibn Hadschar sagt:
„Das Wort des Propheten (s) „Die besten von euch schlagen nicht“ könnte bedeuten, daß das Schlagen der Ehefrau allgemein erlaubt ist. Um genau zu sein, darf man nur schlagen, um islamisches Verhalten zu bewahren und wenn der Ehemann Ungehorsam in etwas sieht, was sie tun muß, oder wo sie ihm gehorchen muß. Es ist besser, sie zu warnen oder ähnliches, und so lange man durch Verwarnen etwas erreichen kann, ist die Anwendung von Gewalt nicht erlaubt, weil Gewalt Haß erzeugt, was der Harmonie, die man in der Ehe erwartet, zuwiderläuft. Gewalt darf nur angewendet werden, wo Sünde gegen Allah den Erhabenen zu befürchten steht. Al-Nasai berichtet, daß Aischa gesagt hat: „Niemals hat der Prophet (s) eine seiner Frauen oder Knechte geschlagen. Er hat überhaupt nichts mit der Hand geschlagen, außer um Allahs Willen oder wenn Allahs Verbote gebrochen wurden, und er um Allahs Willen Vergeltung übte.“ [3]

Wenn all diese Bemühungen scheitern und die Kluft zwischen Ehemann und Ehefrau tiefer wird, muß sich die islamische Gesellschaft um eine Lösung bemühen. Zwei Personen mit guter Absicht und gesunder Urteilskraft, einer von seiten der Frau und einer von seiten des Mannes, sollten sich mit dem Ehepaar treffen und sich bemühen, die Differenzen beizulegen. Möglicherweise trägt die Aufrichtigkeit ihrer Bemühungen Frucht und Allah bewirkt die Versöhnung zwischen den Eheleuten.
Diese verschiedenen Wege hat Allah im folgenden Koranvers genannt:

„Diejenigen aber, von denen ihr Auflehnung befürchten müßt, warnt sie, dann trennt (euch) in den Schlafgemächern und schlagt sie. Und wenn sie euch gehorchen, dann sucht keinen Weg gegen sie. Allah ist erhaben und groß. Und wenn ihr einen Bruch zwischen beiden (Gatten) befürchtet, dann sendet einen Schiedsmann von ihrer Familie und einen Schiedsmann von seiner Familie. Wollen sie sich aussöhnen, dann wird Allah Frieden zwischen ihnen stiften. Allah ist wissend und weise.“ (4:38-39)

● Wann Scheidung erlaubt ist

Schlagen alle diese Bemühungen fehl und nützt kein anderes Mittel, darf der

1 Ahmad, ähnlich auch Buchari.

2 Ahmad, Abu Dawud, Nasai. Von Ibn Hibban und Hakim als „gesund“ eingestuft nach Ijas ibn Abdullah ibn Abu Dhiab.

3 *Fath al-Bari*, Bd. 9, S. 249.

Ehemann die letzte Möglichkeit ergreifen, die von der *scharia* erlaubt ist. Der Islam hat die Möglichkeit der Ehescheidung als Antwort auf die bittere Wirklichkeit des Lebens gegeben, wo die Schwierigkeiten nicht anders als durch gütliche Trennung der beiden gelöst werden können. Der Islam hat die Ehescheidung dabei nur zögernd erlaubt und wünscht und empfiehlt sie nicht. Der Prophet (s) hat gesagt:

„Unter den erlaubten Dingen ist die Scheidung Allah am meisten verhaßt." [1]

Etwas, das erlaubt, aber von Allah verabscheut wird, bedeutet, daß es bei einer unvermeidlichen Zwangslage erlaubt ist, wenn das Zusammenleben zur Qual wurde und der gegenseitige Haß tief sitzt, und es für die beiden Gatten schwierig wird, die von Allah gesetzten Grenzen zu beachten und ihre ehelichen Pflichten zu erfüllen. In einer solchen Lage ist die Trennung besser, und Allah der Erhabene spricht:

„Wenn sie sich jedoch trennen, kann Allah beide aus Seinem Reichtum entschädigen..." (4:129)

● Scheidung in der vorislamischen Zeit

Der Islam ist nicht die einzige Religion, die die Scheidung erlaubt. Vor seiner Zeit war die Scheidung, von wenigen Gesellschaften abgesehen, überall auf der Erde erlaubt. Es war ein weitverbreiteter Vorfall, daß ein Mann seine Frau aus dem Haus verwies, wenn er sich über sie ärgerte, berechtigt oder unberechtigt, und die Frau hatte keine rechtliche Handhabe gegen ihn, keinen Anspruch auf seinen Besitz und auch kein Recht auf Unterhalt oder Entschädigung.

Die bedingungslose und ungehemmte Scheidung war bei den Griechen erlaubt, als ihre Zivilisation blühte. Nach römischem Recht konnte ein Richter die Ehe annullieren, selbst wenn die beiden Parteien einen Ausschluß der Ehescheidung in ihrem Ehevertrag vorgesehen hatten, weil die Möglichkeit der Scheidung als Vertragsbestandteil galt. In der Anfangszeit der römischen Kultur kannte die religiöse Ehe keine Scheidung, aber der Ehemann hatte absolute Macht über seine Frau. Unter bestimmten Umständen durfte er sie z.B. töten. Im Laufe der Zeit gelangte das religiöse Recht aber in Übereinstimmung mit dem Zivilrecht, das die Scheidung erlaubte.

● Scheidung im Judentum

Das Judentum verbesserte die Lage der Frau, weitete aber die Ehescheidung aus. Das religiöse Recht verlangt, daß der Mann sich von seiner Frau scheidet, wenn moralisches Vergehen ihrerseits erwiesen ist, selbst wenn der Mann

1 Abu Dawud.

es vorziehen würde, ihr zu verzeihen. Auch wird verlangt, daß er sich von ihr scheidet, wenn sie ihm innerhalb von zehn Ehejahren keine Kinder geschenkt hat.

- Scheidung im Christentum

Das Christentum steht unter den Religionen, die wir erwähnt haben, selbst im Unterschied zum Judentum, allein da, indem es sowohl die Scheidung als auch die Ehe mit geschiedenen Männern und Frauen verbietet. Von Jesus wird berichtet, daß er gesagt hat:

„Es ist auch gesagt: Wer sich von seiner Frau scheidet, der soll ihr einen Scheidebrief geben. Ich aber sage euch: „Wer sich von seiner Frau scheidet, es sei denn wegen Ehebruchs, der macht, daß sie die Ehe bricht, und wer eine Geschiedene freit, der bricht die Ehe." (Matt. 5:31-32)

„Und er sprach zu ihnen: „Wer sich scheidet von seiner Frau und freit eine andere, der begeht Ehebruch an ihr, und so sich eine Frau scheidet von ihrem Manne und freit einen anderen, die begeht Ehebruch." (Mark. 10:11-12)

Der Grund hierfür ist mit dem Bibelwort gegeben: „Was nun Gott zusammengefügt hat, daß soll der Mensch nicht scheiden" (Matt. 19:6; Mark. 10:9)

Diese Aussage ist insofern zutreffend, als Mann und Frau mit Gottes Erlaubnis und nach seinem Gesetz verheiratet sind, so daß man sagen kann, daß Gott sie zusammengefügt hat, obwohl der Mensch ja den Ehevertrag eingeht. Auf gleiche Weise, da Gott die Scheidung bei bestimmten Gründen und Umständen erlaubt und gesetzlich geregelt hat, kann man sagen, daß Gott die Eheleute getrennt hat, obwohl der Mensch die Scheidung ausführt. So wird deutlich, daß kein Mensch trennt, was Gott zusammengefügt hat, denn Zusammenfügen und Trennen ist in der Hand Allahs des Allmächtigen. Hat Allah sie wegen Ehebruchs nicht voneinander getrennt, warum sollte Er sie nicht wegen anderer triftiger Gründe trennen?

- Unterschiede bei den Christen

Das Neue Testament macht beim Verbot der Scheidung die Ausnahme des Ehebruchs. Manche Katholiken wollen aber sogar diese Ausnahme hinwegerklären, indem sie sagen: „Die Bedeutung ist hier nicht, daß Ehebruch eine Ausnahme darstellt, die die Scheidung erlaubt, weil es im christlichen Gesetz Scheidung überhaupt nicht gibt. Der Satz „es sei denn wegen Ehebruchs" bedeutet, daß die Ehe selbst aufgehoben ist, weil ihre Gesetzlichkeit und Richtigkeit verletzt wurden. Obwohl es scheinbar eine Ehe ist, handelt es sich doch um Ehebruch. Darum ist es dem Ehemann in einem solchen Fall erlaubt, ja sogar obliegend, daß er die Frau verläßt." [1]

Die Protestanten erlauben die Scheidung bei Ehebruch, Betrug des Ehemannes und anderen besonderen Gründen, über das hinaus, was im Evangelium steht. Allerdings verbieten manche Konfessionen die Wiederheirat geschiedener Personen.

Der Rat der Orthodoxen Kirchen Ägyptens erlaubt seinen Anhängern die Scheidung bei Ehebruch, wie im Evangelium vorgesehen, und bei manchen anderen Gründen, wie z.B. Unfruchtbarkeit von mehr als drei Jahren, bei chronischer Krankheit und dauerndem Streit, der unlösbar scheint.

- Folgen der christlichen Einstellung

Als Ergebnis dieser unnachgiebigen Einstellung des Christentums zur Ehescheidung mußten die Menschen in den westlichen Ländern das Zivilrecht benutzen, um die Scheidung zu legalisieren. Leider sind dabei viele, wie z.B. die Amerikaner, in ein Extrem verfallen, so daß die Scheidung selbst bei nichtigen Gründen ausgesprochen wird. Manche westliche Denker warnen davor, daß diese leichte Scheidung die Heiligkeit der Ehe verwässert und die eigentliche Grundlage des Familienlebens auflöst. Ein bekannter Richter hat gesagt, daß die Zeit nicht weit entfernt ist, wo die Ehe in den westlichen Ländern durch eine lose und dürftige Beziehung zwischen Männern und Frauen ersetzt wird, ähnlich einer geschäflichen Beziehung, die wegen der nichtigsten Gründe aufgelöst werden kann. Da es bei einem solchen Paar kein Band der Religion oder Liebe mehr gibt, sind sie nur durch ihre Begierde und das Verlangen nach Lustbefriedigung vereint, eine Beziehung, die jeder Religion widerspricht:

„Diese Erscheinung, die persönlichen Angelegenheiten durch Zivilrecht zu regeln, widerspricht jeder Religion und tritt nur bei den Völkern des christlichen Westens auf. Selbst Hindus, Buddhisten und Zoroastrier beachten religiöse Gebote bei der Regelung ihrer persönlichen Angelegenheiten. Obwohl wir bei ihnen Neuerungen in den Lehren ihrer Religionen finden können, die die Allgemeinheit betreffen, gibt es derartige Neuerungen bei den persönlichen Angelegenheiten nicht, d.h. in den Angelegenheiten von Ehe, Scheidung und was das Familienleben angeht." [2]

- Die christliche Einstellung: Zeitweilig, nicht dauerhaft

Wer die Evangelien ernsthaft untersucht, kann dem Schluß nicht ausweichen, daß, was Jesus (Friede auf ihn) lehrte, die Exzesse korrigieren sollte, die von den Juden in das göttliche Gesetz eingebracht worden waren. Seine Lehren,

1 Kommentar zum Matthäus-Evangelium, Institut Koptisch-Katholischer Forschung.

2 Abd al-Wahid Wafi: *huquq al-insan fi-l-islam* (Menschenrechte im Islam), S.88.

auch die Aussagen über die Scheidung, waren niemals als dauernde Regelung für die ganze Menschheit gedacht.

Im Matthäus-Evangelium steht folgender Dialog zwischen Jesus und den Pharisäern:

„Da traten zu ihm die Pharisäer, versuchten ihn und sprachen: Ist auch recht, daß sich ein Mann scheide von seiner Frau um irgendeiner Ursache willen? Er antwortete aber und sprach: Habt ihr nicht gelesen, daß, der im Anfang den Menschen geschaffen hat, schuf sie als Mann und Weib und sprach: (1.Moses 2:24) „Darum wird ein Mensch Vater und Mutter verlassen und an seinem Weibe anhangen, und werden die zwei ein Fleisch sein." So sind sie nun nicht mehr zwei, sondern ein Fleisch. Was nun Gott zusammengefügt hat, das soll der Mensch nicht scheiden.

Da sprachen sie: Warum hat dann Mose geboten, einen Scheidebrief zu geben, wenn man sich scheidet? Er sprach zu ihnen: Mose hat euch erlaubt, euch zu scheiden von euren Frauen um eures Herzens Härte willen, von Anbeginn ist es nicht so gewesen. Ich aber sage euch: Wer sich von seiner Frau scheidet, es sei denn um der Hurerei willen, und freit eine andere, der bricht die Ehe. Da sprachen die Jünger zu ihm: Steht die Sache eines Mannes mit seiner Frau so, dann ist es nicht gut, ehelich zu werden." (Matt. 19:3-10)

Aus diesem Dialog wird klar, daß Jesus durch die Einschränkung der Erlaubnis zur Ehescheidung auf den Ehebruch die Auswüchse der Juden in der wahllosen Anwendung der Scheidung korrigieren wollte, die nach dem mosaischen Gesetz erlaubt war. Das war offensichtlich eine vorübergehende Maßnahme, die das dauerhafte und universale Gesetz des Islam, vom Propheten Muhammad (s) gebracht, aufhob. Die Annahme, daß Jesus daraus sein ewiges Gesetz für die ganze Menschheit machen wollte, leuchtet nicht ein. Wir sehen, daß die Jünger, die aufrichtigsten Nachfolger, über eine solch harte Bestimmung bestürzt waren und sagten: „Steht die Sache eines Mannes mit seiner Frau so, dann ist es nicht gut, ehelich zu werden", d.h. wenn ein Mann heiratet, legt er sich ein Joch auf, das nicht zu entfernen ist, gleich wie unglücklich ihr gemeinsames Leben auf Grund von gegenseitigem Haß und Unvereinbarkeit der Temperamente werden kann. Ein weiser Mann hat zutreffenderweise gesagt: „Die größte Qual im Leben ist ein Gefährte, der mit dir nicht übereinstimmt und dich nicht verläßt."

- Die islamischen Begrenzungen

Die islamische *scharia* hat eine Reihe von Hindernissen für die Scheidung errichtet, um sie möglichst weit einzuschränken. Scheidung ohne rechtlichen Grund und ohne zuerst alle übrigen Möglichkeiten ausgeschöpft zu haben, die oben erwähnt wurden, um den Konflikt zu lösen, ist unrecht und im Islam verboten. Manche Rechtsgelehrten sind der Auffassung, daß so etwas beiden, Mann und Frau schadet, die Interessen von beiden unnötigerweise beeinträchtigt und darum, wie die Verschwendung von Eigentum, *haram* ist.

Der Prophet (s) hat uns gelehrt:
„Schadet weder euch noch anderen." [1]
Wer seinen Ehepartner scheidet und andere heiratet, um eine Vielzahl von Geschlechtspartnern zu haben, wird weder von Allah noch seinem Gesandten (s) gemocht. Der Prophet (s) nannte solche Leute „Probierer" und sagte:

„Ich mag die „Probierer" nicht, seien es Männer oder Frauen." [2]
Er sagte auch:
„Allah mag die „Probierer" nicht, Männer und Frauen." [3]
Ibn Abbas sagte: „Die Ehescheidung gibt es (nur) bei Notwendigkeit."

● Verbot der Scheidung während der Menstruation

Wenn eine Scheidung notwendig wird, darf der Muslim sie trotzdem nicht überstürzt und zu jedem beliebigen Zeitpunkt durchführen, sondern muß eine passende Zeit dafür abwarten. Nach der *scharia* ist die passende Zeit gegeben, wenn die Frau nach ihrer Regelblutung oder dem Ausfluß nach der Geburt rein geworden ist, bevor der Mann die geschlechtliche Beziehung wieder aufgenommen hat, oder wenn sie schwanger ist und der Mann Kenntnis davon hat.

Der Grund, die Scheidung während der Menstruation oder des Wochenbett-Ausflußes zu verbieten liegt darin, daß aufgrund sexueller Frustration oder Nervosität dem Mann der Einfall der Scheidung kommen kann, weil in dieser Zeit der Geschlechtsverkehr verboten ist. Darum ist er angewiesen, zu warten, bis seine Frau rein geworden ist und sich dann zu scheiden, wenn er die Scheidung beabsichtigt, bevor er die eheliche Beziehung wieder aufnimmt.

So wie die Scheidung während der Menstruation *haram* ist, so ist auch die Scheidung zwischen zwei Regelblutungen verboten, wenn der Mann mit seiner Frau nach Beendigung ihrer vorausgegangenen Regelblutung Geschlechtsverkehr hatte. Da sie möglicherweise schwanger geworden sein kann, würde der Ehemann vielleicht seine Ansicht zu Scheidung ändern, wenn er erfährt, daß sie ein Kind bekommt und sich wünschen, wegen des Kindes in ihrem Mutterleib mit ihr verheiratet zu bleiben. Wenn sich aber die Frau im Zustand der Reinheit befindet und er nach Beendigung ihrer Regelblutung nicht mit ihr verkehrt hat,

1 Ibn Qadama: *al-mughni*, Bd. 7, S.77. Dieser *hadith* ist überliefert von Ibn Madscha und Daraqutni.

2 Tabarani, Daraqutni.

3 Tabarani: *al-Kabir*, aufgrund guter Überlieferer.

oder wenn sie schwanger ist und er das weiß, kann er mit Sicherheit feststellen, ob seine Scheidungsabsicht das Ergebnis tiefer Abneigung ist und darf dann die Scheidung durchführen. Im *Sahih* al-Buchari wird berichtet, daß Abdullah ibn Umar seine Frau während ihrer Regelblutung schied. Als Umar dies Allahs Gesandtem (s) gegenüber erwähnte, sagte er zu ihm:

„Er muß sie zurücknehmen. Wenn er sich scheiden will, kann er das tun, wenn sie von der Regelblutung rein geworden ist und bevor er mit ihr Geschlechtsverkehr hat, denn das ist die Wartezeit die Allah für die Scheidung in dem Koranvers vorgeschrieben hat:

„O Prophet, wenn ihr euch von euren Frauen scheidet, dann scheidet euch von ihnen zu ihrer festgesetzten Zeit..." (65:1)

In einer anderen Version dieses *hadith* heißt es:
„Sag ihm, daß er sie zurücknimmt und sich dann scheidet, wenn sie von der Regelblutung rein oder schwanger geworden ist."

Eine Frage bleibt: Wenn jemand sich in diesen nicht erlaubten Zeiten von seiner Frau scheidet, ist die Scheidung gültig oder nicht? Die vorherrschende Meinung ist, daß die Scheidung wirksam wird, und der Mann eine Sünde begangen hat. Manche Rechtsgelehrte sind aber der Meinung, daß sie nicht wirksam wird, weil Allah es gesetzlich nicht so geregelt hat, und etwas, das nicht gesetzlich ist, kann nicht richtig sein und erzwungen werden. Abu Dawud hat aufgrund guter Überlieferung berichtet, daß Abdullah ibn Umar auf die Frage: „Was würdest du sagen, wenn ein Mann seine Frau während der Menstruation scheidet?" seine eigene Geschichte erzählte, wie er sich von seiner Frau während ihrer Periode schied und der Prophet (s) ihm befahl, sie zurückzunehmen, ungeachtet dessen, daß er die Scheidung ausgesprochen hatte.

● Der Schwur, sich scheiden zu lassen

Ein Muslims darf nicht schwören, daß er, wenn etwas Bestimmtes nicht geschieht, er sich von seiner Frau scheidet oder ihr androhen, daß sie geschieden wird, wenn sie dies oder jenes tut. Im Islam kann ein Schwur nur auf ganz bestimmte Weise erfolgen, nämlich allein im Namen Allahs. Keine andere Art des Schwures ist erlaubt. Der Prophet (s) hat gesagt:

„Wer bei etwas anderem außer Allah schwört, hat *schirk* begangen." [1]

Auch hat er gesagt:

1 Abu Dawud, Tirmidhi, Hakim.

„Wer einen Schwur leisten will, soll es im Namen Allahs tun oder stillschweigen.“ [1]

- Aufenthalt während der Wartezeit

Die islamische *scharia* verlangt, daß die geschiedene Frau während der *idda* (Wartezeit) zu Hause, d.h. im Hause ihres Mannes bleibt. Sie darf nicht aus dem Haus ausziehen und auch der Mann darf sie nicht ohne triftigen Grund des Hauses verweisen. Diese Bedingung eröffnet den Weg für den Ehemann während der *idda* nach einem erstmaligen oder zweitmaligen Ausspruch der Scheidung zu seiner Frau zurückzukehren, ohne erneut heiraten zu müssen. Ihre Gegenwart im gleichen Haus mit ihm macht es durchaus wahrscheinlich, daß die gegenseitige Sympathie und Liebe vielleicht wieder entsteht, während, wenn sie schwanger ist, ihre Schwangerschaft im Verlauf der Monate deutlich sichtbar wird, was auch ein Beweggrund für ihn sein könnte, seine Ansicht zu ändern. Auf jeden Fall haben sie genug Zeit, die ganze Sache erneut zu bedenken. Mit der heilenden Wirkung der Zeit können Gefühle der Abneigung solchen der Zuneigung und Versöhnung Platz machen, und die Wiederbelebung ihrer Liebe tritt vielleicht ein.

„...Und fürchtet Allah, euren Herrn. Treibt sie nicht aus euren Häusern noch laßt sie hinausgehen, es sei denn, sie hätten eine offenkundige Schandbarkeit begangen. Dies sind Allahs Gebote, und wer Allahs Gebote übertritt, der hat wider sich selbst gesündigt. Du weißt nicht, ob Allah nach diesem etwas geschehen läßt.“ (65:1)

Wenn man sich trennen muß, dann mit Würde und in Güte, ohne gegenseitige Beleidigung, Verletzung, Beschuldigungen oder Verletzung von Rechten. Allah der Erhabene sagt:

„...dann haltet sie in Güte zurück oder trennt euch in Güte...“ (65:2)

„...dann haltet sie fest in Güte oder entlaßt sie in Güte...“ (2:231)

„Und den Geschiedenen sei eine Versorgung nach Billigkeit festgesetzt; dies ist eine Pflicht für die Gottesfürchtigen.“ (2:242)

- Wiederholte Ehescheidung

Dem Muslim sind drei Gelegenheiten gegeben, d.h. dreimaliges Aussprechen der Scheidung zu drei verschiedenen Gelegenheiten, vorausgesetzt, jede Scheidung wird zu der Zeit der Reinheit der Frau ausgesprochen und man hatte keinen Geschlechtsverkehr mit ihr. Ein Ehemann kann die Scheidung einmal

1 Muslim.

aussprechen und die *idda* verstreichen lassen. Während der *idda* haben die beiden die Möglichkeit, sich miteinander zu versöhnen, ohne erneut heiraten zu müssen. Verstreicht diese Wartezeit aber ohne Versöhnung, ist das Paar geschieden. Jeder der beiden kann einen anderen Ehepartner heiraten oder sie können auch einander wieder heiraten. In diesem Fall ist ein neuer Ehevertrag erforderlich.

Wenn der Ehemann sich nach der ersten Scheidung mit seiner Frau wieder versöhnt, aber danach Feinseligkeit und Konflikt wiederum auftreten und alle Bemühungen der Versöhnung und Vermittlung fehlschlagen, darf er sich ein zweites Mal, wie oben beschrieben, scheiden. Auch in diesem Fall kann er während der *idda* ohne erneute Heirat zu seiner Frau zurückkehren, oder, wenn die *idda* verstrichen ist, mit einem neuen Ehevertrag.

Es kann aber auch vorkommen, daß der Mann, obwohl er sich zum zweiten Mal mit seiner Frau versöhnt hat, die Scheidung ein drittes Mal ausspricht. Das ist dann ein klarer Beweis dafür, daß die Feindschaft zwischen beiden sehr tief sitzt und daß sie nicht miteinander leben können. Hat diese dritte Scheidung stattgefunden, darf der Mann während der *idda* nicht mehr zu seiner Frau zurückkehren, und auch nach der *idda* nicht, wenn sie nicht dazwischen einen anderen Mann geheiratet hat, mit ihm dauerhaft und als wirkliche Ehefrau zusammenlebte und dann von ihm geschieden wurde. Dem anderen Mann ist es allerdings absolut verboten, sie nur zu heiraten und sich von ihr zu scheiden, um sie für den ersten Gatten *halal* zu machen.

Diejenigen Muslime, die bei einer einzigen Gelegenheit die Scheidung dreimal aussprechen oder die dreifache Scheidung in einer Verlautbarung, lehnen sich gegen Allahs Gesetz auf und weichen vom geraden Weg des Islam ab. Einmal wurde der Prophet (s) davon unterrichtet, daß jemand drei Scheidungen zugleich ausgesprochen hatte. Er stand ärgerlich auf und sagte:

„Wird mit Allahs Schrift gespielt, während ich noch unter euch bin?“ Da stand ein Mann auf und sagte: „O Allahs Gesandter, soll ich ihn nicht töten?“ [1]

● Ehrenhafte Versöhnung oder gütliche Trennung

Wenn ein Mann seine Frau geschieden hat und die *idda* verstreicht, hat er zwei Möglichkeiten. Entweder versöhnt er sich ehrenhaft mit ihr, d.h. er kehrt zu ihr zurück mit der Absicht in Frieden und Harmonie mit ihr zusammenzuleben, oder er entläßt sie und trennt sich gütlich von ihr, indem er die *idda* ohne Streit und böse Worte verstreichen läßt, und ohne die gegenseitigen Rechte zu verletzen.

1 Nasai.

Er darf nicht kurz vor Ende der *idda* zu ihr zurückkehren, um sie durch die Verlängerung der Wartezeit zu quälen und ihr so die Möglichkeit zu nehmen, einen anderen zu heiraten. Dies geschah in der Zeit der *dschahilijja*. Allah der Erhabene hat dieses Unrecht den Frauen gegenüber in entschiedener Weise verboten und eine Ausdrucksweise gebraucht, die das Herz zittern läßt:
„Und wenn ihr euch von euren Frauen scheidet und sie ihre Frist erreicht haben, dann behaltet sie in Güte oder entlaßt sie in Güte, und haltet sie nicht fest mit Gewalt, so daß ihr euch vergeht. Wer dies tut, sündigt wider sich. Und treibt nicht Spott mit Allahs Zeichen und gedenkt der Gnade Allahs gegen euch, und des Buches und der Weisheit, die Er zu euch hinabsandte, euch damit zu ermahnen. Und fürchtet Allah und wißt, daß Allah alles weiß." (2:231)

Ein bißchen Nachdenken über diesen erhabenen Vers mit sieben Sätzen, einer Warnung nach der anderen, einer Ermahnung nach der anderen, müßte für jedermann genügen, der noch Gefühl im Herzen hat oder Gehör, wenn der Vers vorgetragen wird.

- Die geschiedene Frau darf wieder heiraten, wenn sie will.

Nach dem Verstreichen der *idda* der geschiedenen Frau darf sie weder der frühere Gatte, noch der Vormund oder sonst jemand hindern, zu heiraten, wen sie möchte. So lange sie und der zukünftige Gatte den Regeln der *scharia* und der Tradition folgen, darf sich niemand einmischen. Was heute manche Männer tun, um ihre ehemaligen Frauen an der Wiederheirat zu hindern, durch Drohungen gegen sie und ihre Familien, ist in Wirklichkeit etwas aus der *dschahilijja*. Auch was manche Familien oder Vormünder von geschiedenen Frauen unternehmen, um sie daran zu hindern, zu ihren Männern zurückzukehren, wenn sie sich friedlich aussöhnen möchten, weil „Aussöhnung am besten ist" (4:127) gehört ebenfalls zur *dschahilijja*. Allah der Erhabene sagt:

„Wenn ihr euch von euren Frauen scheidet, und sie ihre Frist erreicht haben, dann hindert sie nicht, ihre Gatten zu heiraten, wenn sie sich in Billigkeit geeinigt haben. Dies ist eine Mahnung für denjenigen unter euch, der an Allah und den Jüngsten Tag glaubt. Dies ist das Lauterste und das Reinste für euch. Und Allah weiß, aber ihr wißt nicht." (2:232)

- Das Recht der Frau, die Scheidung zu verlangen

Eine Frau, die es nicht ertragen kann, mit ihrem Gatten zusammenzuleben, hat das Recht, sich vom Bund der Ehe zu lösen, indem sie ihren Ehemann den *mahr* (Morgengabe) und andere Geschenke, die sie erhielt, zurückgibt, oder mehr oder weniger, je nach Vereinbarung. Vorzuziehen ist aber, daß der Mann nicht mehr verlangt, als was er ihr gegeben hat. Allah der Erhabene spricht:

„...Und wenn ihr fürchtet, daß beide Allahs Gebote nicht halten können, so begehen beide keine Sünde, wenn sie sich mit etwas loskauft..." (2:229)

Die Frau von Thabit bin Qais kam zum Propheten (s) und sagte:
„O Allahs Gesandter, ich tadele Thabit bin Qais nicht wegen seines Charakters oder seiner Religion, aber ich will nicht schuldig an seinem Zorn sein. Ich bin ihm abgeneigt und kann ihn nicht mehr ertragen." Der Prophet (s) fragte sie, was sie von ihm bekommen hatte. Sie antwortete: „Einen Garten." Er fragte: „Würdest du ihm seinen Garten zurückgeben?" Sie sagte: „Ja," Da sagte der Prophet (s) zu Thabit: „Nimm den Garten und sprich einmal die Scheidung aus." [1]

Eine Frau darf die Scheidung von ihrem Mann nur verlangen, wenn sie von ihm mißhandelt wurde oder sonst einen triftigen Grund hat, der die Trennung erforderlich macht. Der Prophet (s) hat gesagt:

„Wenn eine Frau von ihrem Mann ohne wirklichen Grund die Scheidung verlangt, wird ihr der Geruch des Paradiesgartens verwehrt." [2]

- Verbot der schlechten Behandlung

Es ist dem Ehemann verboten, seine Frau zu quälen und zu mißhandeln, um sie zu zwingen, daß sie nach der Scheidung verlangt und ihm alles oder einen Teil dessen zurückgibt, was er ihr gegeben hat, es sei denn sie sei eindeutiger Unmoral schuldig. Allah der Erhabene sagt:

„...um einen Teil von dem, was ihr ihnen gabt, ihnen zu nehmen, es sei denn sie hätten offenkundig Ehebruch begangen." (4:23)

Es ist einem Ehegatten auch verboten, irgendetwas von seiner Frau zurückzunehmen, weil er sie haßt und sich von ihr scheiden will, damit er eine andere Frau heiraten kann. Allah der Allmächtige spricht:

„Und wenn ihr eine Gattin gegen eine andere eintauschen wollt und ihr habt der einen einen Schatz gegeben, dann nehmt nichts davon fort. Wolltet ihr es etwa fortnehmen in Verleumdung und offenbarer Sünde? Und wie könnt ihr es fortnehmen, wo ihr einander bereits beigewohnt habt und sie von euch einen festen Bund empfangen haben?" (4:24-25)

- Verbot, Enthaltung zu schwören

Einer der Aspekte der Sorge für die Rechte der Frauen seitens des Islam besteht darin, dem Mann zu verbieten, so verärgert über seine Frau zu sein, daß er

1 Buchari, Nasai.

2 Abu Dawud.

die geschlechtliche Beziehung mit ihr für einen Zeitraum einstellt, den sie nicht ertragen kann. Wenn diese Einstellung der geschlechtlichen Beziehung seinerseits von einem Schwur begleitet wurde, sind ihm vier Monate gegeben, sich zu beruhigen und zu seiner Frau zurückzukehren. Kommt er zu Sinnen und nimmt die geschlechtliche Beziehung vor Ablauf dieser vier Monate wieder auf, wird ihm Allah vielleicht seine Unmäßigkeit verzeihen und ihm das Tor der Vergebung öffnen. Allerdings muß er trotzdem die Buße für seinen Schwur leisten. Wenn andererseits diese Zeit verstreicht, und er nicht zu seiner Frau zurückgekehrt ist, gilt seine Frau, als gerechte Strafe der Vernachlässigung ihrer Rechte durch ihn, als geschieden.

Manche Rechtsgelehrte sind der Ansicht, daß diese Scheidung nach Ablauf der vier Monate automatisch eintritt und kein Gerichtsbeschluß dazu nötig ist. Andere verlangen aber, daß die Sache nach Ablauf der vier Monate einer gerichtlichen Instanz vorgelegt werden soll, die dann die Wahl zwischen Wiederversöhnung und Scheidung bietet.

Ein solcher Schwur der Enthaltung von seiner Frau heißt in der *scharia* „*ila*“. Darüber hat Allah der Erhabene gesagt:

„Für die, die schwören sich von ihren Frauen zu trennen, seien vier Monate Wartezeit festgesetzt. Kommen sie dann zur Vernunft, siehe, so ist Allah verzeihend und barmherzig. Und wenn sie zur Scheidung entschlossen sind, siehe, so ist Allah hörend und wissend.“ (2:226-27)

Diese Spanne von vier Monaten soll dem Ehegatten genug Zeit geben, zu überlegen, zur Vernunft zu kommen und aus eigenem Willen die Beziehung wieder aufzunehmen. Auch gelten vier Monate als die längste Zeit, die eine Frau normalerweise in Trennung von ihrem Ehemann leben kann. Als Stütze für diese Auffassung berichten die Koranausleger folgendes Geschehnis: Eines Nachts, zur Zeit seines Kalifentums, ging Umar durch Madina und hörte eine Frau singen: „Die Nacht ist lang, die Dunkelheit umschließt mich, ich kann nicht schlafen, denn ich habe keinen Gefährten, der mit mir spielt. Ich schwöre bei Allah, gäbe es nicht die Furcht vor Ihm, würde diese Wiege hin- und hergeschaukelt.“

Durch Erkundigungen erfuhr Omar, daß der Ehemann dieser Frau seit langer Zeit auf einem Feldzug war. Da fragte er seine Tochter Hafsa, die Witwe des Propheten (s): „Wie lange kann eine Frau die Trennung von ihrem Ehemann ertragen?“ Sie antwortete: „Vier Monate.“ In der Folge beschloß der Kalif der Gläubigen, daß er verheiratete Männer nicht länger als vier Monate von ihren Frauen wegschicken würde.

6. Beziehung zwischen Eltern und Kindern

Im Kind setzt sich der Vater fort und es trägt seine Charaktereigenschaften. Zu Lebzeiten ist das Kind die Freude des Vaters. Wenn er gestorben ist, bildet das Kind die Fortführung seines Daseins und ist eine Verkörperung seiner Fortdauer. Das Kind ererbt vom Vater die Gesichtszüge und die Statur sowie die geistigen Eigenschaften und Züge, gute wie schlechte, schöne wie häßliche. Das Kind ist Teil des Herzens des Vaters und seines Körpers. Allah der Erhabene hat deswegen die Ehe vorgeschrieben und den Ehebruch verboten, damit die Vaterschaft ohne Zweifel oder Unklarheit feststellbar ist und ein Kind seinem Vater und der Vater seinen Söhnen und Töchtern zugeordnet werden kann. Durch die Ehe ist eine Frau allein einem Mann vorbehalten. Es ist ihr verboten, ihm untreu zu sein und sonst jemandem Zugang zu dem zu gewähren, was nur für ihren Ehegatten bestimmt ist. Auf diese Weise wird jedes Kind, das während ihrer Ehe zur Welt kommt, das Kind ihres Ehegatten sein, ohne daß die Vaterschaft gesondert anerkannt oder öffentlich bekannt gemacht werden muß, sei es durch ihn oder durch die Mutter. Der Prophet (s) hat gesagt:

“Das Kind wird dem zugeschrieben, auf dessen Bett es geboren wird.“ [1]

● Verbot, die Vaterschaft zu bestreiten

Der Ehemann darf nicht die Vaterschaft eines Kindes bestreiten, das seine Frau zur Welt bringt, solange sie miteinander verheiratet sind. Eine solche Leugnung würde unvorstellbare Schande über Mutter und Kind bringen. Er darf so etwas deshalb nicht wegen eines bloßen Verdachtes, eines plötzlichen Einfalls oder bösen Gerüchts tun. Wenn er aber auf Grund von Beweisen, die ihm bekannt geworden sind, davon überzeugt ist, daß seine Frau ihn betrogen hat, will ihn die *scharia* des Islam nicht zwingen, ein Kind aufzuziehen, daß er nicht für sein eigenes hält, oder dieses Kind sein Erbe werden zu lassen, oder - zumindest - ihn den Rest seines Lebens Zweifel hegen zu lassen.

Einen Ausweg aus diesem Dilemma bietet die *scharia* mit *lian*. Wenn ein Mann davon überzeugt ist oder starken Verdacht hat, daß ohne daß er es beweisen kann, seine Frau Geschlechtsverkehr mit einem anderen Mann hatte und davon schwanger ist, kann er seinen Fall einem muslimischen Richter (*qadi*) vorlegen. Der *qadi* wird von Ehemann und Ehefrau verlangen, aufeinander den Fluch Allahs herabzurufen, wie das in der *Sure al-Nur* vorgeschrieben ist:

„Und diejenigen, die ihre Gattinen beschuldigen und keine Zeugen haben außer sich selbst — viermal soll ein jeder sein Zeugnis vor Allah beteuern, daß er wahrhaftig ist, und zum fünftenmal, daß Allahs Fluch auf ihn komme, wenn

1 Wörtlich: Das Kind gehört zum Bett“, Buchari, Muslim.

er ein Lügner ist. Aber abwenden soll es die Strafe von ihr, wenn sie viermal vor Allah bezeugt, daß er ein Lügner ist und das fünfte Mal, daß Allahs Zorn auf sie komme, wenn er die Wahrheit gesprochen hat.“ (24:6-9)

Danach werden die beiden dauernd voneinander getrennt und das Kind wird nach seiner Mutter benannt.

● Verbot der gesetzlichen Adoption

So wie es für einen Mann *haram* ist, die Vaterschaft eines von seiner Frau ehelich geborenen Kindes zu bestreiten, so ist es ebenfalls *haram* für ihn, ein Kind gesetzlich zu adoptieren, dessen Vater er nicht ist. Wie die Leute anderer Gesellschaften im Laufe der Geschichte haben auch die Araber der *dschahilijja* jedermann durch Adoption der Abstammungslinie und Familie hinzugefügt, von dem sie das wollten. Man adoptierte [1] nach Belieben einen Jungen, verkündete dies öffentlich und der Junge wurde wie ein leiblicher Sohn und nahm Anteil an Rechten und Pflichten der Familie und übernahm den Namen. Die Adoption war wirksam, obwohl der Adoptierte vielleicht einen bekannten Vater hatte und bekannter Abstammung war.

Zur Anfangszeit des Islam war dieser Brauch in der arabischen Gesellschaft weit verbreitet. Vor seinem Prophetentum hatte der Prophet selbst den Zaid bin Haritha adoptiert, der als Kind bei einem Überfall auf seinen Stamm gefangengenommen worden war, wie das seinerzeit in der *dschahilijja* immer wieder vorkam. Hakim ibn Hizam hatte ihn für seine Tante Khadischa gekauft und nach seiner Heirat mit ihr schenkte sie dem Propheten (s) Zaid. Als der Vater und Onkel von Zaid erfuhren, wo er sich aufhielt, kamen sie zum Propheten (s) um ihn zurückzuverlangen. Der Prophet (s) ließ Zaid die Wahl, und er wählte, beim Propheten (s) zu bleiben, statt bei seinem Vater oder Onkel. Der Prophet (s) gab ihm dann die Freiheit und adoptierte ihn in Gegenwart von anderen Leuten als Sohn. Danach wurde er Zaid bin Muhammad genannt und war der erste freigesetzte Knecht, der den Islam annahm.

Wie urteilt nun der Islam über diese Art von Adoption? Der Islam betrachtet diese Art der Adoption zurecht als eine Verfälschung der natürlichen Ordnung und der Wirklichkeit. Einen Fremden in die Familie als Angehörigen aufzunehmen und ihm den vertrauten Umgang mit Frauen zu gestatten, die nicht seine *muharramat* sind, ist Betrug, denn die Ehefrau des Mannes ist nicht die Mutter des Adoptivsohnes und die Tochter ist nicht die Schwester des Jungen und seine Schwester ist nicht die Tante, denn sie alle sind Nicht-*mahram* für ihn. Auch erwirbt der Adoptierte einen Anspruch auf das Erbe des Mannes

1 *tabanna*, „zum Sohn machen“.

und seiner Frau und nimmt damit den rechtmäßigen Erben etwas von ihrem Erbe, das ihnen zusteht. Eine solche Situation ruft den Ärger der eigentlichen Verwandten gegen den Eindringling hervor, der sich aufdrängt und Rechte anmaßt und sie ihres vollen Erbes beraubt. Oft führt solcher Ärger zu Streit und zerstört die verwandschaftlichen Beziehungen. Darum hat der Koran dieses System aus der *dschahilijja* abgeschafft, es vollkommen verboten und alle seine Folgen ausgelöscht. Allah der Erhaben spricht:

„...noch hat Er eure Adoptivsöhne zu euren leiblichen Söhnen gemacht. Das sind (nur) eure Worte in eurem Mund. Allah aber spricht die Wahrheit und er leitet auf den rechten Weg. Nennt sie nach ihren Väter, das ist gerechter vor Allah. Wenn ihr aber ihre Väter nicht kennt, dann sind sie doch eure Brüder im Glauben und eure Schützlinge..." (33:4-5)

Denken wir nach über die Worte des Korans: „noch hat Er eure Adoptivsöhne zu euren leiblichen Söhnen gemacht. Das sind (nur) eure Worte in eurem Mund." Dies bedeutet, daß die Erklärung der Adoption aus Worten besteht, für die es keine entsprechende objektive Wirklichkeit gibt. Eine bloße Aussage verändert nicht die Wirklichkeit, vertauscht nicht die Tatsachen, macht nicht einen Fremden zum Verwandten oder einen Adoptierten zum Sohn. Bloße Worte oder Ausdrucksweise lassen nicht das Blut eines Vaters durch die Adern des Adoptierten fließen, Gefühle der väterlichen Zuneigung im Herzen des Mannes oder Sohngefühle im Herzen des Jungen entstehen und übertragen auch nicht genetische, physische, geistige oder psychologische Eigenschaften. Der Islam hat all die Folgen dieses Systems der Adoption abgeschafft, die sich auf das Erbe oder das Verbot der Heirat mit der Witwe oder geschiedenen Frau des adoptierten Sohnes beziehen. Im Hinblick auf das Erbe läßt der Koran keinen Anspruch gelten, außer dem aufgrund von leiblicher Verwandtschaft oder Heirat:

„...und die Blutsverwandten sind einer des anderen nächste Verwandten..." (8:76)

Im Hinblick auf die Ehe hat der Koran festgelegt, daß nur die Frauen der leiblichen Söhne „die Ehefrauen eurer Söhne aus euren Lenden" (4:27) auf Dauer verboten sind, nicht aber die Frauen von Adoptierten. Darum darf ein Mann die geschiedene Frau seines adoptierten Sohnes heiraten, weil sie in der Tat ja die Frau eines Außenstehenden, nicht eines Blutsverwandten war.

- Praktisches Beispiel der Abschaffung von Adoption

In der Gesellschaft des vorislamischen Arabiens war der Brauch, Söhne zu adoptieren, tief verwurzelt, und es fiel den Leuten nicht leicht, ihn aufzugeben. Aber Allah der Erhabene wollte ihn und seine Auswirkungen auslöschen, nicht allein durch Worte, sondern auch durch Taten. Um alle Zweifel über die Angelegenheit auszuräumen und damit die Gläubigen ohne Bedenken ehemalige Frauen ihrer Adoptivsöhne heiraten konnten und vor allem, damit sie mit Sicherheit wußten, daß *halal* das von Allah Erlaubte und *haram* allein das von Allah Verbotene ist, wählte Allah der Erhabene den Propheten (s) selbst für diese wichtige Aufgabe.

Nun hatte Zaid bin Haritha, der als Zaid bin Muhammad bekannt war, die Cousine des Propheten (s) namens Zainab bin Dschahsch geheiratet. Zaid und Zainab waren nicht glücklich miteinander, und Zaid wurde immer unzufriedener mit seiner Frau und beklagte sich oft beim Propheten (s). Obwohl der Prophet durch göttliche Offenbarung wußte, daß Zaid sich von Zainab scheiden und er danach Zainab heiraten würde, überkam ihn doch auch manchmal menschliche Schwäche und er wollte sich nicht vor den Leuten bloßstellen. Darum sagte er immer, wenn Zaid zu ihm kam und sich beklagte: „Behalte deine Frau und fürchte Allah." Darauf offenbarte Allah der Erhabene einige Koranverse als Zurechtweisung für den Propheten und zugleich als Bestärkung seines Willens, der Gesellschaft entgegenzutreten und die Überreste der alten Ordnung zu zerstören, hier die althergebrachte Ansicht, daß kein Mann die ehemalige Frau eines Fremden heiraten dürfe, den er als Sohn adoptiert hat. Allah der Erhabene spricht:

„Und als du zu dem sprachst, dem Allah Gnade erwiesen hatte und auch du: „Behalte deine Gattin für dich und fürchte Allah" und du in deiner Seele verbargst, was Allah offen kundtun wollte, und die Menschen fürchtetest, wo Allah mehr verdient gefürchtet zu werden. Und als Zaid sich von ihr getrennt hatte, verheirateten wir dich mit ihr, damit es für die Gläubigen keine Sünde sei, die Gattinnen ihrer Adoptivsöhne zu heiraten, wenn jene sich von ihnen getrennt haben. Und Allahs Befehl ist auszuführen." (33:37)

Der Koran fährt dann fort, den Propheten (s) in dieser Handlungsweise zu unterstützen, ihre Rechtmäßigkeit zu bestätigen und jedwedes damit verbundene Stigma zu beseitigen:

„Der Prophet begeht keine Sünde in dem, was Allah ihm verordnet hat; das war der Brauch Allahs mit denen, die vor euch hingingen - und Allahs Befehl ist ein fester Beschluß — jene, welche Allahs Botschaften ausrichten und Ihn fürchten und niemanden fürchten außer Allah. Und Allah hält genügende Abrechnung. Muhammad ist nicht der Vater eines eurer Männer, sondern Allahs Gesandter und das Siegel der Propheten, und Allah weiß alle Dinge." (33:38-40)

● Kindesannahme zum Aufziehen und Erziehen

Wie oben ausgeführt, ist die Art der Adoption, die der Islam abschaffte jene, durch die jemand Angehöriger der Familie wird, mit Erbrecht, der Erlaubnis, sich frei unter allen Angehörigen der Familie zu bewegen, Verbot der Ehe mit bestimmten Personen usw.

Das Wort Adoption wird aber noch in einem anderen Sinn gebraucht, der nicht vom Islam untersagt ist — nämlich wenn jemand ein Waisenkind oder ein Findelkind aufnimmt, um es aufzuziehen, zu erziehen und wie sein eigenes Kind zu behandeln. Er schützt, ernährt, kleidet, unterweist und liebt das Kind wie sein eigenes. Allerdings schreibt er sich das Kind nicht zu und gibt ihm auch nicht die Rechte, die von der *scharia* den leiblichen Kindern vorbehalten sind. Dies alles ist nach Allahs Religion eine verdienstvolle Tat und wer sie vollbringt, wird mit dem Paradies belohnt. Der Prophet (s) hat gesagt:

„Ich und derjenige, der ein Waisenkind aufzieht, werden wie diese beiden im Paradiesgarten sein", und dabei zeigte er auf seinen Mittelfinger und seinen Zeigefinger mit einem kleinen Abstand dazwischen.

Ein Findelkind (*laqit*) gilt als Waise (*jatim*) und man kann es auch als „Sohn des Weges" (*ibn al-sabil*) bezeichnen, jemand, für den auch Sorge zu tragen ist.

Wenn jemand keine eigenen Kinder hat und ein solches Kind an seinem Besitz teilhaben lassen will, kann er ihm zu Lebzeiten geben, was er möchte und ihm vor seinem Tod bis zu einem Drittel seines Erbes vermachen.

● Künstliche Befruchtung

Der Islam gewährleistet reine Abstammung durch das Verbot von *zina* und gesetzlicher Adoption. So wird die Familienzugehörigkeit klar definiert, ohne daß etwas Außenstehendes mit hinein gelangt. Ebenso ist die sogenannte künstliche Befruchtung verboten, wenn der Samen nicht der des Ehegatten ist. In einem solchen Fall handelt es sich, wie der bekannte Gelehrte Schaich Schaltut sagte, „um ein scheußliches Verbrechen und eine große Sünde, die wie Ehebruch einzustufen sind. Beide (Ehebruch und künstliche Befruchtung mit fremdem Samen) sind dem Wesen und der Wirkung nach gleich. In beiden Fällen wird der „Acker", zu dem allein der Ehemann Zugang hat, absichtlich von einem Fremden befruchtet. Wären die Umstände dieses Verbrechens nicht von niedrigerem Rang, dann wäre solche künstliche Befruchtung mit der gleichen *hadd*-Strafe zu bestrafen, wie sie die von Gott geoffenbarte *scharia* für Ehebruch vorschreibt.

Es gibt aber keinen Zweifel, daß künstliche Befruchtung durch einen anderen Samenspender als den Ehemann ein schwerwiegenderes Verbrechen und eine verabscheuungswürdigere Übertretung als die Adoption darstellt, denn das auf Grund solch künstlicher Befruchtung geborene Kind schließt selbst die Folge der Adoption mit ein — die Aufnahme von etwas Außenstehendem in eine Abstammungslinie — zusammen mit der Übertretung des Ehebruchverbots, der sowohl den geoffenbarten Gesetzen Gottes wie der aufrechten menschlichen Natur zuwiderläuft. Durch solch eine Handlungsweise wird der Mensch auf die Stufe des Tieres erniedrigt, das kein Bewußtsein der edlen Bande (von Moral und Abstammung) hat, wie es unter den Mitgliedern der menschlichen Gesellschaft vorherrscht.“ [1]

- Dem Kind einen anderen Vater zuschreiben

So wie der Islam dem Vater verbietet, die Vaterschaft zu seinem Kind ohne triftigen Grund zu bestreiten, so ist auch dem Kind verboten, eine andere Abstammung als die wirkliche vorzugeben oder jemanden als Vater anzugeben, der nicht sein Vater ist.

Der Prophet (s) zählte dies zu den abscheulichen Schlechtigkeiten, die sowohl den Fluch des Schöpfers wie Seiner Geschöpfe verdienen. Einmal, als Ali von der Kanzel sprach, las er von einigen Blättern, auf denen er verschiedenen *ahadith* aufgeschrieben hatte. Eine der Aussagen des Propheten (s) war die folgende:

„Wer Abstammung von einem anderen als seinem Vater vorgibt und der Knecht, der sich einem anderen als seinem Herrn anschließt, auf dem ist der Fluch Allahs, Seiner Engel und der Menschen insgesamt. Von ihm nimmt Allah am Tag der Auferstehung keine Reue und keine Rechtfertigung an.“ [2]

Saad ibn Abi Waqqas berichtete, daß der Prophet (s) gesagt hat: „Wenn jemand eine Person als Vater vorgibt und weiß, daß es nicht sein Vater ist, wird ihm der Paradiesgarten verwehrt.“ [3]

- Tötet eure Kinder nicht

Nachdem die Abstammung auf diese Weise geschützt ist, hat der Islam Kindern und Eltern bestimmte gegenseitige Rechte auferlegt, die natürlicherweise aus der Eltern-Kind-Beziehung folgen und bestimmte Dinge für sie verboten, um diese Rechte zu wahren. Das Kind hat das Recht auf Leben. Weder Vater noch Mutter haben das Recht, dem Kind das Leben zu nehmen, sei es Junge oder Mädchen, indem man es tötet oder lebendig begräbt, wie dies manche Araber der *dschahilijja* taten. Allah der Erhabene sagt:

„Und tötet eure Kinder nicht aus Furcht vor Verarmung, wir versorgen sie und euch. Sie zu töten ist eine große Sünde.“ (17:33)

1 *Al-Fatawa* (Islamisch-rechtliche Entscheidungen) von Schaich Schaltut, S.300)

2 Buchari, Muslim.

3 Buchari, Muslim.

„Und wenn das lebendig begrabene Mädchen gefragt wird, um welcher Sünde willen es getötet wurde…" (87:8-9)

Was immer für ein Motiv es für dieses Verbrechen geben mag, sei es wirtschaftlich, wie die Furcht vor Armut und Mangel an Versorgung, oder nicht wirtschaftlich, wie die Furcht vor Schande bei einer Tochter, verbietet der Islam diese unmenschliche Handlung, die nichts weiter als vorsätzlicher Mord und die Unterdrückung eines schwachen hilflosen Menschen darstellt. Darum hat der Prophet (s) geantwortet, als er gefragt wurde, was die größte Sünde sei: „Etwas anderem außer Allah Göttlichkeit zuschreiben." Da wurde er gefragt: „Was dann?" Er antwortete: „Dein Kind aus Furcht davor zu töten, daß es an deinem Essen Anteil hat." [1]

Der Prophet (s) nahm sowohl Männern wie auch Frauen einen Treueeid ab, wenn sie den Islam annahmen. Dieser Treueeid schloß die Bedingung ein, daß sie ihre Kinder nicht töten und so etwas als absolut verbotenes Verbrechen ansehen würden:

„…weder zu stehlen noch außerehelichen Geschlechtsverkehr zu haben oder ihre Kinder zu töten.." (60:12)

Das Kind hat ein Recht darauf, daß die Eltern ihm einen guten Namen geben, der es nicht, wenn es älter wird, in Verlegenheit bringt. Es ist verboten einen Namen zu geben, der den Knecht oder Diener eines anderen anstelle Allahs bezeichnet wie z.B. Abd al-nabi (Knecht des Propheten) oder Abd al-masih (Knecht des Messias) usw.

Das Kind hat ein Anrecht auf Unterhalt, Erziehung und Fürsorge. Die Eltern dürfen die Bedürfnisse des Kindes nicht vernachlässigen und es auch nicht mißhandeln. Der Prophet (s) hat gesagt:

„Jeder von euch ist ein Hirte und jeder ist für die ihm Anvertrauten verantwortlich." [2]

„Dem Unterhalt der von ihm Abhängigen nicht nachzukommen, ist genug Sünde für einen Mensch." [3]

„Allah wird jeden Verantwortlichen nach den ihm Anvertrauten fragen, ob er (seiner Unterhaltspflicht) nachgekommen ist oder sie vernachlässigte, und der Mann wird nach den Angehörigen seines Haushaltes gefragt." [4]

1 Buchari, Muslim.

2 Buchari, Muslim.

3 Abu Dawud, Nasai, Hakim.

4 Ahmad, Nasai, Abu Dawud.

● Gleichbehandlung der Kinder

Ein Vater ist verpflichtet alle seine Kinder gleich zu behandeln, besonders wenn es um Geschenke geht. So darf er nicht ein Kind den anderen gegenüber ohne triftigen Grund besonders begünstigen, weil das Eifersucht und vielleicht sogar Feinschaft und Haß hervorrufen kann. Das gilt auch für die Mutter. Der Prophet (s) hat gesagt:

„Seid euren Kindern gegenüber gerecht", und er wiederholte das dreimal. [1]

Der Hintergrund dieses *hadith* war, daß die Frau von Baschir ibn Sad al-Ansari ihren Mann bat, ihrem Sohn Numan bin Baschir einen Garten oder einen Knecht zu schenken. Sie trug Baschir auf, den Propheten als Zeugen zu nehmen. Baschir ging zu ihm und sagte: „Die Tochter von so und so, — d.h. seine Frau — hat mich gebeten, ihrem Sohn einen Knecht zu geben." Der Prophet (s) fragte: „Hat er Brüder?" Er antwortet: „Ja." Der Prophet fragte: „Habt ihr jedem dasselbe gegeben?" Baschir sagte: „Nein." Da sagte der Prophet:

„Das ist nicht richtig und ich kann nur bei etwas Zeuge sein, was gerecht ist." [2]

Ein weiterer *hadith* hierüber besagt:
„Verlangt nicht von mir, Ungerechtes zu bezeugen. Eure Kinder haben ein Anrecht auf gleiche Behandlung wie ihr das Anrecht habt, daß sie euch behilflich sind und achten." [3]

„Fürchtet Allah und behandelt eure Kinder gerecht." [4]

Imam Ahmad bin Hanbal sagte, daß die Bevorzugung eines Kindes dann erlaubt ist, wenn es im Gegensatz zu den übrigen Kindern behindert ist. [5]

● Allahs Grenzen beim Erbe beachten

Es ist dem Vater verboten, seinen Kindern das Erbe vorzuenthalten, wie z.B. den Mädchen oder den Kindern einer Frau, die er nicht besonders mag. Auch darf kein Verwandter einen rechtmäßigen Erben durch einen Rechtskniff des Erbes berauben. Allah der Erhabene selbst hat aus Seinem Wissen, Seiner Weisheit und Gerechtigkeit die Erbverteilung so geregelt, daß jede in Frage kommende Person ihren gerechten Anteil erhält und Er hat den Menschen befohlen, sich im Rahmen Seiner Gesetzgebung zu bewegen. Wer darum von Seinem System der Erbteilung abweicht, erzürnt Seinen Herrn.

1 Muslim, Ahmad, Abu Dawud.

2 Sahih Ibn Hibban.

3 Abu Dawud.

4 Buchari, Muslim.

5 *Al-Fatawa* (Islamisch-rechtliche Entscheidungen) von Schaich Schaltut, S.300)

Allah der Erhabene hat die Sache des Erbes in drei Versen des Korans angesprochen. Am Ende des ersten dieser Verse sagt er: „...eure Eltern und eure Kinder, ihr wißt nicht, wer von beiden euch an Nutzen näher steht. (Dies ist) ein Gebot von Allah , siehe Allah ist wissend und weise.“ (4:12)

Nach dem zweiten Vers sagt Allah: „Ohne Benachteiligung. (Dies ist) eine Verordnung Allahs, und Allah ist wissend und weise. Dies sind Allahs Verordnungen, und wer Allah und Seinem Gesandten gehorcht, den führt er ein in Gärten, durcheilt von Bächen, ewig darinnen zu verweilen, und das ist die große Glückseligkeit. Wer sich aber gegen Allah und Seinen Gesandten auflehnt und Seine Gebote übertritt, den führt Er ein in ein Feuer, ewig darin zu verweilen, und es trifft ihn schändende Strafe.“ (4:16-18)

Am Ende des dritten Verses sagt Allah:
„...Allah macht es euch klar, damit ihr nicht irregeht, und Allah weiß alle Dinge.“ (4:175)

Wer also Allahs Gesetzen über das Erbe ungehorsam ist, weicht vom rechten Weg ab, den Er klargemacht hat, überschreitet die von Ihm gesetzten Grenzen und muß mit der von Ihm angedrohten Strafe rechnen: „...ein Feuer, ewig darin zu verweilen, und es trifft ihn schändende Strafe.“ (4:16)

● Ungehorsam gegenüber den Eltern: Eine große Sünde

Die Eltern haben ein Anrecht darauf, von den Kindern mit Freundlichkeit, Gehorsam und Ehrerbietung behandelt zu werden, was der natürliche Instinkt bejaht, und was einen Ausgleich für die guten Werke darstellt, die einem von Seiten der Eltern zuteil wurden. Die Rechte der Mutter werden umso mehr betont, als sie während der Schwangerschaft und bei der Geburt manches erleidet, ihr Kind stillt und es aufzieht. Allah der Erhabene sagt:

„Und Wir geboten dem Menschen Güte gegen seine Eltern. Seine Mutter trug ihn mit Schmerzen und gebar ihn mit Schmerzen, und sein Tragen und Entwöhnung sind dreißig Monate...“ (46:14)

Einmal kam ein Mann zum Propheten (s) und fragte:

„Wer hat am meisten Anspruch, daß ich ihm ein guter Gefährte bin?“ Der Prophet (s) antwortete: „Deine Mutter.“ Der Mann fragte: „Wer dann?“ Der Prophet (s) antwortete: „Deine Mutter.“ Der Mann fragte: „Wer dann?“ Der Prophet antwortete (s): „Deine Mutter.“ Der Mann fragte: „Wer dann?“ „Dein Vater.“ [1]

Der Prophet (s) erklärte den Ungehorsam gegenüber den Eltern zu einer der

1 Buchari, Muslim.

Hauptsünden, als zweite nach dem Beigesellen falscher Götter, wie es im Koran heißt. Nach Buchari und Muslim hat Allahs Gesandter (s) gesagt: „Soll ich euch nicht über die drei Hauptsünden unterrichten?" Die Anwesenden sagten: „Doch, o Allahs Gesandter." Er sagte: „Allah etwas beigesellen und den Eltern ungehorsam sein", und sich aufstützend fuhr er fort, „und Lügen und falsches Zeugnis geben. Hütet euch davor."

Er hat auch gesagt:
„Drei werden den Paradiesgarten nicht betreten: wer seinen Eltern ungehorsam ist, der Zuhälter und die Frau, die Männer nachahmt." [1]

Weiter hat er gesagt:
„Allah schiebt (die Bestrafung) aller Sünden bis zum Tag der Auferstehung auf, außer Ungehorsam gegenüber den Eltern, wofür Allah den Sünder in diesem Leben vor seinem Tod bestraft." [2]

Darüberhinaus betont der Islam die gute Behandlung der Eltern, besonders wenn sie alt werden. Wenn ihre Kraft abnimmt, brauchen sie mehr Aufmerksamkeit und Fürsorge und mehr Rücksichtnahme auf ihre noch sensibleren Gefühle. Hierüber sagt der Koran:

„Und dein Herr hat bestimmt, daß ihr Ihm allein dient und daß ihr gegen eure Eltern gütig sein, sei es, daß der eine von ihnen oder beide bei dir ins Alter kommen. Darum sage nicht zu ihnen: „Pfui!" und schimpfe sie nicht, sondern rede ehrfürchtig mit ihnen. Und füge dich ihnen unterwürfig aus Barmherzigkeit und sag: Mein Herr, erbarme dich beider, so wie sie mich aufgezogen haben, als ich klein war." (17:24-25)

Bei der Erläuterung dieses Verses hat ein Ausleger gesagt:
„Gäbe es etwas Geringeres als „Pfui" zu den Eltern zu sagen, hätte Allah auch das verboten."

- Beleidigen der Eltern - eine große Sünde

Über das Obige hinaus hat der Prophet (s) nicht nur das Beleidigen oder Verfluchen der Eltern verboten, sondern es auch als eine der großen Sünden bezeichnet. Er sagte:
„Zu den großen Sünden gehört es, seine Eltern zu verfluchen." Die Anwesenden wunderten sich, wie ein gesunder und gläubiger Mensch seine Eltern verfluchen könnte und erkundigten sich: „Wie kann jemand seine eigenen Eltern verfluchen?" Der Prophet (s) antwortete: „Er beleidigt den Vater eines anderen, dann beleidigt dieser seinen Vater und er beleidigt die Mutter des

1 Nasai, al-Bazzar mit vorzüglichen Überlieferern, und Hakim.

2 Hakim, nach gesunden Überlieferern.

anderen und dann beleidigt der seine Mutter." [1]

Wie wäre dann wohl einer einzustufen, der sie ins Gesicht hinein verflucht?

● Zustimmung der Eltern zum *dschihad*

Die Eltern zufrieden zu stellen, ist im Islam so wichtig, daß der Sohn sich nicht freiwillig, ohne die Erlaubnis der Eltern, zum *dschihad* melden darf, obwohl der Kampf für Allahs Sache (*dschihad fi sabili llah*) so großen Verdienst im Islam bewirkt, daß der Verdienst dessen, der die ganze Nacht betet und den Tage lang fastet, nicht daran heranreicht.

Abdullah bin Amr bin al-As berichtet:
„Ein Mann kam zum Propheten (s) und bat ihn um Erlaubnis, am *dschihad* teilzunehmen. Der Prophet (s) fragte: „Leben deine Eltern noch?" Er antwortete: „Ja." Da sagte der Prophet. „Dann bemühe Dich, ihnen zu dienen." [2]

Dies bedeutet, daß die Fürsorge für die Eltern eine größere Verpflichtung als der *dschihad* auf Allahs Weg ist. Abdullah hat auch berichtet:

„Ein Mann kam zum Propheten (s) und sagte: „Ich gebe dir den Treueeid für *hidschra* (Auswanderung nach Medina) und *dschihad*, und suche Allahs Lohn dabei zu finden." Der Prophet (s) erkundigte sich, ob einer von seinen Eltern noch am Leben sei. Als jener antwortete, daß beide noch lebten, sagte der Prophet (s): „Willst du wirklich Lohn von Allah?" Der Mann sagte: „Ja." Da sagte der Prophet (s) zu ihm: „Geh zurück zu deinen Eltern und sei ihnen ein guter Gefährte." [3]

Weiter berichtete Abdullah:
„Ein Mann kam zum Propheten (s) und sagte: „Ich bin gekommen, um dir Treue zu schwören zur *hidschra*, und ich habe meine Eltern weinend zurückgelassen." Der Prophet (s) sagte zu ihm: „Kehre zurück und bringe sie zum Lachen, wie du sie zum Weinen gebracht hast." [4]

Abu Said berichtet, daß ein Mann aus dem Jemen nach Medina auswanderte, um beim Propheten (s) zu sein. Der Prophet (s) fragte ihn: „Hast du noch Angehörige im Jemen?" Er antwortete: „Meine Eltern." Der Prophet (s) fragte: „Hast du ihre Erlaubnis bekommen?" Als er dies verneinte, sagte ihm der Prophet (s): „Gehe zu ihnen zurück und bitte sie um Erlaubnis. Wenn sie zustim-

1 Buchari, Muslim.
2 Buchari, Muslim.
3 Muslim.
4 Buchari u.a.

men, gehe zum *dschihad.* Ansonsten bleibe und diene ihnen.“ [1]

- Nichtmuslimische Eltern

Es gehört zu den hervorragenden Seiten des Islam bei der Behandlung der Eltern, daß dem Muslims verboten ist, ihnen gegenüber ungehorsam zu sein, selbst wenn es sich um Nichtmuslime handelt, die so fanatisch sind, daß sie mit ihm streiten und Druck auf ihn ausüben, damit er den Islam verläßt. Allah der Erhabene spricht:

„...Drum sei Mir und deinen Eltern dankbar. Zu Mir ist der Heimgang. Doch wenn sie mit dir eifern, daß du Mir an die Seite setzt, wovon dir kein Wissen gegeben wurde, dann gehorche ihnen nicht. Verkehre mit ihnen hinnieden in Billigkeit, aber folge dem Weg derer, die sich zu Mir bekehren. Alsdann ist eure Rückkehr zu Mir, und verkünden wil Ich euch euer Tun.“ (31:13-14)

In diesen beiden Versen wird dem Muslim befohlen, seinen Eltern in dem, was sie ihm hier zu sagen versuchen, nicht zu gehorchen, weil es gegenüber einem Geschöpf keinen Gehorsam gibt, wenn das zugleich Sünde gegenüber dem Schöpfer bedeutet — und welche Sünde wäre größer als die, Allah etwas zur Seite zu stellen? Zugleich wird dem Muslim aber auch befohlen, die Eltern gütig und ehrenhaft in dieser Welt zu behandeln, unbeeinflußt von ihrer Haltung gegen seinen Glauben, und dem Weg jener rechtschaffenen Gläubigen zu folgen, die sich zu Allah wenden und das Urteil zwischen sich und seinen Eltern dem gerechtesten der Richter zu überlassen, an dem Tag, wo weder die Eltern dem Kind noch das Kind den Eltern nutzen kann. Solche tolerante und nutzbringende Lehren hat keine andere Religion aufzuweisen.

1 Abu Dawud.

Kapitel 4
Halal und *haram* im täglichen Leben des Muslims

1. **Glaube und Sitten**
2. **Geschäftliches**
3. **Erholung und Spiel**
4. **Soziale Beziehungen**
5. **Beziehungen mit Nichtmuslimen**

1. Glaube und Sitten

Der Glaube (*iman*) ist die Grundlage der islamischen Gesellschaft, und *tauhid* [1] ist das Wesen dieses Glaubens und der eigentliche Kern des Islam. Diesen Glauben und diesen reinen *tauhid* zu schützen, ist das vorrangige Ziel aller islamischen Lehre und Gesetzgebung. Um die Gesellschaft der Muslime von jedweder Spur des *schirk* und Überresten der Irreleitung freizuhalten, bedarf es eines andauernden Kampfes gegen alle Glaubensvorstellungen, die ihren Ursprung in der Unwissenheit des Menschen gegenüber der göttlichen Rechtleitung und der Irreführung des Götzendienstes haben.

- Achtung vor Allahs Gesetzen im Universum

Einer der Glaubensgrundsätze, die der Islam der Seele des Muslims einprägt, besteht darin, daß das unendliche Universum nicht von sich aus ohne jegliche Kontrolle oder Leitung funktioniert, und daß es auch nicht den irregeleiteten, blinden, widersprüchlichen Wünschen der Menschen oder sonstiger in ihm befindlicher Geschöpfe folgt. Der Koran sagt:

„Wäre die Wahrheit ihren Wunschvorstellungen gefolgt, wären Himmel, Erde und was in ihnen ist, bestimmt zugrunde gerichtet..." (23:71)

Stattdessen ist das Universum vielmehr in beständige Gesetzmäßigkeiten eingebunden, wie der Koran an anderer Stelle anführt:

„Du wirst in Allahs *sunna* [2] keine Veränderung finden, und du wirst in Allahs *sunna* keine Wandlung finden." (35:43)

Die Muslime haben aus der Schrift von ihrem Herrn und dem Beispiel ihres Propheten (s) gelernt, diese Gesetzmäßigkeiten des Universums zu achten, sie zu verstehen und die Ursachen und Zusammenhänge zu nutzen, die Allah eingerichtet hat, und die angeblichen verborgenen, geheimgehaltenen Hintergründe zu verwerfen, die von Priestern, Scharlatanen und denen verbreitet werden, die mit den Religionen Geschäfte machen.

- Kampf gegen Aberglaube und Mythen

In der Zeit des Propheten gab es in der arabischen Gesellschaft eine Schicht der Wahrsager und Weissager, die vorgaben, die Geschehnisse aus Vergangenheit und Zukunft auf Grund ihrer Beziehungen zu den *dschinn* oder durch andere geheime Quellen zu kennen. Diesem Betrug, der weder auf wahrem Wissen beruht, noch auf göttlicher Rechtleitung oder einer offenbarten Schrift, sagte der Prophet (s) dann den Kampf an. Er trug ihnen vor, was Allah ihm

1 der Glaube an die Existenz und Einzigkeit Gottes.

2 dem üblichen oder vorherrschenden Verhalten.

offenbart hatte:

„Sag: Niemand in den Himmeln und auf der Erde kennt das Verborgene, außer Allah…“ (27:65)

Demnach kennen das Verborgene weder die Engel, noch die *dschinn*, und auch nicht die Menschen. Dem Auftrag seines Herrn folgend, verkündete der Prophet:

„Hätte ich Kenntnis über das Verborgene, sollte ich die Fülle des Guten erlangt haben und nichts Böses hätte mich berührt. Wirklich bin ich nur ein Warner und bringe denen gute Kunde, die glauben“ (7:188)

Über die *dschinn*, die für Salomo arbeiten mußten, sagt Allah der Erhabene:

„…den *dschinn* wurde klar, daß — hätten sie das Verborgene gekannt — sie nicht in der erniedrigenden Strafe hätten verweilen müssen“ (34:14)

Demgemäß sagt jemand, der behauptet, vom Verborgenen Kenntnis zu haben, die Unwahrheit Allah gegenüber und betrügt die Leute.

Einmal kam eine Gesandschaft zum Propheten (s) und, da sie annahmen, er sei jemand, der das Verborgene kenne, versteckten sie etwas in ihren Händen und verlangten vom Propheten zu sagen, was es sei. Der Prophet (s) erklärte ihnen unmißverständlich:
„Ich bin kein Wahrsager. Der Wahrsager, das, was mit Wahrsagen zusammenhängt, und die Weissager werden alle im Feuer sein.“

- Dem zu glauben, der die Zukunf voraussagt, ist *kufr*

Der Feldzug des Islam beschränkte sich nicht allein auf die Wahrsager und Weissager, sondern schloß alle ein, die zu ihnen gehen, ihre Hilfe suchen und an ihren Aberglauben und Irreführung glauben. Der Prophet (s) hat gesagt:

„Das Gebet dessen, der zu einem Wahrsager geht, etwas von ihm verlangt und glaubt, was er sagt, wird vierzig Tage nicht angenommen.“ [1]

Auch sagte er:
„Wer zu einem Wahrsager geht und glaubt, was er sagt, hat abgeleugnet, was Muhammad (s) offenbart wurde.“ [2]

Denn das, was Muhammad (s) offenbart wurde, bestätigt, daß die Kenntnis des Verborgenen allein Allahs Sache ist, und daß Muhammad (s) davon nichts weiß und jemand anderer noch viel weniger:

1 Muslim.

2 Al-Bazzar, aufgrund guter und starker Überlieferer.

„Sag: Ich sage nicht zu euch, daß ich über Allahs Schätze verfüge oder daß ich das Verborgenen kenne, und ich sage nicht zu euch: ich bin ein Engel. Ich folge nur dem, was mir offenbart wurde..." (6:50)

Wenn also ein Muslim in Kenntnis dieser klaren und eindeutigen Aussage des Korans glaubt, daß manche Menschen zukünftige Ereignisse voraussagen können und die Geheimnisse des Verborgenen kennen, hat er zweifellos abgeleugnet, was Allahs Gesandtem (s) offenbart wurde.

- Wahrsagen mit Pfeilen

Aus diesen Gründen verbot der Islam das Wahrsagen mit Pfeilen. Die Araber der *dschahilijja* benutzten drei Pfeile zum Orakel. Auf einem Pfeil stand: „Mein Herr befahl mir", auf dem zweiten „Mein Herr verbot mir", und der dritte war leer. Wenn jemand eine Reise vorhatte, heiraten wollte oder einen Überfall beabsichtigte, etc., ging er zu dem Tempel, wo diese Pfeile aufbewahrt wurden. Einer der Pfeile wurde gezogen. War es der mit dem „Befehl", fuhr man mit der Sache fort, war es der mit dem „Verbot", ließ man die Sache. War es der unbeschriftete Pfeil, steckte man ihn zurück und zog erneut einen Pfeil, bis man eine klare Anweisung hatte.

Diesem Brauch entspricht all das, was in unserer Gesellschaft geschieht, wenn man Entscheidungen trifft, die sich nach dem richten, was man im Sand entdeckt, in Seemuscheln, Teeblätter, Karten, Handflächen, in einem aufgeschlagenen Buch und ähnliches mehr. [1]

Der Islam hat alle entsprechenden Praktiken untersagt und sieht sie als sündig an. Nach der Anführung der verbotenen Speisen sagt Allah der Erhabene:

„und auch das Weissagen mit Pfeilen ist verboten, das ist Frevel." (5:4)

Und Allahs Gesandter (s) hat gesagt:
„Wer sich mit Weissagern berät, oder mit Lospfeilen, oder wegen eines Omens auf einer Reise umkehrt, wird den hohen Rang (im Paradies) nicht erlangen." [2]

- Magie

Auf gleiche Weise verurteilt der Islam die Magie und wer sie ausübt. Über diejenigen, die Magie erlernen, sagt der Koran:

1 Dies betrifft auch die Astrologie, Glaube an Horoskope und Verwandtes. Der Prophet (s) hat gesagt: „Wer das Wissen der Astrologie erwirbt, hat einen Zweig der Magie erworben" (Ahmad, Abu Dawud, Ibn Madscha). Er sagte auch: „Der Astrologe ist ein Wahrsager, der Wahrsager ist ein Zauberer, und der Zauberer ist ein Ungläubiger." (Razi)

2 Nasai.

„...sie haben nur gelernt, was ihnen schadet und ihnen nicht nützt..." (2:103)

Der Prophet (s) rechnete die Magie zu den großen Todsünden, die ganze Völker vernichten, bevor sie den Einzelmensch vernichten, und die den, der sie vollbringt, schon in dieser Welt, noch vor dem Jenseits, erniedrigen. Er sagte: „Meidet die sieben Vernichter." Die Leute fragten: O Allahs Gesandter, was sind sie? Er sagte: „Etwas an Allahs Stelle setzen (*schirk*), Magie, ein Leben zu nehmen, das Allah verwehrt hat, außer auf dem Wege des Rechts, Zinsnahme, sich dem Besitz von Waisen aneignen, auf dem Schlachtfeld den Rücken wenden und tugendhafte unachtsame gläubige Frauen zu verleumden." (Buchari, Muslim)

Manche Gelehrte sehen die Magie als Unglaube (*kufr*) an oder als etwas, das dazu führt, und manche sind sogar dafür eingetreten, die zu töten, die Magie ausüben, um die Gesellschaft von ihrem Übel zu befreien. Der Koran hat uns gelehrt, bei Allah Zuflucht vor dem Bösen der Magie [1] zu nehmen:

„...vor dem Bösen derer, die auf Knoten blasen..." (113:4)

denn das Blasen auf Knoten ist eine der Methoden, die solche Leute anwenden. Der Prophet (s) hat gesagt:

„Wer auf Knoten bläst, übt Magie aus, und wer Magie ausübt, begeht *schirk* (Vielgötterei)." [2]

Gerade so, wie es für den Muslim *haram* ist, sich bei Wahrsagern oder Weissagern Rat hinsichtlich der Geheimnisse des Verborgenen zu holen, so ist es für ihn auch *haram*, sich die Magie oder jemanden, der sie ausübt zu Hilfe zu nehmen, um eine Krankheit zu heilen oder eine Schwierigkeit zu überwinden. Allahs Gesandter (s) hat sich von solchen Leuten losgesagt, mit den Worten:

„Der gehört nicht zu uns, der nach einem Omen sucht oder für den ein Omen gesucht wird, der weissagt oder für den geweissagt wird, der Magie ausübt oder jemanden danach fragt, für ihn Magie auszuüben." [3]

Abdullah ibn Masud sagte:
„Jeder, der zu einem Weissager geht, oder zu einem, der Magie ausübt oder einem Wahrsager, nach etwas fragt und an das glaubt, was er sagt, leugnet ab, was Muhammad (s) offenbart wurde." [4]

Allahs Gesandter (s) schließlich hat gesagt:

1 Magie schließt Zauberei, Hexerei und alle entsprechenden Praktiken ein.

2 Tabarani, aufgrund zweier Überliefererketten, von denen eine zuverlässig ist.

3 Von al-Bazzar, aufgrund guter Autorität.

4 Von al-Bazzar und Abu Jala, aufgrund guter Autorität.

„Wer Berauschendes zu sich nimmt, wer an Magie glaubt und wer die Bande der Verwandschaft bricht, wird nicht in den Paradiesgarten gelangen.“ [1]

Die mit diesen Dingen verbundene Sünde ist nicht auf denjenigen beschränkt, der die Magie ausübt, sondern schließt auch jene ein, die an seine Magie glauben, ihn ermutigen und auf das vertrauen, was er sagt. Die Sünde wird noch größer und offenbarer, wenn die Magie für Zwecke benutzt wird, die ihrerseits *haram* sind, wie z.B. Zwietracht zwischen Ehegatten stiften, körperlichen Schaden zufügen und andere böse Dinge, wie sie unter denen, die Magie ausüben, weit verbreiten sind.

- Zauberformeln und Amulette

Ebenfalls in diese Kategorie fällt das Aufhängen von Zauberformeln, Seemuscheln und ähnliches, im Glauben, daß dies Heilung für eine Krankheit bewirkt oder Schutz davor bietet. Es gibt selbst im 20. Jahrhundert noch Menschen, die ein Hufeisen über die Tür hängen. Darüber hinaus findet man auch heute noch Scharlatane in verschiedenen Ländern, die die Unwissenheit der einfachen Leute ausnutzen, indem sie ihnen Amulette und Zauberformeln schreiben, Linien und Talismane zeichnen und seltsame Sprüche aufsagen, mit dem Anspruch, daß diese Maßnahmen vor den Angriffen böser Geister schützen, oder dem Einfluß von Dämonen, dem bösen Blick, dem Neid usw.

Was die Verhütung und Behandlung von Krankheiten angeht, hat der Islam allgemein bekannte Maßnahmen vorgesehen und verurteilt jene, die sich davon ab- und den betrügerischen Maßnahmen der Schwindler zuwenden. Der Prophet (s) hat gesagt:

„Sucht nach der Heilung, denn Er, der Krankheit schuf, schuf auch ihr Heilmittel.“ [2]

Auch sagte er:
„In dreierlei ist Heilung: im Honigtrank, im Schröpfen und im Ausbrennen.“ [3]

In unserer Epoche schließen diese drei Heilmethoden aufgrund von Analogie und Erweiterung alle Medikamente ein, die durch den Mund aufgenommen werden, chirugische Eingriffe und Therapien, die Hitze oder Elektrizität verwenden.

Hingegen stellt das Tragen von Perlen, Seemuscheln, Zauberformeln und Amu-

1 Sahih Ibn Hibban.

2 Ahmad.

3 Buchari, Muslim.

letten oder das Aufsagen von bestimmten Sprüchen zur Behandlung oder zum Schutz vor Krankheiten reine Ignoranz und Irregehen dar, steht im Gegensatz zu den Gesetzen Allahs des Erhabenen und bedeutet die Ableugnung des *tauhid*. 'Uqba bin 'Amir berichtete, daß er in einer Gruppe von zehn Personen zum Propheten (s) kam. Der Prophet (s) nahm von neun von ihnen den Treueeid (*baia*) an, hielt sich aber vor dem zehnten zurück. „Was ist mit ihm?", fragte man. „An seinem Arm befindet sich ein Amulett", antwortete der Prophet (s). Da riß der Mann das Amulett herunter, und der Prophet (s) nahm daraufhin auch seinen Treueeid an, und sagte: „Wer dies trägt, hat *schirk* begangen." [1]

Der Prophet (s) hat auch gesagt:
„Möge Allah die Hoffnungen dessen nicht erfüllen, der eine Zauberformel trägt, möge Allah die Hoffnungen dessen nicht erfüllen, der Seemuscheln aufhängt." [2]

Umran bin Hasin berichtete, daß der Prophet (s) einen Mann ein Messingarmband am Arm tragen sah und er sagte zu ihm: „Wehe dir, was ist das?" Er antwortete: „Zum Schutz vor Schwäche." Der Prophet (s) sagte: „Gewiß verstärkt es nur deine Schwäche. Wirf es weg, denn stirbst du, während du es trägst, wirst du niemals Erfolg erlangen." [3]

Dies Lehren des Propheten (s) drangen in die Köpfe seiner Gefährten, und sie verwarfen solche irrigen und falschen Bräuche, nahmen sie nicht hin und glaubten nicht daran. Isa bin Hamsa berichtete: „Ich besuchte Abdullah bin Hakim, der Fieber hatte, und ich sagte: „Warum trägst Du kein Amulett?" Er sagte: „Ich suche Zuflucht bei Allah davor." Nach einer anderen Version sagte er: „Der Tod ist dem vorzuziehen." Allahs Gesandter (s) hat gesagt: „Wer ein Amulett trägt, wird sich allein darauf verlassen müssen."

Einmal sah 'Abdullah ibn Masud, daß seine Frau einen Faden mit Knoten um den Hals trug. Er zog daran und zerriß ihn und sagte: „Die Familie Abdullahs ist davon frei geworden, irgend etwas Allah zur Seite zu setzen, wozu Er keine Vollmacht gegeben hat." Dann fügte er hinzu: „Ich hörte Allahs Gesandten (s) sagen: „Beschwörungsformeln, Amulette und Zaubersprüche sind *schirk*."

Einmal sagte man zu ihm: „Abu Abdurrahman (so wurde er meist gerufen), wir wissen, was Beschwörungen und Amulette sind, aber was sind Zauber-

1 Berichtet von Ahmad und al-Hakim, der Wortlaut ist von al-Hakim. Die Überlieferer bei Ahmad sind zuverlässig.

2 Berichtet von Ahmad, durch Abu Jala, mit guten Überlieferern, und von al-Hakim, der es als gesund einstufte.

3 Berichtet von Ahmad, durch Ibn Hibban in seinem *sahih*, sowie von Ibn Madscha, ohne die Worte „Wirf es weg..." bis zum Schluß.

4 Tirmidhi.

sprüche?" Er antwortet: „Etwas, was die Frauen benutzen, damit ihre Männer sie lieben." Diese Art von Zauberspruch ist ein solcher magischer Brauch. Die Gelehrten sagen, daß Beschwörungsformeln in einer fremden Sprache, die man nicht versteht, verboten sind, da zu befürchten ist, daß sie mit Unglaube und Magie vermischt sind. Andererseits, wenn das Gesagte verstanden werden kann und Allah genannt wird, ist es lobenswert, weil es sich dann um ein Bittgebet an Allah handelt und nicht als Heilmittel oder Medizin angesehen wird. Die Beschwörungen der Zeit der *dschahilijja* waren mit magischen Formeln vermischt, mit polytheistischen Aussagen und unsinnigen Äußerungen.

Es wird berichtet, daß 'Abdullah ibn Masud seiner Frau verbot, solche Beschwörungen der *dschahilijja* zu verwenden. Sie sagte ihm: „Eines Tages ging ich aus und sah eine bestimmte Person. Dann begann eines meiner Augen zu tränen (d.h. sein böser Blick und Neid wirkte sich so aus). Als ich aber eine Beschwörungsformel aufsagte, hörte das Tränen auf, und als ich aufhörte, sie aufzusagen, fing es wieder an zu tränen." Ibn Masud sagte: „Das ist der Teufel. Wenn du ihm gehorchst. läßt er dich in Ruhe, aber wenn du ihm nicht gehorchst, sticht er dir mit dem Finger ins Auge. Wenn du aber tust, was der Prophet (s) tat, wird das besser für dich sein und eher dein Auge heilen. Wasche dein Auge mit Wasser und sage: „Nimm das Leiden, o Herr der Menschen. Heile mich, Du bist der Heilende. Es gibt keine Heilung außer Deiner Heilung, die keine Krankheit zurückläßt." [1]

● Omen

Böse Omen von bestimmten Gegenständen, Orten, Zeiten, Personen usw. herzuleiten war und ist bis heute ein weitverbreiteter Aberglaube. In alter Zeit sagte das Volk des Propheten Salih (s) zu ihm: „In dir und denen, die bei dir sind, sehen wir ein böses Omen..." (27:47)
und immer, wenn sie ein Unglück traf, schrieben Pharao und sein Volk es den bösen Omen von Moses und den Seinen zu. Zu zahllosen Gelegenheiten, wenn Allah die Ungläubigen durch ein Unglück prüfte, sagten diese zu den Gesandten Allahs (Friede auf ihnen allen):

„In euch sehen wir ein schlechtes Omen" (36:18)

Die Antwort der Gesandten war:

„Eure schlechten Omen sind in euch selbst..." (36:19)

Dies bedeutet: Die Ursache für eure bösen Omen liegt in eurer eigenen Einstellung, die von eurem Unglauben herrührt, von eurer Starrköpfigkeit und

1 Der Wortlaut stammt von Ibn Madscha. Abu Dawuds Version ist kürzer, und al-Hakims Version noch kürzer.

eurem Hochmut gegenüber Allah und Seinen Gesandten.

Die Araber der *dschahilijja* hatten eine lange Geschichte solcher Praktiken, verbunden mit verschiedenen Glaubensvorstellungen, die bis zum Kommen des Islam fortbestanden. Der Islam schaffte dann alle derartigen Vorstellungen ab und führte die Menschen zurück auf den Weg des gesunden Verstandes. Der Prophet (s) zählte das Verheißen von schlechtem Omen zur Wahrsagerei und Magie, nach seinem Wort:

„Der gehört nicht zu uns, der nach einem Omen sucht oder für den ein Omen gesucht wird, der weissagt oder für den geweissagt wird, der Magie ausübt oder jemanden darum bittet, für ihn Magie auszuüben." [1]

Der Prophet (s) hat auch gesagt:

„Omen durch Linien im Sand ziehen, durch den Vogelflug und durch Steinewerfen zu verheißen gehört zu *dschibt*„ [2]

Omen zu verheißen, hat weder in der Wissenschaft noch der Wirklichkeit eine Basis und ist nichts anderes als eine Schwäche des Geistes und Aberglaube. Wie kann ein geistig gesunder Mensch glauben, daß eine bestimmte Person oder ein bestimmter Ort, der Ruf eines Vogels, das Zucken eines Auges oder das Vernehmen eines bestimmten Wortes etwas Böses voraussagt? Selbst wenn in der menschlichen Natur vielleicht eine gewisse Schwäche liegt, die zur Verheißung von Omen durch bestimmte Sachen förderlich ist, sollte man dieser Schwäche nicht nachgeben, besonders nicht, wenn eine Entscheidung zu fällen oder eine Tat zu vollbringen ist.

In einem *hadith* heißt es:

„Von dreierlei ist niemand frei: Verdächtigung, böse Omen und Neid. Wenn du darum jemanden verdächtigst, gehe dem nicht nach, wenn du auf ein böses Omen triffst, kehre deshalb nicht um, und wenn du neidisch bist, übertrete (die Grenzen) nicht." [3]

So werden diese drei Dinge nämlich nur Gedanken bleiben, die dir durch den Kopf gingen, ohne daß sie das Verhalten beeinflussen, und Allah der Erhabene wird sie vergeben.

Ibn Masud berichtete, daß der Prophet (s) dreimal gesagt hat:

„Vorausschauen böser Omen ist *schirk*."

Ibn Masud fügte hinzu: „Ein jeder von uns ist davon beeinflußt, aber Allah

1 Berichtet von Al-Tabarani, nach Ibn Abbas durch gute Überlieferer.

2 alles, was außer Gott angebetet wird. Abu Dawud, an-Nisai und Ibn Hibban in seinem *sahih*.

3 al-Tabarani.

nimmt solche Einflüsse durch das Vertrauen in Ihn weg," [1] was bedeutet: obwohl es niemanden unter uns gibt, den diese Schwäche nicht zu dieser oder jener Zeit einmal beeinflußt, wird diese Schwäche vom Herzen desjenigen Menschen weggenommen, der sich zu Allah hinwendet, auf Ihn vertraut und nicht von solchen Gedanken besessen ist.

● Der Kampf gegen die Bräuche der *dschahilijja*

Auf der einen Seite hat der Islam dem Aberglauben und solchen Glaubensvorstellungen den Kampf angesagt, die eine Gefahr für Verstand, Moral und Verhalten darstellen, auf der anderen Seite auch den Bräuchen der *dschahilijja*, die das Ergebnis von Chauvinismus, Angeberei, falschem Stolz und der Glorifizierung des eigenen Stammes waren.

● Kein Gruppenchauvinismus [2] im Islam

Der erste Schritt des Islam in diese Richtung bestand darin, jedwede Gruppen hinwegzufegen, den Muslimen zu verbieten, irgendwelche Dispute aufgrund solch falschem Patriotismus zu führen oder andere dazu aufzurufen. Der Prophet (s) erklärte sich jeglicher Verantwortung für jemanden ledig, der so etwas tut, und sagte:
„Wer andere zum Nationalismus aufruft, gehört nicht zu uns, wer auf Grund des Nationalismus kämpft, gehört nicht zu uns, und wer im Nationalismus stirbt, gehört nicht zu uns." [3]

Es gibt keine besondere Bevorzugung für eine bestimmte Hautfarbe, eine bestimmte Menschenrasse oder eine bestimmte Region dieser Erde. Dem Muslim ist untersagt, eine Rasse gegen eine andere zu unterstützen, ein Volk gegen ein anderes oder ein Land gegen ein anderes. Für einen Gläubigen, der an Allah und den Jüngsten Tag glaubt, ist es nicht erlaubt, sein eigenes Volk ohne Beachtung der Frage nach richtig und falsch oder gerecht und ungerecht zu unterstützen.

Wathila bin al-Aqsa berichtete: „Ich fragte: „O Allahs Gesandter (s), was ist Gruppenchauvinismus und er antwortete: „Deinem Volk beizustehen, wenn es unrecht tut." [4]

Und Allah der Erhabene spricht:
„Ihr Gläubigen, seid beständig in der Gerechtigkeit als Zeugen für Allah, selbst gegen euch selber oder die Eltern oder Anverwandten..." (4:135)

1 Abu Dawud und al-Tirmidhi.

2 oder Nationalismus.

3 Abu Dawud.

4 Abu Dawud.

„...und laßt nicht die Abneigung anderer Leute euch von der Gerechtigkeit abbringen...“ (5:8)

„Unterstütze deinen Bruder, ob er der Unterdrücker oder der Unterdrückte ist“, war ein bekanntes Sprichwort in der vorislamischen *dschahilijja*, das die Leute wörtlich nahmen. Der Prophet (s) veränderte seine Bedeutung auf sehr feine Weise. Nachdem der Glaube in den Herzen der Gefährten festen Fuß gefaßt hatte, wiederholte er einmal dieses Sprichwort. Sie staunten sehr und fragten: „O Allahs Gesandter, wir wissen, wie wir dem Unterdrückten beistehen, aber wie sollen wir dem Unterdrücker helfen?“ Er antwortete: „Helft ihm, nicht Unrecht zu tun, das heißt ihm zu helfen.“ [1]

Wir wissen auf Grund dieser Aussagen, daß ein Aufruf zum Nationalismus oder Rassismus ein Aufruf der *dschahilijja* ist, und daß der Islam, sein Prophet (s) und seine Heilige Schrift dies vollkommen abgelehnt und sich davon distanziert haben. Der Islam erkennt keine andere Loyalität als die zu seiner Glaubenslehre an, keine andere Beziehung als die seiner Brüderlichkeit und keinerlei Unterscheidung zwischen den Menschen außer auf der Grundlage von Glaube und Unglaube. Der Ungläubige, der dem Islam gegenüber Feindschaft zeigt, selbst wenn es sich um einen Landsmann, Verwandten oder sogar leiblichen Bruder handelt, ist ein Feind der Muslime.

Allah der Erhabene spricht:

“Du wirst kein Volk finden, daß an Allah und den Jüngsten Tag glaubt und jene liebt, die sich gegen Allah und Seinen Gesandten wenden, selbst wenn es ihre Väter oder ihre Söhne oder ihre Brüder oder ihre Anverwandten sind...“ (58:22)

„Ihr Gläubigen, nehmt nicht eure Väter oder eure Brüder als Vertraute, wenn sie den Unglauben mehr lieben als den Glauben...“ (9:23)

● Keine Bedeutung der Abstammung

Al-Buchari berichtet, daß einmal Abu Dharr und Bilal, der Abessinier, die beide zu den frühesten Muslimen zählten, miteinander stritten und einander beleidigten. Von seinem Ärger fortgetragen, sagte Abu Dharr zu Bilal: „Du Sohn einer schwarzen Frau!“ Bilal beklagte sich beim Propheten (s) darüber, und dieser wandte sich an Abu Dharr und sagte: „Verspottest du ihn wegen seiner Mutter? In dir sind noch Einflüsse der *dschahilijja*!“ [2]

1 Buchari.

2 Buchari.

Abu Dharr berichtet, daß der Prophet (s) zu ihm sagte: „Sieh! Du bist nicht besser als ein Roter oder Schwarzer, außer Du übertriffst ihn in der Gottesfurcht." [1]

Der Prophet (s) sagte auch:
„Ihr seid alle Kinder Adams, und Adam wurde aus Staub geschaffen." [2]

So hat der Islam es dem Muslim verboten, mit seiner Abstammung und Verwandschaft zu prahlen, seine Ahnen anzuführen und zu sagen: „Ich bin der Sohn von dem und dem", oder: „Ich bin weiß und du schwarz, ich bin Araber, und du bist kein Araber". Worin liegt denn der Wert der Abstammung und der Verwandtschaft, wenn alle Menschen von einem einzigen Ursprung herkommen? Und selbst wenn die Abstammung einen Wert hätte, was für einen Wert gibt es oder nimmt es einem Menschen, daß er von diesem oder jenem Vater abstammt? Der Prophet (s) sagte:

„Diese Abstammungen eurerseits sind kein Grund, einander zu schmähen. Ihr seid alle Kinder Adams. Niemand ist besser als der andere, außer in der Religion und *taqwa* (Gottesfurcht)." [3]

„Die Menschheit stammt von Adam und Eva ab... Am Tag der Auferstehung wird Allah euch nicht über eure Verwandschaft und Abstammung befragen. Der Meistgeehrte bei Allah ist der Gottesfürchtigste (*mutaqqi*)." [4]

Der Prophet (s) griff jene scharf an, die mit ihren Vätern und Großvätern prahlen, als er sagte:

„Die Leute sollen aufhören, mit ihren Vorfahren anzugeben, die gestorben sind, die nur Brennstoff in der Hölle sind, sonst sind sie bedeutungsloser als der Käfer, der den Mist mit seiner Nase umherstößt. Allah hat euch den falschen Stolz der *dschahilijja* genommen, und das Prahlen mit den Vorfahren. Man ist entweder ein gottesfürchtiger Gläubiger, oder ein gottloser Sünder. Alle Menschen sind Kinder Adams, und Adam war von Staub." [5]

Leute, die mit ihren entfernten Vorfahren unter den Pharaonen oder Chosrau (Herrscher des alten Persiens) usw. prahlen, sollten auf diesen *hadith* achten. Wie Allahs Gesandter (s) feststellte, sind diese Vorfahren, ob Araber oder Nichtaraber oder aus der vorislamischen *dschahilijja*, nur Brennstoff der Hölle.

1 Ahmad.

2 Al-Bazzar.

3 Ahmad.

4 Ibn Garir.

5 Berichtet von Abu Dawud und al-Tirmidhi. Der Wortlaut stammt vom letzteren, der ihn als gut einstufte. Auch von al-Baihaqi aufgrund guter Überlieferer berichtet.

Während der Abschiedswallfahrt, als tausende Muslime sich in der heiligen Zeit an dem heiligen Ort versammelten, hielt der Prophet (s) seine letzte öffentliche Ansprache, in der er die grundsätzlichen Prinzipien betonte:

„Ihr Leute, euer Herr ist ein einziger. Wißt, daß es keine Überlegenheit des Araber über den Nichtaraber gibt, oder des Nichtarabers über den Araber, oder eines Weißen über einen Schwarzen, oder eines Schwarzen über einen Weissen, außer durch Gottesfurcht (*taqwa*). Wahrlich, der Meistgeehrte unter euch bei Allah ist der Gottesfürchtigste." [1]

- Trauern um die Toten

Zu den Gebräuchen der *dschahilijja*, die vom Islam gerügt wurden, gehört das Klagen und Jammern und der Ausdruck übermäßigen Schmerzes für die Toten.

Nach der Lehre des Islam über den Tod handelt es sich dabei nicht um die Auslöschung eines Individuums, die ihn nichtexistent macht, sondern um eine Reise von einer Welt in eine andere. Auch die größte Trauer bringt den Toten nicht ins Leben zurück oder ändert die Entscheidung Allahs des Erhabenen. Der Gläubige sollte den Tod aufnehmen wie er auch anderes Schicksal aufnimmt, das ihn betrifft, nämlich mit Geduld und Würde, und er soll die Worte des Korans sprechen: „Wir sind Allahs, und zu Ihm kehren wir zurück." (2:156)

Die vorislamischen Trauerbräuche sind den Muslimen streng verboten. Der Prophet (s) erklärte:

„Wer sich die Wangen schlägt, seine Kleider zerreißt und auf die Weise der *dschahilijja* laut klagt, gehört nicht zu uns." [2]

Dem Muslim ist nicht gestattet, Trauerstreifen zu tragen, seinen Schmuck abzulegen oder seine übliche Erscheinung zu verändern, um seinen Kummer und seine Sorge auszudrücken. [3]

Allerdings muß die Ehefrau eine Wartezeit (*idda*) von vier Monaten und 10 Tagen wegen ihres verstorbenen Gatten und in Treue zum Band der Ehe erfüllen. Diese Zeit gilt im Islam als eine Verlängerung ihrer Ehe, und sie darf in dieser Zeit keine neuen Heiratsanträge annehmen. Deshalb wird von ihr verlangt, sich in dieser Zeit nicht herauszuschmücken, sowohl als Zeichen der Trauer, als auch um den Gedanken an die Wiederverheiratungen von sich selbst und möglichen Kandidaten fernzuhalten. Wenn der Verstorbene aber nicht der Ehemann ist, sondern z.B. ihr Vater, Bruder oder Sohn, darf sie nicht länger

1 Baihaqi.

2 Buchari.

3 Schwarz zum Zeichen der Trauer zu tragen, ist im Islam nicht gestattet, nicht einmal für eine Witwe, die um ihren Gatten trauert.

als drei Tage Trauer zeigen. Al-Buchari berichtet über Umm Habiba und Zainab bint Dschahsch, die beide Frauen des Propheten (s) waren, daß beim Tode von Abu Sufjan bin Harb, dem Vater Umm Habibas, und Zaynabs Bruder, die beiden sich parfümierten und sagten:
„Bei Allah, ich brauche kein Parfum, aber ich hörte Allahs Gesandten (s) sagen: „Für eine Frau, die an Allah und den Jüngsten Tag glaubt, ist es *haram*, für einen Verstorbenen länger als 3 Nächte zu trauern, außer für den Ehemann, vier Monate und 10 Tage." [1]

Die Zeit der Trauer um den verstorbenen Ehemann ist Pflicht und darf nicht verletzt werden. Eine Frau kam zum Propheten (s) und sagte: „Der Mann meiner Tochter ist gestorben, und sie hat eine Augenentzündung. Darf sie *kuhl* benutzen? [2] Der Prophet (s) sagte: „Nein" und wiederholte dies zwei- oder dreimal. [3]

Dies zeigt, daß es der Witwe in der vorgeschriebenen Frist der *idda* nicht erlaubt ist, sich zu schmücken oder schön zu machen. Trauer und sie auszudrücken, sind natürlich. Deshalb darf man trauern und weinen, aber nicht laut klagen und schreien.

Beim Tod von Khalid ibn Walid hörte Umar einige Frauen weinen. Die Leute wollten sie davon abhalten, aber Umar sagte: „Laßt sie um Abu Sulaiman [4] weinen, so lange sie nicht Staub auf ihre Köpfe werfen oder laut schreien."

2. Geschäftliches

Allah der Erhabene hat die Menschen so geschaffen, daß sie voneinander abhängig sind. Kein Mensch hat alles, was er benötigt. Einer hat etwas, auf das er verzichten kann, während er zur gleichen Zeit etwas benötigt, was andere haben und worauf sie verzichten können. Allah hat die Menschen angewiesen, Güter und Dienstleistungen durch Kauf und Verkauf auszutauschen, denn solche Transaktionen lassen das soziale und wirtschaftliche Leben gut funktionieren und ermutigen die Menschen, produktiv zu sein. Zu Beginn der Mission des Propheten gab es bei den Arabern verschiedene Arten von Transaktionen und Besitzwechsel. Der Prophet (s) erlaubte und bestätigte solche Transaktionen, die nicht im Konflikt mit den Grundsätzen der *scharia* standen, und er lehnte solche Geschäftsbräuche ab und verbot sie, die gegen Sinn und Zweck der *scharia* gerichtet waren.

1 Buchari, im Buch über „Begräbnisse".

2 Außer zur Verschönerung hat *kuhl* auch eine heilende Wirkung für das Auge.

3 Berichtet im Buch über Scheidung, im *Sahih* al-Buchari. Der Bericht ist der von Umm Habiba, der von Zainab ist entsprechend.

4 der Rufname von Khalid.

Diese Verbote hatten bestimmte Gründe, wie z.B.: Ermutigen zur Übertretung und Sünden, Transaktionen mit Betrug oder Ausbeutung, oder Ungerechtigkeit gegenüber einer der beteiligten Parteien.

● Verbot, zu verkaufen, was *haram* ist

Mit Waren zu handeln, die normalerweise gebraucht werden, um Sünden zu begehen, ist *haram*. Beispiele hierfür sind Schwein, Rauschmittel und andere verbotene Nahrungsmittel überhaupt, sowie Götzen, Kruzifixe, Statuen und ähnliches. Verkauf oder Handel mit solchen Gegenständen zu erlauben, bedeutet sie zu verbreiten und unter die Leute zu bringen und ermutigt sie folglich dazu, etwas zu tun, das *haram* ist. Den Verkauf zu verbieten bedeutet, sie zu verdrängen und zu ignorieren, so daß die Leute damit nicht in Berührung kommen. Der Prophet (s) hat gesagt:
„Wahrlich, Allah und Sein Gesandter haben den Verkauf von Wein, dem Fleisch verendeter Tiere, von Schwein und von Götzen verboten.“ [1]

Er sagte auch:
„Wenn Allah etwas verbietet, verbietet Er auch den Preis dafür (zu geben oder zu nehmen).“ [2]

● Verbot, zu verkaufen, was unklar ist

Der Prophet (s) verbot jede Transaktion, die aufgrund einer Unklarheit oder Betrug zu Streitigkeiten führen könnte. [3]

Dementsprechend verbot der Prophet (s) zu verkaufen, was durch Decken durch einen Hengst oder Kamelhengst entsteht [4], oder Fische im Wasser oder Vögel in der Luft, die niemand gefangen hat, oder ein Kameljunges, das sich noch im Mutterleib befindet, weil es hierbei ein Element der Unsicherheit über den Ausgang all dieser Transaktionen gibt.

Der Prophet (s) beobachtete, daß die Leute unreife Früchte verkauften, die sich noch auf den Feldern oder Obstgärten befanden. Wenn die Ernte durch Mehltau oder sonst eine Naturkatastrophe vernichtet werden würde, gäbe es Streit zwischen dem Verkäufer und dem Käufer darüber, wer den Verlust zu tragen hat. Deshalb verbot der Prophet (s) den Verkauf von Früchten, bis sie eindeutig in gutem Zustand waren, [5] es sei denn, sie sollten auf der Stelle

1 Buchari, Muslim.

2 Ahmad, Abu Dawud.

3 Vgl. hierzu das Kapitel über „Verbot des *gharar*“ (Transaktionen mit Unklarheiten) in Sahih Muslim u.a.

4 das noch ungeborene Fohlen — Anm. d. Übers.

5 Buchari, Muslim.

geerntet werden. Entsprechend verbot er auch, Getreide zu verkaufen, bis die Ähren weiß geworden und vor Mehltau sicher waren, [1] und er sagte:

„Sagt mir, weshalb, wenn Allah die Frucht zurückhält, jemand von euch das Eigentum seines Bruders nehmen sollte?“ [2]

Allerdings ist nicht jeder Handel, der so etwas Unbekanntes oder Unklares betrifft, verboten. Zum Beispiel kann jemand ein Haus kaufen, ohne den Zustand der Grundmauern zu kennen oder zu wissen, was sich in den Wänden befindet. Verboten ist, etwas zu verkaufen, bei dem es ein offensichtliches Element der Unklarheit gibt, das zum Streit und zur Auseinandersetzung führen kann oder zur unrechtmäßigen Aneignung des Geldes anderer Leute. Ist das Risiko der Unsicherheit gering — und dies läßt sich aufgrund von Erfahrung und Brauch ermitteln — dann ist der Verkauf nicht verboten. Beispielsweise darf man Wurzelgemüse wie Karotten, Zwiebeln und Radieschen verkaufen, während sie sich noch in der Erde befinden, oder Gurkenfelder, Melonenfelder usw. Nach der Ansicht des Imam Malik sind alle solchen Verkäufe von Gebrauchsgütern erlaubt, bei denen das Risiko tragbar ist. [3]

- Manipulation des Preises

Im Islam ist der Markt ein freier Markt, der auf die natürlichen Gesetze von Angebot und Nachfrage reagiert. Als in der Zeit des Propheten die Preise hoch waren und die Leute ihn aufforderten, sie festzusetzen, sagte er:
„Allah ist derjenige, der die Preise bestimmt, der zurückhält, der überreichlich gibt, und der versorgt, und ich hoffe, daß niemand von euch, wenn ich Ihm begegne, einen Anspruch gegen mich hat wegen irgendeiner Ungerechtigkeit hinsichtlich Blut oder Eigentum.“ [4]

Mit diesen Worten legte der Prophet (s) des Islam klar, daß unnötige Einmischung in die Freiheit einzelner Personen Ungerechtigkeit bedeutet, und daß man Allah frei von einer solchen Beschuldigung begegnen solle. Wo aber ein künstlicher Effekt, wie z.B. das Horten und die Preismanipulation durch manche Händler, auf den Markt einwirkt, hat das Allgemeinwohl Vorrang vor der Freiheit solcher Einzelpersonen. In einer solchen Lage wird die Preisregulierung erlaubt, um den Bedürfnissen der Gesellschaft gerecht zu werden und sie vor gierigen Opportunisten zu schützen, indem ihre Pläne vereitelt werden,

1 Muslim.

2 Buchari u.a.

3 Ibn Taimijja sagt in *al-qawaid al-nuranijja*, S.118: „Die Grundsätze die (Imam) Malik hinsichtlich des Verkaufs darlegte, sind denen anderer überlegen, weil er sie von Said ibn al-Musajjib nahm, der die beste Autorität auf dem Gebiet des *fiqh* (Rechtswesen) des Verkaufs ist.“ Die Ansicht von Ahmad ibn Hanbal ist der von Malik nahe.

4 Ahmad, Abu Dawud, Tirmidsi, Ibn Madscha, al-Dari und Abu Jala.

denn der obige *hadith* bedeutet nicht, daß Preisregulierung in jedem Fall verboten ist, selbst wenn dadurch Schaden und offensichtliche Ungerechtigkeit verhindert würden. Gelehrte Forscher sind zu dem Schluß gekommen, daß je nach den Umständen, Preisregulierung ungerecht und verboten oder aber gerecht und erlaubt sein kann.

Wo die Preisfestsetzung die Leute zwingt, ihre Ware zu nicht annehmbarem Preis zu verkaufen oder ihnen einen vernünftigen Gewinn verwehrt, den Allah erlaubt hat, ist sie verboten. Wo andererseits die Preisfestsetzung Gleichheit unter den Leuten bewirkt — z.B. indem die Verkäufer gezwungen werden, einen Preis zu akzeptieren, der anderen vergleichbaren Waren entspricht und sie hindert, mehr als das zu verlangen, dort ist sie erlaubt — sogar erforderlich. Der obige *hadith* bezieht sich auf erstere Situation. Wo also die Händler eine Ware auf übliche Weise ohne ein Fehlverhalten ihrerseits verkaufen und der Preis aufgrund von Knappheit der Ware oder aufgrund der Bevölkerungszunahme angestiegen ist (was auf das Funktionieren des Gesetzes von Angebot und Nachfrage hinweist), kommt diese Situation von Allah, und in diesem Fall wäre es ein ungerechter Zwang, sie zum Verkauf der Ware mit festgesetztem Preis zu nötigen.

In der zweiten Situation, wo Händler sich weigern, eine Ware zu verkaufen, obwohl die Leute sie benötigen, nur um einen höheren Preis zu erzielen, als der bekannte Wert der Ware, so müssen sie zu einem Preis zu dem Verkauf gezwungen werden, der dem einer vergleichbaren Ware entstpricht. Hier bedeutet Preisregulierung nichts anderes als vergleichbare Preise für ähnliche Waren festzulegen, und das ist in Übereinstimmung mit den Maßstäben der Gerechtigkeit, die Allah der Erhabene festgesetzt hat. [1]

● Verwerflichkeit des Hortens

Der Islam garantiert die Freiheit der persönlichen und natürlichen Konkurrenz auf dem Markt. Trotzdem verurteilt der Islam aufs schärfste diejenigen, die durch Ehrgeiz und Habgier angetrieben, Reichtum auf Kosten anderer ansammeln und dadurch reich werden, daß sie die Preise von Nahrungsmitteln und anderen notwendigen Waren manipulieren. Deshalb hat der Prophet (s) Leute, die Waren horten, mit starken Worten getadelt:
„Wer Getreide für vierzig Tage hortet, um einen höheren Preis zu erzielen, den weist Allah von sich.“ [2]

Er hat auch gesagt: „Keiner hält Ware zurück, außer er ist ein Sünder.“ [3] Der

1 Vgl. *risala al-hisba* von Ibn Taimijja und auch *al-turuq al-hikmijja* von Ibn al-Qajjim, S.214 ff.

2 Ahmad, al-Hakim, Ibn Abu Schaiba und al-Bazzar.

3 Muslim.

Begriff „Sünder" ist hier keinesfalls leicht zu nehmen. Es ist die gleiche Bezeichnung, die Allah der Erhabene manchen der großen Tyrannen der Geschichte gegeben hat, z.B.: „...gewiß waren Pharao und Haman und ihre Heerscharen Sünder." (28:8) Der Prophet (s) hat auch gesagt: „Der Mensch, der Gold hortet, ist böse. Wenn der Preis fällt, ist er betrübt, und wenn er steigt, ist er glücklich," [1] womit er die selbstsüchtige und gierige Mentalität derer, die horten, offenlegte. Auch sagte er: „Wer Waren zum Markt bringt, ist mit Freigiebigkeit gesegnet, wer sie aber zurückhält, ist verflucht." [2]

Es gibt zwei Wege, beim Geschäft Gewinn zu machen. Der eine besteht darin, die Ware vom Markt zurückzuhalten, bis sie knapp geworden ist, und wer sie benötigt, sie nicht bekommen kann. Dann muß er, durch sein Bedürfnis gezwungen, zu dem, der sie zurückhält, gehen und ihm den Preis zahlen, den er verlangt, obwohl er vielleicht unmäßig hoch ist. Der andere Weg besteht darin, die Ware auf den Markt zu geben, sie für einen angemessenen Gewinn zu verkaufen, weitere Güter zu kaufen und sie auf die gleiche Weise zu verkaufen, usw. Da die zweite Weise dem öffentlichen Interesse nützt, wird ein Kaufmann, der sich so verhält, von Allah gesegnet und auch versorgt, wie der obige *hadith* erklärt.

Ein sehr wichtiger *hadith* über das Horten und Manipulieren der Preise hat Maqal bin Jassar, ein Gefährte des Propheten (s) berichtet. Der umajjadische Stadthalter Ubaidullah bin Zijad besuchte einmal Maqal, als der wegen einer schweren Krankheit ans Bett gefesselt war. Nachdem er sich über seinen Zustand erkundigt hatte, fragte Ubaidullah ihn: „Weißt Du von irgend einem Fall, in dem ich jemandes Blut ungerechterweise vergossen habe?" Maqal verneinte dies. „Weißt Du von irgend einem Fall", fuhr Ubaidullah fort,„in dem ich mich in die Preise der Waren der Muslime eingemischt habe?" Maqal verneinte auch das. Dann bat Maqal die Leute, ihm zu helfen, aufzusitzen, was sie taten. Dann sagte er: „Hör zu, Ubaidullah, und ich werde Dir etwas berichten, das ich von Allahs Gesandtem (s) gehört habe. Ich hörte Allahs Gesandten (s) sagen:
„Wer sich in die Preise der Waren der Muslime einmischt, um sie zu erhöhen, verdient, daß Allah ihn am Tag der Auferstehung im Feuer sitzen läßt."
„Hast Du das von Allahs Gesandtem (s) gehört?" fragte Ubaidullah, und Maqal antwortete: „Mehr als ein- oder zweimal." [3]

Auf der Grundlage des Textes und Inhaltes dieser voranstehenden *ahadith* sind die Gelehrten zu dem Schluß gekommen, daß das Horten unter zwei Bedin-

1 Von Razi in seinem Buch *Dschami'a* erwähnt.

2 Ibn Madscha und al-Hakim.

3 Ahmad und al-Tabarani.

gungen verboten ist: einmal, daß das Horten zu der jeweiligen Zeit den Leuten jener Gegend Schaden zufügt, und zum zweiten, daß der Horter den Preis nach oben treiben will, um mehr Gewinn zu machen.

- Eingriff in den freien Markt

Ein anderer Brauch im Zusammenhang mit dem Horten, den der Prophet (s) verboten hat, war, daß ein Stadtbewohner stellvertretend für einen Wüstenbewohner verkaufte. Die Gelehrten haben diesen Fall auf folgende Weise erläutert: ein Ortsfremder bringt Waren, um sie in der Stadt zum marktüblichen Preis zu verkaufen. Ein Stadtbewohner kommt zu ihm und sagt: „Überlaß mir die Waren für eine bestimmt Zeit. Ich werde sie für dich verkaufen, wenn der Preis höher ist." Der Ortsfremde hätte seine Ware für einen niedrigeren Preis verkauft, was den Leuten insgesamt genützt hätte, und er hätte einen angemessenen Gewinn dabei gemacht.

Dieser Brauch war in der arabischen Gesellschaft sehr weit verbreite, als der Islam auftrat. Anas sagte:
„Das Verkaufen durch einen Ortsansässigen für einen Wüstenbewohner wurde uns verboten, selbst wenn es ein Blutsbruder war." [1]

Hieraus entnehmen wir, daß für den Muslim das öffentliche Interesse Vorrang vor persönlichen Beziehungen hat. Der Prophet (s) hat gesagt: „ Ein Ortsansässiger darf nicht für einen Wüstenbewohner verkaufen. Werden die Leute in Ruhe gelassen, gibt Allah dem einen Versorgung durch den anderen." [2] Dieser wichtige Hinweis des Propheten (s): „Werden die Leute in Ruhe gelassen, gibt Allah dem einen Versorgung durch den anderen", legt ein grundsätzliches Prinzip im Bereich des Handels fest: daß der Markt, die Preise und der Handel frei sein sollten, um auf die inneren wirtschaftlichen Kräfte und den natürlichen Wettbewerb ohen Manipulation zu reagieren. Als Ibn Abbas nach der Bedeutung des Satzes gefragt wurde: „Ein Ortsansässiger darf nicht für einen Wüstenbewohner verkaufen", antwortete er:
„Der Ortsansässige darf nicht sein Zwischenhändler sein." [3]

Hieraus ersehen wir, daß es nichts schadet, wenn jemand einen Wüstenbewohner über die Preise informiert, ihm guten Rat anbietet und ihn über die gängigen Marktpreise unterrichtet, ohne dafür eine Kommission zu verlangen, denn guten Rat zu geben, gehört zur Religion, wie es ja in einem gesunden *hadith* heißt: „Religion ist guter Rat," [4] und „Wenn einer von euch seinen Bruder um Rat

1 Buchari, Muslim.
2 Muslim.
3 Buchari.
4 Muslim.

fragt, dann soll er ihm Rat geben." [1]

Bei einem Zwischenhändler ist es aber ziemlich wahrscheinlich, daß er in einer Situation wie der obigen wegen seines eigenen Gewinns das Allgemeinwohl vernachlässigen wird.

● Zwischenhandel ist erlaubt

Von solchen Fällen abgesehen, ist Zwischenhandel erlaubt, denn es handelt sich dabei um eine Art Vermittlung zwischen Käufer und Verkäufer, die in vielen Fällen wenigstens dem einen oder beiden ein gewinnbringedes Geschäft erleichtet.

In der heutigen Zeit sind Zwischenhändler noch viel wichtiger als früher geworden, wegen der Komplexität von Handel und Geschäftswesen, die alle möglichen Arten von Exporten, Importen, Groß- und Einzelhandel einschließen. Zwischenhändler spielen dabei eine äußerst wichtige Rolle, die Dinge in Bewegung zu halten. Darum ist es nicht falsch, wenn der Zwischenhändler für seine Dienstleistung eine Kommission verlangt. Diese Kommission kann ein festgesetzter Betrag sein oder ein Anteil proportional zum Umsatz, oder was die Beteiligten sonst vereinbart haben. Im „Sahih" sagt al-Buchari:
„Ibn Sirin, Ata, Ibrahim und Hassan hielten die Kommissionen der Zwischenhändler nicht für falsch. Ibn Abbas sagte: „Es ist nicht falsch, wenn jemand sagt: „Verkauf dieses Gewand, und wenn du es für mehr als diesen oder jenen Preis verkaufst, ist das für dich." Ibn Sirin sagte: „Es ist nicht falsch, wenn jemand sagt: „Verkaufe es für einen bestimmten Preis und der Gewinn darüber ist dein, oder wird zwischen dir und mir geteilt." Der Prophet (s) sagte: „Die Muslime sind an ihre Bedingungen gebunden." [2]

● Ausbeutung und Betrug

Um das Manipulieren des Marktes zu verhindern, verbot der Prophet (s) auch, was man *nadschasch* nennt. [3] Ibn Umar hat *nadschasch* dahingehend erklärt, daß jemand für eine Ware einen höheren Preis bietet, ohne die wirkliche Absicht zu haben, sie zu kaufen, sondern nur, um andere zu noch höheren Angeboten zu bringen. Dies wird oft von vorn herein vereinbart, um andere zu betrügen.

Zu den verschiedenen Maßnahmen, die der Prophet (s) ergriff, um das Geschäftswesen von Ausbeutung und Betrug möglichst frei zu halten, gehörte auch,

1 Ahmad.

2 Dieser „hadith" wird von Buchari berichtet, mit einer Überliefererkette, die nicht bis zum Propheten (s) zurückgeht, doch haben Ahmad, Abu Dawud, al-Hakim und andere eine vollständige Überliefererkette.

3 Buchari, Muslim.

daß er den Leuten verbot, die Stadt zu verlassen, um Waren zu kaufen, die zum Markt unterwegs waren. Er wies sie an, zu warten, bis die Waren den Marktplatz erreicht hatten. [1] Der Grund für dieses Verbot besteht darin, daß der Markt, wo die Kräfte von Angebot und Nachfrage den Preis bestimmen, der beste Platz für Geschäfte ist. Wenn jemand einem Händler entgegengeht, der Waren zur Stadt bringt, besteht die Möglichkeit, daß der Verkäufer betrogen wird, weil er den wirklichen Marktpreis für seine Ware nicht kennt. Wo jemand auf diese Weise Ware von ihm gekauft hat, steht es dem Befehl des Propheten (s) entsprechend dem Verkäufer offen, den Handel rückgängig zu machen, nachdem er den Marktplatz erreicht hat. [2]

● Wer betrügt, gehört nicht zu uns

Der Islam verbietet jedwede Art von Betrug und Täuschung, sei es beim Kauf oder Verkauf oder sonst einer Angelegenheit zwischen Leuten. Der Muslim hat in allen Situationen ehrlich und wahrhaft zu sein und seinen Glauben für wichtiger als einen weltlichen Gewinn anzusehen. Der Prophet (s) sagte: „Beide Geschäftspartner haben das Recht, den Handel rückgängig zu machen, so lange sie sich nicht von einander getrennt haben. Wenn sie die Wahrheit sprechen und alles klar darlegen, werden sie in ihrem Geschäft gesegnet, wenn sie aber lügen und etwas verbergen, wird der Segen ausgelöscht.“ [3]

Er sagte auch: „Es ist nicht erlaubt, eine Ware zu verkaufen ohne auf alles aufmerksam zu machen, und es ist auch nicht erlaubt, daß jemand, der darüber Bescheid weiß, (die Mängel) nicht erwähnt.“ [4]

Einmal, als der Prophet (s) bei einem Getreidehändler vorüberging, wurde sein Interesse geweckt. Er tauchte seine Hand in den Getreidehaufen und stellte fest, daß Feuchtigkeit darin war. Er fragte: „Was ist das, o Kaufmann?“ und der Mann erwiderte: „Das ist vom Regen.“ Der Prophet (s) sagte darauf zu ihm: „Willst du es nicht nach oben legen, damit die Leute es sehen können? Wer betrügt, gehört nicht zu uns.“ [5]

Nach einem anderen Bericht kam er an einem Haufen Getreide vorbei, den der Händler schön hergerichtet hatte. Der Prophet (s) griff hinein und stellte fest, daß es schlecht war. Er sagte dem Händler: „Verkaufe das (Gute) und das (Schlechte) getrennt voneinander. Wer betrügt, gehört nicht zu uns.„ [6]

1 Muslim, Ahmad, Ibn Madscha.
2 Muslim.
3 Buchari.
4 al-Hakim, Baihaqi.
5 Muslim.
6 Ahmad.

Die Muslime der früheren Zeit hielten sich streng daran, die Mängel ihrer Waren herauszustellen, die Wahrheit zu sagen und guten Rat zu erteilen. Als Ibn Sirin ein Schaf verkaufte, sagte er dem Käufer: „Ich möchte dir einen Mangel nennen, den es hat: es zertrampelt das Futter." Als al-Hassan bin Salih eine Magd verkaufte, sagte er dem Käufer: „Einmal hat sie Blut gespuckt." Obwohl dies nur einmal vorgekommen war, verlangte es das muslimische Gewissen von al-Hassan, dies zu erwähnen, selbst wenn es zu einem niedrigeren Preis führen würde.

● Das Schwören

Die Sünde des Betruges wird dadurch größer, daß der Verkäufer ihn durch falsches Schwören [1] stützt. Der Prophet (s) wies die Kaufleute an, Schwören allgemein zu vermeiden, und besonders zur Stützung einer Lüge:
„Schwören führt einen raschen Verkauf herbei, löscht aber den Segen aus." [2]

Er tadelte das häufige Schwören bei Geschäften, einmal, weil es oft geschieht, um die Leute zu betrügen, und zweitens weil es die Achtung vor Allahs Namen im Herzen vermindert.

● Falsches Maß

Eine Art des Betruges besteht darin, falsch zu messen oder zu wiegen. Der Koran hat diesen Teil des Geschäftswesens betont und zählt das richtige Maß zu den zehn Pflichten, die im letzten Teil der *Sure al-anam* genannt werden:

„...und gebt Maß und Waage in Gerechtigkeit. Wir beladen keine Seele über ihr Vermögen..." (6:153).

An anderer Stelle sagt Allah der Erhabene im Koran:

„Und gebt volles Maß, wenn ihr meßt und wiegt mit richtiger Waage. So ist es besser und förderlicher zur Erledigung." (17:37) Weiter sagt Er:

„Wehe denen, die das Maß verkürzen, die, wenn sie sich von den Leuten zumessen lassen, volles Maß verlangen, wenn sie ihnen jedoch ausmessen oder auswiegen, weniger geben. Glauben jene etwa nicht, erweckt zu werden an einem gewaltigen Tag, dem Tag an dem die Leute vor dem Herrn der Welten stehen?" (83:1-6)

Der Muslim soll sich bemühen, so weit wie menschenmöglich beim Messen und Wiegen korrekt zu sein, wenn auch völlige Genauigkeit unerreichbar ist. Darum fügt der Koran dem Befehl, rechtes Maß zu geben, den Satz an: „Wir beladen keine Seele über ihr Vermögen."

1 d.h. Behaupten im Namen Allahs, daß etwas wahr ist.

2 Buchari.

Im Koran wird von einem Volk berichtet, das in seinen Geschäftspraktiken unehrlich war, von der Korrektheit des Messens und Wiegens abwich und sich knauserig untereinander verhielt. Allah der Erhabene schickte seinen Gesandten, um sie zu Gerechtigkeit und Ehrlichkeit sowie dem Glauben an Seine Einheit und Einzigkeit zurückzuführen. Das war das Volk des Propheten Schuaib (Allahs Friede auf ihm), der sie als Warner und Prediger aufforderte:

„Gebt rechtes Maß und vermindert es nicht, und wägt mit richtiger Waage, und betrügt nicht die Leute um ihr Gut und tut nicht übel auf der Erde, indem ihr Verderben stiftet." (26:181-83)

Was für Wiegen und Messen korrekt ist, gilt auch für alle anderen menschlichen Angelegenheiten und Beziehungen. Dem Muslim ist es nicht erlaubt, zweierlei Maß zu haben, einmal für sich selbst und einmal für andere Leute, dieses für die Nahen und die Lieben und jenes für die Allgemeinheit, für sich und die, die ihn unterstützen volles Recht zu verlangen, aber wenn es um andere geht, deren Recht zu kürzen oder zu verweigern.

● Verbot der Hehlerei

Um die Kriminalität zu bekämpfen und den Kriminellen auf sehr engem Raum zu halten, hat der Islam dem Muslim verboten, etwas zu kaufen, von dem er weiß, daß es entwendet, gestohlen oder dem Eigentümer ungerechterweise genommen wurde. Wer so etwas tut, leistet dem, der es entwendet hat, dem Dieb, dem, der bei solch einem Verbrechen Unrecht tut, Vorschub. Der Prophet (s) hat gesagt:

„Wer gestohlenes Gut kauft und weiß, daß es gestohlen wurde, hat Anteil an der Sünde und der Schande des Stehlens." [1]

Das Verstreichen von Zeit führt nicht dazu, daß gestohlenes oder unrechtmäßig angeeignetes Eigentum statthaft wird, denn im Islam macht das bloße Verstreichen von Zeit Unerlaubtes nicht erlaubt und beraubt auch den ursprünglichen Besitzer nicht seines Rechtes darauf wie manche zivilen Rechte dies tun.

● Das Zinsverbot

Der Islam erlaubt die Kapitalvermehrung durch Handel. Allah der Erhabene spricht:

„O ihr, die ihr glaubt, verzehrt euer Gut nicht unrechtmäßig untereinander, sondern treibt Handel in gegenseitiger Übereinkunft..." (4:33)

Gleichzeitig versperrt der Islam jedem den Weg, der sein Kapital durch Verleihen gegen Wucher oder Zins *(riba)* zu vermehren versucht, sei es eine nie-

1 Baihaqi.

drige oder hohe Rate, und er tadelt die Juden für ihr Zinsnehmen, obwohl ihnen das verboten war. Zu den letzten Offenbarungen gehören die folgenden Verse der *Sure al-baqara*:

„O ihr, die ihr glaubt, fürchtet Allah und laßt den Rest des Zinses fahren, wenn ihr Gläubige seid. Tut ihr es aber nicht,dann vernehmt Krieg von Allah und Seinem Gesandten. Wenn ihr aber bereut, sollt ihr euer Kapital haben. Tut kein Unrecht und ihr erleidet kein Unrecht." (2:279)

Der Prophet (s) hat dem Zinswesen den Krieg angesagt und allen, die damit zu tun haben. Er wies auf die damit verbundenen Gefahren für die Gesellschaft hin, und sagte:
„Wo Zins und Unzucht in einer Gesellschaft auftreten, setzen ihre Leute sich der Strafe Allahs aus." [1]

Unter den Offenbarungsreligion hatte schon das Judentum vor dem Islam den Zins verboten. Im Alten Testament lesen wir: „Wenn du Geld leihst einem aus meinem Volk, der arm ist bei dir, sollst du ihn nicht zu Schaden bringen und keinen Wucher an ihm treiben." (2.Mos.22:24)

Was das Christentum betrifft, heißt es im Lukasevangelium:
„Wer dich bittet, dem gib, und wer dir das deine nimmt, von dem fordere es nicht wieder." (Luk. 6:30)

Es ist darum traurig mitanzusehen, wie das Alte Testament solchen Verdrehungen ausgesetzt wurde, daß der Begriff „Mein Volk", der ursprünglich eine weitere Anwendung hatte, später allein auf die Juden bezogen wurde, wie wir im Buch Deuteronomie lesen:
„Von den Fremden magst du Zinsen nehmen, aber nicht von deinem Bruder..." (5.Mos. 23:21)

● Gute Gründe für das Zinsverbot

Das strikte Zinsverbot im Islam ist eine Folge seiner tiefen Sorge um das moralische, soziale und wirtschaftliche Wohlergehen der Menschheit. Islamische Gelehrte haben treffende Argumente für das Zinsverbot gegeben und zeitgenössische Studien haben ihre Auffassungen bestätigt und ihre Argumente noch ergänzt und erweitert.

Wir beschränken uns auf das, was Imam Razi in seinem *tafsir* des Koran erläutert:
Erstens: Zinsnahme bedeutet, sich das Eigentum eines anderen anzueignen, ohne ihm dafür etwas zu geben, denn wer einen *dirham* gegen zwei *dirham* ausleiht, bekommt einen *dirham* für nichts. Das Eigentum des Menschen ist

1 al-Hakim; ähnlich auf Grund guter Autoritäten von Abu Jala.

aber dazu da, daß er seine Bedürfnisse stillt und ist darum unantastbar, nach dem *hadith*: „Das Eigentum eines Menschen ist so heilig wie sein Blut.“ [1] Das bedeutet: es ist *haram*, es ihm zu nehmen, ohne ihm dafür etwas zu geben.

Zweitens: Abhängigkeit vom Zins hindert die Leute daran, mehr zu arbeiten, um Geld zu verdienen, denn ein Mensch mit Geld kann zusätzliches Geld durch Zinsen verdienen, im Voraus oder Nachhinein, ohne daß er dafür arbeiten muß. Entsprechend wird der Wert der Arbeit gemindert, und er wird sich nicht der Mühe unterziehen, ein Geschäft zu eröffnen und sein Geld in Handel oder Produktion riskieren. Das wiederum nimmt den Leuten verschiedenen Nutzen und das Geschäftsleben kann ohne Produktion, Handel und Geschäft, Bauwesen usw. nicht gedeihen, und all das bedarf des Kapitaleinsatzes. [2]

Drittens: Zinsnahme zu erlauben bringt die Leute nicht dazu, einander Gutes zu tun, wie der Islam das vorsieht. Wo in einer Gesellschaft Zins verboten ist, werden die Leute einander aus gutem Willen aushelfen und nicht mehr zurückerwarten, als sie geliehen haben, während dort, wo Zins erlaubt ist, der Bedürftige mehr (als er geliehen hat) für das Darlehen zurückzahlen muß, was seine Gefühle der Gutwilligkeit und Freundschaft dem gegenüber vermindert, von dem er geliehen hat. [3]

Viertens: Meist wird der, der verleiht, reich und der, der leiht, arm sein. Wenn Zins erlaubt ist, wird der Reiche den Armen ausbeuten und das steht im Widerspruch zu Barmherzigkeit und Mildtätigkeit.“ [4]
So ziehen in einer Gesellschaft, in der Zins erlaubt ist, die Reichen Nutzen aus der Not der Armen. Als Ergebnis werden die Reichen reicher und die Armen ärmer, was zu sozio-ökonomischen Klassen in der Gesellschaft führt, zwischen denen tiefe Klüfte bestehen. Dies ruft natürlich Neid und Haß seitens der Armen gegen die Reichen hervor und Verachtung und Gefühllosigkeit seitens der Reichen gegenüber den Armen. Es entstehen Konflikte, das sozioökonomische Geflecht zerreißt, Revolutionen treten auf und die soziale Ordnung ist bedroht. Die neuere Geschichte liefert ausreichend Anschauungsmaterial für die Gefährdung des Friedens und der Stabilität von Nationen, die den auf Zins beruhenden Wirtsschaftssystemen entstammen.

- Zinsnehmer und Zeuge

Ohne Frage ist der Geldverleiher, der Zinsen nimmt und mehr vom Kreditnehmer bekommt als sein Kapital, bei Allahs und den Leuten verflucht. Aber

1 Abu Naim in *al-hilja* überliefert.

2 Vom wirtschaftlichen Standpunkt gesehen ist dies zweifellos ein gewichtiges Argument.

3 Dies ist der moralische Aspekt des Zinsverbots.

4 Dies ist der soziale Aspekt des Zinsverbots. *Tafsir* von al-Fakr al-Din al-Razi, Bd. 7,S.4.

der Islam mit seiner ihm eigenen Art des Umgangs mit *haram*, beschränkt die Sünde nicht allein auf den Geldverleiher, der Zins nimmt. Der Kreditnehmer, der Zins zahlt, der Schreiber, der den Schuldbrief ausstellt und der Zeuge einer solchen Transaktion sind die Mittäter. In einem *hadith* heißt es: „Allah hat den verflucht, der Zins nimmt, den, der ihn gibt, die Zeugen davon und den Schreiber davon.“ [1]

Wo aber jemand durch eine drückende Not gezwungen ist, Geld gegen Zinsen zu leihen, lastet die Sünde allein auf dem Verleiher. Für eine solche drückende Notlage müssen bestimmte Voraussetzungen gegeben sein:

1. Die Not muß eine echte Not sein, nicht einfach eine Erweiterung von Bedürfnissen und der Wunsch nach Luxus. Sie muß so grundsätzlich sein, daß ohne ihre Beseitigung das Leben nicht möglich ist, also z.B. Ernährung, Kleidung und medizinische Hilfe.

2. Diese Ausnahme ist auf den wirklich benötigten Betrag beschränkt. Wo z.B: neun Mark ausreichen, ist es nicht erlaubt, zehn Mark auszuleihen.

3. Der Leihende muß sich weiter nach Wegen umsehen, aus seiner Notlage zu gelangen und seine muslimischen Brüder sollten ihm dabei behilflich sein. Wo er keine andere Alternative hat, darf er als letzten Ausweg ein Darlehen mit Zinsen aufnehmen, ohne es zu wünschen oder die Absicht die Gebote Allahs verletzen zu wollen, und auf Allahs Vergebung hoffen, denn Er ist vergebend und barmherzig.

4. Er muß es fortwährend verabscheuen und bedauern, bis Allah ihm einen Ausweg eröffnet.

- Zuflucht des Propheten bei Allah vor Schulden

Der Muslim muß wissen, daß ihm seine Religion befiehlt, in seinen Lebensgewohnheiten gemäßigt und in seinen finanziellen Angelegenheiten haushälterisch zu sein.

„...und seid nicht verschwenderisch, siehe Er liebt nicht die Verschwender.“ (6;142)

„...doch verschwende nicht in Verschwendung. Siehe, die Verschwender sind die Brüder der Satane,“ (17:28-29)

Als der Koran die Muslime aufforderte, auf Allahs Weg zu spenden, verlangte er nicht von ihnen, daß sie alles, sondern nur, daß sie einen Teil ihres Vermögens spendeten. Wenn jemand nur einen Teil dessen, was er verdient, spendet, wird er vermutlich nicht selbst bedürftig werden. Mit Mäßigung in

1 Ahmad, Abu Dawud, al-Nasai, Ibn Madscha und Tirmidi, der den *hadith* als gut bezeichnet.

seinen Lebensgewohnheiten und kontrolliertem Spenden wird der Muslim nicht gezwungen sein, Geld zu leihen. Der Prophet (s) mochte nicht, daß ein Muslim sich verschuldete, denn Schulden sind eine Sorge in der Nacht und eine Erniedrigung am Tage. Er bat Allah immer um Schutz vor Verschuldung und sagte:
„O Allah, ich suche Zuflucht bei Dir vor der Last der Schulden und dem Zorn der Menschen." [1]

Auch sagte er:
„O Allah, ich suche Zuflucht bei Dir vor Unglaube und Schulden." Jemand fragte ihn: „Setzt du Schulden mit Unglauben gleich?" Er antwortete „Ja." [2]

In seinem Gebet sagte er häufig:
„O Allah, ich suche Zuflucht bei Dir vor Sünde und Schulden." Man fragte ihn: „Warum suchst du so oft Zuflucht bei Allah vor Schulden?" Er antwortete:„Wer Schulden hat, lügt und bricht Versprechen." [3]

Diese Aussagen machen deutlich, daß Schuldenmachen die Moral gefährden kann.

Der Prophet (s) betete nicht das Totengebet für jemanden, der verschuldet gestorben war und nicht genug hinterließ, daß seine Schulden beglichen worden konnten. Dies machte er so, um andere vor solchem zu bewahren. In späteren Jahren, als Allah ihn durch Kriegsbeute mit Mitteln versehen hatte, beglich er die Schulden solcher Leute und verrichtete das Totengebet für sie. [4]

Er hat gesagt: „Dem *schahid* (Glaubenszeugen) wird alles vergeben, außer Schulden." [5]

Der Muslim, der diese *ahadith* kennt, wird niemals Schulden machen, außer bei wirklicher Not, und wenn er sich etwas leiht, ist er sich stets der Pflicht zur Rückzahlung bewußt. In einem *hadith* heißt es:
„Wenn jemand sich etwas von den Leuten leiht mit der Absicht, es zurückzuzahlen, dem zahlt Allah es zurück, und wer es nimmt, um es zunichte zu machen, dem macht Allah es zunichte." [6]

Was kann man also, zu einem Muslim sagen, der Geld mit Zinsen leiht, wenn er selbst nicht zum erlaubten (*halal*) Leihen greifen soll, außer bei zwingender Notwendigkeit?

1 Abu Dawud.

2 Al-Nasai und al-Hakim.

3 Buchari.

4 Dies haben Dschabir und Abu Huraira berichtet.

5 Muslim.

6 Buchari.

● Ratenzahlung und Kredit

Man kann eine Ware bar bezahlen, und bei gegenseitiger Vereinbarung auch auf Kredit kaufen. Der Prophet (s) kaufte von einem Juden Getreide, das zu einer festgesetzten Zeit zu bezahlen war und er verpfändete seine Rüstung als Sicherheit. [1]

Eine Gruppe der Rechtsgelehrten ist der Auffassung daß, wenn der Verkäufer den Preis erhöht, falls der Käufer später zahlen möchte, wie dies bei Ratenkauf der Fall ist, der Preisunterschied auf Grund der zeitlichen Verspätung dem Zins entspricht, der ebenfalls ein Preis für Zeit ist, und darum erklären sie solche Geschäfte als *haram*. Die Mehrheit der Gelehrten erlaubt sie aber, weil der Grundsatz des allgemeinen Erlaubtseins besteht und es keinen klaren Text gibt, der so etwas verbietet. Darüber hinaus besteht hier insgesamt gesehen keine Ähnlichkeit mit Zins, und dem Verkäufer steht es frei, den Preis zu erhöhen, wie er es für angemessen hält, so lange es nicht zu offener Ausbeutung oder eindeutigiger Ungerechtigkeit führt, was dann *haram* wäre. Al-Schaukani sagt: „Aus rechtlichen Gründen sehen es die Anhänger der schafiitischen und hanafitischen Schule, Zaid bin Ali, al-Muajjid Billah und die Mehrheit der Gelehrten als erlaubt an.“ [2]

● Vorauszahlung

Der Muslim darf bei einem fest vereinbarten Preis für eine festgelegte Warenmenge, die zu einem festgesetzten Zeitpunkt in der Zukunft geliefert wird, eine Vorauszahlung machen. Diese Art der Transaktion war in Madina vorherrschend, als der Prophet (s) dort ankam, und er führte verschiedene Veränderungen und Bedingungen hierzu ein, um Übereinstimmungen mit der islamischen *scharia* herzustellen. Ibn Abbas berichtet: „Als Allahs Gesandter (s) nach Madina kam, zahlte man für Obst ein oder zwei Jahre im Voraus, aber er sagte:
„Wer im Voraus zahlt, muß dies für ein festgesetztes Maß und Gewicht und eine festgesetzte Zeit tun.“ [3]

Diese Einschränkung, Maß, Gewicht und Zeit festzulegen, vermeidet Unklarheiten und Mißverständnisse. Ähnlich war der Brauch, im Voraus für den Fruchtertrag einer bestimmten Anzahl von Palmen zu zahlen. Dies verbot der Prophet (s), weil die Möglichkeit des unvorhergesehenen Verlustes durch Mehl-

1 Buchari.

2 *Nail al-autar*, Bd. 5, S. 153. Schaukani sagt: „Wir haben über dieses Thema eine Abhandlung verfaßt und sie genannt *schifa alilal fi hukum zijadat al-thaman li mudscharrad al-adschal* (Der Grund, den Preis wegen ablaufender Zeit zu erhöhen) und wir haben es gründlich erforscht.

3 Buchari, Muslim u.a.

tau bestand. Die rechte Art der Vorauszahlung ist darum, das Gewicht oder das Maß zu vereinbaren und nicht den Ertrag einer bestimmten Fläche von bepflanztem Feld. Ein solches Geschäft ist aber dann *haram*, wenn der Besitzer der Bäume oder des Feldes damit eindeutig ausgenutzt wird, weil er in Geldschwierigkeiten ist.

● Kapital und Arbeit

Man darf sagen, daß Allah der Erhabene Begabung und Wohlstand unter den Menschen nach einem weisen Plan der Verteilung zugemessen hat. Es gibt viele begabte und erfahrene Menschen, die wenig oder kein Vermögen haben, während andere viel besitzen, aber wenig oder nicht begabt sind. Warum sollte da nicht der Vermögende dem Begabten einen Teil seines Vermögens anvertrauen, damit er es in ein gewinnbringendes Geschäft investiert, damit sie beide voneinander Nutzen haben und den Gewinn nach einer bestimmten Übereinkunft miteinander teilen? Besonders große Geschäftsunternehmen benötigen die Zusammenarbeit vieler Investoren. Es gibt in der Bevölkerung zahlreiche Leute, die Ersparnisse und überflüssiges Kapital haben, aber nicht die Zeit oder Fähigkeit, dies zu investieren. Warum soll dieses Geld nicht zusammengelegt und von fähigen Menschen verwaltet werden, die es in bedeutsame große Projekte investieren?

Wir sagen, daß die islamische *scharia* die Zusammenarbeit zwischen Kapital und Management oder zwischen Kapital und Arbeit, wie man diese Begriffe im islamisch-rechtlichen Sinn versteht, nicht verboten hat. Vielmehr hat die *scharia* eine feste und gerechte Grundlage für derartige Zusammenarbeit geschaffen: wenn der Kapitaleigner Partner des arbeitenden Menschen sein will, muß er auch bereit sein, alle Folgen dieser Partnerschaft mitzutragen. Die *scharia* legt fest daß bei einer solchen Partnerschaft, die man *al-mudariba* oder *al-qirad* nennt, die Partner sich darauf einigen, nach einem zuvor festgelegten Maß den Gewinn zu teilen, wenn ein Gewinn ensteht, und den Verlust, wenn ein Verlust entsteht. Dieses festgelegte Maß kann die Hälfte sein, ein Drittel, ein Viertel, oder was auch immer, für die eine Seite und den Rest für die andere. So wird die Partnerschaft zwischen Kapital und Arbeit die von zwei Partnern mit gemeinsamer Verantwortung, wobei jeder seinen Anteil hat, sei es bei Gewinn oder Verlust, sei es wenig oder viel. Wenn insgesamt die Verluste die Gewinne überschreiten, wird der Unterschied gegen das Kapital verrechnet. Dieses Arrangement ist nicht verwunderlich, denn während der Kapitaleigner einen Vermögensverlust erleidet, hat der arbeitende Partner Zeit und Mühe vergebens eingebracht.

Dies ist das islamische Gesetz hinsichtlich partnerschaftlicher Verträge. Im Gegensatz dazu wäre es ein klarer Bruch der Gerechtigkeit und eine Bevorzugung

des Kapitals gegenüber der Geschäftserfahrung und der Arbeit, wenn dem Kapitaleigentümer ein festgesetzter Gewinn für sein Kapital garantiert würde, unabhängig von der Größe von Gewinn oder Verlust. Das stünde auch im Gegensatz zur Wirklichkeit von Investionen und Naturgesetze, bei denen immer ein gewisses Risiko vorhanden ist. Dem, der sich nicht bemüht oder kein Risiko auf sich nimmt, etwas zu garantieren ist ja das Wesen des verabscheuten Zinssystems.
Der Prophet (s) verbot die Art der Partnerschaft beim Ackerbau, [1] die *al-muzara* hieß, wobei dem Vertrag nach einer der Partner den Ertrag einer festgelegten Fläche oder eine festgesetzte Menge von Getreide wie z.B. eine oder zwei Tonnen erhielt.

Er verbot dies, weil es sich dabei um etwas ähnliches wie Zins oder Glückspiel handelt. Wenn das Ackerland nämlich weniger als die festgesetzte Menge oder garnichts hervorbringt, würde der eine Partner immer noch seiner Anteil erhalten, während der andere totalen Verlust erleidet, was der Gerechtigkeit zuwiderläuft. Dieser ausdrückliche *hadith*, der diese Art der Agrarpartnerschaft verbietet, ist nach meiner Ansicht die Grundlage für die Übereinstimmung der Rechtsgelehrten, daß eine Partnerschaft nicht gültig ist, wenn sie einen festgesetzten Gewinn für einen der Partner in jedem Fall vorsieht, gleich ob das Unternehmen gewinnbringend war oder nicht. Sie sagen: „Angenommen, einer der Partner macht zur Bedingung, daß er einen festgesetzten Geldbetrag bekommen soll. Wenn der Gewinn aber diesen Betrag nicht übersteigt, erhält er den gesamten Gewinn, und selbst wenn es keinen Gewinn gibt, würde er seinen Betrag erhalten müssen. Auf der anderen Seite würde er, wenn der Gewinn größer ist, durch die Bedingung, nur einen bestimmten Betrag zu erhalten, benachteiligt sein.“ [2]

Diese Begründung stimmt mit dem Geist des Islam überein, der allen menschlichen Angelegenheiten klar definierte Prinzipien von Gerechtigkeit und Fairness zugrundelegt.

● Kapitaleigner als Partner

So, wie es dem Muslim erlaubt ist, sein eigenes Vermögen für jeden statthaften Zweck zu verwenden oder es einem fähigen, erfahrenen Partner für ein

1 Muslim.

2 In seiner Abhandlung *al-islam wa muschkilatina al-muasira* (Der Islam und zeitgenössische Probleme) zitiert Dr. Muhammad Jusuf Musa den Scheich Muhammad Abduh und Scheich Abdul Wahhab dahingehend, daß sie mit den Rechtsgelehrten über Partnerschaftsverträge nicht übereinstimmen. Sie sagen, es gäbe dafür keine Grundlage in Koran und *sunna*. Ihre Meinung achtend bin ich doch der Meinung, daß die Analogie mit *al-muzara* ausreicht, dies auf andere Partnerschaften anzuwenden, doch Allah weiß es (am besten.)

gemeinsames Unternehmen anzuvertrauen, darf er auch sein Kapital mit dem von anderen zum Investieren, Handel oder für sonstige erlaubte Geschäfte zusammenlegen. Es gibt die verschiedensten Betätigungen und Projekte, von denen manche intensive Arbeit verlangen, andere intensive geistige Betätigung und wieder andere große Kapitalmengen. Für sich allein kann der Einzelne vielleicht nicht viel erreichen, aber zusammen mit anderen, können sie viel tun. Allah der Erhabene spricht:
„...helft einander zu Rechtschaffenheit und Gottesfurcht..." (5:3)

Jede Tat, die dem Einzelnen oder der Gesellschaft etwas Gutes bringt, oder die etwas Schlechtes aus dem Weg räumt, ist rechtschaffen, und eine rechtschaffene Tat wird zur Frömmigkeit, wenn sie mit der guten Absicht versehen wurde. Der Islam ist nicht damit zufrieden, solche gemeinsamen Unternehmungen zu erlauben,sondern ermutigt dazu und segnet sie und verspricht Allahs Hilfe in dieser Welt und Seinen Lohn im Jenseits, so lange diese Unternehmungen sich in dem Bereich dessen bewegen, was Allah *halal* gemacht hat, und weit entfernt sind von Zins, Zweifelhaftigkeit, Ungerechtigkeit, Schwindel und Betrug, gleich welcher Art. In diesem Zusammenhang hat Allahs Gesandter (s) gesagt:
„Allahs Hand ruht über zwei Partnern, so lange einer den anderen nicht betrügt, aber wenn er ihn betrügt, zieht Er sich von beiden zurück." [1]

Die „Hand Allahs" bedeutet hier Seine Hilfe, Eingebung und Sein Segen. Der Prophet (s) hat auch in einem *hadith qudsi* mitgeteilt, daß Allah der Erhabene spricht:
„Ich bin der dritte bei zwei Partnern, so lange der eine den anderen nicht betrügt, wenn er ihn aber betrügt, verlasse ich sie." [2], und in der Version von Razin wird hinzugefügt: „und Satan kommt." [3]

- Versicherungen

Wir kommen nun zu der wichtigen Frage der heutigen Unternehmen, die Lebensversicherungen und Versicherungen gegen Gefahren und Unglücke anbieten. Wie ist die islamische Haltung gegenüber solchen Versicherungen?

Bevor diese Frage beantwortet werden kann, müssen wir das Wesen solcher Firmen und das Wesen der Beziehung zwischen dem Versicherten und dem Versicherer untersuchen. Mit anderen Worten: Ist der einzelne Versicherte Miteigentümer der Firma? Wo dies der Fall ist, muß jeder einzelne, der von die-

1 al-Daraqutni.

2 Abu Dawud und al-Hakim, der es als gut bezeichnet.

3 Razin in seinem *dschamia*

sem Unternehmen versichert ist, Anteil an den Gewinnen bzw. Verlusten haben, denn das ist die Bedeutung von Partnerschaft im Islam.

Was die Versicherung gegen bestimmte Gefahren betrifft, zahlt der Versicherte eine bestimmte Versicherungsprämie im Jahr. Wenn kein Versicherungsfall, wie im Versicherungsvertrag festgelegt, eintritt, behält das Unternehmen die entrichtete Versicherungsprämie und der Versicherte bekommt nichts zurück. Wo andererseits ein Unglücksfall eintritt, erhält der Versicherte die vereinbarte Summe. Diese Transaktionen sind weit entfernt von Handel oder Partnerschaft.

Bei einer Lebensversicherung erhalten die Angehörigen z.B. den Betrag von 20000 Mark, wenn jemand eine Versicherung über diesen Betrag eingegangen ist und kurz nach Entrichten der ersten Versicherungsprämie verstirbt. Wäre es seine Geschäftspartnerschaft gewesen, hätten sie nur die Summe der eingezahlten Versicherungsprämie und den Gewinn dazu erhalten können. Wenn der Versicherte andererseits seine Prämie nicht weiter entrichtet, nachdem er zuerst einige Male gezahlt hat, wird er nach den Vertragsbedingungen einen großen Teil oder alles verlieren, was er bereits eingezahlt hat. Das Mindeste, was man hierüber sagen kann ist, daß es sich im islamischen Rechtswesen dabei um eine ungültige Bedingung handelt.

Das Argument, daß die beiden Vertragsparteien, der Versicherte und das Versicherungsunternehmen, diesen Vertrag freiwillig und gemäß ihrem jeweiligen Eigeninteresse eingehen, ist ohne Gewicht, denn das ist auch der Fall bei Leihen von Geld mit Zinsen oder zwei Glücksspielern. Die gegenseitige Übereinstimmung zweier Parteien hat keine Bedeutung bei einer Transaktion, die nicht auf Gerechtigkeit und Billigkeit beruht, und die nicht von jeder Spur der Zweifelhaftigkeit und Ausnutzung frei ist. Weil darüber hinaus die Gerechtigkeit, ohne sich oder dem anderen zu schaden, hier das eigentliche Kriterium ist, wird eine Transaktion ungültig, wenn sie zur Bedingung macht, daß in bestimmten Fällen eine Seite alles erhält, während der anderen nichts garantiert wird.

- Sind Versicherungsunternehmen Kooperativen?

Es ist also klar, daß die Beziehung zwischen dem Versicherten und dem Versichernden keine Partnerschaft darstellt. Die Frage bleibt darum: Was ist das Wesen dieser Beziehung? Handelt es sich um eine Form der Zusammenarbeit? Sind Versicherungsunternehmen als Kooperativen anzusehen, die von ihren Mitgliedern eingerichtet werden, um einander im Notfall zu unterstützen, wobei jedes Mitglied einen bestimmten Betrag als seinen Anteil anzahlt?

Um eine solche Kooperative auf gesunder Grundlage für eine Gruppe einzurichten, die ihren Mitgliedern für den Fall unvorhergesehener Schwierigkeiten beistehen will, müssen hinsichtlich des zusammengetragenen Geldes folgende Bedingungen erfüllt sein:

1. Jedes Mitglied zahlt seinen Betrag im Geist der Brüderlichkeit als eine Spende. Aus diesem Fond von Spenden wird denen geholfen, die bedürftig sind.

2. Wenn Geld davon investiert wird, darf es nur in *halal*-Unternehmungen investiert werden.

3. Es ist nicht zulässig, daß ein Mitglied seinen Spenden-Beitrag mit der Bedingung verknüpft, daß er im Notfall einen vorher festgesetzten Betrag erhält. Vielmehr erhält er einen solchen Betrag, der seinen entstandenen Schaden ganz oder teilweise abdeckt, je nach den im gemeinsamen Fond vorhandenen Mitteln.

4. Was gespendet wurde, ist ein Geschenk des Spenders und es zurückzunehmen ist *haram*. [1]

Von manchen muslimischen Kooperativen und Vereinigungen abgesehen, in denen der Einzelne seinen Beitrag monatlich als Spende und ohne das Recht entrichtet, ihn zurückzunehmen und ohne die Bedingung, daß er im Fall eines Schadens einen festgesetzten Betrag erhält, sind diese Voraussetzungen bei Versicherungsunternehmen nicht erfüllt. Versicherungsunternehmen, und besonders Lebensversicherungen erfüllen diese Voraussetzungen deshalb nicht, weil

1. die Versicherten die Prämie nicht als Spende entrichten und ihnen dieser Gedanke völlig fremd ist,

2. Versicherungsunternehmen ihr Geld in Geschäfte investieren, die mit Zins arbeiten oder Geld gegen Zins verleihen. Das alles ist *haram* und dem Muslim ist es nicht erlaubt, sich an solchen Geschäften zu beteiligen. Sowohl die strengsten wie die freizügigsten Rechtsgelehrten stimmen hierin überein.

3. Im Falle daß der Versicherte die Vertragszeit überlebt, erhält er alle eingezahlten Prämien und eine zusätzliche Summe zurück, was nichts anderes als Zins ist.
Außerdem widerspricht Versicherung dem Konzept der Zusammenarbeit zwischen den Menschen. Während dieses Konzept nämlich verlangt, daß die Bedürftigen mehr als die Wohlhabenden erhalten, bekommen bei der Versicherung die Reichen im Todesfall oder Unglücksfall mehr als die Armen, weil sie sich höhere Versicherungsbeiträge leisten konnten.

4. Wenn ein Versicherter sich vom Mitgliedvertrag lösen will, bekommt er

1 Nach dem Buch *al-islam wal-manhadsch al-ischtirakijja* (Islam und Sozialismus) von Muhammad al-Ghazali, S. 131.

kaum etwas von seinen eingezahlten Beiträge zurück, und dies ist unrecht im Auge der islamischen Scharia.

Eine Abänderung
Nach meiner Ansicht kann die Versicherung gegen Unglücksfälle derart abgeändert werden, daß sie dem islamischen Prinzipen näher kommt, nämlich durch einen Vertrag „Spende gegen Schadensersatz."
Der Versicherte spendet seine Beiträge dem Unternehmen mit der Bedingung, daß diese ihm Schadensersatz leistet, wenn er von einem Unglück betroffen wird, und zwar mit einer Summe, die ihm behilflich ist und die Last seines Schadens vermindert. Eine solche Transaktion ist nach manchen islamischen Rechtsschulen statthaft. Wo eine solche Abänderung verwirklicht wird und das Versicherungsunternehmen frei von zinsgebundenen Geschäften ist, kann man eine solche Versicherung gegen Unglücksfälle als rechtlichen Vertrag bezeichnen. Was die Lebensversicherung betrifft, halte ich sie aber als für von islamischen Geschäftspräktiken sehr weit entfernt.

● Islamisches Versicherungswesen

Unsere Bemerkung, daß gegen die heutige Form der Versicherungsunternehmen und ihre Praktiken islamischerseits Einwände bestehen, bedeutet nicht, daß der Islam gegen Versicherung an sich sei — keineswegs, vielmehr wendet er sich lediglich gegen bestimmte Methoden und Arten. Wenn andere Versicherungspraktikten angewandt werden, die nicht im Widerspruch zum islamischen Geschäftswesen stehen, wird der Islam diese begrüßen.

Auf jeden Fall hat der Islam bereits die Muslime und andere, die unter ihm leben, auf seine eigene Weise versichert, die all seine Lehren und Gesetze durchdringt. Diese Vorsorge ist getroffen entweder durch gegenseitige Hilfe durch Einzelpersonen oder die Regierung und den Staatsschatz, denn dieser Staatsschatz, *bait al-mal*, ist das universale Versicherungsunternehmen für alle, die im islamischen Bereich leben.

In der islamischen *scharia* gibt es auch Versicherung für Einzelpersonen gegen Gefahren und Vorsorge, ihnen beizustehen, wenn sie ein Unglück betroffen hat. Wir haben bereits erwähnt, daß jemand, der wegen eines Unglücks mittelos geworden ist, finanzielle Unterstützung, besonders von den Behörden verlangen kann, bis er vollen Schadensersatz erhalten hat oder wieder auf eigenen Füßen stehen kann. [1]

Das Konzept der Versicherung für die Hinterbliebenen eines Verstorbenen begegnet uns auch im Worte des Propheten (s):

1 Vgl. den hadith von Qubaisa auf S. 109 dieses Buches im Abschnitt über Erwerb des Lebensunterhaltes.

„Ich stehe jedem Muslim näher als er selbst. Hinterläßt er Vermögen, ist es für seine Hinterbliebenen, und hinterläßt er eine Schuld oder eine Familie mit kleinen Kindern, dann hinterläßt er dies mir und es ist meine Zuständigkeit," [1] was bedeutet, daß es in die Zuständigkeit der islamischen Regierung fällt. Die großartigste Form der Versicherung, die der Islam für seine Anhänger, die *zakat*-Gelder erhalten können, gesetzlich geregelt hat, betrifft die *gharimin* (die Verschuldeten). Manche der frühen Ausleger des Wortes *gharim* sagen: „Es bedeutet jemand, dessen Haus niedergebrannt ist oder dessen Eigentum oder Handelsgut durch Überschwemmung oder andere Katastrophen vernichtet wurde." Manche Rechtsgelehrte gehen davon aus, daß eine solche Person aus dem *zakat*-Fond so viel erhält, wie ihm vorher zur Verfügung stand, auch wenn es sich um tausende von Mark handelt.

- Nutzung von Ackerland

Wenn der Muslim ein Stück bestellbares Land besitzt, muß er es nutzen, indem er darauf Feldfrüchte anbaut oder Bäume pflanzt. Es widerspricht dem Islam, daß solches Land nicht angebaut wird, weil das einer Ablehnung von Allahs Güte und der Verschwendung von Vermögen gleichkäme, was der Prophet (s) verboten hat.

Der Landeigentümer hat diesbezüglich verschiedene Möglichkeiten:

1. Er kann das Land selbst bebauen. Das ist empfehlenswert, und der Eigentümer wird von Allah für all das belohnt, was Menschen, Tiere und Vögel vom Ertrag seines Feldes oder Gartens verzehren. Wie schon zuvor erwähnt, waren die *ansar* unter den Gefährten des Propheten (s) Bauern, die ihre Äcker selbst bebauten.

2. Wenn der Eigentümer selbst nicht in der Lage ist, das Land zu bebauen, kann er es, ohne etwas dafür zu nehmen, einer anderen Person zur Verfügung stellen, die es mit ihren eigenen Geräten, Hilfskräften, Saatgut und Tieren bebaut. Dies gilt als besonders wünschenswert im Islam. Abu Huraira berichtet, daß der Prophet (s) gesagt hat:
„Wenn jemand Land besitzt, soll er es bebauen oder seinem Bruder leihen." [2]

Dschabir sagte: „Zur Zeit des Propheten (s) haben wir ein Stück Land bepflanzt und erhielten dafür, was nach dem Dreschen in den Ähren verblieb. Der Prophet (s) hat gesagt: ‚Wenn jemand Land besitzt, soll er es bebauen oder seinem Bruder zum Bebauen leihen oder auf den Besitz verzichten.'" [3] „Leihen"

1 Buchari, Muslim.

2 Buchari, Muslim.

3 Ahmad, Muslim.

bedeutet hier zur Verfügung stellen, ohne etwas dafür zu verlangen.

Manche frühe Gelehrte waren nach der scheinbaren Bedeutung dieses *hadith* der Auffassung, daß bebaubares Land nur auf zweierlei Weise zu nutzen ist: entweder bebaut der Eigentümer es selbst, oder er stellt es einem anderen zum Bebauen unentgeltlich zur Verfügung. Im zweiten Fall bleibt das Land Eigentum des Besitzers, aber der Ertrag gehört dem, der es bebaut hat.
Nach der Ansicht von Ibn Abbas war der Auftrag des Propheten (s), das bebaubare Land anderen zur Verfügung zu stellen, wenn man es nicht selbst bebaute, nicht als ein unbedingt zu befolgender Befehl gedacht, sondern als die Empfehlung einer löblichen Tat. Buchari berichtet, daß Amr bin Dinar sagte: Ich sprach zu Taus (einem der engsten Gefährten von Ibn Abbas): „Ich wünschte, du würdest mit der Anteilspacht aufhören, weil die Leute sagen, daß der Prophet (s) sie verboten hat." Taus erwiderte: „Der von ihnen am besten bescheid weiß (d.h. Ibn Abbas) unterrichtete mich, daß der Prophet (s) sie nicht verbot, sondern gesagt hat:
‚Es seinem Bruder kostenlos zu überlassen ist besser, als eine festgesetzte Summe dafür zu verlangen." [1]

3. Die dritte Alternative für den Landeigentümer besteht darin, das Land jemanden zu verpachten, der es mit eigenem Gerät, Saatgut und Tieren bebaut und dafür einen festgesetzten Anteil erhält, wie die Hälfte, ein Drittel, oder was immer vereinbart wurde. Der Landeigentümer kann dabei dem Landbebauer auch Saatgut, Gerät, Tiere oder sonstige Hilfe zur Verfügung stellen. Eine solche Vereinbarung bezeichnet man als „Anteilspacht."

Buchari und Muslim berichten nach Ibn Umar, Ibn Abbas und Dschabir bin Abdullah, daß der Prophet (s) den Leuten von Khaibar das Land zum Bebauen überließ, wofür sie die Hälfte des Ertrages erhielten. Gelehrte, die Anteilspacht für erlaubt ansehen, sagen zur Stützung ihrer Auffassung:

„Es steht fest und ist bekannt, daß der Prophet (s) dies bis zu seinem Tode praktizierte und daß nach ihm die rechtgeleiteten Kalifen es bis zu ihrem jeweiligen Tod praktizierten, wie auch ihre Nachfolger. Die Frauen des Propheten (s) setzten dies nach seinem Tode fort, bis die letzte von ihnen gestorben war, usw. Dieser Brauch kann nicht als abrogiert gelten, weil eine Abrogation nur dann gültig ist, wenn sie vom Propheten (s) selbst zu Lebzeiten vorgenommen wurde. Wenn er aber etwas bis zu seinem Tode praktizierte und nach ihm seine Nachfolger, und alle seine Gefährten (möge Allah ihnen gnädig sein) entsprechend handelten und keiner von ihnen dagegen auftrat, wie kann dann sonst jemand es als ungültig erklären? Und wenn es wirklich zu Lebzeiten des

1 Buchari.

Propheten (s) abrogiert wurde, warum hat er es dann nach der Abrogation weiter praktiziert? Und wie ist es möglich, daß die engsten Gefährten und Nachfolger keine Kenntnis von der Abrogation haben sollten, währen die Geschichte von Khaibar weite Kreise zog und sie selbst danach handelten? Und wo war der Berichterstatter über die Abrogation, daß niemand ihn kannte oder von ihm gehört hatte?" [1]

● Die verbotene Art der Anteilspacht

Der Prophet (s) hatte seinen Gefährten eine andere Art der Anteilspacht verboten, die zu jener Zeit recht verbreitet war. Dabei stellte der Landeigentümer sein Land unter der Bedingung zur Verfügung, daß er den Ertrag eines Teiles davon, und der Bebauer den Ertrag des anderen Teils, z.B. die Hälfte erhält, oder daß der Landeigentümer ein festgesetztes Maß oder Gewicht des Ertrages und der Bebauer den Rest davon erhält. Aber manchmal brachte ein Teil des Landes Ertrag und ein anderer nicht, so daß einer von beiden nichts oder nur sehr wenig bekommen würde, während der andere alles erhielt. Ebenso würde der Landeigentümer alles erhalten und der Bebauer nichts, wenn der Ertrag das festgesetzte Maß oder Gewicht nicht übersteigt.

Eine solche Transaktion schließt eindeutig große Unsicherheit und Risiko ein und widerspricht dem Geist der Gerechtigkeit. Der Prophet (s) sah, daß die Gerechtigkeit verlangte, daß beide den Gesamtertrag untereinander teilen sollten, ob er hoch oder niedrig war, und zwar nach den zuvor vereinbarten Anteilen. Anteile des Gesamtertrages müssen festgesetzt werden, damit der Ertrag, wenn er segensreich war, für beide segensreich war, und wenn er gering war, dann für beide gering, und wenn es keinen Ertrag gab, keiner von beiden etwas bekommt. Das ist die gerechte Verteilung unter den beiden Parteien.

Buchari berichtet, daß Rafi bin Khadidsch sagte: „Wir besaßen das meiste bebaubare Land in Madina, und einer von uns verpachtete sein Land und bestimmte einen Teil davon für sich selbst. Manchmal betraf eine Katastrophe diesen Teil, während das Übrige unbeschadet blieb und manchmal war es umgekehrt. Darum verbot der Prophet (s) uns, derart zu verfahren."

Muslim berichtet, daß Rafi bin Khadidsch sagte: „Zur Zeit des Propheten (s) verpachteten die Leute ihr Land gegen das, was an den Wasserläufen oder den Feldrändern wuchs, oder gegen eine festgesetzte Menge des Ertrags. Manchmal wurde dieser Teil vernichtet und das Übrige blieb unbeschadet, und manchmal war es umgekehrt, und die Leute hatten sonst keine Mittel. Darum verbot der Prophet (s) dieses Verfahren.."

1 *Al-mughni*, von Ibn Qudama, Bd.5, S.384.

Buchari berichtet auch von Rafi bin Khadidsch, daß der Prophet (s) fragte: „Was macht ihr mit eurem Ackerland?“ Die Leute antworteten: „Wir verpachten es für ein Viertel des Landes oder für ein bestimmtes Maß an Gerste oder Datteln.“ Er sagte: „Tut das nicht.“ Gemeint ist hier, daß der Landeigentümer dieses festgesetzte Maß noch zusätzlich bekommt und vom übrigen einen Anteil, wie z.B. den gesamten Ertrag des gewissen Viertels der Anbaufläche und die Hälfte des Ertrages der übrigen drei Viertel der Fläche.

Hieran läßt sich feststellen, daß der Prophet (s) in seiner Gemeinde vollkommene Gerechtigkeit herstellen wollte und die Gemeinde der Gläubigen von jeder Quelle des Konflikts und der Zwietracht fernhielt. Zaid bin Thabit berichtet, daß zwei Leute wegen eines Landdisputes zum Propheten (s) kamen, und er sagte: „Wenn so etwas zwischen euch vorkommt, dann verpachtet euer Ackerland nicht.“ [1]

Der Landbesitzer und der Bebauer müssen darum großzügig und großmütig gegeneinander sein. Der Landeigentümer darf nicht einen zu hohen Anteil vom Ertrag verlangen und der Bebauer muß sich richtig um das Land kümmern. Ibn Abbas sagte, daß der Prophet (s) Anteilspacht nicht verboten hat, aber den Eigentümer und den Bebauer des Landes anwies, aufeinander Rücksicht zu nehmen. [2] Als jemand zu Taus sagte: „O Abdur-Rahman, warum hörst du nicht mit der Anteilspacht auf, wo gesagt wird, daß der Prophet (s) es verboten hat?“, antwortete er: „Ich helfe ihnen (den Bebauern) und sorge für sie.“ [3] Seine Sorge war nicht bloß, daß er von seinem Land etwas einnehmen würde, gleich, ob die, die es bebauten, ebenfalls etwas bekamen oder hungerten. Vielmehr half er ihnen und sorgte für sie. Das war die wahre muslimische Gesellschaft.

Es mag auch den Landeigentümer geben, der sein Land unbebaut zu belassen vorzieht und weder Feldfrüchte noch Ostbäume darauf anpflanzt und es auch nicht einem Bauern für einen kleinen Teil des Ertrages verpachtet, weil er den für zu gering ansieht. Dies im Sinne veröffentlichte der Kalif Umar bin Abdul Aziz eine Verordnung, die besagte: „Verpachtet euer Land für ein Drittel, ein Viertel, ein Fünftel und bis zu einem Zehntel des Ertrages, aber laßt das Land nicht unbebaut.“

4. Die vierte Möglichkeit für den muslimischen Landeigentümer besteht darin, das Land dem Bebauer gegen eine festgesetzte Summe Geldes, Goldes oder Silber zu verpachten. Viele bekannte Rechtsgelehrte haben dies als statthaft angesehen, während andere es aufgrund gesunder *ahadith* des Propheten (s),

1 Abu Dawud.

2 Tirmidhi, der den Bericht für gut hält.

3 Ibn Madscha.

die es verbieten, Land gegen Geld zu verpachten, als *haram* ansehen. Zu den Überlieferern dieser *ahadith* gehören zwei Gefährten, die an der Schlacht von Badr teilnahmen sowie Rafi bin Khadidsch, Dschabir, Abu Said, Abu Huraira und Ibn Umar. Alle berichten, daß der Prophet (s) das Verpachten von Agrarland gegen Geld absolut verboten hat. [1]

Von diesem Verbot ausgenommen ist Anteilspacht gegen einen festgesetzten Anteil des Gesamtertrages, wie durch das Vorgehen des Propheten (s) mit den Leuten von Khaibar ersichtlich. Er überließ ihnen Land zum Bebauen gegen die Hälfte des Gesamtertrages und behielt dies bis zu seinem Tode bei. Nach seinem Tod setzten die rechtgeleiteten Kalifen derartige Anteilspacht fort.

Wer der rechtlichen Entwicklung dieser Frage nachgeht, stößt auf eine klare Darlegung von Ibn Hazm, der gesagt hat: „Als der Prophet (s) nach Medina kam. haben die Leute ihr Agrarland verpachtet, wie dies Rafi und andere berichteten. Dieses Verfahren war zweifellos unter ihnen schon vor der Zeit des Propheten (s) verbreitet, und man setzte es fort, als er Gesandter wurde. Niemand mit gesundem Verstand darf das in Zweifel ziehen. Darauf, wie es authentisch von Dschabir, Abu Huraira, Abu Said, Zahir al-Badri und Ibn Umar überliefert wird, hat der Prophet (s) das Verpachten von Land vollkommen verboten und so dieses Verfahren anulliert. Dies ist ohne Zweifel korrekt und es gibt hierüber keinen Zweifel. Wer behauptet, die Annullierung sei wieder aufgehoben worden und daß über die Annulierung keine Gewißheit bestünde, ist ein Lügner und leugnet die Wahrhaftigkeit anderer und sagt, wovon er nichts weiß. Nach dem Koran ist es *haram*, etwas derartiges zu behaupten, es sei denn, man legt Beweise dafür vor. Hierfür kann man aber niemals einen Beweis finden, außer für den Fall, in dem das Land für einen festgesetzten Anteil (wie ein Drittel oder ein Viertel) des Gesamtertrages verpachtet wird, wie authentisch überliefert ist, daß der Prophet (s) dies so mit den Leuten von Khaibar machte, nachdem es für mehrere Jahre verboten war, und er fuhr bis zu seinem Tode fort, ihnen das Land auf der Grundlage der Anteilspacht zu überlassen.“ [2]

Eine Gruppe früher Rechtsgelehrter ist der gleichen Ansicht. Taus, der Rechtsgelehrte des Jemen und einer der größten Gelehrten der zweiten Generation, verabscheute das Verpachten von Land gegen Gold oder Silber, aber sah nichts Schädliches darin, es für ein Drittel oder ein Viertel des Ertrages zu verpachten. Als jemand mit ihm darüber stritt und sagte, der Prophet (s) habe das verboten, antwortete er: „Muadh bin Dschabal, der vom Propheten (s) ernannte Befehlshaber des Jemen, kam hierher und verpachtete Land gegen ein Drittel

1 Vgl. *al-muhalla*, Bd.8, S.212.

2 *al-muhalla*, Bd.8, S.224.

oder ein Viertel (des Ertrages) und wir haben dies bis heute fortgesetzt." Seiner Ansicht nach war das Verpachten von Land gegen Gold oder Silber nicht zu billigen, aber Anteilspacht war statthaft.

- Analogieschluß erlaubt kein Verpachten gegen Geld

Richtiger Analogieschluß (*qijas*) aufgrund islamischer Prinzipien und zuverlässiger klarer Texte führt zu dem Schluß, daß Verpachten von Agrarland gegen Geld *haram* ist:

A) Der Prophet (s) verbot das Verpachten des Landes gegen eine festgesetzte Menge des Ertrages, wie z.B. eine oder zwei Tonnen und erlaubte Anteilspacht nur auf der Grundlage von Anteilen, wie die Hälfte, ein Drittel, ein Viertel — d.h. anteilmäßig. Eine solche Grundlage ist gerecht und billig, denn beide Partner haben Anteil, wenn das Land etwas hervorbringt und ebenso am Verlust, wenn die Ernte von Schädlingen befallen wird. Wo aber einer Seite ein Gewinn garantiert wird, während die andere das Risiko eingehen muß, mit nichts für ihre Anstrengung und Mühe dazustehen, gleicht die ganze Transaktion dem Glückspiel oder Zinsvertrag. Wenn wir in diesem Licht über das Verpachten von Land gegen Geld nachdenken, welchen Unterschied gibt es dann zwischen letztgenannten Verfahren und der verbotenen Art von Verpachten? In beiden Fällen wird dem Landeigentümer sein Anteil in Form von Geld garantiert, gleich was mit dem Land geschieht, während der Leihende seine Mühe und Arbeit aufs Spiel setzen muß und nicht weiß, ob er gewinnt oder verliert.

B) Wenn der Eigentümer eines Gegenstandes diesen einer anderen Person ausleiht und dafür eine Miete verlangt, steht ihm diese rechtmäßig zu, weil er den betreffenden Gegenstand zum Gebrauch des Mieters vorbereitet hat. Da der Gegenstand im Laufe der Zeit durch den Gebrauch Schaden nimmt und an Wert verliert, verdient der Eigentümer einen Ausgleich. Was aber Land betrifft — inwiefern hat das der Eigentümer für den Pächter vorbereitet, wo es doch in Wirklichkeit Allah und nicht der Landeigentümer ist, der das Land zum Bebauen bereitstellt? Und wie nimmt Land Schaden oder verliert durch Bebauung an Wert, wo Land nicht wie Gebäude oder Maschinen ist, die im Laufe der Zeit an Wert verlieren oder durch Gebrauch Mängel erleiden?

C) Wer ein Haus mietet, wohnt darin und hat einen unmittelbaren Nutzen davon, und wer eine Maschine mietet, gebraucht sie und hat somit ebenfalls einen unmittelbaren Nutzen. Der Mann aber, der ein Stück Land pachtet, hat davon keinen unmittelbaren Nutzen, und sein Nutzen steht auch nicht fest. Wenn er es pachtet, hat nicht wie bei einem Haus unmittelbar etwas davon, sondern er arbeitet hart, pflügt und pflanzt, in der Hoffnung, zu einem späteren Zeitpunkt Nutzen davon zu haben. Diese Hoffnung erfüllt sich dann oder nicht.

Darum ist eine Analogie zwischen Pachten von Land und Mieten eines Hauses usw. falsch.

D) In den beiden *sahih* von Buchari und Muslim wird berichtet, daß Allahs Gesandter (s) den Verkauf von Früchten verbot, bis sie in offensichtlich gutem Zustand waren und den Verkauf von Getreide, bis es reif und sicher vor Befall war. Den Grund für das Verbot gab er mit den Worten an:
„Sagt mir, weshalb einer von euch, wenn Allah die Frucht zurückhält, das Geld seines Bruders nehmen sollte?"
Wenn das die Haltung gegenüber dem Verkauf von Früchten ist, die bereits vorhanden sind aber deren Sicherheit nicht garantiert ist und deren Verkauf hinfällig sein würde, wenn sie von einem Schaden betroffen werden, wie kann dann jemand Geld für ein Stück Agrarland nehmen, daß noch nicht gepflügt oder bepflanzt ist? Wäre es da nicht noch angebrachter, daß ihm gesagt wird: „Sagt mir, weshalb jemand, wenn Allah die Frucht zurückhält, das Eigentum seines Bruders nehmen sollte?"

Ich habe selbst gesehen, wie bestimmte Baumwollfelder von einer *duda* genannten Raupenart befallen wurden und von ihnen nichts außer verdorrten Halmen übrig blieb. Trotzdem haben die Landeigentümer ihre Pacht verlangt und den Pächtern blieb nichts übrig als zu zahlen, da sie durch die Bedingungen eines Vertrags verpflichtet waren, den sie in einer Notlage eingegangen waren. Wo bleibt da die Gleichheit und Gerechtigkeit, die der Islam so sehr anstrebt?

Man kann darum die Tatsache nicht ableugnen, daß Gerechtigkeit nur durch anteilmäßige Pacht erreicht wird, bei der Gewinn oder Verlust beide Parteien zugleich betreffen. [1]

Obwohl *Scheichu-l-Islam* Ibn Taimijja Verpachten von Land als *halal* ansieht, bemerkt er doch, daß eine Anteilspacht der Gerechtigkeit der *scharia* und ihren Grundsätzen näher steht. Er sagt: „Anteilspacht ist dem Verpachten vorzuziehen und der Gerechtigkeit und den Prinzipien der *scharia* näher, weil in diesem Fall beide Seiten an Gewinn oder Verlust teilhaben, im Gegensatz zum Verpachten, wobei der Landeigentümer die Pacht einnimmt, während der Pächter die Ernte einbringt oder nicht." [2]

Ein weiterer großer Gelehrter, Ibn al-Qajjim, macht folgende Bemerkung über die Unterdrückung der Bauern durch die Herrscher und das Militär seiner Zeit: „Hätten die Soldaten und Herrscher im Umgang mit den Bauern sich auf das

1 Man vergleiche hierzu auch Ibn Hazm: *al-muhalla*, Bd.8, Ibn Taimija: *al-qawaid al-nuranijja*, Abul Ala Maududi: *milkijjat al-ard fi-l-islam* und Mahmud Abu Saud: *istighlal al-ard fi-l-islam*, in: *al-Muslimun*.

2 Ibn Taimijja: *al-hisba fi-l-islam*, S.21.

gestützt, was Allah und Sein Gesandter (s) gesetzlich geregelt haben und wären sie dem Vorbild des Gesandten (s) und der rechtgeleiteten Kalifen gefolgt, dann hätte Allah Seinen Segen über sie von Himmel und Erde ausgegossen. Sie hätten von über ihren Köpfen und unter ihren Füßen zu essen bekommen und von dem Teil der Anteilspacht hätten sie viel mehr erhalten als sie durch Unterdrückung und Tyrannei bekommen. Aber ihre Unwissenheit und Gier hat sie daran gehindert, etwas anders als Unterdrückung und Ungerechtigkeit zu begehen, und darum hat Allah Seinen Segen und Seine Fürsorge von ihnen zurückgehalten. Zusätzlich dazu, daß ihnen in dieser Welt der Segen Allahs entgeht, werden sie im Jenseits Seine Strafe erhalten. Wenn gefragt wird: Was ist die gesetzliche Regelung von Allah und Seinem Gesandten und der Brauch der Gefährten hierbei, damit man ihn befolgen kann? so ist die Antwort darauf: die angemessene Art der Anteilspacht besteht darin, daß der Landeigentümer und der Bebauer gleich da stehen und keiner von ihnen Vorrechte hat, für die Allah keine Erlaubnis gegeben hat. Diese Gebräuche, die jene (Soldaten und Herrscher) eingeführt haben, richten das Land zugrunde, verderben die Leute und verhindern Allahs Hilfe und Segen. Viele der Herrscher und Soldaten verzehren, was *haram* ist, und wenn der Körper von etwas ernährt wird, das *haram* ist, dann ist das Feuer sein entsprechender Aufenthaltsort. Die angemessene Anteilspacht war der Brauch der Muslime zur Zeit des Propheten (s) und der rechtgeleiteten Kalifen. Es war der Brauch der Familien und Nachkommen von Abu Bakr, Umar, Uthman, Ali und der Familien anderer Auswanderer (*muhadschirun*). Große Gefährten des Propheten (s) wie Ibn Masud, Ubai bin Kab, Zaid bin Thabit und andere haben sich positiv darüber geäußert, und dies war auch die Auffassung der Rechtsgelehrten, die sich auf *hadith* stützen, wie Ahmad bin Hanbal, Ishaq bin Rahawait, Muhammad ibn Ismail al-Buchari, Dawud bin Ali, Muhammad bin Ishaq bin Khazima und Abu Bakr bin Nasr al-Maruzi. Andere große muslimische Gelehrte wie al-Laith bin Sad, Ibn Abi Laila, Abu Jusuf, Muhammad bin al-Hasan und andere haben alle die gleiche Auffassung vertreten. Der Prophet (s) traf eine Vereinbarung mit den Leuten von Khaibar, daß sie das Land für die Hälfte des Ertrages an Früchten und der Ernte bebauen würden und ihr eigenes Geld für die Bestellung des Landes und das Saatgut ausgaben. Diese Vereinbarung wurde zu seinen Lebzeiten aufrechterhalten und auch danach, bis Omar sie aus Khaibar verbannte. Darum haben die Gelehrten völlig recht, die sagen, daß das Saatgut entweder von dem Bebauer oder beiden Seiten gestellt werden kann. Buchari erwähnt in seinem *sahih* daß Umar ibn al-Khattab Leute mit der Bedingung beschäftige, daß, wenn er das Saatgut stellt, sein Teil die Hälfte und wenn sie ihr eigenes Saatgut stellten, ihr Teil mehr als die Hälfte sein würde.“ [1]

1 Ibn Qayyim: *al-turuq al-hikmijja fi-l-islam*, S.248-50.

In allen Berichten aus der Zeit des Propheten (s) und seiner Gefährten stellen wir fest, daß der Anteil des Bebauers niemals weniger als die Hälfte war und manchmal mehr. Diese Zuteilung, nach welcher der Anteil des Bebauers nicht weniger als die Hälfte ist, wie sie der Prophet (s) den Juden von Khaibar gegeben hatte [1] ist sinnvoll, denn es ist angemessen, daß der Anteil für das Land, eine unbelebte Sache, nicht größer als der Anteil des Menschen, des Bebauers sein sollte.

● Partnerschaft bei Viehzucht

Partnerschaft bei Viehzucht ist in muslimischen Ländern, besonders in den Dörfern ziemlich weit verbreitet. Einer der Partner trägt die gesamten oder einen Teil der Kosten für das Vieh, während der andere es aufzieht. Die beiden teilen dann den Ertrag und Gewinn aus diesem gemeinsamen Unternehmen.

Um uns eine Meinung über diese Art der Partnerschaft zu bilden, sollten wir zunächst ihre verschiedenen Formen betrachten:

1. In der ersten Form besteht die Partnerschaft aus rein kommerziellen Gründen, z.B. um Kälber zur Fleischgewinnung und Kühe oder Wasserbüffel zur Milchgewinnung heranzuziehen. Hier wird angenommen, daß einer der Partner die Kosten für die Tiere und der andere die Arbeit, d.h. Management und Aufsicht beiträgt. Die Kosten für Futter usw. werden gemeinsam und nicht von einem Partner allein getragen. Findet ein Verkauf statt, werden zuerst die Futterkosten vom erzielten Preis abgezogen, bevor nach zuvor vereinbarten Anteilen der Gewinn aufgeteilt wird.
Es kann nicht einfach ein Partner allein alle Futterkosten tragen, ohne dafür entschädigt zu werden, während der Gewinn unter beiden aufgeteilt wird — diese Sache ist klar.

2. Die zweite Form entspricht der ersten, außer daß der Partner, der das Geschäft führt, auch für das Futter sorgt und dafür die Milch bekommt oder die Tiere auf dem Feld zum Pflügen, Bewässern oder Säen benutzt, wenn es sich um große Tiere handelt. Hierin sehen wir nichts Schädliches. Zwar wird man die Futterkosten nie ganz genau gegen den Nutzen durch Milch oder Arbeitsleistung des Tieres aufrechnen können, und es besteht hier ein gewisses Element der Unklarheit. Trotzdem ziehen wir es vor, eine solche Vereinbarung als *halal* anzusehen. Das Element des Risikos ist geringfügig, und es gibt andere Beispiele solcher Verträge, die von der *scharia* erlaubt sind. In einem starken *hadith* über Verpfändungen erlaubte der Prophet (s) ein verpfändetes Tier zum Reiten oder Melken zu verwenden:

1 Vgl. Ibn Hazm: *al-muhallh*, Bd. 8; Abul-Ala Maududi: *milkijjat al-ard fi-l-islam*; Mahmud Abu Saud: *istighlal al-ard fi-l-islam*, in: *Al-Muslimun*.

„Ein verpfändetes Tier darf von dem geritten oder gemolken werden, der die Futterkosten trägt.“ [1]

In diesem *hadith* hat der Prophet (s) die Futterkosten für das Tier mit dem Reiten oder Melken verglichen. Wenn also diese Art der Verpfändung zum gegenseitigen Nutzen der Leute erlaubt ist, wobei die Futterkosten mehr oder weniger als der Nutzen sein können, den man von dem Tier durch Reiten oder Melken erzielt, sehen wir es nicht als schädlich an, für die Partnerschaft bei der Tierzucht eine entsprechende Vereinbarung zu treffen, weil auf diese Weise den Bedürfnissen der Leute besser Rechnung getragen ist. Dies ist mein eigener Schluß auf Grund dieses *hadith*, und ich hoffe, er ist korrekt. Die Regeln des Islam erlauben aber keine Vereinbarung, bei der junge Kälber aufgezogen werden, die weder zur Arbeit noch zum Melken brauchbar sind, und die Bedingung besteht, daß ein Partner die Kosten für die Tiere und der andere die Futterkosten trägt. Derjenige, der die Futterkosten trägt, ist hier eindeutig benachteiligt, weil er keinen Ausgleich in Form von Arbeit oder Milch hat, während der andere einen klaren Vorteil erhält. Eine solche Vereinbarung widerspricht der Gerechtigkeit, die der Islam bei jeder Transaktion wahren will. Wenn die beiden Partner aber die Kosten für Futter und Aufzucht bis zu dem Zeitpunkt teilen, wo die Tiere gebrauchsfähig werden, ist eine solche Vereinbarung nach unserer Auffassung *halal*.

1 Abu Hureira, Buchari.

3. ERHOLUNG UND SPIEL

Der Islam ist eine praktische Religion. Er schwebt nicht in der Sphäre erträumter Ideale, sondern bleibt mit dem Menschen auf dem Boden der Realitäten und der Alltagsangelegenheiten. Er betrachtet die Menschen nicht als Engel, sondern als Sterbliche, die essen und auf den Markt gehen. Der Islam verlangt nicht, daß die Muslime nur fromme Worte sprechen, daß ihr Schweigen Meditation sein muß, daß sie nichts außer der Rezitation des Korans hören und ihre gesamte Freizeit in der Moschee verbringen. Vielmehr wird anerkannt, daß Allah die Menschen mit Bedürfnissen und Wünschen versehen hat und daß sie, so wie sie es essen und trinken, sich auch erholen und erfreuen müssen.

● Zeit für dies und das

Manche der Gefährten des Propheten (s) erreichten spirituelle Größe. Sie glaubten, um auf solcher spiritueller Höhe zu bleiben, immer ernst sein zu müssen, immer im Gottesdienst, den erfreulichen Seiten des Lebens und dem Guten der Welt den Rücken zu kehren zu müssen, niemals zu spielen oder sich erholen zu dürfen und ihren Blick und ihre Gedanken stets auf das Jenseits und seine Angelegenheiten richten zu müssen, entfernt vom Alltag und seinen Freuden. Hören wir, was der große Gefährte und Schreiber des Propheten (s), Hanzala al-Usaidi, über sich selbst zu sagen hat:

„Abu Bakr begegnete mir und fragte: ‚Wie geht es dir, Hanzalah?'" Ich antwortete: „Hanzala ist zum Heuchler geworden." Er sagte: „*Subhana-llah*! Was sagst du?" Ich antwortete: „Wenn wir bei Allahs Gesandtem (s) sind, spricht er vom Feuer und dem Garten, bis wir sie fast vor uns sehen. Aber wenn wir den Propheten verlassen und mit unseren Frauen und Kindern spielen und uns mit unserem Hab und Gut beschäftigen, vergessen wir viel."
Abu Bakr sagte: „Bei Allah, ich habe das auch erfahren." Er und ich gingen um Allahs Gesandten (s) zu besuchen, und ich sagte: „O Allahs Gesandter, Hanzalah ist zum Heuchler geworden." Er fragte: „Und wie kommt das?" Ich erwiderte: „O Allahs Gesandter, wenn wir bei dir sind, sprichst du vom Feuer und dem Garten, bis wir sie fast vor uns sehen. Dann gehen wir und spielen mit unserem Frauen und Kindern und beschäftigen uns mit unserem Hab und Gut, und wir vergessen viel." Da sagte Allahs Gesandter (s): „Bei dem, in dessen Hand meine Seele ist, würdest du so bleiben, wie du bei mir warst und Allahs gegenwärtig sein, dann würden dir die Engel die Hand geben, wenn du ruhst und umhergehst, aber o Hanzalah, es gibt eine Zeit für dies und eine Zeit für das." Diesen (letzten) Satz wiederholte er drei Mal. [1]

1 Muslim.

- Die menschliche Seite von Allahs Gesandtem

Der Lebensstil von Allahs Gesandtem (s) ist ein vollkommenes Beispiel für jeden Menschen. War er allein, betete er seinen Herrn mit solch starker Hingabe an und stand für Stunden im Gebet, daß seine Füße anschwollen. Bei Fragen der Wahrheit und Gerechtigkeit kümmerte er sich nicht um Meinungen anderer, sondern suchte allein Allahs Wohlgefallen. Aber in seinen Lebensgewohnheiten und im Umgang mit den Leuten war er menschlich, genoß das Gute, unterhielt sich, lächelte und machte Spaß, blieb aber stets bei der Wahrheit. Der Prophet (s) liebte Freude und mochte Traurigkeit nicht. Er suchte Zuflucht bei Allah vor Schwierigkeiten und Problemen, die Sorgen machten und er betete: „O Allah, ich suche Zuflucht bei Dir vor Kummer und Sorge.“ [1]

Was seinen Humor betrifft, wird berichtet, daß einmal eine alte Frau zu ihm kam und sagte: „O Allahs Gesandter, bete zu Allah, daß Er mich den Paradiesgarten betreten läßt.“ Der Prophet (s) sagte: „O Mutter, keine alte Frau betritt den Paradiesgarten.“ Die alte Frau fing an zu weinen, weil sie glaubte, daß sie nicht ins Paradies kommen könne. Als er das sah, erklärte ihr der Prophet (s), daß keine alte Frau den Paradiesgarten als alte Frau betreten wird, weil Allah ihr Jugend verleiht und sie als Jungfrau in den Paradiesgarten bringt. Dann trug er ihr den Koranvers vor: „Wir erschufen sie in (neuer) Schöpfung und machten sie zu Jungfrauen, liebevollen Altersgenossinen“ (56:34-36) [2]

- Geistige Erholung

Dem Beispiel des Propheten (s) folgend, freuten sich seine edlen und reinen Gefährten auch mit Humor und Spaß, Spiel und Sport, zur Erholung von Körper und Geist und zur besseren Vorbereitung, auf dem langen mühevollen Weg des Strebens nach Wahrheit und Gerechtigkeit zu gehen. Ali ibn Abi Talib sagte: „Die Herzen ermüden wie die Körper, also versucht sie mit originellen Weisheiten zu erfrischen,“ und „Erholt von Zeit zu Zeit, denn ein ermüdetes Herz wird blind.“ Und Abu Darda hat gesagt: „Ich unterhalte meine Seele mit etwas Belanglosem, um sie für den Dienst der Wahrheit zu stärken.“

Darum ist nichts Schädliches daran, wenn der Muslim sich unterhält, um sich geistig zu erholen oder sich mit erlaubtem Sport und Spiel mit Freunden zu erfrischen. Dem Vergnügen nachzugehen darf aber nicht sein Lebenszweck werden, dem er sich widmet und dessentwegen er sein religiösen Pflichten vergißt. Auch sollte er nicht mit ernsten Dingen Spaß macht. Jemand hat trefflich gesagt: „Würze deine Unterhaltung mit Humor in dem Maß wie du dein Essen mit Salz würzt.“

1 Abu Dawud.

2 Abd bin Humaid; Tirmidhi.

Dem Muslim ist untersagt, sich über Werte und Ehre anderer Leute lustig zu machen und zu lachen. Allah der Erhabene sagt:

„O ihr, die ihr glaubt, die einen sollen sich nicht über die anderen lustig machen, vielleicht sind sie besser als jene... " (49:11)

Auch gehört es sich für den Muslim nicht, Witze über etwas Unwahres zu machen, um die Leute zum Lachen zu bringen. Davor hat der Prophet (s) gewarnt: „Wehe dem, der etwas Falsches sagt, um die Leute zum Lachen zu bringen, wehe ihm, wehe ihm!" [1]

- Erlaubte Vergnügungen

Es gibt vielerlei Spiele und Sport, die der Prophet (s) den Muslimen zur Freude und zur Erholung empfohlen hat und die zugleich auf Gottesdienst und andere Pflichten vorbereiten. Solche Sportarten, die Geschick und Willenskraft verlangen und die auch körperliches Training einbeziehen, gehören zu den Kampfsportarten, die den Muslim für die Schlachtfelder des *dschihad* um Allahs willen vorbereiten. Dazu zählen folgende:

- Wettlauf

Die Gefährten des Propheten (s) — Allah sei mit ihnen zufrieden — liefen um die Wette und der Prophet (s) ermutigte sie dazu. Es wird berichtet, daß Ali ein schneller Läufer war. Der Prophet (s) selbst lief mit seiner Frau Aischa um die Wette, um ihr Freude zu machen, sich zu erfreuen und den Gefährten ein Beispiel zu geben. Aischa sagte:
„Ich lief mit dem Propheten (s) um die Wette und schlug ihn. Später, als ich zugenommen hatte, liefen wir wieder um die Wette und er gewann. Da sagte er: „Dies hebt jenes auf" [2]

- Ringkampf

Der Prophet (s) rang einmal mit einem Mann namens Rukana, der für seine Stärke bekannt war und warf ihn mehr als einmal nieder. [3] In einem anderen Bericht hierüber begann der Prophet (s) mit ihm zu ringen. Als der Kampf schwer wurde, sagte Rukana: „Ein Schaf für ein Schaf." [4]
Dann warf ihn der Prophet (s) zu Boden. Der Mann sagte: „Das gleiche noch einmal." Der Prophet (s) warf ihn wieder zu Boden und der Mann sagte: „Das

1 Tirmidhi.

2 Ahmad, Abu Dawud.

3 Abu Dawud.

4 Dies muß vor dem Verbot des Glückspiels gewesen sein, oder vielleicht hat der Prophet (s) die Wette nicht angenommen und darum nicht eingefordert.

gleiche noch einmal." Der Prophet (s) warf ihn ein drittes Mal nieder. Da sagte der Mann: „Was soll ich meiner Frau sagen? Ein Schaf wurde vom Wolf gefressen, das zweite lief davon, aber was war mit dem dritten?" Da sagte der Prophet (s):
„Wir besiegen dich nicht und nehmen dir auch noch etwas weg. Nimm deine Schafe!"

Aus diesen Berichten über den Propheten (s) haben die Rechtsgelehrten hergeleitet, daß Wettlauf erlaubt ist, ob zwischen Männern oder Männern und Frauen, die ihre *muharramat* oder Ehefrauen sind. Sie haben auch gefolgert, daß Wettlaufen, Ringkampf und ähnliche Sportarten der Würde von Gelehrsamkeit, Frömmigkeit und Alter keinen Abbruch tun. Der Prophet (s) war über fünfzig Jahre alt, als er mit Aischa um die Wette lief.

● Bogenschießen
Zu den erlaubten Sportarten gehören auch Wettkämpfe mit Pfeil und Bogen oder anderen Waffen.
Der Prophet (s) kam einmal an einer Gruppe von Gefährten im Bogenwettkampf vorbei. Er ermutigte sie und sagte:
„Schießt und ich bin mit euch." [1]

Er wußte, daß Bogenschießen nicht nur ein Hobby oder Sport war, sondern, viel wichtiger, jene Kraft ausmachte, die vorzubereiten Allah befohlen hatte:

„so rüstet wider sie was ihr vermögt an Kräften..." (8:60)

Der Prophet (s) hat gesagt:
„Die Kraft ist im Schießen", und wiederholte dies drei Mal. [2]

Er sagte auch: „Betätigt euch im Bogenschießen, das gehört zu euren besten Spielen." [3]
Der Prophet (s) warnte die Bogenschützen aber davor, Hühner u.ä. als Übungsziele zu benutzen, wie dies die Araber der *dschahilijja* taten. Einmal sah Abdullah bin Umar einige Leute, die das machten, und er sagte ihnen: „Der Prophet (s) hat den verflucht, der etwas Lebendiges als Übungsziel benutzt." [4]

Er hat solche Personen verflucht, weil dieses Vorgehen das Quälen und unnötige Töten eines Tieres einschließt und der Mensch nicht das Recht hat, sich auf Kosten eines Lebewesens zu amüsieren oder sportlich zu betätigen. Aus dem gleichen Grund verbot der Prophet (s) auch, Tiere anzustacheln und ge-

1 Buchari.

2 Muslim.

3 al-Bazzar und Tabarani, aufgrund guter Autorität.

4 Buchari, Muslim.

geneinander kämpfen zu lassen. [1] Manche der Araber lachten und belustigten sich darüber, wenn sie zwei Widder oder Bullen gegeneinander kämpfen sahen, bis einer zu Tode gespießt worden war. Die Gelehrten haben gesagt, das Verbot, Tiere gegeneinander kämpfen zu lassen, geht davon aus, daß sie dadurch nur um der Belustigung willen unnötig leiden, ohne daß jemand davon Nutzen hat.

- Speerspiele

Speerspiele sind wie Bogenschießen. Der Prophet (s) erlaubte einigen Abessiniern ihre Geschicklichkeit mit Speeren in der Moschee darzubieten und er ließ seine Frau Aischa ihre Darbietung anschauen und ermutigte sie mit den Worten: „Macht weiter, o Bani Arfidah.“ [2] Omar, mit seiner ernsthaften Veranlagung, wollte es unterbinden, aber der Prophet (s) hielt ihn davon ab. In den beiden *Sahih* von Buchari und Muslim wird von Abu Huraira berichtet, daß Omar dazu kam, als die Abessinier in Anwesenheit des Propheten (s) ihre Speerdarbietung vorführten. Er nahm eine paar Kiesel auf und bewarf sie damit, aber der Prophet (s) sagte: „Laß sie in Ruhe, Omar!“

Diese Nachsicht des Propheten (s), der solchen Sport in seiner Moschee erlaubte und dazu ermutigte, sollte zeigen, daß die Moschee sowohl weltlichen wie religiösen Zwecken dient. Die Muslime kommen nicht nur zum Gottesdienst, sondern auch zum Spiel zur Moschee. Dieses Spiel ist aber nicht bloß zur Belustigung, sondern schließt körperliche Übung und eine Art Training mit ein. Als Kommentar zu diesem *hadith* haben die Gelehrten gesagt, daß die Moschee das Zentrum der Gemeindeangelegenheiten der Muslime darstellt und jede Aktivität, die Nutzen für die Religion und für die Muslime verbindet, kann dort ausgeführt werden. Die heutigen Muslime sollten sehen, wie es den Moscheen jetzt an Lebenskraft und Stärke fehlt, und sie oft das Refugium der Arbeitslosen und Bequemen geworden sind.

Die oben genannten Ereignisse geben auch ein Beispiel dafür, wie der Prophet (s) an der Freude und Erholung für seine Frau interessiert war. Aischa, seine Frau, sagte: „Allahs Gesandter (s) bedeckte mich mit seinem Überwurf, während ich den Abessiniern bei ihrer Darbietung in der Moschee zusah. Er blieb wegen mir stehen, bis ich müde geworden war, und stellt euch die Zeit für ein junges spielbegieriges Mädchen vor.“ [3]

Sie sagte auch: „Ich habe im Hause von Allahs Gesandtem (s) mit Puppen gespielt und meine Freundinnen kamen zum Spielen herüber. Sie versteckten sich,

1 Abu Dawud, Tirmidhi.

2 wie die Abessinier bei den Arabern genannt wurden.

3 Buchari, Muslim.

wenn sie Allahs Gesandten (s) kommen sahen, aber er war sehr froh, sie mit mir zu sehen, und so spielten wir zusammen." [1]

● Reiten

Allah der Erhabene spricht:

„Und Er erschuf die Pferde und die Maultiere und die Esel, damit ihr auf einen reitet und als Schmuck..." (16:8)

und der Prophet (s) hat gesagt:
„In den Stirnlocken der Pferde liegt Gutes." [2]
Weiter sagte er: „Pflegt das Bogenschießen und das Reiten." [3]
Und weiter: „Jede Tat ohne Gedenken an Allah ist entweder Ablenkung oder Achtlosigkeit, außer vielerlei: (beim Schießen) von Ziel zu Ziel gehen, sein Pferd trainieren, mit der Familie spielen und Schwimmen lernen." [4]

Omar sagte: „Lehrt eure Kinder Schwimmen und Bogenschießen und fordert sie auf, auf den Pferderücken zu springen." Ibn Omar berichtet, daß der Prophet (s) Pferdewettritte veranstaltete und dem Gewinner einen Preis gab. [5]

Dies alles wurde vom Propheten (s) unternommen, um sportliche Wettkämpfe zu ermutigen, weil diese wie gesagt Vergnügung, Sport und Training sind.

Anas wurde gefragt: „Habt ihr zur Zeit des Propheten (s) gewettet? Hat der Prophet (s) gewettet?" Anas erwiderte: „Bei Allah, er wettete auf ein Pferd namens Subbha. Das Pferd gewann das Rennen und der Prophet (s) war sehr erfreut darüber." [6]

Auf Pferde wetten ist erlaubt, wenn der, der das Geld zahlt, nicht einer der Wettstreiter ist oder wenn es nur von einem der Wettstreiter bezahlt wird. [7] Wenn aber jede beteiligte Person einen bestimmten Betrag setzt und der Gewinner alles erhält, ist das Glückspiel und darum verboten. Der Prophet (s) bezeichnete ein Rennpferd, auf das derart gesetzt wurde, als „das Pferd des Satans" und betrachtete seinen Preis, sein Futter und es zu reiten als sündhaft. [8] Er sagte: „Es gibt drei Arten von Pferden: das Pferd des *Rahman* (des

1 Buchari, Muslim.

2 Ahmad.

3 Muslim.

4 Tabarani, aufgrund guter Autorität.

5 Ahmad.

6 Ahmad.

7 d.h. ein Außenstehender oder einer der Beteiligten setzt einen Betrag aus, den der erhält, dessen Pferd gewonnen hat. Für den Geber ist es wie eine Spende, für den, der es bekommt, wie ein Geschenk, für das er kein eigenes Geld riskiert hat — Anm. d. Übers.

8 Ahmad.

Barmherzigen, d.h. Allahs), das Pferd des Menschen und das Pferd des Satans. Das Pferd des *Rahman* ist dem *dschihad* um Allahs willen gewidmet, darum gilt es zu füttern, Urin und Kot zu reinigen und alles andere damit verbundene als gute Tat. Das Pferd des Satans ist das, auf welches die Leute Wetten abschließen und sie spielen. Das Pferd des Menschen ist das, das er unterhält um Gewinne zu erzielen, und es ist ein Schutz gegen Armut." [1]

- Jagen

Jagen zählt zu den nützlichen Sportarten, die der Islam anregt. Es ist Sport, Training und auch ein Lebenserwerb, ob man es mit Waffen oder Jagdtieren wie Hunden oder Falken ausübt. Die islamischen Voraussetzungen für das Jagen haben wir bereits in einem früheren Abschnitt behandelt.

Der Islam verbietet das Jagen aber in zwei Situationen. Die erste ist gegeben, wenn sich jemand im Weihezustand (*ihram*) zur Verrichtung von *hadsch* oder *umra* befindet, weil das ein Zustand des völligen Friedens ist, in dem man nicht töten oder Blut vergießen darf, wie Allah dies befohlen hat:

„O ihr, die ihr glaubt, tötet nicht das Wild, während ihr auf der Pilgerfahrt seid..." (5:96)

„...und verwehrt ist euch das Wild des Landes während der Pilgerfahrt." (5:97)

Die zweite Situation ist gegeben, wenn man sich innerhalb der Grenzen des Heiligen Bezirks von Mekka befindet. Der Islam hat diesen zu einem Bereich des Friedens und der Sicherheit erklärt, ein heiliger Zufluchtsort für jedes Lebewesen, sei es Tier, Vogel, Pflanze, denn der Prophet (s) hat verboten, dort zu jagen, Bäume zu fällen oder die Gegend zu verunreinigen. [2]

- Würfelspiel - Backgammon

Jedes Spiel, bei dem um Geld gespielt wird, ist *haram*. Der Koran stuft das Glückspiel zusammen mit dem Trinken, dem Götzendienst und dem Orakel mit Lospfeilen ein. Der Prophet (s) hat gesagt: „Wer zu seinem Freund sagt: ‚Komm, wir wollen um Geld spielen' muß Almosen (*sadaqa*) geben," [3] d.h. jemanden zum Glückspiel auffordern ist eine Sünde, die man wieder gutmachen muß.

Backgammon (Tric-Trac) um Geld zu spielen ist eindeutig *haram*. Manche Gelehrte betrachten es selbst dann als *haram*, wenn nicht um Geld gespielt wird, während andere es dann für *makruh* und nicht *haram* ansehen. Die es als *haram*

1 Buchari, Muslim.

2 Buchari, Muslim.

3 Buchari, Muslim.

betrachten, gründen ihr Urteil auf den von Buraida überlieferten *hadith*, in dem der Prophet (s) sagte:
„Wer mit dem Würfel spielt ist wie einer, der seine Hand in Schweinefleisch und Schweineblut taucht.“ [1]

Die gleichen Gelehrten zitieren auch den *hadith* von Abu Musa al-Aschari, in dem der Prophet (s) gesagt hat:
„Wer mit dem Würfel spielt, ist Allah und Seinem Gesandten ungehorsam.“ [2]

Diese beiden Worte des Propheten (s) sind klar auf jeden Backgammon-Spieler anwendbar, ob er dabei um Geld spielt oder nicht. Al-Schaukani sagt, daß Ibn Mughaffal und Ibn al-Musaijjib das Spielen mit dem Würfel erlaubten, wobei sie scheinbar die obigen *ahadith* als auf Spielen um Geld bezogen interpretierten.

● Schach

Schach ist ein sehr populäres Spiel und die Meinungen der Rechtsgelehrten därüber sind unterschiedlich. Manche betrachten es als *halal*, andere als *makruh* und noch andere als *haram*. Diejenigen, die es als *haram* ansehen, führen einige *ahadith* zur Stützung ihrer Meinung an, aber Forscher haben bewiesen, daß Schach erst nach dem Tode des Propheten (s) auftrat. Darum müssen alle diese *ahadith* gefälscht sein.
Die Gefährten des Propheten (s) hatten unterschiedliche Meinungen über Schachspielen. Ibn Omar sagte, es sei schlimmer als Backgammon und Ali betrachtete es als Glückspiel (vielleicht meinte er, wenn es um Geld gespielt wird), während manche andere lediglich ihre Ablehnung zum Ausdruck brachten.

Doch haben es manche Gefährten und manche aus der zweiten Generation erlaubt. Zu diesen gehören Ibn Abbas, Abu Huraira, Ibn Sirin, Hischam bin Umra und Said bin al-Musajjib. Wir stimmen mit diesen großen Rechtsgelehrten überein, weil nach dem grundsätzlichen Prinzip die Dinge erlaubt sind und man keinen Text findet, der es verbietet. Darüberhinaus ist Schach nicht nur ein Spiel und eine Erholung, sondern eine geistige Übung, die Denken und Planen erfordert. Hierin ist es das Gegenteil von Backgammon, denn während Backgammon ein Glückspiel ist und deshalb mit dem Orakel mit Lospfeilen verglichen werden kann, ist Schach ein Spiel der Geschicklichkeit und der Strategie, das mit dem Bogenschießen zu vergleichen ist.

Schachspielen ist aber nur dann erlaubt, wenn die folgenden drei Bedingunggen erfüllt sind:

1. Man darf sich darin nicht derart verlieren, daß man sein Gebet aufschiebt. Schach stiehlt bekanntlich Zeit.

1 Muslim, Ahmad, Abu Dawud.

2 Ahmad, Abu Dawud, Ibn Madscha, und Malik in *muwatta*.

2. Es darf nicht mit Geldeinsatz (Glückspiel) verbunden sein.
3. Die Spieler dürfen keine Obszönitäten oder Vulgaritäten von sich geben.
Wenn eine dieser Bedingungen nicht erfüllt ist, muß es als *haram* angesehen werden.

● Singen und Musik

Zu den Arten der Unterhaltung, welche die Seele beruhigen, das Herz erfrischen und das Ohr erfreuen, gehört der Gesang. Der Islam erlaubt Singen unter der Voraussetzungen, daß es in keiner Weise obszön oder der islamischen Moral abträglich ist. Es schadet nichts, wenn es durch Musik begleitet wird, die nicht aufreizt.

Um eine frohe und glückliche Atmosphäre zu schaffen, ist Singen bei festlichen Anlässen empfohlen, wie bei den *Id*-Tagen, Hochzeiten und Hochzeitsfeiern, Geburt, *aqiqa* [1] und bei der Heimkehr eines Reisenden. Aischa berichtet, daß der Prophet (s) sagte, als eine Frau mit einem Mann von den *ansar* verheiratet wurde: „Aischa, haben sie dabei Unterhaltsamkeit gehabt? Die *ansar* lieben Unterhaltsamkeit.“ [2]

Ibn Abbas sagte: „Aischa verheiratete ein mit ihr verwandtes Mädchen mit einem Mann der *ansar*. Der Prophet (s) kam und fragte: ‚Hast du einen Sänger mit ihr geschickt?‘“ Aischa antwortete: „Nein.“ Da sagte Allahs Gesandter (s): „Die *ansar* sind Leute die Gedichte mögen. Du hättest jemand mitschicken sollen, der singt: „Hier kommen wir, wir kommen zu euch, grüßt uns, wie wir euch grüßen.“ [3]

Aischa berichtet, daß während der Tage von Mina, am Tage des *idu-l-adha*, zwei Mädchen bei ihr waren, die sangen und die Handtrommel schlugen. Der Prophet (s) war anwesend und hörte ihnen zu, den Kopf unter einem Tuch. Da trat Abu Bakr ein und schalt die Mädchen. Der Prophet (s) deckte sein Gesicht auf und sagte zu ihm: „Laß sie, Abu Bakr, es sind die Tage des *id*.“ [4]
In seinem *ihja ulumal-din* [5] erwähnt Imam al-Ghazali den *hadith* über die singenden Mädchen, über die Abessinier, die in der Moschee des Propheten mit ihren Speeren spielten, wie der Prophet (s) sie mit den Worten ermutigte: „Macht weiter o Bani Arfida“, wie er seine Frau Aischa fragte, ob sie zuschauen wollte, und wie er mit ihr da stand, bis sie selbst genug davon hatte und wegging, und wie Aischa mit ihren Freundinnen Puppen spielte. Dann

1 Feier der Geburt eines Kindes mit Schafschlachten.

2 Buchari.

3 Ibn Madscha.

4 Buchari, Muslim.

5 im Teil über Verhalten, Abschnitt „Gesang“.

sagt er: „Alle diese *ahadith* werden von Buchari und Muslim in den beiden *sahih*-Werken berichtet und sie beweisen klar, daß Singen und Spielen nicht *haram* sind. Wir können von ihnen Folgendes herleiten:

Erstens: Spielen ist erlaubt. Die Abessinier haben gern getanzt und gespielt.

Zweitens: Dies geschah in der Moschee.

Drittens: Die Worte des Propheten (s) „Macht weiter o Bani Arfida" waren eine Anweiung und eine Aufforderung, daß sie spielen sollten. Wie kann ihr Spiel dann als *haram* angesehen werden?

Viertens: Der Prophet (s) hinderte Abu Bakr und Omar daran, die Spielenden und Singenden zu unterbrechen und zu schelten. Er sagte zu Abu Bakr, daß das *id* ein freudiger Anlaß und daß Singen ein Mittel der Freude sei.

Fünftens: Bei beiden Gelegenheiten blieb er lange bei Aischa, ließ sie den Abessiniern zuschauen und hörte mit ihr den singenden Mädchen zu. Dies zeigt, daß es viel besser ist, mit guter Einstellung Frauen und Kinder durch Spiele zufrieden zu stellen, als solche Unterhaltsamkeiten in harscher Frömmigkeit oder asketischem Sinn abzulehnen.

Sechstens: Der Prophet (s) selbst ermutigte Aischa, indem er fragte: „Möchtest du zuschauen?" [1]

Siebtens: Singen und auf der Trommel schlagen ist erlaubt... usw., bis zum Schluß von al-Ghazalis Erörterung über Gesang.

Es wird berichtet, daß viele Gefährten des Propheten (s) und auch muslimische Gelehrte der zweiten Generation Gesang zugehört haben und nichts dabei fanden. Die *ahadith*, von deren es heißt, daß sie gegen das Singen sind, sind alle schwach und von Forschern als unzuverlässig erwiesen. Der Rechtsgelehrte Abu Bakr al-Arabi sagt: „ Es gibt keinen zuverlässigen *hadith* über das Verbot des Singens", und Ibn Hazm sagt: „Alles, was hierüber berichtet wird, ist falsch und erfunden."

Weil Singen aber oft mit Trinkgesellschaften und Nachtklubs verbunden ist, haben es viele Gelehrte als *haram* oder zumindest *makruh* bezeichnet. Sie sagen, Singen sei nichtiges Gerede, von dem im folgenden Koranvers gesprochen wird:

„Und unter den Menschen gibt es welche, die nichtiges Gerede erwerben, um in die Irre zu führen von Allahs Weg, ohne Wissen, und um darüber zu spotten. Für solchen gibt es schändende Strafe." (31:5)

Ibn Hazm sagt: „Dieser Vers verurteilt ein bestimmtes Verhalten, nämlich et-

1 Buchari, Muslim.

was zu tun, um Allahs Weg zu verspotten. Wer so etwas tut, ist ein Ungläubiger. Selbst wenn er ein Exemplar des Korans erwirbt und das tut, um es zum Gegenstand seines Spottes zu machen und die Leute dadurch irrezuführen, ist er ein Ungläubiger. Dies ist das von Allah verurteilte Verhalten, und nicht das nichtige Gerede, in dem man sich einfach zur Erholung ergeht, ohne die Absicht, Leute vom Wege Allahs wegzuführen."

Ibn Hazm widerlegt auch den Einwand derer, die sagen, weil Singen nicht zur „Wahrheit" gehört, muß es „Irrtum" sein, aufgrund des Koranverses. „Und was bliebe ohne die Wahrheit als der Irrtum?" (10:33)

Hierzu erläutert er:

„Allahs Gesandter (s) hat gesagt: ‚Die Taten werden gemäß den Absichten beurteilt, und jeder bekommt, was er beabsichtigt hat.' Wer demnach dem Gesang mit der Absicht zuhört, damit eine Sünde zu fördern, ist ein Sünder, und das gilt auch für alles andere als Gesang, während derjenige, der Gesang zuhört, um seine Seele zu erfrischen und Stärke für seine Pflichterfüllung gegenüber Allah zu erlangen und gute Taten zu tun, ein guter und gehorsamer Knecht Allahs ist und seine Handlung gehört zur Wahrheit. Wer dem Gesang zuhört und weder Gehorsam noch Ungehorsam beabsichtigt, tut etwas Neutrales und Harmloses, das wie im Park spazierengehen ist, am Fenster stehen und nach draußen sehen, blaue oder grüne Kleidung zu tragen usw.'"

Beim Gesang sind allerdings einige Einschränkungen zu beachten:

1. Der Gegenstand der Lieder darf nicht den Lehren des Islam zuwiderlaufen. Preist ein Lied z.B. den Wein und fordert die Leute zum Trinkern auf, ist es verboten, es zu singen oder es anzuhören.

2. Selbst wenn der Gegenstand nicht den islamischen Lehren zuwiderläuft, kann die Art und Weise des Singens ein Lied *haram* machen. Dies wäre z.B. der Fall, wenn der Gesang von Bewegungen begleitet wird, die Sexuelles andeuten.

3. Der Islam steht gegen Maßlosigkeit und Übertreibung in allem, selbst im Gottesdienst. Wie könnte er dann Maßlosigkeit der Unterhaltung gutheißen? Zu viel Zeit darf auf derartiges nicht verwendet werden, denn was ist Zeit eigentlich, außer Leben? Man kann nicht bestreiten, daß ein Übermaß an Zeit, die man mit erlaubten Handlungen verbringt, Zeit wegnimmt, die für religiöse Pflichten und gute Taten verwendet werden sollte. Man hat treffenderweise gesagt: „Es gibt kein Übermaß, außer auf Kosten einer unterlassenen Pflicht."

4. Jeder Einzelne kann sich selbst am besten beurteilen. Wenn jemand durch bestimmten Gesang erregt, zur Sünde verleitet wird, seine tierisches Instinkte geweckt werden und seine Spiritualität betäubt wird, dann muß er das vermeiden und die Tür zu allen Versuchungen verschließen.

5. Es besteht völlige Übereinstimmungen darin, daß Singen *haram* ist, wenn es in Verbindung mit anderen Handlungen geschieht, die *haram* sind — z.B. bei einer Trinkgesellschaft, oder verbunden mit Obszönitäten und Sünden. Der Prophet (s) hat vor der schweren Strafe für Leute gewarnt, die in solchen Situationen singen oder dem Gesang zuhören:

„Manche aus meiner *umma* werden Wein trinken, es aber anders nennen und Musikinstrumenten und Sängerinnen zuhören. Allah wird die Erde sie verschlingen lassen und manche von ihnen in Affen und Schweine verwandeln." [1]

Das bedeutet nicht unbedingt, daß sie körperlich in Affen und Schweine verwandelt werden, sondern vielmehr an Herz und Seele. Sie werden das Herz eines Affen und die Seele eines Schweines in ihrem menschlichen Körper tragen.

● Glückspiel, der Gefährte des Trinkens

Zwar erlaubt der Islam eine Vielzahl von Spielen und Sport, verbietet aber jedes Spiel, das mit Geldeinsatz zu tun hat und das ein Element des Glückspiels aufweist. Wir haben bereits den *hadith* des Propheten (s) angeführt, in dem es heißt: „Wer zu seinem Freund sagt: ‚Komm, laß uns um Geld spielen', muß Almosen geben."

Ein Muslim darf nicht Entspannung und Erholung im Glückspiel suchen und auch nicht dadurch Geld erwerben. Für dieses strenge Verbot des Glückspiels gibt es gute und edle Gründe:

1. Die islamischen Lehren bewegen den Muslim, Allahs Anweisungen über den Lebenserwerb zu befolgen, die Naturgesetze und direkte Mittel zur Erlangung seiner Ziele zu benutzen und solche Ursachen einzusetzen, mit denen die gewünschten Ergebnisse erzielt werden. Glückspiel, das auch Tombola oder Lotterie einschließt, läßt den Menschen aber vom Zufall abhängig werden, vom „Glück" und leeren Hoffnungen, und bringt ihn ab von ehrlicher Arbeit, ernster Betätigung und produktiver Bemühung. Wer vom Glücksoiel abhängt, verliert die Achtung vor den Kausalgesetzen, die Allah eingerichtet und den Menschen zu beachten befohlen hat.

2. Das Eigentum des Einzelnen gilt im Islam als heilig. Man darf es ihm nur in rechtmäßigen Tausch nehmen, oder er gibt es selbst freiwillig als Geschenk oder Almosen. Es ist darum unrecht, es ihm durch Glückspiel zu nehmen.

3. Es überrascht deshalb auch nicht, daß Spieler Haß und Feindschaft gegeneinander entwickeln, obwohl sie vielleicht vorgeben, das Verlieren mache ihnen nichts aus. Es gibt immer den Gewinner und den Verlierer. Der Verlierer

1 Ibn Madscha.

scheint gefaßt, aber hinter seiner Fassung stehen Frustration, Ärger und Bedauern — Frustration wegen seiner Enttäuschung, Ärger wegen des Geldverlustes und Bedauern, weil er nicht gewonnen hat.

4. Das Glückspiel hat seine eigenen Zwänge. Der Verlierer spielt weiter in der Hoffnung, das nächste Spiel zu gewinnen, um seine vorherigen Verluste gut zu machen. Der Gewinner spielt weiter, um die Freude des Gewinnes wieder auszukosten und wird von der Gier nach mehr angetrieben. Natürlich wechselt das Glück, der Verlierer gewinnt und der Gewinner verliert, und die Freude des Gewinnens verwandelt sich in die Bitterkeit des Verlierens. So spielen die Spieler immer weiter und sind nicht in der Lage, aufzuhören. Das ist das Geheimnis der Sucht beim Glückspiel.

5. Wegen dieser Sucht ist das Glückspiel eine Gefahr für die Gesellschaft und den Einzelnen. Diese Gewohnheit frißt Zeit und Energie des Spielers, macht ihn zum unproduktiven Nichtstuer und Parasit der Gesellschaft, der nimmt, aber nicht gibt, der konsumiert, aber nicht produziert. Auch vernachlässigt der Spieler wegen seiner Vertiefung in das Glückspiel seine Pflichten gegenüber seinem Schöpfer und gegenüber seinen Mitmenschen. Oft verkauft ein süchtiger Spieler seine Ehre, Religion und seine Heimat am Spieltisch, weil seine Hingabe an diesen Tisch sein Empfinden für wahre Werte betäubt und alle andere Hingabe abtötet.

Wie recht hat der Koran, wenn er Trinken und Glückspiel zusammen in seinen Versen anführt, weil doch ihre schädlichen Auswirkungen auf den Einzelnen, die Familie und die Gesellschaft sehr ähnlich sind. Was ist dem Alkoholismus näher, als die Spielsucht? Darum trifft man das eine meist nicht ohne das andere. Und wie recht hat der Koran, wenn er uns lehrt, das alle beide, Trinken und Glückspiel, vom Satan eingegeben sind und sie dem Götzendienst und dem Orakel mit Wurfpfeilen entsprechen und schmutzige, verabscheuunswürdige Gewohnheiten sind, die man vermeiden muß:

„O ihr, die ihr glaubt, der Wein, das Glückspiel, die Götzenbilder und die Lospfeile sind ein Greuel von Satans Werk. Meidet sie, vielleicht ergeht es euch wohl. Der Satan will nur zwischen euch Feindschaft und Haß werfen durch Wein und dem Gebet. Wollt ihr darum nicht davon ablassen?" (5:92-93)

- Lotterie, ein Glückspiel

Auch was als Lotterie oder Tombola bezeichnet wird, ist Glückspiel. Hier darf es keine Nachgiebigkeit oder Freizügigkeit im Namen „wohltätiger Einrichtungen" oder „humanitärer Zwecke" geben. Wer sie im Zusammenhang mit solchen Zwecken als erlaubt ansieht, gleicht denen, die für gleiche Zwecke Mittel durch verbotene Tanzveranstaltungen und verbotene „künstlerische"

Darbietungen sammeln. Zu beiden sagen wir: „Allah ist rein und nimmt nur das Reine an.“ Wer zu solchen Mitteln greift, um Geld zu sammeln, geht davon aus, daß die Leute keine Herzensgüte mehr besitzen, kein Wohltätigkeitsverlangen, Mitgefühl und keine Barmherzigkeit, so daß kein anderer Weg bleibt, als durch Glückspiel und sinnliche Unterhaltung Geld von ihnen zu bekommen. Der Islam nimmt das aber nicht von der Gesellschaft an. Er geht von dem grundsätzlich Guten im Menschen aus und spricht dieses Gute an und sucht nur nach reinen Mitteln für gute Zwecke. Der islamische Weg, Geld zu sammeln besteht darin, zur Rechtschaffenheit aufzufordern, das menschliche Mitgefühl anzusprechen und die Menschen an die Bedeutung des Glaubens an Allah den Erhabenen und an das Jenseits zu erinnern.

- Filme

Viele Muslime fragen nach dem islamischen Standpunkt über das Anschauen von Filmen, Theaterstücken usw. Ist es erlaubt oder nicht?

Zweifellos sind Filme ein wichtiges Mittel der Belehrung und Entspannung. Es verhält sich dabei wie bei jeder anderen Sache, es kommt auf ihrer Verwendung an, und die Entscheidung hängt von der Art der Anwendung ab.

Darum können Filme als erlaubt, gut und sogar wünschenswert angesehen werden, wenn die folgenden Voraussetzungen erfüllt sind:

Erstens: Ihr Inhalt muß frei sein von Sünde und Unmoral, ja, von allem, das dem islamischen Glauben, Moral und Verhalten zuwiderläuft. Darstellungen, die sexuell Begierden oder Habgier wecken, die zu Kriminalität ermutigen oder irrige Vorstellungen, falschen Glauben usw. verbreiten, sind *haram* und ein Muslim darf sie nicht ansehen oder sie fördern.

Zweitens: Das Filmesehen darf nicht zu einer Vernachlässigung der religiösen oder sonstigen Pflichten führen. Die fünf täglichen Gebete sind die allererste der religiösen Pflichten und darum ist es für einen Muslim *haram*, ein Gebet — z.B. das *maghrib*-Gebet — zu versäumen, um einen Film anzuschauen. Allah der Erhabene spricht:

„Darum wehe den Betenden, die nachlässig in ihren Gebeten sind.“ (107:4-5),

was sich auf jene bezieht, die ein Gebet aufschieben, bis seine Zeit verstrichen ist. Auch ist einer der wichtigsten im Koran erwähnten Gründe für das Verbot von Trinken und Glückspiel, daß dadurch die Menschen vom Gedenken an Allah und vom Gebet abgehalten werden.

Drittens: Die uneingeschränkte Vermischung von Männern und Frauen in Kinos muß vermieden werden, um sexuelle Anspielungen und Versuchungen zu vermeiden, besonders, weil die Filmvorführung in verdunkeltem Raum stattfindet. Wir haben bereits den *hadith* angeführt:

„Es ist besser, daß einer von euch mit einem Eisenstachel in den Kopf gestochen wird, als eine Frau zu berühren, die man nicht berühren darf.“ [1]

1 Baihaqi und Tabarani, aufgrund zuverlässiger Autorität.

4. SOZIALE BEZIEHUNGEN

Die Beziehungen zwischen den Angehörigen der islamischen Gesellschaft beruhen auf zwei grundsätzlichen Prinzipien: erstens, Bewußtsein gegenüber dem starken Band der Brüderlichkeit, das ein Individuum mit dem anderen verknüpft und zweitens, Schutz der Rechte des Einzelnen und Unantastbarkeit seines Lebens, seiner Ehre und seines Eigentums, wie von der *scharia* des Islam garantiert.

Jedes Wort, jede Tat, jedwedes Verhalten, das diesen beiden Prinzipien zuwiderläuft oder sie bedroht, ist vom Islam verboten, wobei die Strenge des Verbots abhängt vom Ausmaß des materiellen oder moralischen Schadens, der dadurch entstehen kann. In den folgenden Koranversen sehen wir einige Beispiele solcher verbotener Taten, durch die die Brüderlichkeit unter den Menschen und ihre Untastbarkeit verletzt wird. Allah der Erhabene spricht:

„Die Gläubigen sind Brüder, also stiftet Frieden unter euren Brüdern und fürchtet Allah, vielleicht findet ihr Barmherzigkeit. O ihr, die ihr glaubt, laß nicht die einen über die anderen spotten, die vielleicht besser sind als sie. Auch mögen nicht Frauen andere Frauen verspotten, die vielleicht besser sind als sie. Verleumdet euch nicht gegenseitig und gebt einander keine Schimpfnamen. Ein schlimmer Name ist Nichtswürdigkeit gemäß dem Glauben, und wer nicht bereut, das sind die Ungerechten. O ihr, die ihr glaubt, vermeidet sorgfältig Argwohn, siehe, ein bestimmter Argwohn ist Sünde. Und spioniert nicht und keiner verleumde den anderen in seiner Abwesenheit. Würde etwa jemand von euch gern seines toten Bruders Fleisch essen? Ihr würdet es verabscheuen. Und fürchtet Allah, siehe, Allah ist langmütig und barmherzig." (49:10-12)

Hier verkündet Allah, daß die Gläubigen wirklich Brüder sind, die durch die Bruderschaft des Islam zusätzlich zu ihrer Bruderschaft des Menschseins miteinander verbunden sind. Diese brüderliche Beziehung setzt voraus, daß sie einander kennen lernen und nicht einander vermeiden, daß sie Beziehungen untereinander herstellen und sie nicht abbrechen, daß sie einander lieben und nicht hassen, daß sie aufrichtig und nicht oberflächlich sind und daß sie zusammenfinden und sich nicht voneinander trennen. Der Prophet (s) hat gesagt: „Seid nicht neidisch aufeinander, verleumdet einander nicht und haßt einander nicht, sondern seid Brüder im Dienste Allahs." [1]

- Die Beziehung zu einem Mitmuslim nicht abbrechen

Es ist dem Muslim verboten, seinen muslimischen Bruder zu meiden, die

1 Buchari u.a.

Beziehungen zu ihm abzubrechen oder sich von ihm abzuwenden. Wenn zwei Muslime streiten, wird ihnen ein Zeitraum von drei Tagen zur Beruhigung eingeräumt. Danach müssen sie nach Wegen der Versöhnung und des Friedens suchen und ihren Stolz, Ärger und Haß überwinden. Eine der Charaktereigenschaften der Gläubigen, die der Koran gelobt hat, ist, daß sie „demütig vor den Gläubigen“ sind (5:59). Der Prophet (s) hat gesagt: „Es ist dem Muslim nicht erlaubt, sich länger als drei Tage von seinem Bruder fernzuhalten. Wenn drei Tage verstrichen sind, muß er ihn treffen und ihn grüßen, und wenn jener ihm erwidert, haben sie beide Anteil an der Belohnung, und wenn er nicht erwidert, trägt er die Sünde, und der Muslim (der grüßte) ist seine Sünde der Trennung los.“ [1]

Das Verbot, die Beziehungen abzubrechen, ist im Fall der Verwandten noch wichtiger. Der Islam hat die Muslime verpflichtet, die Verwandschaftsbande zu pflegen und sie als untastbar zu achten. Allah der Erhabene spricht:

„...und fürchtet Allah, in dessen Namen ihr voneinander bittet und eurer Mutter Schoß. Siehe Allah wacht über euch.“ (4:1)

Mit bildhafter Ausdrucksweise hat der Prophet (s) den Wert der Verwandschaft vor Allah beschrieben:
„Der Mutterschoß ist an (Allahs) Thron gebunden und sagt: ‚Wer mit mir zusammenhält, mit dem hält Allah zusammen, und wer sich von mir trennt, von dem trennt sich Allah.“ [2]

Er sagte auch: „Wer abschneidet, gelangt nicht ins Paradies“ (Buchari). Dies erläuternd haben manche Gelehrte gesagt, es bedeutet: „Wer die Verwandschaftsbande abschneidet“ und andere „Wer den Weg abschneidet“, d.h. überfällt. Die *ahadith* des Propheten (s) implizieren, daß beides zur gleichen Kategorie gehört.

Die Verwandschaftsbande pflegen, heißt nicht nur, einen Besuch erwidern oder eine gute Tat vergelten, denn das ist eigentlich natürlich und normal. Es bedeutet vielmehr auf freundlicheren Beziehungen selbst mit solchen Verwandten zu bestehen, die dich vermeiden. Der Prophet (s) hat gesagt:
„Wer die Verwandschaftsbande pflegt ist nicht einer, der lediglich (etwas) vergilt, sondern derjenige, der solche Bande zusammenbringt, wenn andere sie getrennt haben.“ [3]

Dies trifft zu, solange solches Vermeiden oder Abwenden nicht um Allahs willen geschieht. Wo es aber um Allahs willen und um der Gerechtigkeit willen ge-

1 Abu Dawud.

2 Buchari, Muslim.

3 Buchari.

schieht, gelten diese Aufforderungen nicht. Das stärkste Band unter den Gläubigen wird durch Liebe um Allahs willen und Abscheu um Allahs willen geschaffen.

Der Prophet (s) und seine Gefährten haben sich fünfzig Tage lang von drei Männern ferngehalten, die bei der Schlacht von Tabuk zurückgeblieben waren. Diese Abwendung war so stark, daß die drei nicht wußten, was sie tun oder wohin sie sich wenden sollten und es kam ihnen vor, als sei die ganze Erde trotz ihrer Größe ein einziges Gefängnis für sie. Dieser Boykott dauerte an, bis Allah ihre Reue annahm und dem Propheten (s) offenbarte, daß Er ihnen verziehen hatte. [1]

Bei einer anderen Gelegenheit wandte sich der Prophet (s) von einigen seiner Frauen für 40 Tage ab.

Abdullah ibn Umar wandte sich für den Rest seines Lebens von einem seiner Söhne ab, weil dieser sich nicht nach dem von seinem Vater überlieferten *hadith* richtete, in dem der Prophet (s) es Männern untersagte, ihre Frauen am Gang zur Moschee zu hindern. [2]

Trennung und Feindschaft zwischen Muslimen darf niemals wegen irgendwelcher weltlicher Gründe entstehen, denn angesichts Allahs und des Muslims ist die ganze Welt von so geringem Wert, daß es sich nicht lohnt, deswegen, die Beziehung zu einem muslimischen Bruder zu vernachlässigen oder zu brechen.

Wie könnte es anders sein, wo als Strafe für solche Böswilligkeit Allahs Vergebung und Barmherzigkeit verloren geht? Der Prophet (s) hat gesagt:
„Die Tore des Paradiesgartens werden montags und donnerstags geöffnet und Allah vergibt jedem Menschen, der Allah nichts zur Seite stellt, außer dem, zwischen dessen Bruder und ihm Feindschaft besteht. Dreimal wird befohlen: ‚Laßt die beiden, bis sie sich versöhnt haben.“ [3]

Einem betroffenem Menschen sollte es genügen, daß sein Bruder zu ihm kommt und sich entschuldigt. Er muß dann seine Entschuldigung annehmen und sich mit ihm versöhnen. Es ist *haram*, den Bruder vor den Kopf zu stoßen, indem man seine Entschuldigung nicht annimmt. Der Prophet (s) hat davor gewarnt, indem er sagte, daß derjenige, der das tut, ihn, den Propheten, am Tag der Auferstehung nicht an der Quelle des Paradiesgartens antreffen werde. [4]

1 Buchari, Muslim.

2 Ahmad. Al-Sujuti hat eine Abhandlung (*al-zadschar bi-l-hadschar*, Strafe durch Boykott) verfaßt, in der er dies auf Grund verschiedener *ahadith* und Verhalten der Gefährten rechtfertigt.

3 Muslim.

4 Tabarani.

- Streit schlichten

Wohl ist es die Pflicht der Streitenden, ihre Meinungsverschiedenheiten auf brüderliche Weise zu bereinigen, doch hat auch die muslimische Gemeinschaft dabei eine Verantwortung. Da die muslimische Gemeinschaft auf gegenseitiger Sorge und Zusammenarbeit fußt, kann sie sich nicht einfach passiv verhalten und zusehen, wie ihre Mitglieder zanken und streiten und den Konflikt größer werden lassen. Es ist die Verantwortung derjenigen, die in der Gemeinde Achtung und Autorität genießen, die Dinge in Ordnung zu bringen, mit absoluter Unparteilichkeit und ohne gefühlsmäßig der einen oder anderen Seite zuzuneigen. Allah der Erhabene sprich:

„Die Gläubigen sind Brüder, also stiftet Frieden unter euren Brüdern und fürchtet Allah, auf daß ihn Barmherzigkeit finden mögt.“ (49:10)

Der Prophet sagte, als er den Verdienst solcher Schlichtung und die Gefahr von Konflikt und Feindschaft erklärte:
„Soll ich euch nicht von etwas Vorzüglicherem als Fasten, Almosen und Gebet berichten?“ Als man ihm antwortete: „Doch“, sagte er: „Das ist, zwischen den Leuten Streit zu schlichten, denn die Leute zum Streit zu verleiten, ist wie ein Rasiermesser. Und ich meine nicht, daß es das Haar abrasiert, sondern es schert die Religion.“ [1]

- Laßt nicht die einen über die anderen spotten

In Sure 49:10-12 hat Allah der Erhabene eine Reihe von Dingen zur Erhaltung der Brüderlichkeit vorgeschrieben, und was dies dafür bedeutet, was zwischen den Menschen unantastbar bleiben muß. Das erste dabei ist das Verbot, andere zu verspotten, zu erniedrigen und zu verhöhnen. Der Gläubige, der Allah fürchtet und darauf hofft, den Paradiesgarten im Jenseits zu erlangen, wird niemanden verhöhnen oder ihn zum Gegenstand seiner Witze, von Geringschätzung, Sarkasmus und Spott nehmen, denn das wäre nur Stolz, Arroganz und Verachtung für andere und auch Unwissenheit gegenüber dem Maßstab, mit dem Allah Gutes mißt. Allah der Erhabene spricht:

„Laßt nicht die einen über die anderen spotten, die vielleicht besser sind als sie. Auch sollen Frauen nicht andere Frauen verspotten, die vielleicht besser sind als sie.“ (49:11)

In Allahs Waagschale wird das Gute gemessen durch Glaube, Aufrichtigkeit und die Art der Beziehung zu Allah dem Erhabenen, nicht durch äußere Erscheinung, Reichtum oder Macht. Der Prophet (s) hat gesagt:
„Allah sieht nicht auf eure körperliche Erscheinung oder euren Reichtum, son-

1 Tirmidhi u.a.

dern er sieht auf eure Herzen und Taten." [1]

Wie kann es da erlaubt sein, über die körperliche Behinderung, Ungestalt oder Armut eines anderen zu lachen? Es wird berichtet, daß Abdullah ibn Masud dünne, schwache Beine hatte. Einmal lachten die Leute, als sie seine unbedeckten Beine sahen. Daraufhin sagte der Prophet (s):
„Lacht ihr über die Gebrechlichkeit seiner Beine? Bei dem, in dessen Hand meine Seele ist, in Allahs Waagschale sind sie schwerer als der Berg Uhud." [2]

Der Koran berichtet davon, wie die verbrecherischen Götzendiener über die gläubigen Muslime lachten, besonders über die Schwachen und Unterdrückten von ihnen wie Bilal und Ammar, und wie am Tag der Auferstehung die Dinge umgekehrt werden und sie selbst verspottet werden:

„Siehe, die Sünder lachen über die Gläubigen, und wenn sie an ihnen vorübergehen, winken sie einander zu und wenn sie zu ihren Angehörigen zurückkehren, kehren sie spottend zurück, und wenn sie sie sehen, sagen sie: „Siehe, dies sind wahrlich Irrende." Aber sie sind nicht als Wächter über sie gesandt. Doch an jenem Tage werden die Gläubigen die Ungläubigen verlachen." (83:29-34)

Obwohl es bereits im ersten Teil des Verses 11 der Sure 49 inbegriffen ist, erklärt der Vers ausdrücklich, daß Frauen nicht andere Frauen verspotten dürfen. Diese Betonung rührt daher, daß Verspotten anderer unter Frauen recht verbreitet ist.

- Verleumdet nicht

Das zweite Verbot betrifft *lamz*, was wörtlich „durchstechen, stechen" bedeutet. Hier wird es verwendet als das Suchen nach Fehlern, wie ja derjenige, der bei anderen Fehler findet, so etwas tut wie ihn mit einem Schwert zu durchbohren oder mit einem Dolch zu stechen, und vielleicht ist die mit der Zunge herbeigeführte Wunde von längerer Dauer. Ein Dichter hat gesagt:
„Die Wunde der Schneide heilt vielleicht in einem Tag, aber die Wunde der Zunge? Vielleicht nie!"

Die Art des Verbots in diesem Vers ist sehr feinsinnig. Es heißt dort: „Verleumdet euch nicht", d.h. nicht gegenseitig. Der Koran betrachtet ja die Gemeinschaft der Muslime als einen Körper mit seinen gegenseitigen Ansprüchen und Verantwortlichkeiten, so daß, wer seinen Bruder verleumdet in Wirklichkeit sich selbst verleumdet.

1 Muslim.

2 Tajalisi, Ahmad.

Keine Spottnamen

Eine Art der üblen Nachrede geschieht durch herabsetzende Spottnamen, die einen bestimmten Mangel herausstellen und dazu benutzt werden, den anderen zu verhöhnen und herabzusetzen. Ein Muslim darf seinen Bruder nicht bei einem Namen rufen, der ihn beleidigt, und ihn dadurch verletzen und die islamische Brüderlichkeit mit Füßen treten.

Argwohn

Der Islam zielt darauf ab, seine Gesellschaft auf reinem Gewissen und gegenseitigem Vertrauen aufzubauen, nicht auf Zweifel, Verdächtigungen, Beschuldigungen und Mißtrauen. Darum nennt der Vers das vierte Verbot, mit dem das, was zwischen den Leuten untastbar sein soll, geschützt wird: „Ihr die ihr glaubt, vermeidet sorgfältig Argwohn, siehe ein bestimmter Argwohn ist Sünde." (49:12)

Der Argwohn, der Sünde ist, besteht darin, schlechte Absichten zu unterstellen. Es ist dem Muslim nicht erlaubt, seinem muslimischen Bruder solche Absichten ohne Grund und ohne klare Beweise zuzuschreiben. Weil die grundsätzliche Annahme bei Leuten lautet, daß sie unschuldig sind, darf ein bloßer Verdacht nicht zur Beschuldigung eines unschuldigen Menschen führen. Hierüber hat der Prophet (s) gesagt:
„Vermeidet Argwohn, denn Argwohn ist die lügnerischste Rede." [1]

Auf Grund menschlicher Schwäche ist niemand von Argwohn und falschen Gedanken frei, besonders über solche Menschen, mit denen man keine guten Beziehungen hat. Aber man darf solchen Gedanken nicht nachgeben und auch nicht von solchen Gedanken zu Taten schreiten, wie es im *hadith* heißt:
„Wenn du einen Argwohn hast, gehe ihm nicht nach." [2]

Spionieren

Mißtrauen anderen gegenüber führt im Inneren zu schlechten Gedanken und nach außen zum Spionieren. Der Islam gründet seine Gesellschaft aber auf innerer wie äußerer Reinheit. Darum folgt das Verbot des Spionierens unmittelbar auf das des Argwohns, wie auch das Spionieren auf den Argwohn folgt. Es ist nicht erlaubt, neugierig auf die Privatangelegenheiten anderer Leute zu sein und ihre Geheimnisse auszuspionieren, selbst wenn sie Sünden begehen, wenn dies im Privaten und nicht in der Öffentlichkeit geschieht.

Abu Haitham, der Schreiber von Uqba bin Amir, einem Gefährten des Propheten (s) berichtet: „Ich sagte zu Uqba bin Amir: ‚Manche unserer Nachbar trinken Wein, und ich werde die Polizei rufen und sie verhaften lassen." Er

1 Buchari, u.a.
2 Tabarani.

derte: „Ich habe ihnen gesagt, sie sollen aufhören, aber sie hören nicht auf mich. Darum rufe ich die Polizei und lasse sie verhaften." Da sagte Uqba: „Wehe dir! Tu das nicht, denn ich hörte Allahs Gesandten (s) sagen: ‚Wenn einer die privaten Angelegenheiten eines anderen zudeckt, ist es wie das Wiederbeleben eines Mädchens das lebendig begraben wurde, aus ihrem Grab. [1]

Der Prophet (s) stufte diejenigen, die nach den Fehlern anderer Leute suchen, mit den Heuchlern ein, die mit Worten ihren Glauben bekunden, aber deren Herzen nicht bestätigen, wie sie sagen. Er hat solche Leute öffentlich verurteilt. Ibn Omar berichtet: „Allahs Gesandter (s) stieg auf die Kanzel und rief mit lauter Stimme: ‚Ihr, die ihr den Islam mit Worten behauptet, aber deren Herzen noch nicht vom Glauben berührt wurden, belästigt die Muslime nicht und sucht nicht nach ihren Fehlern, denn wer nach Fehlern seines muslimischen Bruders sucht, nach dessen Fehlern wird Allah suchen, und wenn Allah nach jemandes Fehlern sucht, deckt Er sie auf, selbst wenn jener sich im Inneren seines Hauses verbirgt." [2]

Um die Privatsphäre der Leute zu schützen hat der Prophet (s) es streng verboten, daß jemand ohne Erlaubnis in das Haus eines anderen schaut und hat die Bewohner von der Schuld für jedweden Schaden losgesprochen, den sie jemanden zufügen, der dies tut. Er sagte:
„Wenn jemand heimlich in das Haus anderer Leute schaut, ohne ihre Erlaubnis, dürfen sie ihm sein Auge ausdrücken." [3]

Ebenso hat er verboten, den Leuten heimlich bei ihren Unterhaltungen ohne deren Wissen und Zustimmung zuzuhören: „Wer heimlich das Gespräch der Leute belauscht, ohne daß sie es wollen, dem wird am Tag der Auferstehung geschmolzenes Blei in seine Ohren gegossen." [4]

Allah der Erhabene hat es dem zur Pflicht gemacht, der jemanden zuhause besuchen will, das Haus nicht zu betreten, bis es ihm gestattet wird und er die Bewohner gegrüßt hat:

„O ihr, die ihr glaubt, betretet nicht die Häuser, die nicht eure Häuser sind, bevor ihr um Erlaubnis gebeten und ihre Bewohner begrüßt habt. Solches ist besser für euch, vielleicht laßt ihr euch ermahnen. Und wenn ihr niemanden darinnen findet, dann tretet nicht eher ein, bis euch Erlaubnis gegeben wurde, und wenn zu euch gesagt wird: ‚Kehr um!', dann kehrt um, das ist reiner für euch. Und Allah weiß, was ihr tut." (24:27-28)

1 Abu Dawud, Al-Nasai und al-Hakim Ibn Hibban nach dessen Wortlaut in seinem *sahih*.

2 Tirmidhi, ähnlich bei Ibn Madscha.

3 Buchari, Muslim.

4 Buchari, Muslim.

Der Prophet (s) hat gesagt:
„Wer den Vorhang zur Seite zieht und in ein Haus hineinschaut, bevor es ihm erlaubt wird, hat eine Übertretung begangen.“ [1]

Die Texte über das Spionieren gelten sowohl für die Regierung wie für den Einzelnen. Muawija berichtet, daß der Prophet (s) gesagt hat:
„Wenn du nach den Fehlern der Leute suchst, wirst du sie verderben oder dem Verderben nahebringen,“ [2] und Abu Imama, daß der Prophet (s) gesagt hat:
„Der Herrscher, der Argwohn unter die Leute streut, verdirbt sie.“ [3]

- Üble Nachrede

Das sechste in den obigen Versen verbotene Übel betrifft die üble Nachrede (*ghiba*):
„...und keiner verleumde den anderen in seiner Abwesenheit“ (49:12)

Der Prophet (s) wollte seinen Gefährten die Bedeutung der üblen Nachrede mit seiner Methode, durch Frage und Antwort klarmachen. Er fragte sie: „Wißt ihr, was üble Nachrede ist?“ Sie antworteten: „Allah und Sein Gesandter wissen es am besten.“ Er sagte. „Wenn du etwas über deinen Bruder sagst, was er nicht mag.“ Jemand fragte: „Und wenn ich etwas über meinen Bruder sage, das wahr ist?“ Der Prophet (s) antwortete: „Wenn das, was du über ihn sagst, wahr ist, ist es üble Nachrede, und wenn es nicht wahr ist, hast du ihn verleumdet.“ [4]

Wenn jemand einen anderen nicht mag, findet er vermutlich Mängel in seinem Aussehen, Verhalten, seiner Abstammung und allem anderen, was mit ihm zusammenhängt. Aischa berichtet, daß sie zum Propheten (s) gesagt hat: „Siehst du nicht, daß Safijja [5] so und so ist?“, und sie meinte, daß sie klein war. Der Prophet (s) antwortete: „Du hast ein Wort gesprochen, daß das Wasser des Meeres schwärzen würde, wenn man es hineingäbe.“ [6]

Üble Nachrede ist nichts anderes als das Verlangen, jemanden in Abwesenheit herabzusetzen, seine Ehre zu beschmutzen und seine Errungenschaften zu bagatellisieren. Weil es ein Stich in den Rücken ist, drückt es Engstirnigkeit und Feigheit aus. Üble Nachrede ist ein negativer Charakterzug, und nur die üben es aus, die selbst Versager sind. Es ist ein Werkzeug der Zerstörung und

1 Ahmad, Tirmidhi.
2 Abu Dawud, Ibn Hibban im *sahih*
3 Abu Dawud.
4 Muslim, Abu Dawud, Tirmidhi und al-Nasai.
5 eine andere Frau des Propheten (s).
6 Abu Dawud, Tirmidhi, Baihaqi.

jemand, der ihm verfallen ist, läßt niemanden aus, ohne einen Pfeil auf ihn zu werfen und ihn zu verletzen. Es überrascht darum nicht, daß der Koran ein solch abscheuerregendes Bild seiner gemeinen Angewohnheit zeichnet, daß es die Leute in Abscheu erzittern läßt:

„Und keiner verleumde den anderen in seiner Abwesenheit. Würde jemand von euch gern seines toten Bruders Fleisch essen? Ihr würdet es verabscheuen." (49:12)

Wo einem schon bei dem Gedanken übel wird, Menschenfleisch zu essen, wie abscheulicher ist der Gedanke, das Fleisch des toten Bruders zu essen! Immer wenn sich eine Gelegenheit ergab, betonte der Prophet (s) dieses koranische Bild um es den Leuten in Herz und Seele einzuprägen. Ibn Masud berichtet:
„Wir saßen mit dem Propheten (s). Dann stand ein Mann auf und ging weg und ein anderer redete schlecht über ihn. Der Prophet (s) sagte ihm: ‚Reinige deine Zähne.' Der Mann erwiderte: ‚Warum?' Ich habe kein Fleisch gegessen." Der Prophet (s) antwortete: „Du hast das Fleisch deines Bruders gegessen." [1]

Dschabir berichtet: „Wir waren mit dem Propheten (s) zusammen und der Wind trug einen schlechten Geruch zu uns, worauf der Prophet (s) sagte:
„Wißt ihr, was dieser schlechte Geruch ist? Es ist der Geruch jener, die den Gläubigen übel nachreden." [2]
Alle diese Zitate zeigen die Unverletzlichkeit und Würde, die das Individuum durch den Islam erlangt. Die Gelehrten haben aber einige Ausnahmen aufgezählt, notwendigerweise auf bestimmte Situationen beschränkt, wann es erlaubt ist, in Abwesenheit über jemanden zu sprechen. Zu diesem Ausnahmen gehört es, wenn jemand Unrecht geschah und er sich über den Übeltäter beklagt. Zwar spricht er dann über etwas, was der andere nicht will, aber es steht ihm zu, damit er sein Recht erlangt, also wird ihm gestattet, das Übel zu beschreiben, das ihm angetan wurde. Allah der Erhabene spricht:

„Allah liebt nicht öffentliches Reden vom Bösen, es sei denn, jemand ist Unrecht geschehen, und Allah ist hörend und wissend." (4:147)

Wenn jemand etwas über den Charakter oder die Eignung eines anderen herausfinden möchte, den er zum Teilhaber nehmen will, der seine Tochter heiraten möchte oder der von ihm angestellt werden will, dann dürfen die ihre offene und ehrliche Meinung sagen, die dazu befragt wurden. Hier besteht ein Konflikt zwischen zwei Verpflichtungen: einmal dem, der fragt, guten Rat zu

1 Tabarani, auf Grund zuverlässiger Autorität.

2 Ahmad, auf Grund verläßlicher Autorität.

geben und zum anderen die Ehre dessen zu schützen, nach dem gefragt wird. Aber die erste Pflicht hat hier Vorrang vor der zweiten, denn sie ist wichtiger und heiliger. Fatimah bint Qais fragte den Propheten (s) nach zwei Männern, die um ihre Hand angehalten hatten. Der Prophet (s) sagte ihr über einen von beiden: „Er taugt nichts und hat nichts“ und über den anderen „Er legt den Stock nicht aus der Hand“, d.h. er schlägt oft die Frauen in seinem Haushalt. Man darf auch über jemanden ohne dessen Wissen sprechen, wenn eine rechtliche oder religiöse Entscheidung über ihn zutreffen oder Hilfe erforderlich ist, um etwas Schlechtes zu bekämpfen, das er tut, oder ihn mit Namen, Titel oder Eigenschaft zu bezeichnen, die er nicht mag, aber ohne die er nicht identifizierbar ist, z.B. der lahme Mann oder der einäugige Mann. Auch ist es erlaubt, einen Zeugen ins Kreuzverhör zu nehmen oder die Überlieferer von *ahadith* oder sonstiger Nachrichten zu kritisieren. [1]

Allgemein gelten hinsichtlich des erlaubten Sprechens über einen Abwesenden zwei Überlegungen: 1. die Notwendigkeit, 2. die Absicht.

1. Wo keine dringende Notwendigkeit besteht, den Abwesenden auf eine Art zu erwähnen, die ihm mißfallen würde, muß man davon Abstand nehmen, seine Person und Ehre anzutasten. Wo es erforderlich ist, ihn zu erwähnen, aber das mit einem indirekten Hinweis geschehen kann, darf man nicht direkt werden. Wo eine allgemeine Erörterung genügt, muß das Anführen bestimmter Personen vermieden werden. Wenn man z.B. eine Rechtsmeinung zu erhalten versucht, kann man fragen: „Was wäre deine Meinung, wenn jemand sich so und so verhält?“ anstatt „Dieser Mensch tut das und das. Was hältst du davon?“ Wenn man aber die Person nennen muß, darf man nur sagen, was wahr ist, denn ihm etwas fälschlich zuzuschreiben ist *haram*.

2. In jedem Fall ist die Absicht das Entscheidende. Wer über einen anderen spricht, kennt seine Motive dafür besser als jeder sonst - ob es sich um eine begründete Beschwerde gegen ein Unrecht handelt oder einfach Boshaftigkeit, sei es eine Frage nach einem Vorfall oder eine Verleumdung, eine gelehrsame Kritik oder neidische Nachrede, ein guter Rat oder Verbreitung eines Gerüchts. Hier sagt man, daß der Gläubige dabei ein strengerer Richter über sich selbst ist, als es je ein tyrannischer Herrscher oder habgieriger Partner sein könnte.

Der Islam hat bestimmt, daß der Zuhörer der Partner des Abwesenden ist und er seinen abwesenden Bruder gegen die üble Nachrede verteidigen muß.

Der Prophet (s) hat gesagt:
„Wenn jemand seinen Bruder verteidigt, dem in Abwesenheit übel nachgere-

1 Vgl. hierzu al-Ghazalis Erörterung über Gebrauch und Mißbrauch der Sprache in seinem Buch *ihja*, Nawawis Kommentar über den *Sahih* Muslim und Schaukanis Abhandlung über das Erlaubte und Verbotene beim Sprechen über Abwesende.

det wird, dann obliegt es Allah, ihn vom Feuer zu retten." [1]

Er hat auch gesagt:
„Wenn jemand die Ehre seines Bruders in dieser Welt verteidigt, wird Allah sein Gesicht am Tag der Auferstehung vor dem Feuer schützen." [2]

Wenn jemand nicht den Mut hat, seinen Bruder gegen böse Zungen zu verteidigen, ist das Mindeste, daß er sich aus solcher Gesellschaft entfernt, bis sie zu einem anderen Gegenstand kommen, denn sonst gilt für ihn der Koranvers:

„Siehe, ihr würdet dann gleich ihnen werden." (4:139)

● Verleumdung

Eine weitere schlechte Angewohnheit, die gewöhnlich mit übler Nachrede einergeht und vom Islam streng verboten wurde, ist das Verbreiten von Verleumdung. Das bedeutet, anderen etwas, was du selbst von jemanden gehört hast, auf solche Art und Weise weiterzugeben, daß es Uneinigkeit unter den Leuten hervorruft, die Beziehungen verdirbt oder bereits bestehende Spannungen erhöht.

Der Koran hat diesen Charakterzug schon seit der ganz frühen mekkanischen Offenbarungsphase verurteilt:

„Und gehorche nicht jedem verächtlichen Schwörer, Verleumder, der mit Unwahrheiten herumgeht..." (68: 10-11)

Der Prophet (s) hat gesagt:
„Wer Verleumdung weiter verbreitet, die er gehört hat, geht nicht in den Paradiesgarten ein." [3]
Und weiter: „Die Schlechtesten der Knechte Allahs sind solche, die Verleumdung verbreiten und die von einander trennen, die sich lieben, und die die Unschuldigen schlecht machen wollen." [4]

Um Frieden und Versöhnung zu fördern, erlaubt der Islam einem Vermittler böse Worte zu verdecken, die einer gegen den andern geäußert hat und gestattet, ein paar gute Worte hinzuzufügen, die keiner der beiden gesprochen hat. Dies wird nicht als Lüge angesehen, denn der Prophet (s) hat gesagt:
„Der ist kein Lügner, der zwischen Zweien Frieden stiftet indem er etwas Gutes sagt oder etwas Gutes hinzufügt." [5]

1 Ahmad auf Grund zuverlässiger Autorität.

2 Tirmidhi auf Grund zuverlässiger Autorität.

3 Buchari, Muslim.

4 Ahmad.

5 Buchari, Muslim.

Der Unwille des Islam richtet sich besonders gegen solche Leute, die, sobald sie etwas Schlechtes hören, sich beeilen, es weiterzuerzählen um sich einzuschmeicheln oder einfach, weil sie Ärger und Zwietracht hervorrufen wollen. Viele solcher Leute sind ja auch nicht einmal damit zufrieden, einfach zu wiederholen, was sie gehört haben, sondern fügen etwas hinzu oder erfinden selbst etwas. Ein Dichter hat gesagt:
„Hören sie ein gutes Wort, verbergen sie es,
doch ein schlechtes Wort, das schreien sie heraus,
ist nichts zu hören, denken sie sich eine Lüge aus."

Ein Mann kam zu Omar bin Abd al-Aziz und erzählte etwas, über einen anderen, was dieser nicht gern gehört hätte. Darauf sagte Omar zu ihm: „Untersuchen wir deinen Fall: Wenn du lügst, bist du einer von denen, die im Koran genannt werden: ‚Wenn ein Nichtswürdiger mit einer Nachricht zu euch kommt, so stellt die Sache klar...'" (49:6), und wenn du die Wahrheit sprichst, bist du einer von denen, die im folgenden Vers erwähnt werden: „Ein Verleumder, der mit Unwahrheiten herum geht..." (68:11). Doch wenn du willst, verzeihen wir dir." Der Mann erwiderte: „Bitte verzeih mir, o *amiru-l-munimin* (Anführer der Gläubigen), ich werde es nicht wieder tun."

● Unantastbarkeit der Ehre

Wir haben bereits festgestellt, daß die islamischen Lehren die menschliche Würde und Ehre schützen und sie als unverletzlich und antastbar ansehen. Abdullah bin Omar sagte einmal, als er die Kaba betrachtete: „Wie großartig und unantastbar du bist! Aber die Unantastbarkeit des Gläubigen ist größer als deine", und die Unantastbarkeit des Muslims schließt die Unantastbarkeit seines Lebens, seiner Ehre und seines Besitzes ein.

Während der Abschiedswallfahrt sprach der Prophet (s) zu den versammelten Muslimen und sagte:
„Euer Leben, eure Ehre und euer Eigentum sind so heilig wie dieser Tag in diesem Monat in dieser eurer Stadt." [1]

Die Unantastbarkeit der Ehre des Menschen schützt der Islam sogar dann gegen Nachrede, wenn es wahr ist, was gesagt wird. Wie viel abscheulicher ist es dann erst, wenn das, was gesagt wird, unwahr und ohne Grundlage ist. Das ist ein schlimmes Vergehen und eine große Sünde. Der Prophet (s) hat gesagt: „Wenn jemand etwas Unwahres über einen anderen sagt, um ihn schlecht zu machen, wird ihn Allah ins Höllenfeuer bringen, bis es das Gesagte auslöscht." [2]

1 Muslim.
2 Tabarani.

Aischa berichtet, daß der Prophet (s) zu seinen Gefährten gesagt hat: „Wißt ihr, was die schlimmste Art des Wuchers bei Allah ist?“ Sie sagten: „Allah und Sein Gesandter (s) wissen es am besten.“ Der Prophet (s) sagte: „Die schlimmste Art des Wuchers ist die Verletzung der persönlichen Ehre eines Muslims.“ Dann trug er den Koranvers vor: „Und diejenigen, die die gläubigen Männer und Frauen unverdienterweise verletzen, die haben (die Schuld der) Verleumdung und offenkundiger Sünde zutragen.“ (33:58)

Der gemeinste Angriff gegen die persönliche Ehre besteht darin, eine tugendhafte gläubige Frau der Unmoral zu bezichtigen. Eine solche Beschuldigung zerstört nicht nur ihren guten Ruf und den ihrer Familie und ihre Zukunft, sondern verbreitet auch Skandale in der muslimischen Gesellschaft. Darum hat der Prophet Muhammad (s) dies zu den sieben schlimmsten Sünden gezählt und der Koran bedroht die, die dies tun, mit furchtbarer Strafe:

„Siehe, diejenigen, die keusche Frauen, die unbedacht, aber gläubig sind, verleumden, sind hier verflucht und im Jenseits und empfangen gewaltige Strafe. Eines Tages werden ihre Zungen und Hände und Füße gegen sie Zeugnis ablegen für ihr Tun. An jenem Tag wird Allah ihnen nach Gebühr zahlen, und sie sollen erfahren, daß Allah die offenkundige Wahrheit ist.“ (24: 24-25)

„Siehe, diejenigen, die Gefallen daran finden, das Unsittliches sich unter den Gläubigen verbreite, sollen schmerzliche Strafe empfangen, hier und im Jenseits, und Allah weiß, doch ihr wißt nicht.“ (24: 18-19)

- Unantastbarkeit des Lebens

Der Islam hat das menschliche Leben unantastbar gemacht und schützt seinen Fortbestand. Nach den islamischen Lehren ist Vorgehen gegen das menschliche Leben die zweitschlimmste Sünde bei Allah, direkt nach der Leugnung Allahs. Der Koran erklärt:

„...wer eine Seele ermordet, ohne daß diese einen Mord oder eine Gewalttat im Lande begangen hat, soll sein wie einer, der die ganze Menschheit ermordet hat...“ (5:35)

Weil die Menschen eine einzige große Familie sind, bedeutet ein Angriff gegen einen von ihnen einen Angriff gegen die ganze Menschheit. Das Verbrechen ist noch größer, wenn der Getötete ein Gläubiger ist:

„Und wer einen Gläubigen vorsätzlich tötet, dessen Lohn ist die Hölle. Ewig soll er darin bleiben und Allah zürnt ihm und verflucht ihn und bereitet für ihn gewaltige Strafe.“ (4:95)

Der Prophet (s) hat gesagt:

„Das Vergehen der Welt würde Allah weniger bedeuten als der Mord an einem Muslim.“ [1]

Weiter sagte er: „Ein Gläubiger bleibt im Rahmen seiner Religion, so lange er niemanden unrechtmäßig tötet,“ [2] und:
„Allah würde jede Sünde vergeben, außer jemand stirbt als *muschrik* oder tötet absichtlich ein Gläubigen.“ [3]

Auf der Grundlage dieser Verse und *ahadith* hat Ibn Abbas gefolgert, daß die Reue eines Mörders von Allah nicht angenommen wird. Denn, so argumentiert er, weil im Falle eines Vergehens gegen eine andere Person die Reue des Täters nicht angenommen wird, bis das Unrecht gut gemacht oder denen, die betroffen sind, Satisfaktion gegeben wurde, bleibt hier die Frage, wie man im Falle von Mord den Ermordeten wieder zum Leben erweckt oder seine Satisfaktion bewirkt. Andere sagen, daß aufrichtige Reue von Allah angenommen wird. Wenn sie selbst die größte Sünde auslöscht, die des *schirk*, Allah etwas zur Seite stellen, warum dann nicht geringere Sünden? Allah der Erhabene spricht:

„Und diejenigen, die nicht neben Allah einen anderen Gott anrufen und keinen Menschen töten, was Allah verboten hat, es sei mit gerechtem Grund, keinen Ehebruch begehen, und wer dies tut, findet Strafe. Verdoppelt soll ihm werden die Strafe am Tag der Auferstehung, und er soll ewig in ihr verweilen, entehrt, außer dem, der sich bekehrt und glaubt und Rechtes tut. Umwandeln wird Allah ihr Böses zu Gutem, denn Allah ist verzeihend und barmherzig.“ (25: 68-70)

- Mörder und Ermordeter sind in der Hölle

Der Prophet (s) sah das Bekämpfen der Muslime untereinander als eine Tür zum Unglauben an und als eine Tat der vor-islamischen *dschahilijja*, während der die Leute wegen eines Kamels oder Pferdes Kriege führten und Blut vergossen. Er sagte:
„Einen Muslim beleidigen, ist Bösartigkeit und ihn bekämpfen ist Unglaube.“ [4]
„Wenn ich gestorben bin, werdet nicht wie die Ungläubigen, die einander töten.“ [5]

1 Muslim, al-Nasai, Tirmidhi.
2 Buchari.
3 Abu Dawud, Ibn Hibban, al-Hakim.
4 Buchari, Muslim.
5 Buchari, Muslim.

Weiter sagte er:
„Wenn zwei Muslime mit der Waffe aufeinander losgehen, sind sie am Rande der Hölle. Wenn einer den anderen tötet, gehen sie zusammen hinein." Jemand fragte: „O Allahs Gesandter, der eine war der, der getötet hat, aber was war die Schuld des anderen?" Er antworetete: „Er wollte den anderen töten." [1]

Aus diesem Grund verbot der Prophet (s) jede Tat, die zum Mord oder Kampf führen könnte, selbst eine Waffe zu ziehen: „Keiner von euch darf eine Waffe auf seinen Bruder richten. Vielleicht läßt der Satan seine Hand ausrutschen und dann fällt er in die Feuergrube." [2]

Weiter hat er gesagt:
„Wenn jemand ein Eisenstück auf seinen Bruder richtet, verfluchen ihn die Engel bis er damit aufhört, selbst wenn es sein eigener Bruder ist." [3]
Er ging so weit zu sagen:
„Ein Muslim darf einen Muslim nicht erschrecken." [4]
Die Sünde des Mordes lastet nicht allein auf dem Mörder. Jeder, der an diesem Verbrechen teilhatte, durch Taten oder Worte, wird Allahs Strafe entsprechend seinem Anteil daran bekommen. Selbst jemand, der am Tatort anwesend ist, hat Anteil an der Sünde. In einem *hadith* heißt es: „Keiner von euch soll an einem Ort bleiben, an dem jemand ungerechterweise getötet wird, denn Allahs Fluch kommt auf jeden herab, der anwesend war und ihn nicht verteidigt hat." [5]

- Unantastbarkeit des Lebens Verbündeter und nichtmuslimischer Bewohner

Bis jetzt haben wir nur solche Texte angeführt, nach denen Muslime davor gewarnt werden, Mitmuslime zu bekämpfen oder zu töten. Aber niemand soll den Eindruck gewinnen, daß das Leben eines Nichtmuslims in einer muslimischen Gesellschaft nicht sicher ist, denn Allah hat das Leben des Menschens als unantastbar erklärt und Er hat es geschützt.

Die gilt, solange der Nichtmuslim nicht gegen den Muslim kämpft. Tut er das, ist Blutvergiesen erlaubt. Gehört der Nichtmuslim indes zu einem Volk, mit dem ein Bündnis besteht oder ist er ein *dhimmi*, [6] dann ist sein Leben unantastbar und es ist dem Muslim nicht erlaubt, ihn anzugreifen. Hierüber hat der

1 Buchari, Muslim.

2 Buchari.

3 Muslim.

4 Abu Dawud, Tabarani, auf Grund zuverlässiger Autorität.

5 Tabarani, Baihaqi, auf Grund guter Autorität.

6 nichtmuslimischer Einwohner eines islamischen Staates.

Prophet (s) gesagt: „Wer jemanden von den Leuten tötet, mit denen ein Bündnis besteht, der wird den Geruch des Paradiesgartens nicht riechen, obwohl sein Geruch die Entfernung von vierzig Jahren weit reicht.“ [1]
„Wer einen *dhimmi* tötet, wird den Geruch des Paradiesgartens nicht riechen.“ [2]

- Todesstrafe

Allah der Erhabene spricht:
„...und tötet kein Leben, das Allah verwehrt hat, es sei denn mit gerechtem Grund...“ (6: 152)

Allah hat drei Verbrechen genannt, bei denen die Todesstrafe gerechtfertigt ist:

1. Mord. Ein bewiesener Mord erfordert Wiedervergeltung, indem dem Mörder das Leben genommen wird — Leben für Leben, eine entsprechende Vergeltung für ein begangenes Versprechen, weil der, der tötet, mit dem Verbrechen begonnen hat. Im Koran heißt es:

„Und in der Wiedervergeltung liegt Leben für euch, o ihr Leute von Verstand...“ (2: 175)

2. Öffentlich *zina* mit jemandem begehen, mit dem man nicht verheiratet ist, wenn mindestens vier rechtschaffene Leute Zeugen des tatsächlichen Geschlechtsverkehrs gewesen sind und vor Gericht bezeugen, daß sie es gesehen haben. Für jeden Verheirateten gilt dabei die Todesstrafe. Ein Geständnis bei Gericht, vom Ehebrecher oder der Ehebrecherin viermal wiederholt, entspricht dem Zeugnis von vier Zeugen.

3. Abkehr vom Islam, nachdem man ihn freiwillig angenommen hat und später auf solche Art offene Auflehnung kundtut, die die Zusammengehörigkeit der muslimischen Gemeinschaft bedroht, ist ein Verbrechen, das mit dem Tod bestraft wird. Niemand ist gezwungen, den Islam anzunehmen, aber niemand darf damit seine Winkelzüge ziehen, wie es zur Zeit des Propheten (s) manche Juden getan haben:

„Und es sprach ein Teil vom Volk der Schrift: ‚Glaubt an das, was hinabgesandt wurde zu den Gläubigen bei Tagesanbruch und leugnet es bei seinem Ende ab, vielleicht kehren sie um...“ (3:65)

Der Prophet (s) hat die Todesstrafe auf diese drei Verbrechen beschränkt und gesagt:
„Das Blut eines Muslims zu vergießen ist nicht erlaubt, außer in drei Fällen:

1 Buchari und andere.
2 al-Nasai.

Leben für Leben, ein verheirateter Mensch, der *zina* begeht und jemand, der sich von seiner Religion abwendet und sich von der Gemeinschaft abtrennt.“ [1]

In jedem dieser Fälle darf die Todesstrafe nur von den zuständigen Autoritäten nach dem entsprechenden Rechtsverfahren gemäß der *scharia* verhängt werden. Einzelpersonen dürfen das Recht nicht in eigene Hände nehmen und Richter und Henker werden, weil das zu völligem Chaos und Durcheinander führen würde. Der Richter kann aber den Mörder den Anverwandten des Opfers übergeben, die ihn in seiner Gegenwart mit dem Tod bestrafen, damit ihre Herzen erleichtert und ihr Verlangen nach Vergeltung gestillt wird. Dies geschieht nach dem Worte Allahs:

„...ist aber jemand ungerechterweise getötet, so geben wir seinem nächsten Anverwandten Gewalt. Doch sei er nicht maßlos im Töten (des Mörders), siehe, er findet Hilfe...“ (17:35)

- Selbstmord

Was für das Verbrechen des Mordes gilt, gilt ebenfalls für Selbstmord. Wer auf irgend eine Weise ein Leben nimmt, hat ungerechterweise ein Leben genommen, das Allah unantastbar machte. Da er sich ja nicht selbst geschaffen hat, nicht einmal eine einzige Zelle seines Körpers, gehört das Leben des Menschen nicht ihm. Es ist ein ihm von Allah anvertrautes Gut. Er darf es nicht verkürzen, schädigen oder vernichten. Allah der Erhabene spricht:

„...und tötet euch nicht, siehe Allah ist barmherzig gegen euch.“ (4:33)

Die islamischen Lehren verlangen vom Muslim, daß er gegenüber Schwierigkeiten entschlossen auftritt. Er darf nicht aufgeben und vor den Schicksalsschlägen des Lebens entfliehen, wenn ihn ein Unglück trifft oder seine Hoffnungen zugrunde gehen. Der Gläubige ist zum ständigen Bemühen geschaffen, nicht dazu, herumzusitzen, zum Kampf, nicht zur Flucht. Sein Glaube und sein Charakter lassen es nicht zu, daß er dem Kampf des Lebens entflieht, und er besitzt eine Waffe die nie versagt. Die Waffe ist sein unerschütterlicher Glaube, und die Munition ist seine moralische Standkraft.

Der Prophet (s) hat davor gewarnt, daß ein Selbstmörder Allahs Barmherzigkeit verlustig geht und nicht den Paradiesgarten betritt. Er verdient Allahs Zorn und in das Feuer geworfen zu werden. Der Prophet (s) hat gesagt:
„Vor euch gab es einen Mann, der verwundet war. Seine Wunde machte ihm so sehr Beschwerden, daß er ein Messer nahm und in sein Handgelenk schnitt und verblutete. Daraufhin sagte Allah: ‚Mein Knecht hatte es in der Sache sei-

1 Buchari, Muslim.

nes Lebens eilig. Darum hat er den Paradiesgarten verloren." [1]

Wenn jemand den Paradiesgarten verliert, weil er die Schmerzen seiner Verletzung nicht erträgt und sich deshalb das Leben nimmt, was ist dann erst mit dem, der sich das Leben nimmt, weil er im Geschäft einen Verlust erlitten hat, groß oder klein, eine Prüfung nicht bestanden hat oder von einer Frau zurückgewiesen wurde? Die willensschwachen Menschen sollten den folgenden *hadith* beachten:

„Wer sich von einem Berg herabstürtzt und Selbstmord begeht, ist im Höllenfeuer und stürzt sich dort immer wieder herab. Wer Gift zu sich nimmt und Selbstmord begeht, hat das Gift in der Hand und nimmt es in der Hölle für immer zu sich, und wer sich mit einer Waffe tötet, hat die Waffe in der Hand und ersticht sich damit in Höllenfeuer für immer." [2]

- Unantastbarkeit des Besitzes

Der Muslim darf Reichtum erwerben, so viel er wünscht, so lange er es auf erlaubtem Wege erwirbt und durch erlaubtes Investieren vermehrt. Während es in einer anderen Religion heißt: „Es ist leichter für ein Kamel durch ein Nadelör zu gehen als für einen Reichen, Gottes Reich zu betreten", heißt es im Islam:
„Welch hervorragende Sache ist rechtschaffenes Vermögen eines rechtschaffenen Menschen." [3]

Da die islamische *scharia* das Recht auf persönliches Eigentum bestätigt, schützt sie es sowohl durch moralische Ermahnung wie durch Gesetzgebung vor Raub, Diebstahl und Betrug. Der Prophet (s) hat die Unantastbarkeit des Eigentums im gleichen Satz mit der Unantastbarkeit von Leben und Ehre genannt und betrachtete Stehlen als Widerspruch zum Glauben. Er sagte:
„Kein Dieb ist, wenn er stiehlt, ein Gläubiger." [4]

Allah der Erhabene spricht:

„Und der Dieb und die Diebin, schneidet ihnen ihre Hände ab als Lohn für ihre Taten. Dies ist eine Warnung von Allah, und Allah ist mächtig ind weise." (5:42)

Der Prophet hat gesagt:
„Es ist dem Muslim verboten, selbst einen Stock ohne Zustimmung seines Ei-

1 Buchari, Muslim.

2 Buchari, Muslim.

3 Ahmad.

4 Buchari, Muslim.

gentümers zu nehmen,“ [1] womit er verdeutlichte, was Allah den Muslimen hinsichtlich fremden Eigentums verboten hat.

Allah der Erhabene spricht:

„O ihr, die ihr glaubt, verzehrt nicht euer Gut unter euch ungerechterweise, es sei denn im Handel nach gegenseitiger Übereinkunft...“ (4:30)

● Verbot der Bestechung

Eine Bestechung anzunehmen, ist ein Fall des ungerechten Verzehrs fremden Eigentums. Eine Bestechung ist jede Art von Eigentum, das einem Richter oder Beamten angeboten wird, um eine Entscheidung für sich selbst und gegen einen Konkurenten zu erlangen, um die Erledigung seiner Angelegenheit zu beschleunigen, die des Konkurrenten zu verzögern, usw.

Der Islam hat dem Muslim verboten, den Regierungsbeamten oder ihren Untergebenen Bestechungen anzubieten und hat den Betroffenen verboten, Bestechungen anzunehmen und hat verboten, daß irgend ein Dritter zwischen dem, der die Bestechung geben und dem, der sie nehmen will, vermittelt.

Allah der Erhabene spricht:

„Und verzehrt nicht euer Gut unter euch auf unrechtliche Weise und bestecht nicht damit die Richter, daß ihr einen Teil des Gutes der Leute sündhaft verzehrt, obwohl ihr es wißt.“ (2:184)

Der Prophet hat gesagt:
„Allahs Fluch auf dem, der Bestechung anbietet und dem Richter, der sie nimmt.“ [2]

Thauban sagte:
„Allahs Gesandter (s) verfluchte den, der die Bestechung anbietet, der sie nimmt und den, der sie vermittelt.“ [3]

Wenn der Empfänger der Bestechung sie nimmt, um Unrecht zu tun, ist die Sünde noch größer, und wenn er etwas Rechtes dafür tut, war das nur seine Pflicht, für die keine Bezahlung erforderlich ist.

Der Prophet (s) schickte Abdullah bin Rawaha zu den Juden, um zu schätzen, was sie auf ihre Palmen an Steuern zu zahlen hätten. Die Juden boten ihm Geld zum Geschenk. Er sagte ihnen: „Was ihr als Bestechung angeboten habt ist unrecht, und wir nehmen es nicht an.“ [4]

1 Ibn Hibban.

2 Ahmad, Tirmidhi, Ibn Hibban im *sahih*.

3 Ahmad, al-Hakim.

4 Malik.

Es ist nicht verwunderlich, daß der Islam Bestechung verbietet und daß er streng gegen alle vorgeht, die damit zu tun haben.

Die Verbreitung der Bestechung in einer Gesellschaft führt zu Unheil und Ungerechtigkeit: ungerechte Entscheidungen werden getroffen und gerechte verhindert, Menschen, die es nicht verdienen, werden bevorzugt und andere übergangen, und der Geist der Habgier durchdringt die Gesellschaft statt des Geistes der Pflichtbewußtsein.

- Geschenke an Verantwortliche

Die Absicht der *scharia* ist es, Bestechung in jeder Form zu verbieten. Eine Bestechung als „Geschenk" zu bezeichnen, macht, was verboten ist, nicht erlaubt (*halal*). In einem *hadith* heißt es: „Wenn wir [1] jemandem ein Amt geben, sorgen wir für ihn. Wenn er etwas darüberhinaus annimt, ist es ungesetzlicher Gewinn." [2]

Dem Kalifen Omar bin Abdul Aziz wurde ein Geschenk gebracht, das er nicht annahm. Als man ihm sagte, der Prophet (s) habe Geschenke angenommen, antwortete er: „Für ihn war es Geschenk, aber für uns wäre es Bestechung."

Der Prophet (s) schickte einmal einen Mann zum Stamme Azd, um Steuern zu erheben. Bei seiner Rückkehr behielt er etwas für sich selbst und sagte dem Propheten (s): „Dies ist für euch, und das für mich als Geschenk." Daraufhin wurde der Prophet (s) ärgerlich und sagte:
„Wenn es stimmt, was du sagst — hätten diese Geschenke dich erreicht, wenn du in deines Vaters oder deiner Mutter Haus geblieben wärest?" Dann fuhr er fort und sagte: „Warum sollte jemand, der von mir beauftragt wird, sagen: „Dies ist für euch und das für mich als Geschenk?" Hat er Geschenke bekommen, während er im Hause seiner Mutter lebte? Bei dem, in dessen Hand Meine Seele ist, niemand nimmt etwas ungerechterweise, ohne daß Allah es ihn am Tag der Auferstehung tragen läßt. Also soll niemand am Tag der Auferstehung ankommen und ein schreiendes Kamel, eine brüllende Kuh oder eine meckernde Ziege tragen. Dann hob er die Hände zum Bittgebet und sagte: „O Allah, habe ich die Botschaft überbracht?" [3]

Imam al-Ghazali sagte:
„Angesichts dieser Ermahnung sollte der Richter, Verwalter oder sonst jemand in übergeordneter Stellung sich vorstellen, daß er im Hause seines Vaters oder seiner Mutter sitzt. Wenn er glaubt, daß er das Geschenk selbst dann erhalten würde, wenn er sein Amt verlassen hat und im Hause seiner Mutter sitzt, dann

1 d.h. der Prophet (s).

2 Abu Dawud.

3 Buchari, Muslim.

darf er das ihm angebotene Geschenk behalten. Wenn andererseits ihm das Geschenk wegen seiner Amtstellung angeboten wird, muß er es ablehnen. Wenn er Schwierigkeiten hat, zu entscheiden, ob ihm Geschenke seiner Freunde auch dann geboten würden, wenn er nicht die besagte Stellung innehätte, dann handelt es sich um eine zweifelhafte Lage und es ist besser, sie nicht anzunehmen." [1]

- Bestechung, um Unrecht zu beheben

Ist jemand in einer Lage, in der ihm alle Möglichkeiten verwehrt sind, ein Unrecht zu beseitigen, daß ihm geschah, oder ein Recht zu erhalten, daß ihm verweigert wird, außer mit Hilfe von Bestechung, ist es besser, daß er geduldig wartet, bis ihm Allah einen besseren Weg eröffnet, das Unrecht gutzumachen oder sein Recht zu erhalten. Nimmt er trotzdem Bestechung zuhilfe, lastet die Sünde dafür nicht auf ihm, vorausgesetzt, er hat zuvor alle anderen erlaubten Möglichkeiten versucht, und vorausgesetzt, er kann auf diesem Weg sein Recht bekommen, ohne daß die Rechte anderer verletzt werden. In einem solchen Fall lastet die Sünde der Bestechung allein auf dem, der sie annimmt.

Dies haben manche Gelehrte von *ahadith* hergeleitet, nach denen der Prophet (s) Leuten Almosen gab, die dauernd darum baten, obwohl sie es eigentlich nicht verdienten, Almosen zu bekommen. Omar berichtet, daß der Prophet (s) gesagt hat:
„Jemand von euch nimmt Almosen von mir, trägt es unter seinem Arm davon und es ist Höllenfeuer für ihn". Omar fragte: „O Allahs Gesandter, wie kannst du es ihm geben, wenn du weißt, daß es für ihn das Höllenfeuer bedeutet?" Der Prophet (s) erwiderte: „Was soll ich tun? Sie bitten dauernd darum, und Allah hat mir verboten, die Hand zu verschließen." [2]

Was können wir dann über die Notwendigkeit sagen, sich gegen Ungerechtigkeit zu schützen oder sein Recht zu bekommen, wenn das fortdauernde Betteln der Leute den Propheten (s) dazu brachte, dem Bettler etwas zu geben, von dem er wußte, daß es für ihn die Hölle bedeutet?

- Verschwendung

So, wie der Besitz anderer unantastbar und jede Beeinträchtigung, geheim oder offen, davon verboten ist, so ist auch das persönliche Eigentum für den Besitzer unantastbar. Er darf es nicht durch übermäßiges Geldausgeben verschwenden und verschleudern. Die muslimische Gesellschaft, die an sich ein Eigentümer neben jedem anderen Eigentümer ist, hat ja einen Anspruch auf

1 *ihja ulum al-din*, im Kapitel „*al-halal wa-l-haram*" im Abschnitt „*al-adat*" (Sitten und Gebräuche), S. 137.

2 Abu Jala, aufgrund zuverlässiger Autorität, ähnlich auch Ahmad.

das Vermögen des Einzelnen. Aus diesem Grund hat der Islam der muslimischen Gesellschaft das Recht gegeben, den Besitz der Geistesschwachen zu verwalten, die ihr Vermögen verschleudern. Der Koran sagt:

„Und gebt den Geistesschwachen nicht euer Gut, das Allah euch gegeben hat zum Unterhalt. Versorgt sie mit ihm und kleidet sie und sprecht zu ihnen mit freundlichen Worten:" (4:4)

In diesem Vers bezeichnet Allah der Erhabene das Vermögen der Geistesschwachen als „euer Gut", denn das Vermögen des Einzelnen ist auch Vermögen der *umma* [1] Der Islam ist die Religion der Gerechtigkeit und der Mäßigung, und die *umma* des Islam ist die „umma der Mitte". Der Muslim muß in all seinen Angelegenheiten gerecht verfahren. Darum hat Allah den Gläubigen Verschwendung und übermäßiges Geldausgeben verboten, so wie Er ihnen auch Habgier und Knauserei verboten hat. Allah der Erhabene spricht:

„Ihr Kinder Adams, legt euren Schmuck an bei jeder Moschee und eßt und trinkt und verschwendet nicht, siehe Er liebt nicht die Verschwender." (7:29)

Vermögen zu verschwenden bedeutet, es in kleinen oder großen Beträgen für Dinge auszugeben, die Allah verboten hat, z.B. alkoholische Getränke, Drogen, Gold- und Silbergefäße usw., oder es für Dinge zu verschleudern, die einem selbst oder anderen unnütz sind, denn der Prophet (s) hat das Verschleudern von Vermögen verboten. [2] Auch so viel Almosen zu geben, daß man selbst für die lebensnotwendigen Dinge nichts übrig hat, gehört zur Verschwendung des Vermögens.

Imam Razi hat den Koranvers „Sie befragen dich, was sie (als Almosen) ausgeben sollen. Sag: ‚Den Überfluß..." (2:217) folgendermaßen kommentiert: „Allah der Erhabene hat die Leute gelehrt, wie sie ihr Vermögen ausgeben sollen. Er sagte Seinem Propheten (s): ‚Und gib dem Verwandten, was ihm gebührt und den Armen und dem Reisenden, doch verschwende nicht in Verschwendung. Siehe, die Verschwender sind die Brüder der Satane..." (17:28-29) Er sprach auch: „Und laß deine Hand nicht an deinen Hals gefesselt sein und öffne sie nicht, so weit du kannst." (17;31).
Weiter spricht Er: „Und diejenigen, die beim Spenden weder verschwenderisch noch geizig sind." (25:67) Der Prophet (s) hat gesagt: „Wenn einer von euch etwas zum Ausgeben hat, soll er bei sich selbst anfangen, dann mit denen, die er unterhält und so fort." [3]

Er hat auch gesagt: „Das beste Almosen ist das, bei dem du selbst unabhängig

1 der muslimischen Gesellschaft.

2 Buchari.

3 Muslim.

bleibst.“ [1]

Dschabir bin Abdullah berichtet: „Einmal als wir bei Allahs Gesandtem (s) waren, kam ein Mann mit einem Goldklumpen so groß wie ein Ei und sagte: ‚O Allahs Gesandter, nimm dies als Almosen, bei Allah, es ist alles, was ich besitze.‘ Der Prophet (s) wandte sich von ihm ab. Der Mann trat wieder vor den Propheten (s), woraufhin der Prophet (s) ärgerlich sagte: ‚Gib es mir.‘ Dann nahm er das Stück Gold von ihm und warf es derart in seine Richtung, daß es ihn geschmerzt hätte, wenn es ihn getroffen hätte. Dann sagte er: ‚Jemand von euch bringt mir seinen Reichtum und besitzt sonst nichts, und dann setzt er sich hin und bettelt von den Leuten. Almosen ist das, wobei du selbst unabhängig bleibst. Nimm es zurück, wir brauchen es nicht.“ [2]

Der Prophet (s) berichtet, daß er für seine Familie Nahrungsmittel für ein Jahr im Vorrat hielt [3] Weise Leute haben gesagt: „Der beste Weg ist der Mittelweg. Zuviel ausgeben ist Verschwendung, und zu wenig ausgeben ist Habgier, und Mäßigung ist das Beste.“ Das ist die Bedeutung des Worte Allahs: „Sag: den Überfluß.“ (2:217) und Mäßigung ist die Grundlage der *scharia*, die Muhammad (s) gebracht hat. Die Grundlage des jüdischen Gesetzes ist äußerste Härte und die des christlichen äußerste Freizügigkeit, während sich die *scharia* von Muhammad (s) bei all solchen Angelegenheiten in der Mitte bewegt. Darum ist sie das vollkommenste Rechtssystem. [4]

1 Tabarani, aufgrund zuverlässiger Autorität.

2 Abu Dawud, Hakim.

3 Buchari.

4 Nach dem *tafsir* von Fakhr al-Din al-Razi, Bd.6, S,51, z.T gekürzt.

5. BEZIEHUNGEN MIT NICHTMUSLIMEN

Wenn wir die islamischen Lehren über die Beziehungen mit Nichtmuslimen im Zusammenhang mit *halal* und *haram* zusammenfassen wollen, stellen wir fest, daß die beiden folgenden Koranverse ausreichen, weil sie umfassende Richtlinien hierüber enthalten. Allah der Erhabene spricht:

„Allah verbietet euch nicht, gegen die, die nicht in Sachen des Glaubens gegen euch gekämpft oder euch aus euren Häusern vertrieben haben, gütig und gerecht zu sein. Siehe, Allah liebt die gerecht Handelnden. Allah verbietet euch nur mit denen, die euch in Sachen des Glaubens bekämpft und euch aus euren Wohnungen vertrieben und bei eurer Vertreibung geholfen haben, Freundschaft zu schließen. Und wer mit ihnen Freundschaft schließt, das sind die Ungerechten." (60:8-9)

Der erste dieser beiden Verse fordert nicht nur zu Gerechtigkeit und Fairness gegenüber Nichtmuslimen auf, die Muslime weder aus religiösen Gründen bekämpfen, noch sie aus ihren Häusern vertreiben — d.h. die nicht mit den Muslimen Krieg führen und ihnen nicht feindlich gesinnt sind —sondern er fordert die Muslime auch dazu auf, ihnen gegenüber freundlich zu sein. Das Wort „*birr*" oder „Güte" das in diesem Vers gebraucht wird, ist ein sehr umfassender Begriff, der jene Freundlichkeit und Großmütigkeit beschreibt, die über die Gerechtigkeit hinausgeht. Es ist der gleiche Begriff, mit dem die Pflicht des Muslims gegenüber seinen Eltern bezeichnet wird. Dieser Vers, haben wir gesagt, fordert zur Gerechtigkeit auf, wie Allah spricht: „Allah liebt die gerecht Handelnden" (60:8), und der Gläubige bemüht sich immer, das zu tun, was Allah liebt. Zwischen den Worten Allahs „Allah verbietet euch nicht" (60:8), die recht gemäßigt sind und unserer Auslegung als „auffordern zur Gerechtigkeit" besteht aber kein Widerspruch. Durch diese Bezeichnung will Allah den Leuten die falsche Vorstellung nehmen, daß alle Nichtmuslime gleich sind und daß sie keine gute Behandlung und Freundlichkeit seitens der Muslime verdienen. So macht Allah die Tatsache klar, daß er Freundlichkeit Nichmuslimen gegenüber nicht allgemein verboten hat, sondern nur denen gegenüber, die mit den Muslimen Krieg führen und ihnen feindlich gesinnt sind. Das entspricht dem, was Allah über Safa und Marwa gesagt hat, als manche Leute wegen bestimmter Bräuche aus der *dschahilijja* nicht zwischen diesen beiden Hügeln hin- und herlaufen wollten: „...wer *hadsch* oder *umra* zum Hause (Allahs) macht, der begeht keine Sünde, wenn er zwischen beiden hin- und herläuft." (2:153)

Weil das Hin- und Herlaufen zwischen den beiden Hügeln — der sogenannte *sai* — in Wirklichkeit ein Pflichtbestandteil von *hadsch* und *umra* ist, wird hier gesagt, daß es sich dabei um keine Sünde handelt, um die falsche Vorstellung der *dschahilijja* auszuräumen.

● Besonderheit der Leute der Schrift

Während der Islam den Muslimen nicht verbietet, freundlich und großzügig zu Angehörigrn anderer Religionen zu sein, selbst wenn es sich um Götzendiener und Polytheisten handelt, wie z.B. die Polytheisten Arabiens, über die obige Verse offenbart worden waren, betrachtet er die Leute der Schrift, d.h. Juden und Christen, mit besonderer Rücksicht, ob sie innerhalb oder außerhalb der muslimischen Gesellschaft leben.

Der Koran spricht sie niemals ohne die Anrede an „Ihr Leute der Schrift" oder „Ihr, denen die Schrift gegeben wurde", womit angezeigt wird, daß sie ursprünglich Angehörige einer offenbarten Religion waren. Aus diesem Grund besteht zwischen ihnen und den Muslimen eine Beziehung der Barmherzigkeit und geistigen Verwandschaft, da ihnen die Prinzipien der einen von Allah durch Seine Propheten (Friede auf ihnen allen) gesandten wahren Religion gemeinsam sind:

„Er hat auch den Glauben verordnet, den Er Noah vorschrieb, und was Wir dir offenbarten und Abraham und Moses und Jesus vorschrieben: „Haltet den Glauben und spaltet euch nicht... (42:11)

Die Muslime müssen an alle von Allah offenbarten Schriften und alle von Ihm gesandten Propheten glauben, sonst sind sie keine Gläubigen:

„Sag: Wir glauben an Allah und was Er zu uns herabgesandt hat, und was er zu Abraham herabgesandt hat und zu Ismail und Isaak und Jakob und den Stämmen, und was Moses und Jesus gegeben wurde, und was den Propheten gegeben wurde von ihrem Herrn. Keinen Unterschied machen wir zwischen einem von ihnen und wahrlich, wir sind Gottergebene Muslime." (2:130)

Wenn also die Leute der Schrift den Koran lesen, werden sie in ihm Lob ihrer Schriften, ihrer Gesandten und Propheten finden. Wenn Muslime mit den Leuten der Schrift diskutieren, sollten sie alles vermeiden, was Verbitterung und Feindschaft hervorruft:

„Und streitet nicht mit dem Volk der Schrift, es sei denn in bester Weise, außer mit jenen von ihnen, die ungerecht handelten, und sagt: „Wir glauben an das, was zu uns herabgesandt wurde und zu euch herabgesandt wurde, und unser Gott und euer Gott ist ein einiger Gott und Ihm sind wir ergeben." (29:45)

Wir haben bereits gesehen, daß der Islam erlaubt, mit den Leuten der Schrift zu essen, das Fleisch zu verwenden, wenn sie geschlachtet haben und ihre Frauen zu heiraten, wobei die Ehe ja eine Beziehung der gegenseitigen Liebe und Barmherzigkeit darstellt. Allah der Erhabene spricht:

„...die Speise derer, denen die Schrift gegeben wurde, ist euch erlaubt, wie eure Speise ihnen erlaubt ist. Und züchtige Frauen, die gläubig sind und züchtige Frauen von denen, welchen die Schrift vor euch gegeben wurde (sind euch erlaubt)..." (5:7)

Das gilt für die Leute der Schrift im Allgemeinen, doch wurde insbesondere den Christen vom Koran noch ein besonderer Status gegeben und sie gelten als den Herzen der Gläubigen viel näher stehend. Allah spricht:

„Und du wirst zweifellos finden, daß die, welche sagen: ‚Wir sind Christen' den Gläubigen am freundlichsten gegenüberstehen. Dies weil unter ihnen Gottesgelehrte und Mönche sind, und weil sie nicht überheblich sind.'" (5:83)

- Nichtmuslimische Einwohner des islamischen Staates

Die obigen Anordnungen betreffen alle Leute der Schrift, wo immer sie sich befinden. Diejenigen, die unter dem unter dem Schutz einer islamischen Regierung leben, erfreuen sich darüber hinaus besonderer Privilegien. Sie werden als die „geschützten Leute" (*ahlu-dhimma* oder *dhimmi*) bezeichnet. Das bedeutet, daß Allah, Sein Prophet (s) und die muslimische Gemeinschaft mit ihnen einen Vertrag geschlossen haben, daß sie in Sicherheit und Frieden unter dem Islam leben können.

In modernen Sprachgebrauch sind die *dhimmis* „Bürger" des islamischen Staates. Von der Anfangszeit bis heute sind die Muslime einhellig der Meinung, daß sie Rechte und Pflichten wie die Muslime haben, aber ihren eigenen Glauben frei ausüben dürfen.

Der Prophet (s) hat die Pflichten der Muslime gegenüber den *dhimmis* betont und jedem, der sie verletzt, mit Zorn und Strafe Allahs gedroht. Er sagte: „Wer einen *dhimmi* verletzt, hat mich verletzt, und wer mich verletzt, hat Allah verletzt." [1]

Wer einen *dhimmi* verletzt, dessen Gegner bin ich, und wenn ich Gegner war, werde ich am Tag der Auferstehung Gegner sein." [2]

„Am Tag der Auferstehung werde ich mit jedem rechten, der jemanden von den Leuten des Vertrags unterdrückt oder sein Recht beeinträchtigt oder ihm auflädt, was seine Kraft übersteigt, oder ihm etwas gegen seinen Willen nimmt." [3]

1 Tabarani, in *al-ausat*, aufgrund zuverlässiger Autorität.

2 al-Khatib, aufgrund zuverlässiger Autorität.

3 Abu Dawud.

Die Nachfolger des Propheten (s), die Kalifen, haben diese Rechte und Unverletzlichkeit der nichtmuslimischen Bürger geschützt, und die Rechtsgelehrten des Islam sind trotz ihrer Meinungsverschiedenheiten in vielen Dingen hier einhellig darin, diese Rechte und Unverletzlichkeit zu betonen.
Der malikitische Rechtsgelehrte Schahab al-Din al-Qarafi sagt:
„Der Schutzvertrag legt uns bestimmte Pflichten gegenüber den *ahlu-dimma* auf. Sie sind unsere Nachbarn, unter unserem Schutz durch die Garantie Allahs, Seines Gesandten (s) und der Religion des Islam. Wer immer diese Pflichten einem von ihnen gegenüber verletzt, sei es durch ein beleidigendes Wort, Verleumdung oder Schädigung, oder wer dabei mitwirkt, der hat die Garantie Allahs, Seines Gesandten (s) und der Religion des Islam gebrochen.“ [1]

Der zahiritische Rechtsgelehrte Ibn Hazm sagt:
„Ist jemand *dhimmi* und der Feind kommt mit seinen Streitkräften in unser Land, um ihn zu nehmen, ist es unsere Pflicht, diesen Feind mit Soldaten und Waffen zu bekämpfen und unser Leben dafür zu geben und derart die Garantie Allahs und Seines Gesandten (s) aufrecht zu erhalten. Ihn einfach dem Feind auszuliefern, würde bedeuten, diese Garantie zu verletzen.“ [2]

- Bedeutung der Freundschaft mit Nichtmuslimen

Eine Frage, die manche Leute beschäftigt und die manchmal öffentlich diskutiert wird, ist die folgende: Wie kann man Güte, Zuneigung und gute Behandlung den Nichtmuslimen gegenüber praktizieren, wo doch Allah der Erhabene selbst den Muslimen verboten hat, Ungläubige als Freunde, Verbündete und Förderer zu nehmen, wie z.B. in dem folgenden Vers:

„O ihr, die ihr glaubt, nehmt euch nicht die Juden und Christen zu Freunden. Sie sind untereinander Freunde, und wer von euch sie zu Freunden nimmt, siehe, der ist von ihnen. Siehe, Allah leitet nicht die Ungerechten. Und so siehst du die, deren Herz krank ist, zu ihnen um die Wette laufen...“ (5:56-57)

Die Antwort darauf ist: diese Verse sind nicht bedingungslos auf jeden Juden, Christen oder Nichtmuslim anwendbar. Sie so zu interpretieren widerspricht den Anweisungen des Korans, die Zuneigung und Güte gegenüber den guten und friedliebenden Angehörigen jeder Religion vorschreiben und auch den Versen, die Heirat mit den Leuten der Schrift erlauben, all das eingeschlossen, was Allah über die Ehe sagt — „und Er hat Liebe und Barmherzigkeit zwischen euch gesetzt“ — (30:21) sowie die Verse über die Christen: „...und du wirst finden, daß den Gläubigen diejenigen, die sagen: ‚Wir sind Christen‘ am freundlichsten gegenüberstehen.“ (5:85)

1 Qarafi: *al-furuq*.

2 Ibn Hazm: *maratib al-idschma*.

Die obigen Verse wurde im Zusammenhang mit solchen Leuten offenbart, die dem Islam feindlich gesonnen waren und Krieg gegen die Muslime führten. Demnach ist es dem Muslim nicht erlaubt, sie zu unterstützen oder ihnen beizustehen — d.h. ihr Verbündeter zu sein — und auch nicht, ihnen Vertrauliches auf Kosten der eigenen Religion und Gemeinde mitzuteilen. Diese Sache wird in einem anderen Vers erläutert, in dem Allah der Erhabene spricht:

„Sie werden nicht zögern, euch zu vernichten und wünschen euren Untergang. Haß aus ihrem Munde wurde schon offenkundig, doch was ihre Brust verbirgt, ist schlimmer. Wir haben euch schon die Zeichen klar gemacht, wenn ihr Verstand besitzt. Sieh! Ihr seid es, die ihr sie liebt, aber sie lieben euch nicht…“ (3:114-115)

Dieser Vers erhellt den Charakter derartiger Menschen, die in ihren Herzen tiefe Feindschaft und Haß gegen die Muslime verbergen und deren Zungen etwas von den Auswirkungen dieser Feindschaft zum Ausdruck bringen.

Allah der Erhabene spricht weiter:

„Du wirst kein Volk finden, das an Allah und an den Jüngsten Tag glaubt, und das den liebt, der sich Allah und Seinem Gesandten widersetzt, wären es auch ihre Väter oder ihre Söhne oder ihre Brüder oder ihre Sippe…“(58:22)

Gegnerschaft Allahs ist nicht bloß eine Glaubenssache, sondern schließt Feindschaft gegenüber Islam und Muslimen ein.

Allah spricht:
„O ihr, die glaubt, nehmt nicht Meinen Feind und euren Feind zu Freunden. Ihr zeigt ihnen Liebe, während sie an die Warheit, die zu euch gekommen ist, nicht glauben. Sie vertreiben den Gesandten und euch, weil ihr an Allah, euren Herrn glaubt…“ (60:1)

Dieser Vers wurde im Zusammenhang mit den Ungläubigen Mekkas offenbart, die Allah und Seinem Gesandten (s) Krieg erklärten und die Muslime einfach deshalb aus ihren Häusern vertrieben, weil sie sagten: „Unser Herr ist Allah.“ Mit solchen Leuten kann Freundschaft und Bündnis nicht erlaubt sein. Trotz alledem hat der Koran die Hoffnung nicht verworfen, daß es eines Tages doch eine Versöhnung geben könne. Er spricht nicht in bloßer Enttäuschung über sie, sondern ermutigt die Muslime, die Hoffnung auf bessere Bedingungen und verbesserte Beziehung aufrecht zu halten, denn in der selben Sure sagt Allah:

„Vielleicht, daß Allah zwischen euch und denen unter ihnen, die euch feind sind, Liebe setzt. Denn Allah ist mächtig und Allah ist verzeihend und barmherzig.“ (60:7)

Diese koranische Aussage versichert, daß die bittere Feindschaft und der tiefe Haß vergehen, wie es auch im *hadith* heißt:
„Hasse deinen Feind mit Mäßigung, vielleicht wird er eines Tages dein Freund.“ [1]

Das Verbot, sich mit den Feinden des Islam zu befreunden, wird noch bedeutsamer, wenn sie stärker als die Muslime sind und die Hoffnungen der Leute zerstören und Furcht in ihnen wecken. In einer solchen Lage befreunden sich nur die Heuchler und die, in deren Herzen Krankheit ist, rasch mit ihnen und unterstützen sie heute, um morgen davon Nutzen zu ziehen. Diese Situation beschreibt Allah, der Erhabene, folgendermaßen:

„Und so siehst du die, deren Herz krank ist, zu ihnen um die Wette laufen und sagen: ‚Wir fürchten, ein Glückswechsel mag eintreten.‘ Aber vielleicht bringt Allah den Sieg oder etwas von Sich, so daß sie bereuen, was sie in ihren Herzen verborgen hielten.‘“ (5:57)

Und weiter:
„Verkünde den Heuchlern, daß ihnen schmerzliche Strafe bestimmt ist. Wer sich die Ungläubigen zu Freunden nimmt statt den Gläubigen, suchen sie etwa Ehre bei ihnen? Siehe, die Ehre ist allein Allahs.“ (4:137-138)

- Hilfe bei Nichtmuslimen suchen

Es schadet nicht, wenn Muslime, privat oder auf Regierungsebene, Hilfe von Nichtmuslimen in technischen Fragen suchen, die nichts mit der Religion zu tun haben, wie z.B. bei der Medizin, Industrie oder Landwirtschaft. Gleichzeitig ist es natürlich äußerst wünschenswert, daß die Muslime auf all solchen Gebieten unabhängig werden.

Im Leben des Propheten (s) sehen wir, daß er Abdullah bin Uraiqit, einen Polytheisten, als Führer bei seiner Auswanderung (*hidschra*) von Mekka nach Medina wählte. Manche Gelehrte haben daraus gefolgert, daß der Unglaube eines Menschen nicht zugleich bedeutet, daß man ihm überhaupt kein Vertrauen schenken kann, denn was könnte gefährlicher sein als auf einen Führer zu vertrauen, der den Weg zeigt, besonders beim heimlichen Verlassen Mekkas nach Medina?

Noch weitergehend sagen manche Gelehrte, daß es dem Führer der Muslime erlaubt ist, Hilfe bei Nichtmuslimen, besonders den Leuten der Schrift, auch in militärischen Fragen zu suchen und ihnen einen gleichen Anteil an Kriegs-

1 Tirmidhi, auch in Baihaqi: *schiab al iman*, nach Abu Huraira. Sujuti bezeichnet es als „gut“ und überliefert den ersten Teil als: „Liebe deinen Freund mit Mäßigung, er wird vielleicht eines Tages dein Feind.“

beute wie den Muslimen zu geben. Al-Zuhri berichtet, daß Allahs Gesandter (s) in einem Krieg Unterstützung bei einigen Juden suchte und ihnen einen Anteil von der Kriegsbeute gab, und daß Safwan bin Umajja auf der Seite des Propheten (s) kämpfte, während er noch ein Ungläubiger war. [1] Die Voraussetzung dafür, Hilfe bei einem Nichtmuslim zu suchen, besteht darin, daß die Muslime ihm vertrauen, sonst darf man keine Hilfe bei ihm suchen. Weil es verboten ist, Hilfe bei unzuverlässigen Muslimen zu suchen, die z.B. Gerüchte verbreiten und Angst machen, gilt das im Fall von Ungläubigen erst recht. [2]

Der Muslim darf Nichtmuslimen Geschenke geben und von ihnen annehmen. Es genügt hier zu erwähnen, daß der Prophet (s) Geschenke von nichtmuslimischen Herrschern annahm. [3] *Hadith*-Gelehrte sagen, daß es viele *ahadith* darüber gibt, daß der Prophet (s) Geschenke von Nichtmuslimen annahm und Umm Salama, eine Frau des Propheten (s), berichtet, daß der Prophet (s) ihr gesagt hat:
„Ich habe dem Negus ein Gewand und Seide geschickt.“ [4]

Der Islam achtet den Menschen schon allein deshalb, weil er Mensch ist. Wieviel mehr dann, wenn er zu den Leuten der Schrift und noch mehr, wenn er ein *dhimmi* ist? Einmal kam ein Begräbniszug beim Propheten (s) vorüber und er stand auf. Jemand bemerkte: „O Allahs Gesandter, es ist das Begräbnis eines Juden.“ Der Prophet (s) antwortete: „Ist es nicht eine Seele?“ [5]
Im Islam hat wirklich jeder Mensch Würde und Platz.

- Islamische Barmherzigkeit auch für Tiere

Die universale Barmherzigkeit des Islam schließt nicht nur die Menschen, gleich ob Ungläubige, Leute der Schrift oder Muslime ein, sondern auch alle anderen Geschöpfe Allahs. Demnach verbietet der Islam Grausamkeit gegenüber Tieren. Dreizehn Jahrhunderte bevor Tierschutzvereine begründet wurden, hat der Islam Freundlichkeit gegenüber Tieren zum Teil seines Glaubens gemacht und Grausamkeit ihnen gegenüber als hinreichenden Grund für einen Menschen angesehen, ins Feuer geworfen zu werden.

Der Prophet (s) berichtete seinen Gefährten die Geschichte eines Mannes, der einen Hund vor Durst lechzen fand. Der Mann kletterte in einen Brunnen hinab, füllte seine Schuhe mit Wasser und gab es dem Hund zu trinken und fuhr

1 Said im *sunan*.
2 *al-mughni*, Bd.8, S.41.
3 Ahmad, Tirmidhi.
4 Ahmad, Tabarani.
5 Buchari.

damit fort, bis der Durst des Hundes gestillt war. Der Prophet (s) hat gesagt: „Da war Allah ihm dankbar und vergab ihm seine Sünden.“ Die Gefährten fragten: „Gibt es Lohn für uns im Zusammenhang mit Tieren, O Allahs Gesandter?“ Er antwortete: „Es gibt Belohnung bei jedem Lebewesen.“ [1]
Neben diesem leuchtenden Abbild von Allahs Vergebung und Zufriedenheit zeichnete der Prophet (s) ein anderes Bild von Allahs Zorn und Strafe. Er sagte: „Eine Frau ging in das Höllenfeuer, wegen einer Katze. Sie sperrte sie ein, und fütterte sie nicht und ließ sie auch nicht los, um das Ungeziefer auf dem Boden zu fressen.“ [2]

Die Achtung vor Allahs lebendigen Geschöpfen erreichte ein solches Ausmaß, daß der Prophet (s), als er einen Esel mit gebrandmarktem Gesicht sah, so etwas verbot und sagte:
„Bei Allah, ich würde ihn nur an dem vom Gesicht am weitesten entfernten Körperteil brandmarken.“ [3]

In einem anderen Bericht kam er an einem Esel mit gebrandmarktem Gesicht vorbei und sagte:
„Habt ihr nicht gehört, daß ich den verflucht habe, der ein Tier im Gesicht brandmarkt oder es ins Gesicht schlägt?“ [4]

Wir haben schon erwähnt, daß Ibn Omar sagte, als er sah, wie Leute Bogenschießen übten und ein Huhn als Ziel benutzen:
„Der Prophet (s) verfluchte den, der ein Lebewesen als Ziel benutzt.“

Ibn Abbas sagte, daß der Prophet (s) es verbot, Tiere gegeneinander kämpfen zu lassen, weil die Leute Tiere gegeneinander so aufreizten, bis eines ganz oder fast zu Tode gebissen oder gespießt war. Ibn Abbas hat auch berichtet, daß der Prophet (s) das Kastrieren von Tieren stark verurteilt hat. [5]

Der Koran verurteilte die Araber der *dschahilijja*, weil sie dem Vieh die Ohren zerschnitten und bezeichnet das als einen vom Satan eingegebenen Brauch. (4:118)

Was das Schlachten von Tieren betrifft, haben wir schon darauf hingewiesen, daß nach dem Islam die Schlachtmethode die am wenigsten schmerzhafte für das Opfer zu sein hat, und daß das Messer geschliffen werden muß, aber nicht vor den Augen des Tieres. Der Islam verbietet auch, ein Tier vor den Augen eines anderen zu schlachten. Niemals hat die Welt eine solche Anteilnahme für Tiere gekannt, eine Anteilnahme, die über jede Vorstellung hinausging.

1 Buchari.

2 Buchari.

3 Muslim.

4 Abu Dawud, Tirmidhi.

5 Al-Bazzar aufgrund zuverlässiger Autorität.

ABSCHLIESSENDE BEMERKUNGEN

Die Absicht beim Schreiben dieses Buches beschränkte sich darauf, zu behandeln, was *halal* und *haram* bei Handlungen und äußerem Verhalten ausmacht. Was *halal* und *haram* im geistigen Tun und in den seelischen Regungen und Neigungen des Herzens betrifft, war es nicht beabsichtigt, dies im vorliegenden Band zu behandeln, wenn auch solche Krankheiten der Seele wie Neid und Habsucht, Stolz und Arroganz, Heuchelei und Angeberei, Gier und Wollust zu den hauptsächlichen Sünden zählen. Der Islam hat ihnen unnachgiebig den Kampf angesagt, und der Prophet (s) hat vor ihren bösen Folgen gewarnt und manche von ihnen als die „Krankheiten früherer Völker" und das „Rasiermesser" bezeichnet, das nicht Haar, sondern die Religion abrasiert. Jeder, der den Koran und die *sunna* des Propheten (s) studiert, weiß, daß Makellosigkeit des Herzens und Reinheit der Seele als Grundlagen des Erfolges gelten, für den Einzelnen wie für die Gesellschaft, in dieser Welt und im Jenseits:

„Allah ändert nicht Sein Verhalten gegenüber einem Volk, ehe es nicht ändert, was in seinen Seelen ist..."(13:12)

„Am Tag, an dem weder Vermögen noch Söhne helfen, es sei denn, wer zu Allah mit heilem Herzen kommt." (26:88,89)

Darum hat der Prophet (s) gesagt:
„Was *halal* ist, ist klar und was *haram* ist, ist klar, und dazwischen gibt es zweifelhafte Dinge, über die die Menschen nicht Bescheid wissen. Wer sie vermeidet, hat sich im Hinblick auf seine Religion und seine Ehre in Sicherheit gebracht, und wer etwas davon tut, läuft Gefahr, ins *haram* zu gelangen, wie beim Schafhirten, der seine Herde an der Grenze des *hima* weidet, [1] es leicht möglich ist, daß seine Tiere es betreten. Jeder König hat einen solchen Bezirk, und der *hima* von Allah ist, was Er verboten hat." [2]

Dann erläuterte er den Wert des Herzens, der Quelle der Gefühle, Neigungen und Absichten, die allem menschlichen Verhalten zugrunde liegen, und sagte: „Im Körper gibt es ein Stückchen Fleisch. Wenn es gut ist, ist der ganze Körper gut und wenn es schlecht ist, ist der ganze Körper schlecht, und das ist das Herz."

Das Herz ist das Hauptorgan des Körpers und beherrscht ihn. Wenn der Herrscher gut ist, sind die Untertanen gut, aber wenn der Herrscher schlecht wird, werden auch die Untertanen schlecht. In Allahs Waagschale wiegen das

1 wo nur die Tiere des Königs weiden dürfen.

2 Buchari, Muslim u.a., der Wortlaut ist von Tirmidhi.

Herz und die Absichten, nicht das Äußere oder die Zunge:
„Allah sieht nicht auf eure körperlichen Erscheinung, sondern Er sieht auf eure Herzen."
„Taten werden nach den Absichten beurteilt, und jeder bekommt gemäß dem, was er beabsichtigt hat."

Das ist der Platz des Herzens und der Angelegenheiten der Seele im Islam. Weil sie sich aber eher auf den Charakter des Einzelnen beziehen und nicht so sehr auf das, was erlaubt und verboten ist, haben wir dies im vorliegenden Band nicht behandelt. Diese inneren Aspekte des Islam sind von anderen Gelehrten und den muslimischen Sufis in großer Tiefe und Einzelheiten behandelt worden. Sie haben die moralischen und geistigen Krankheiten als „Krankheiten des Herzens" bezeichnet, ihre Ursachen diagnostiziert und Heilmittel im Lichte von Allahs Schrift und der edlen *sunna* des Propheten (s) verschrieben. Imam al-Ghazali hat ein Viertel seines enzyklopädischen Werkes über den Islam *ihja ulum al-din* diesem Gegenstand gewidmet und von den „tödlichen Krankheiten" gesprochen, weil sie den Menschen in dieser Welt in die Erniedrigung und im Jenseits in das Höllenfeuer führen.

Ein weiterer zu beachtender Punkt ist der, daß wir hier nur von Sünden des Begehens und nicht von solchen des Unterlassen gesprochen haben, obwohl die Sünden von zweierlei Art sind: etwas Verbotenes begehen und etwas Erforderliches unterlassen. Die zweite Art der Sünde war nicht Gegenstand des Buches, obwohl wir sie hier und da in der Diskussion berührt haben. Wäre es um die Sünden der Unterlassung gegangen, hätten wir einen völlig anderen Gegenstand erörtert. Wir hätten dann alle Verpflichtungen beschrieben, die Allah den Muslimen auferlegt hat, denn zweifellos ist es *haram*, diese nicht zu erfüllen oder zu vernachlässigen. Zum Beispiel ist es eine Pflicht für jeden muslimischen Mann und jede Frau, nach Wissen zu streben. Wenn der Muslim in der Dunkelheit der Unwissenheit verharrt, wird er durch mangelndes Wissen Sünden begehen und seine religiösen Pflichten wie *salat*, *zakat*, Fasten und *hadsch* nicht erfüllen, die Grundpfeiler der Islam sind. Es ist dem Muslim nicht erlaubt, ohne triftige Entschuldigung von ihnen abzulassen, denn sie nicht auszuüben, ist eine der großen Sünden, und ihren Wert zu herabzusetzen und sie zu ignorieren bedeutet, den Islam zu verlassen. Noch ein Beispiel: es ist Pflicht für die muslimische Gemeinschaft ihre Streitmacht in höchstmöglichem Maß aufzubauen, um sich zu verteidigen und die Feinde Allahs und des Islam auf Distanz zu halten. Dies ist eine allgemeine Pflicht für die gesamte islamische Gemeinschaft und besonders für die Verantwortlichen. Diese so wichtig Pflicht zu vernachlässigen ist darum eine große Sünde und Schande. Wir könnten noch viele Beispiele nennen, weil es sich bei allen Pflichten, für den einzelnen oder die Gemeinschaft, ebenso verhält.

Wir behaupten nicht, hier alles was *halal* und *haram* betrifft, behandelt zu haben. Auf den vorangegangenen Seiten haben wir nur die wichtigsten Dinge dessen beleuchtet, was im persönlichen Bereich erlaubt und verboten ist, im Bereich der Familie und des gesellschaftlichen Lebens des Muslims, vor allem solche Dinge, die von den Leuten wegen ihrer Unkenntnis der Hintergründe von Erlaubtem und Verbotenem vernachlässigt oder als unbedeutend angesehen werden. Wir haben versucht, die tiefe Weisheit der *scharia* in ihrer Gesetzgebung über *halal* und *haram* zu zeigen, damit jeder, der Augen hat, feststellen kann, daß Allah in Seinen Geboten nicht willkürlich handelt und nicht etwa Dinge erlaubt, um den Leuten gegenüber nachsichtig zu sein oder verbietet, um ihnen das Leben schwer zu machen. Vielmehr hat Er für sie gesetzlich festgelegt, was in ihrem eigenen Interesse ist, ihr Leben stützt, ihren Intellekt, ihr Vermögen, ihre Moral und Ehre, und was sie zum Erfolg in dieser Welt und im Jenseits führt.

Alle vom Menschen gemachten Gesetze sind von ihrem Wesen her mangelhaft und unvollständig, weil die Gesetzgeber, gleich ob Einzelpersonen, Regierungen oder gesetzgebende Versammlungen, sich auf materielle Überlegungen beschränken, und die Belange der Religion und Moral nicht berücksichtigen. Sie sind völlig auf die engen Grenzen des Nationalismus und des Interesses eines Teils der Menschheit beschränkt und achten kaum auf die Welt und die weitreichenden Anliegen der Menschheit. Sie machen Gesetze für die Gegenwart und wissen nicht, was in Zukunft geschieht und auch nicht, welche Auswirkungen ihre Gesetze haben werden. Darüber hinaus sind diese Gesetzgeber Menschen mit ihren eigenen Schwächen, Wünschen und Vorurteilen („Der Mensch ist ungerecht, unwissend" 33:72). Es ist darum nicht verwunderlich, daß die vom Menschen gemachten Gesetze kurzsichtig, oberflächlich und dem materiellem Interesse der Gesellschaft zuneigend nur kurzfristige Lösungen bieten. Es überrascht auch nicht, daß menschliche Gesetzgebung über Legales und Illegales größtenteils von der öffentlichen Meinung beeinflußt wird, von Lobbyisten und von dem, was populär oder nicht populär ist. Darum werden oft sogar Dinge legalisiert, von denen man weiß, daß sie äußerst gefährlich sind und böse Folgen haben.

Ein Beispiel mag hier genügen. Die Regierung der Vereinigten Staaten legalisierte das Alkoholtrinken und widerrief ihre frühere Gesetzgebung, nach der das verboten war. Dieser Widerruf geschah trotz voller Kenntnis des Schadens, den Alkoholkonsum für den Einzelnen, Familie und Gesellschaft verursacht. Im Gegensatz hierzu ist die *scharia* das Islam frei von all solchen Mängeln. Wie könnte das anders sein, wo sie vom allwissenden Schöpfer erlassen wurde, der Seine Schöpfung kennt und weiß, was für sie geeignet und wozu sie fähig ist? "Und Allah unterscheidet den Missetäter vom Gerechten." (2:19)

„Weiß er etwa nicht, Der erschaffen hat? Und Er ist der Scharfsinnige, der Kundige.“ (67:14)

Das ist die Gesetzgebung des allwissenden Gottes. Er hat nichts unnötigerweise verboten und nichts zufälligerweise erlaubt. Seine Schöpfung ist rechtbemessen und Seine Gesetze sind harmonisch.

Es ist die Gesetzgebung des allbarmherzigen Herrn. Er wünscht es den Menschen leicht und nicht schwer zu machen. Wie könnte das anders sein, wo Er zu Seinen Knechten barmherziger ist als die Mutter zu ihrem Kind, das sie geboren hat?

Es ist die Gesetzgebung des allmächtigen Herrschers. Er ist von Seinen Knechten unabhängig und nicht einer Rasse oder Generation zugeneigt, erlaubt nicht manchen, was Er anderen verbietet. Wie könnte das sein, wo Er doch der Herr allen Seins ist?

Das ist es, was der Muslim darüber glaubt, was Allah *halal* oder *haram* gemacht hat und was Er in anderen Bereichen an Gesetzen erlassen hat. Darum akzeptiert er es mit Überzeugung, zufriedenem Herzen und dem festen Willen, es auszuführen. Er glaubt ja, daß seine Glückseligkeit in dieser Welt und sein Erfolg im Jenseits völlig davon abhängen, daß er die von Allah gesetzten Grenzen beachtet, Allahs Anweisungen Folge leistet und Seine Verbote befolgt. Um Glückseligkeit und Erfolg in beiden Welten zu erlangen, muß er sich selbst hindern, diese Grenzen zu verletzen.

Um zu zeigen, wie gehorsam die erste Generation der Muslime gegenüber den von Allah gesetzten Grenzen war, und wie sehr sie sich bemühten, Seine Anweisungen auszuführen, führen wir zwei Beispiele an.

- Erstes Beispiel

Bei unserer Behandlung des Verbots von Alkohol haben wir erwähnt, wie gern die Araber Wein tranken und wie sehr sie Trinkgelage liebten. Dann wandte Allah der Erhabene sie schrittweise vom Trinken ab, bis Er schließlich den entscheidenden Vers offenbarte, der es völlig und für immer untersagte und es als „ein Greuel von Satans Werk“ (5:92) bezeichnete. Daraufhin verbot der Prophet (s) den Muslimen Alkohol zu trinken, zu verkaufen oder Nichtmuslimen zu schenken. Als die Muslime vom Verbot des Alkohols hörten, brachten sie sogleich ihre Weinvorräte herbei und schütteten sie in den Straßen von Madina aus als Zeichen, daß sie aufgehört hatten zu trinken. Noch bemerkenswerter war die Reaktion derjenigen, die beim Weintrinken saßen, als ihnen der Vers „Wollt ihr deshalb nicht davon ablassen?“ (5 :93) überbracht wurde. Ohne nur einen Augenblick zu zögern, spuckten sie aus ihren Munde aus, was darin war und riefen: „Unser Herr, wir haben davon abgelassen.“ Wenn wir diesen offensichtlichen Erfolg in der Bekämpfung und Ausrottung des Alkohols in der islamischen Gesellschaft mit dem unseligen Versagen der Regierung der Vereinigten Staaten vergleichen [1], die sich eines Tages entschloß, dieses Übel mit Gesetz und Macht zu bekämpfen, dann kann uns die offensichtliche Folgerung nicht entgehen, daß die Menschen sich nur durch die scharia Allahs reformieren, die auf dem Glauben und dem Gewissen der Menschen fußt, bevor Autorität und Macht anzuwenden sind.

- Zweites Beispiel

Dies betrifft die Reaktion der ersten Generation muslimischer Frauen auf Allahs Verbot, daß die Frauen ihre Zierde in der Öffentlichkeit zeigen und die Aufforderung zur Sittsamkeit und das Bedecken der aura. Während der Zeit der dschahiliia gingen die Frauen mit unbedecktem Haar, Hals und Busen und zeigten den Schmuck, den sie trugen, wie Ohrringe und Halsbänder. Dann verbot Allah, der Erhabene, den muslimischen Frauen diese ausschweifende Zurschaustellung der Zeit der Unwissenheit und befahl ihnen, sich von den Frauen der dschailijja durch Sittsamkeit zu unterscheiden und ihre Kopfbedeckung über Haare, Hals und Brust zu ziehen, um sie zu bedecken. Aischa, die Mut ter der Gläubigen (Allahs Zufriedenheit auf ihr) berichtete Folgendes über die Art und Weise, wie die Frauen der muhadschirun und die ansar-Frauen die göttliche Anweisung aufnahmen, die von ihnen eine grundsätzliche Verände rung der Lebensstils verlangte und sich auf ihr Aufsehen, ihre Bekleidung und ihren Schmuck auswirkte. Sie sagte: „Möge Allah Seine Barmherzigkeit über die frühen muhadschir Frauen ausgießen. Als der Vers offenbart wurde: „und daß sie ihr Kopftuch über ihren Busen schlagen“ (24:31) zerrissen sie ihre Gewänder, um sich zu bedecken.“ [2]

Einmal waren ein paar Frauen bei Aischa und sprachen über die Frauen der Quraisch und ihre Vorzüge. Aischa sagte:
„Die Frauen der Quraisch waren bestimmt gut, aber ich habe keine besseren Frauen gesehen als die Frauen der ansar, was die Befolgung der Schrift Allahs und den Glauben an die Offenbarung betrifft. Als der Vers der Sure al- Nur „daß sie ihr Kopftuch über ihren Busen schlagen“ offenbart wurde, gingen die Männer zu ihren Häusern zurück und trugen es ihren Frauen vor. Kaum hatte der Mann es seiner Frau, Tochter, Schwester oder anderen weiblichen

1 Eine ausführliche Diskussion diesen Vergleichs findet man in unserem Buch al-aqida dururar hajat (Die Rolle des Glaubens im Leben) im Abschniü Glaube und Moral.

2 Buchari.

Verwandten vorgetragen, band sie das nächstbeste Stoffstück, vielleicht von einem Vorhang mit Bildern darauf, (auf ihren Kopf) so daß sie, als sie kamen um hinter dem Propheten (s) zu beten, aussahen, als säßen Krähen auf ihren Köpfen.“ [1]

So war die Reaktion der gläubigen Frauen auf das, was Allah ihnen gesetzlich vorgeschrieben hatte. Sie beeilten sich damit, zu erfüllen, was Er befohlen hatte und von dem abzulassen, was Er verboten hatte, ohne Zögern, Einhalten und Nachdenken oder Abwarten. Sie zögerten es nicht einmal einen oder zwei Tage hinaus, bis sie ein passendes weiches Stück Stoff bekamen, um es zu schneidern, damit es Kopf und Brust bedeckt. Stattdessen war ihnen jedes Stück Stoff recht, das erhältlich war, ob grob, grell gefärbt oder mit Bildern darauf. Wenn sie keinen anderen Stoff hatten, rissen sie von den Gewändern, die sie trugen Streifen ab und befestigen sie am Kopf. Sie kümmerten sich nicht um ihr Aussehen, das, wie die Mutter der Gläubigen es beschrieben hat, so war, als säßen Krähen auf ihren Köpfen.

Was wir hier betönen möchten ist, daß bloßes theoretisches Wissen über *halal* und *haram* und ihren Grenzen nicht ausreicht. Obwohl die großen Sünden und die Hauptpflichten jedem Muslim bekannt sind, sehen wir doch viele, die die se Sünden begehen und diese Pflichten vernachlässigen und mit offenen Augen ins Höllenfeuer laufen.
Ganz unverzichtbar ist hier die Gottesfurcht—das Schlüsselwort für alle diese Angelegenheiten, oder mit anderen Worten: Unverzichtbar ist ein waches Gewissen, das den Muslim in den Schranken des *halal* hält und ihn abhält *haram* zu begehen. Ein solches Gewissen kann sich neu entwickeln auf dem Boden des Glaubens an Allah und den Jüngsten Tag.

Wenn der Muslim seine Religion und ihre scharia gut kennt und zugleich ein wirklich waches Gewissen besitzt, daß die Grenzen schützt, so daß sie nicht überschritten werden können, dann ist er wahrlich reich an allem Guten. Der Prophet (s) hat die Wahrheit gesprochen, als er sagte:
„Wenn Allah einem Menschen Gutes will, macht er seine eigene Seele zu sei nem Hüter.“ [2]

1 Ibn Khatir bei der Erörterung dieses Verses, nach bn Abi Hatim.

2 Al-Iraqi sagt: Dies berichtet al-Dailami in musnad al-frdaus aufgrund zuverlässiger Autorität.

Beschließen wir unser Buch mit dem folgenden Bittgebet, daß uns von unserem muslimischen Vorfahren überliefert ist:

„0 Allah, mach uns frei durch Dein halal von Deinem haram und durch Gehorsam Dir gegenüber vom Ungehorsam Dir gegenüber und durch Deine Güte von allem anderen außer Dir."

Alles Lob ist Allahs, des Gepriesenen und Erhabenen, der uns hierzu rechtgeleitet hat, ohne Seine Rechtleitung wären wir nicht rechtgeleitet.